中国汉画研究

中国汉画学会　北京大学汉画研究所

第五卷

GUANGXI NORMAL UNIVERSITY PRESS
广西师范大学出版社
·桂林·

谨以此书恭贺Croissant教授80寿辰!
Die allerbesten Glückwünsche zu
Prof. Dr. Croissant 80. Geburtstag!

图书在版编目（CIP）数据

中国汉画研究．第五卷 / 朱青生主编．—桂林：广西师范大学出版社，2016.10
ISBN 978-7-5495-8488-8

Ⅰ．①中… Ⅱ．①朱… Ⅲ．①画像石—研究—中国—两汉时代 Ⅳ．①K879.424

中国版本图书馆 CIP 数据核字（2016）第 159817 号

广西师范大学出版社出版发行
（广西桂林市中华路 22 号 邮政编码：541001
网址：http://www.bbtpress.com）
出版人：张艺兵
全国新华书店经销
北京盛通印刷股份有限公司印刷
（北京经济技术开发区经海三路 18 号 邮政编码：100176）
开本：787 mm ×1 092 mm 1/16
印张：25.75 插页：9 字数：556 千字
2016 年 10 月第 1 版 2016 年 10 月第 1 次印刷
定价：130. 00 元

1

宜阳牌窑西汉画像空心砖墓墓室之一

宜阳牌窑西汉画像空心砖墓墓室之二

墓室前壁山墙龙纹砖

墓室前壁山墙武士御龙砖

墓门框砖蓝色玉璧

墓门框砖蓝色玉璧

彩绘虎、树和山峦

7

彩绘虎、树和马

彩绘树和马局部

9

彩绘虎、树和山峦

墓壁上的白色玉璧

墓砖上的刻画文字东北下

墓砖边框纹饰

古薛城官桥墓地M61壁龛出土陶壶组合

古薛城官桥墓地M61西室出土陶罐组合

古薛城官桥墓地M61壁龛出土陶壶M61:1

古薛城官桥墓地M48东室出土釉陶壶M48:1

古薛城官桥墓地M48东室出土釉陶壶M48:2

古薛城官桥墓地M48东室出土釉陶壶M48:3

古薛城官桥墓地M48东室出土釉陶壶M48:4

古薛城官桥墓地M62壁龛

古薛城官桥墓地M63西室南壁壁龛

目录

宜阳县牌窑西汉画像砖墓

李波 徐婵菲
（洛阳古代艺术博物馆）

1985年发掘，墓葬坐北朝南，由墓道、甬道、墓室组成。甬道用10块空心砖砌成，平面为长方形，东西长1.4米、南北宽1.2米。墓室为长方形，南北长3.8米、东西宽1.7米，墓顶是斜坡形顶，从墓室地面到墓顶高2.25米。墓室的砌法是：底部平铺一层空心砖；南壁开设墓门，墓门由门框、门楣、门槛4块空心砖组成，门扉为木质，已腐朽不存。门楣之上用两块直角三角形砖组成山墙；东、西两壁各用4块空心砖，分2层侧立错缝叠砌，砖上有刻画的表示方位的文字。壁砖之上再平铺一层转角形柱砖；北壁用2块长方形空心砖侧立叠砌，之上砌两块直角三角形砖构成山墙；墓顶用特制的两端抹去一角的柱形空心砖砌成斜坡形顶，顶部上方的缺口用扇形柱砖填补。全墓共用89块空心砖，其中有15块是画像空心砖，有17块砖在砖面涂有红、黄、蓝、白等颜色。

15块画像砖，有4块三角形砖，砖的底长1.08米、高0.8米、厚0.18米，砖的一面是一条龙，另一面是武士御龙。长方形砖11块，砖长1.79—1.82米、宽0.41—0.55米、厚0.18—0.19米，分别位于东、西、北三壁和门楣部位，砖上有马、树、虎、凤鸟画像，部分画像砖上有彩绘的玉璧和山峦。画像砖的边缘纹饰有菱形纹和勾连云纹两种。

据墓葬形制和出土器物判断，此墓年代为西汉中期。（图见彩色图版部分）

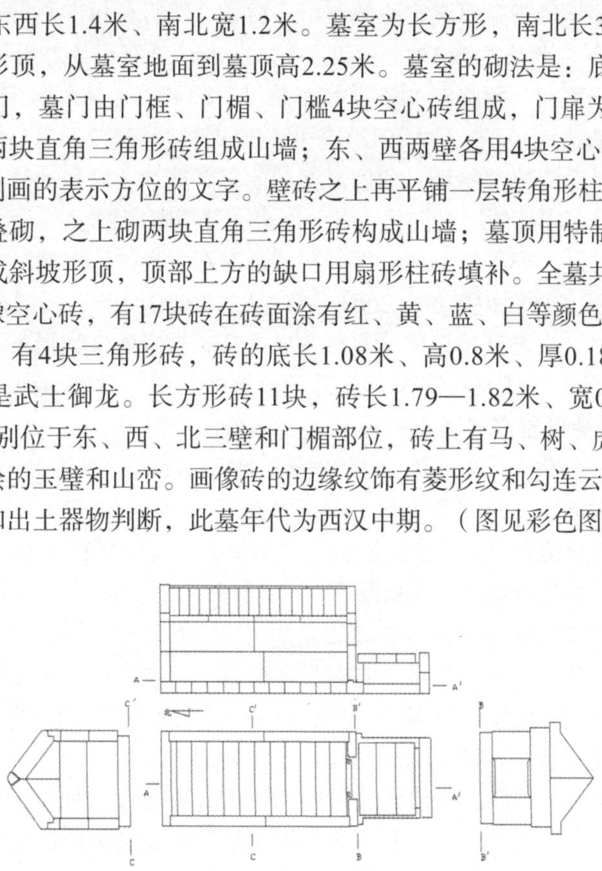

宜阳牌窑西汉画像空心砖墓平剖面图

古薛城官桥墓地的发现与保护

李慧 狄小卜
（滕州汉画馆）

古薛城官桥墓地位于滕州市官桥镇官桥三村，在“官桥村南墓群”遗址的保护范围内。官桥村南墓群东西长约740米，南北宽约410米，总面积约28万平方米。墓群距市区24公里，东靠小魏河，西临S344省道和车站村，S347省道从墓群中部穿过,距104国道4500米，距京沪铁路约300米，西南距国保单位薛国故城仅有200米。墓群周边分布着史前文化的北辛遗址及西康留遗址、商周时期的前掌大遗址、汉代冶铁遗址、战国时的孟尝君及毛遂墓等众多丰富的历史文化遗存，历史文脉清晰完整。

官桥村南墓群是2008年第三次全国文物普查时新发现的墓群遗址，同年被滕州市政府公布为滕州市级文物保护单位；2001年修建S347省道时曾在墓群范围内暴露十余座汉墓；2014年10月，在基础建设中又暴露数座汉墓，报经省文物局批准后，山东省文物考古研究所与滕州市汉画像石馆联合进行了抢救性发掘。发掘面积3000平方米，清理墓葬100余座，墓葬形制多样，有石椁墓、石室墓、瓮棺葬、土坑墓，其中汉画像石墓30余座，汉画像石构件150方。出土汉代铜镜、铜印、釉陶、灰陶、玉器300余件(套)。同时，发掘中还发现了少量北辛文化遗存，出土了一批具有明显北辛文化早期特征的陶片，具有重要文物价值和保护价值。发掘工作结束后，对发掘区周边2万平方米进行了初步探查，探查范围内分布着密集的墓群。

此处墓群的发现，引起了各级领导的高度重视，同时也吸引了国内众多知名专家学者前来现场考察、研究。截至目前，古薛城官桥墓地的文物保护工作初见成效。一是完成了暴露汉墓群的抢救性发掘清理工作。二是完成了墓群周边约2万平方米区域的墓群分布探查工作。三是完成了古薛城官桥墓地出土文物的清理、修复和部分发掘资料的整理工作，并在2015年春节期间，精选出土文物200余件，举办了“回望汉朝——滕州出土汉代文物精品展”；四是完成了“官桥村南墓群遗址”省级文保单位的申报工作；五是完成了“官桥村南墓群遗址保护规划”的基础资料整理工作，并整理印制了《官桥汉代考古发现》一书。在《中国文物报》《枣庄人文与自然》等报刊分别刊登了关于官桥汉墓群保护的文章，新华网等多家媒体也进行了相关报道。自进行抢救性发掘工作以来，地方财政累计投入资金300余万元，用于暴露汉墓群的抢救性发掘、周边区域墓群分布探查等文物保护工作。为保证已发掘汉墓群免遭自然损毁和下一步的对外展示，2015年5月对已发掘汉墓实施了钢结构搭建保护工程及相关配套设施建设，建筑面积3000平方米，整体结构采用半坡形前高后低的钢架结构。6月份，官桥村南墓群被山东省人民政府公布为第五批省级文物保护单位。8月底邀请20余位国内文物考古、汉文化研究专家学者举办“滕州汉画学术研讨会暨官桥汉墓群保护与利用研讨会”。下一步继续完善古薛城官桥墓地的文物修复、墓葬复原、展示等工作，编制官桥村南墓群遗址保护规划，整理官桥村南墓群第一期考古发掘报告，为实施保护工作提供科学的依据。

古薛城官桥墓地的墓葬分布密集、结构类型丰富独特，其中三分之一的墓葬构件中刻有汉画图像，墓葬的盖顶石距地表几十厘米到五米不等。目前国内保护利用起来的多是规格较高的王侯或贵族的墓葬，民众的墓葬不被重视和保护。此处汉墓群的发现、发掘、保护及原址展示，为研究生活在汉代社会中下层民众的丧葬制度、生产生活、鲁南地区石室墓的发展变化、石椁墓的起源及延续时期等提供了详实的实物证据，对于中华传统历史文化的传承有着重要的意义。

官桥（中心小学）汉代家族墓地
抢救性发掘墓葬分布图（图中数字为墓号）

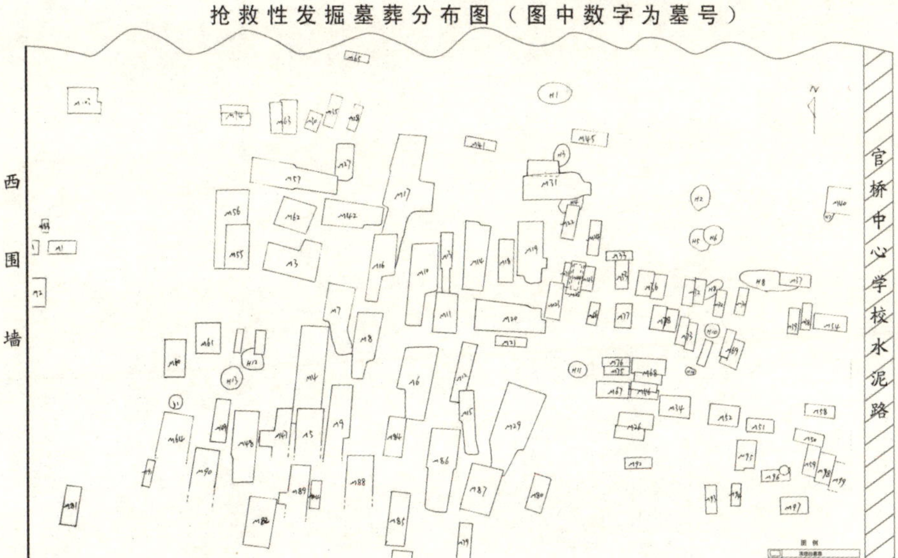

抢救性发掘现场图一

抢救性发掘现场图二

古薛城官桥墓地M59墓内填土剖面

古薛城官桥墓地 M17

古薛城官桥墓地M17前室门扉

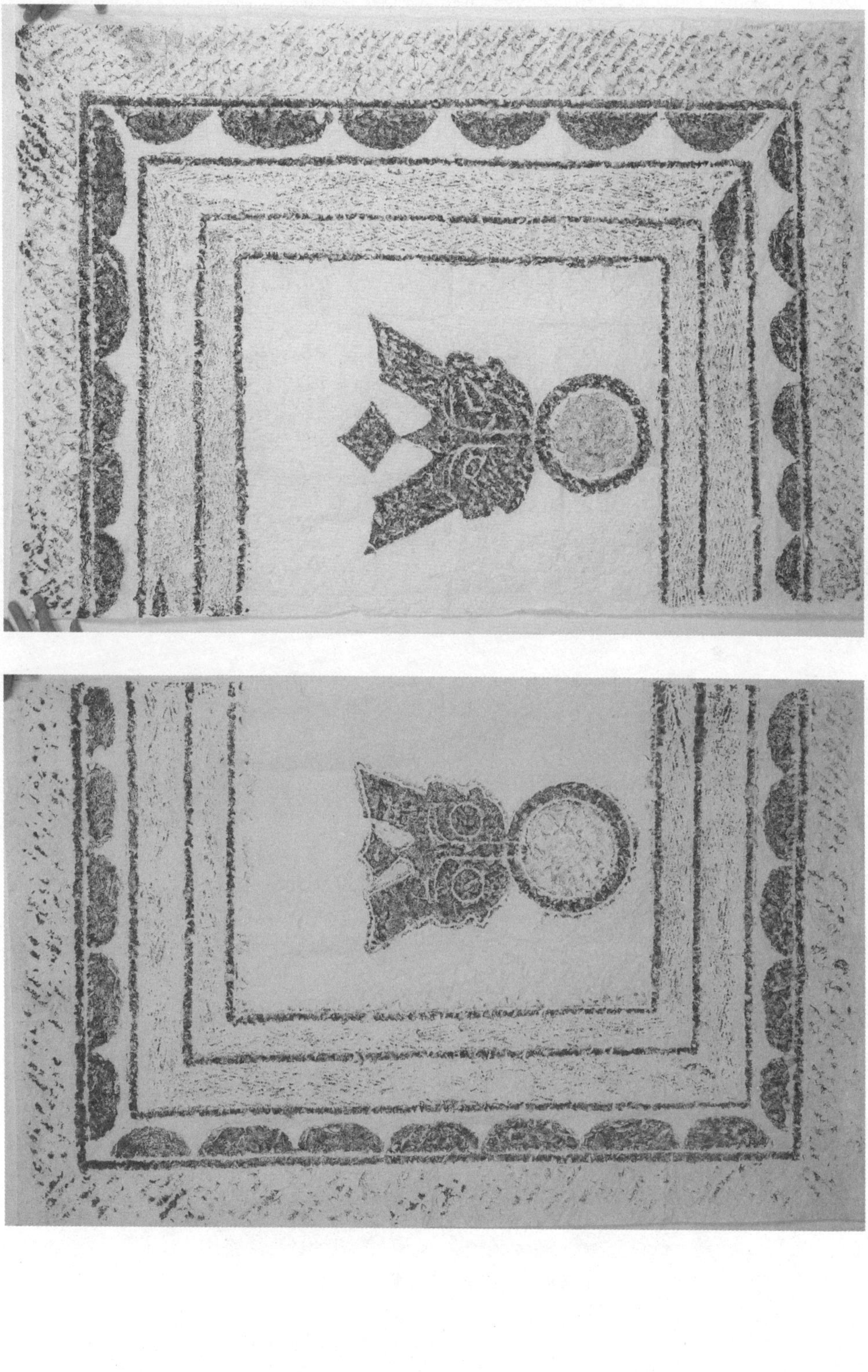

古薛城官桥墓地M17前室门扉拓本

古薛城官桥墓地M17后室门扉

古薛城官桥墓地M17后室门扉拓本

古薛城官桥汉墓群M20

官桥汉墓群M20

官桥汉墓群M20

官桥汉墓群M20前室西梁

官桥汉墓群M20南室门楣石

官桥汉墓群M56

官桥汉墓群M56门楣石

M56前室门扉内侧

M56前室门扉

M56东室东侧板

M56东室北挡板

M56西室北挡板

M56西室西侧板

官桥汉墓群M11双石椁墓

官桥汉墓群M48双石椁墓

M48东室北挡板

M48东室东侧板局部

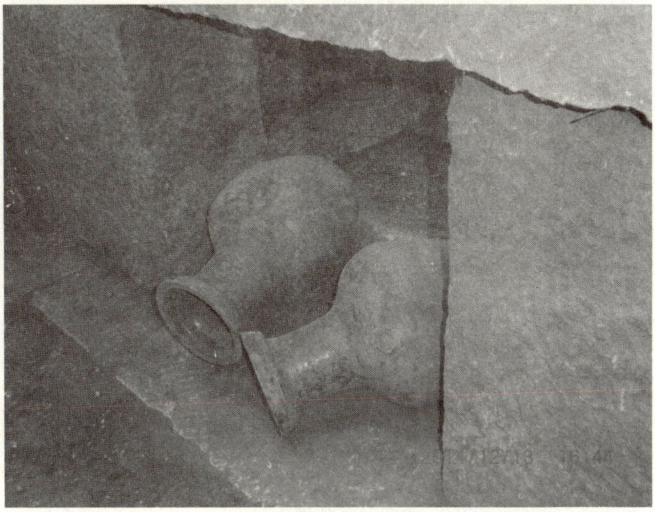

M48局部

官桥汉墓群M60双石椁墓

官桥汉墓群M57双石椁墓

官桥墓群M57墓门正面

官桥汉墓群M61双石椁墓

M61西室局部

官桥汉墓群M61

官桥汉墓群M61北壁壁龛 门扉

官桥汉墓群M61北壁壁龛门扉拓片

官桥汉墓群M62双石椁墓

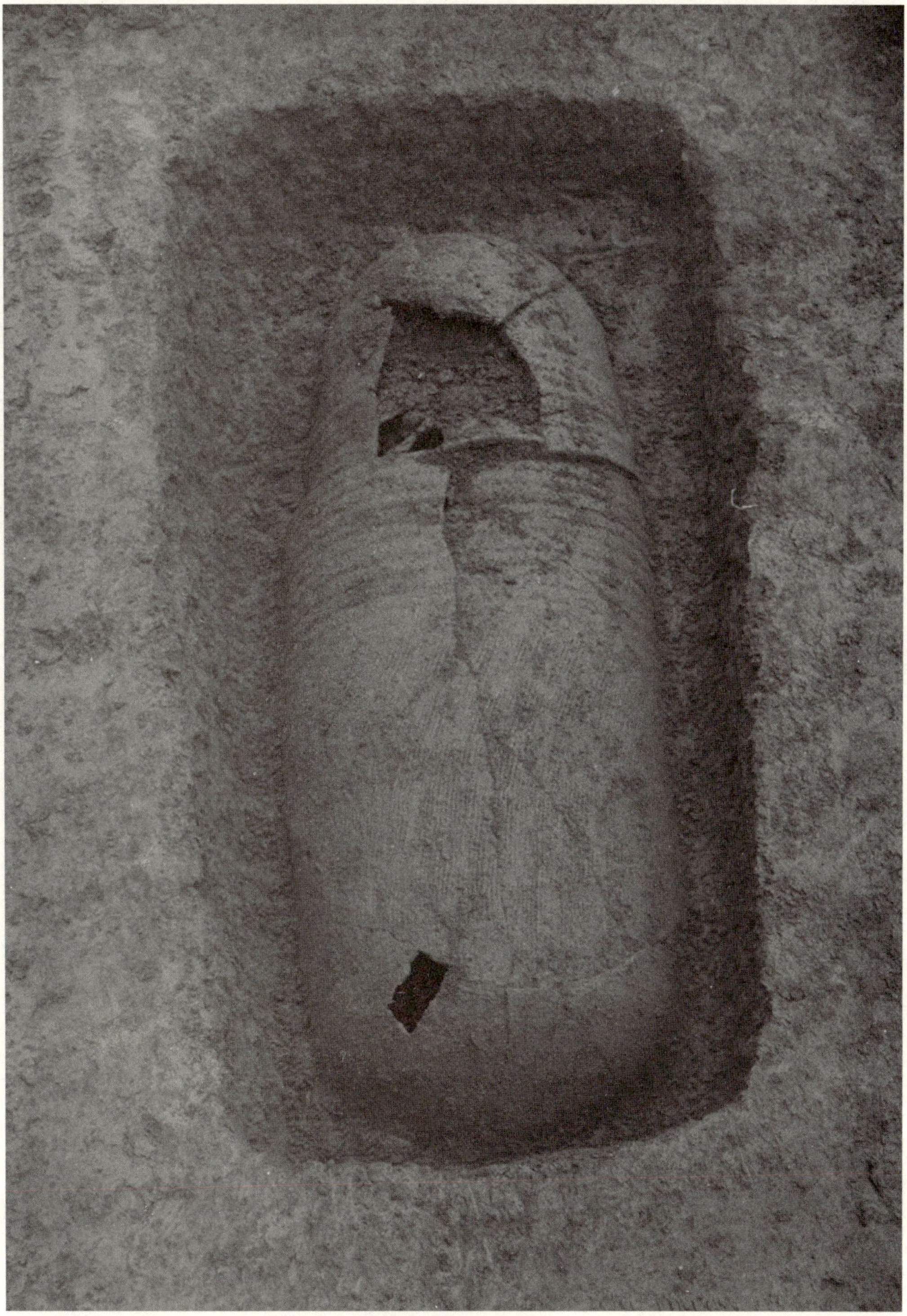

官桥汉墓群M83瓮棺墓

官桥汉墓群墓葬打破关系图一

官桥汉墓群M68、M46、M76、M75、M67的打破叠压关系

1. M68为并列双椁墓，南室打破北室。
2. M46为双石椁墓，北室打破南室。
3. M46北室北壁打破M68南室，M46西壁打破M67东壁。
4. M75为土坑墓，M76为单石椁墓，M75打破M76。

官桥汉墓群墓葬打破关系图二

山东邹城龙水村西汉画像石椁墓

胡新立
（邹城市文物局）

一、发掘概况

龙水村位于山东省邹城市东南28公里，隶属香城镇。其地势开阔，呈北高南低状。村庄的南面紧邻马河水库，东南2公里有龙山。1991年4月，当地村民在村庄搬迁中，在一村民的宅院内发现一石椁墓（后编号M8），挖出陶鼎、陶盒、陶钫、陶壶等彩绘陶器，上交到邹城市文物管理处。当时即派员实地调查，初步认为：这是一处汉代家族墓地，且墓葬较为密集，已难于保存。经济宁市文物局批准，即组织考古队，进驻该村进行勘探发掘。

经勘探查明：该墓地共发现各类墓葬20座（编号M1—M20），其中土坑木棺墓13座、石椁墓7座(有图像的石椁墓4座)。均为土坑竖穴单室墓，有些墓葬并排成组。在墓室中出土各类陶器、铁器、铜币60余件。该墓地东西约60米，南北约40米，面积约2400平方米。从已发掘的20座墓了解到，该墓地西北部的墓葬头向南，东北部的墓葬头向西，东南部的墓葬头向北，似乎分属于不同的家族。（图一 龙水墓群分布图）由于地表土已被推土机铲去，许多墓口暴露，其墓葬填土及方向、尺寸一目了然，给发掘带来不少便利。当时被村民挖掘的

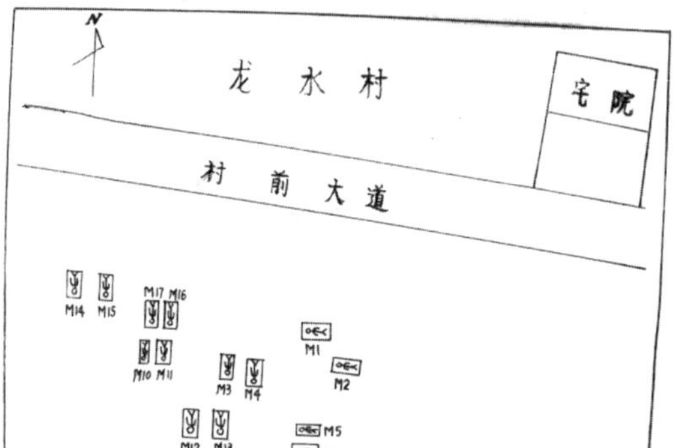

图一

M8石椁，暴露在荒野之上。整个发掘工作持续了10天，自4月10日至19日。发掘结束后将2座完整的石椁和另两座墓的石椁画像石（编号M9、M12及M13、M18）一起运到邹城文物局保存。现将4座画像石椁墓的发掘情况报告如下：

二、墓葬情况

1. M9

M9位于墓地南部，西与M7、M8东西并列。土坑竖穴，方向190度。墓口长2.92米、宽1.83米、深3.62米。（图二墓葬平面图）内置石椁，有8块石板组成：一整块底板、两块侧板、两块挡板，上面有三块尺寸基本相同的石板作盖板。石椁侧板与挡板扣合严密，即在两侧板的两侧开竖凹槽，两挡板正好卡在凹槽内，使之坚固。石椁长2.36米、宽1.08米、通高1.18米。（图三石椁照片）

石椁内置木棺，已朽，仅有板灰可辨，木棺长约2.16米、宽约0.69米，骨架依稀可辨，仰身直肢，头向南。在棺内北部发现一陶鼎，保存完整。

（1）随葬器物

陶鼎（M9:1）泥质灰陶，手制，通高4.40厘米、口径7.20厘米。（图四M9:1陶鼎）

（2）画像石 石椁有两幅图像，即位于石椁的南、北两侧挡板。

南挡板：（M9-1）纵长0.72米、横宽0.75米、厚0.11米。画面为阴线刻，石面粗糙。挡板中部以阴线刻出一门坊图像，双柱上有横宽的樑坊，坊顶呈斜坡状，在门坊图像内凿刻出平行凿点纹，以为装饰。门柱两侧各有一株长青树（柏树），图像线条平直、对称，构图饱满、准确。（图五 M9-1南挡板）。

北挡板：（M9-2）尺寸与南挡板相同。画面正中刻一圆形璧纹，正圆、规整。图像内不规则麻点纹，以为装饰。（图六 M9-2南挡板）。

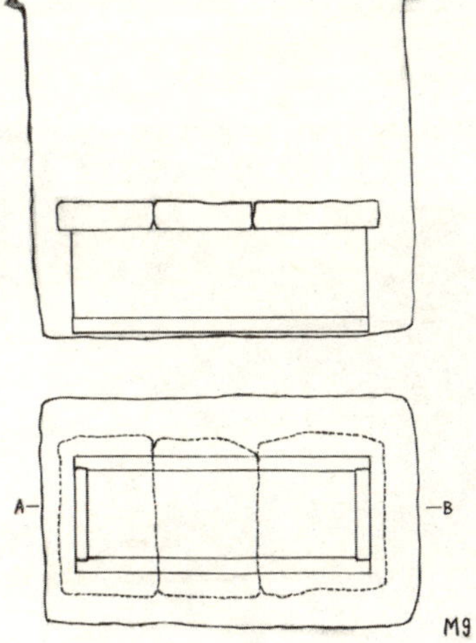

图二

图三

图四

图五

图六

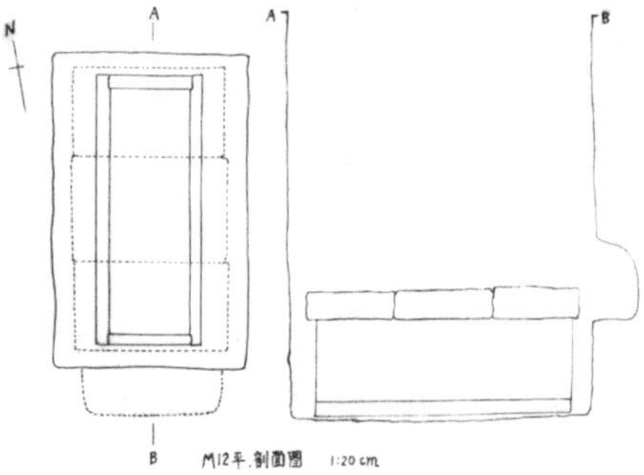

图七

图八

2. M12

M12位于墓地中部，西与M13东西并列。土坑竖穴，方向195度。墓口长2.80米、宽1.64米、深3.48米。（图七 M12墓葬平、剖面图）内置石椁，石椁侧板与挡板扣合严密，与M9结构相同。石椁长2.35米、宽1.08米、通高1.18米，由一块底板、两块侧板、两块挡板和三块盖板组成。其中侧板的两端有凹槽，中间夹住挡板，扣合严密。（图八 M12石椁照片）

石椁内置木棺，已朽，仅有板灰可辨，木棺尺寸不详。骨架依稀可辨，仰身直肢，头向南。在棺内中部发现有铜币，已锈蚀，字迹不清。在石椁北部墓壁上挖有壁龛，龛内及椁外熟土二层台上，放置陶制随葬品，有陶鼎、盒、壶、盘、匜等11件。

（1）随葬器物

陶鼎（M12:8）通高12.60厘米、口径11.30厘米。（图九 M12:8陶鼎）

陶盒（M12:1）通高11.30厘米、口径11.80厘米。（图十 M12:1陶盒）

陶壶（M12:10）通高25.70厘米、口径9.20厘米。（图十一 M12:10陶壶）

陶杯（M12:？）通高5.40厘米、口径4.90厘米。（图十二 M12:？陶杯）

陶匜（M12:6B）通长9.00厘米、通宽9.60厘米、通高2.80厘米。（图十三 12:6B陶匜）

陶盘（M12:4）通高1.60厘米、口径9.90厘米。（图十四 M12:4陶盘）

陶勺（M12:？）通长5.00厘米、通宽3.10厘米、通高2.8厘米。（图十五 M12:？陶勺）

（2）画像石

石椁内四壁及底部皆刻图像，共5石。即石椁的南、北两侧挡板，东、西侧板及底板上均刻有图像，分述如下：

南挡板：（M12-1）纵长0.71米、横宽0.72米、厚0.11米。画面为阴线刻，石面粗糙。图像为两株对称的长青树（柏树），树冠呈三角形，刻有细密斜线装饰。两树之间有菱形图像，似表现另一株树木。图像外刻有较宽的边框，工艺粗糙。（图十六 M12-1南挡板照片）

北挡板：（M12-2）尺寸与南挡板相同。画面为阴线刻，石面粗糙。图像为星云环绕，画面以阴线刻出八个不规则状并环绕成正方形的圈，内以麻点纹装饰，边框较宽。（图十七M12-2 北挡板）

东、西侧板：（M12-3/4）尺寸、图案相同。纵长2.39米、横宽0.71米、厚0.12米，阴线刻。图像分为三格，中间无图像，两侧刻有圆形璧纹，上有麻点和斜线装饰，璧纹周边有四个内弧形装饰。镌刻工艺稍粗糙（图十八M12-3西侧板）。

底板：（M12-5）纵长2.38米、横宽0.97米、厚0.13米，阴线刻。图像分为三格，图案与东、西侧板相同（图十九M12-5底板）。

3. M13

M13位于墓地东侧，西与M12东西并列。土坑竖穴，方向195度。墓口长2.80米、宽

图九

图十

图十一

图十二

图十三

图十四

图十五

图十六

图十七

图十八

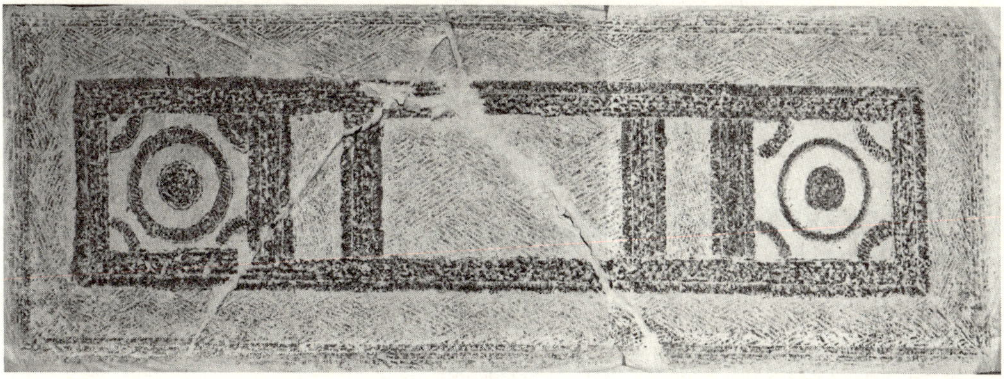
图十九

1.64米、深3.48米。内置石椁，石椁侧板与档板扣合严密，与M12结构相同。石椁长2.35米、宽1.08米、通高1.18米，由一块底板、两块侧板、两块挡板和三块盖板组成。石椁外有熟土二层台，在石椁东侧有边箱，内置陶质随葬品，有鼎、盒、壶、匜等，多数保存较好。

石椁内置木棺，已朽，仅有板灰可辨，木棺尺寸不详。骨架依稀可辨，仰身直肢，头向南。

（1）随葬器物

陶鼎（M13:3）通高9.00厘米、口径12.30厘米（图二十：M13:3陶鼎）

陶盒（M13:6）通高10.00厘米、口径13.90厘米（图二十一：M13:6陶盒）

陶壶（M13:4）通高11.90厘米、口径残（图二十二：M13:4陶盒）

陶匜（M13:2）通长11.00厘米、通宽9.60厘米（图二十三：M13:2陶盒）

小陶鼎（M13:1）通高4.40厘米、口径7.70厘米（图二十四：M13:1陶盒）

（2）画像石

石椁的南、北挡板刻有图像，共2石，分述如下：

南挡板：（M13-1）纵长0.72米、横宽0.72米、厚0.105米。画面为阴线刻，石面粗糙。挡板中部以阴线刻出两株对称的长青树（柏树），树冠呈三角形，其上刻有细密斜线装饰。图像外刻有较宽的边框，工艺粗放。（图二十五M13-1南挡板）

北挡板：（M13-2）尺寸与南挡板相同。画面正中刻一圆形璧纹，正圆、规整。图像内不规则麻点纹，以为装饰。（图二十六M13-2北挡板）。

4. M18

M18位于墓地东南，西与M19东西并列。土坑竖穴，方向8度。墓口长3.10米、宽1.64米、深3.48米。内置石椁，石椁侧板与挡板扣合严密，与M12结构相同。石椁长2.35米、宽1.08米、通高1.18米，由一块底板、两块侧板、两块挡板和三块盖板组成。石椁外有熟土二层台，在石椁东侧有边箱，内置陶质随葬品，有鼎、盒、壶等，器形较小，多数保存完整。

石椁内置木棺，已朽，仅有板灰可辨，木棺尺寸不详。骨架依稀可辨，仰身直肢，头向南。在骨架腰部发现一小串铜币，已锈蚀过甚，经处理辨认是西汉“半两”。棺内还出土一件小陶鼎。

（1）随葬器物

陶鼎（M18:1）通高10.50厘米、口径12.70厘米（图二十七：M18:1陶鼎）

陶盒（M18:4）通高8.20厘米、口径13.90厘米（图二十八：M18:4陶盒）

陶壶（M18:2）通高16.50厘米、口径9.50厘米（图二十九：M18:2陶壶）

小陶鼎（M18:3）通高5.60厘米、口径12.80厘米（图三十：M18:3陶壶）

（2）画像石

石椁的南、北挡板刻有图像，共2石，分述如下：

图二十

图二十一

图二十二

图二十三

图二十四

图二十五

图二十六

南挡板：（M18-1）纵长0.71米、横宽0.725米、厚0.105米。画面为阴线刻，石面粗糙。挡板中部以阴线刻出两株对称的长青树（柏树），树冠呈三角形，其上刻有细密斜线装饰。图像外刻有较宽的边框，工艺粗放。（图三十一M18-1南挡板）

北挡板：（M18-2）尺寸与南挡板相同。画面正中刻一圆形璧纹，正圆、规整。图

图二十七

图二十八

图二十九

图三十

图三十一

图三十二

像内錾有不规则麻点纹，以为装饰。（图三十二M18-2北挡板）。

三、结语

鲁南、苏北、皖北、豫东区是汉画像石产生和发展的一个中心区域，在这个区域汉画像石不仅产生时间早、延续发展时间长、发现的数量多，而且墓葬建筑的形制也极为多样。[1]邹城龙水西汉墓地的发掘，是90年代初期山东汉画像石墓的重要发现。四座带有图像的石椁墓，发掘资料翔实，随葬文物与石椁互证，时代特征突出，对于探讨苏、鲁、豫、皖区域汉画像石的起源及西汉石椁墓的特点，具有重要的史料价值。

其一，该墓地是西汉公共家族墓地。发掘资料表明，墓地已发掘的20座墓葬中，其墓向有异，南向较多，其次为西、北向。头向葬俗的差异，表现其族属的不同，说明该墓地不是单一的家族墓地，而是具有公共性质的家族墓地。近年来在鲁南枣庄、滕州、曲阜、微山、济宁等地均发现了相似墓地。[2]

其二，墓葬形制、石椁及图像。这四座石椁墓均为土坑竖穴、单室、内置石椁的方式，墓坑较深、封土夯实，在椁的外围采用掏挖壁龛的方式，设置器物箱，放置鼎、盒、壶、钫等陶制礼器，棺内放置小陶鼎或极少铜币。这种小型墓葬继承了战国晚期的形制，是西汉早期流行的平民墓葬，鲁南地区尤为多见。

[1] 蒋英炬、杨爱国：《汉代画像石与画像砖》，北京：文物出版社，2001年，70页。

[2] 山东省文物考古研究所：《曲阜柴峪墓地》、《滕州东小宫墓地》等发掘报告见《鲁中南汉墓》，文物出版社，2009年。济宁市博物馆：《山东济宁师专西汉墓群清理简报》，《文物》1992年第9期。微山文物管理所：《山东微山县微山岛汉代墓葬》，《考古》2009年第10期。枣庄博物馆：《山东枣庄市渴口汉墓》，《考古学集刊》第14辑，北京：文物出版社，2004年。

M9、M12两座石椁的形制（即椁室五石、顶盖三石）在西汉时期非常流行，至少在东汉初年，才被石室墓所取代。该石椁年代较早，结构完备，保存完整且有随葬物品，具有西汉早期的特征，与滕州岗头1号墓[3]，枣庄小山M1、M3石椁墓[4]，临沂庆云山石椁墓[5]形制结构基本相同，可作为西汉早期石椁的典型标本进行研究。近年来国内一些学者对汉代石椁墓进行研究，取得一些成果[6]，龙水石椁的资料对西汉早期石椁的比对、研究无疑提供了新的资料。

M9的门坊（天门）图像、M12的星云图像（？）均是在汉画中出现较早的图像，其后在四川、河南多有发现。“天门”图像以四川地区较多，巫山铜牌[7]、简阳石棺[8]已有“天门”文字榜题，多数学者对“天门”的作用及迎送墓主升仙的主题，多有论述[9]，笔者深表同意。M9的门坊（天门）图像简练、门坊寓意明确，当是西汉最早的“天门”图象，对研究汉代“天门”图像的原创、演变及升仙主题，有重要参考价值。

M13、M18石椁的璧纹、长青树图像，置于石椁两端挡板，多见于山东西汉早、中期石椁。“玉璧是汉画中出现频率最高的图像之一，是传统丧葬观念与精神信仰的重要载体，既具有丰富的文化学意蕴，又具有重要的图像学意义，研究价值很高。”[10]长青树，实为柏树（侧柏）之造型。汉代人在墓地种植松柏，称之为“墓树”、“塚树”，《山海经》《楚辞》还将柏树称为“不死树”、“招魂树”，认为其具有辟邪、驱鬼的作用。汉代人往往用柏木制成棺椁，做成“黄肠题凑”以保护墓主灵魂。有学者认为“早期石椁画像和早期汉画像石上的树木为社树”，可为一说[11]。龙水两墓石椁璧、树组合，是西汉早期石椁墓的典型图案，虽然墓向不同，但璧纹置以头向的挡板，长青树（柏树）的图像置于足部挡板，说明璧在墓中有“璧门”、“天门”的象征意义，与汉

[3] 燕生东、刘智敏：《苏鲁豫皖交界区西汉石椁墓及其画像石的分期》，《中原文物》1995年第1期。

[4] 枣庄市博物馆：《山东枣庄小山西汉画像石墓》，《文物》1997年第10期。

[5] 临沂市博物馆：《临沂的西汉瓮棺、砖棺、石棺墓》，《文物》1988年第10期。

[6] 山东省博物馆：《齐鲁文物》第2辑，汉代石椁画像和汉文化研究专号，科学出版社，2013年。主要论文参阅杨爱国《从石椁到石室》、于秋伟《汉代石椁画像及汉文化研究学术研讨会的一点收获》、吕凯《鲁中南地区汉代石椁墓形制及演变》、罗二虎《试论汉代石椁墓》等。

[7] 巫山县文管所等：《重庆巫山县东汉鎏金铜牌的发现与研究》，《考古》1998年第12期。

[8] 简阳县文管所等：《四川简阳鬼头山东汉崖墓》，《文物》1991年第3期。

[9] 信立祥：《汉代画像石综合研究》，文物出版社，2000年，284—288页。赵殿增、袁曙光：1.《“天门”考——简论四川汉画像石的组合与主题》，《四川文物》1990年第3期。2.《“天门”是汉画神仙思想的集中表现》，《中国汉画学会第十二届年会论文集》，中国国际文化出版社，2010年，18页。

[10] 陈江风：《汉画玉璧图像中的文化学阐释》，《中国汉画学会第十三届年会论文集》，郑州：中州古籍出版社，2011年，136页。

[11] 周保平：《徐州汉代画像石椁墓与石椁画像》，《齐鲁文物》第2辑，汉代石椁画像和汉文化研究专号，北京：科学出版社，2013年。

代人升仙观念相契合。M12在石椁的左、右、底板三面刻有璧纹，是汉代随葬玉器习俗的反映，来源于当地大汶口、龙山文化墓葬随葬玉器的习俗[12]，传承久远，值得研究。

其三，石椁的年代。龙水石椁墓葬形制多见于鲁南发掘的西汉墓地，其单体石椁形状结构与滕州岗头1号墓，枣庄小山1号、3号墓[13]○14，临沂庆云山石椁墓基本一致；随葬品以陶质礼器鼎、盒、壶、匜、盘等为主，多为偶数，置于椁外或边箱，与岗头1号墓、庆云山2号墓器物形制和葬埋方式基本一致；石椁两端挡板刻璧纹、长青树的方式也见于临山1号等西汉早期石椁墓，因此推断龙水石椁墓的年代应是西汉早期。由于M12、M18墓中有西汉"半两"币的发现，可推断确切年代当为西汉文景时期。

附记：

1991年4月，龙水考古队由济宁市文物考古研究室和邹城市文物处有关专业人员组成：解华英（领队）、李德渠、丁冲、胡新立、王军、程明。墓葬分布平面图由李德渠绘制。该墓群发掘报告由于诸多原因，未全面整理。所有出土文物收藏在邹城博物馆，石椁收藏在孟庙。报告中石椁摄影为杨超，谨此致谢。

[12] 山东省文物考古研究所等：《邹县野店》，北京：文物出版社，1985年，94页。

[13] 石敬东、尹凤娇：《山东枣庄汉代画像石椁墓初探》，《中国汉画学会第十三届年会论文集》，郑州：中州古籍出版社，2011年，437页。

徐州睢宁九女墩汉画像石墓2015年研究报告

梁勇
（徐州汉画馆）

睢宁九女墩汉画像石墓是徐州较早发现而又重要的汉代画像石墓葬之一。六十年来许多学者对其进行了研究，深化了认识，但是缺乏全面系统性，也出现了一些问题，特别是原始资料方面。为了让大家能够全面了解这一重要墓葬，最近我们对该墓汉画像石进行了较为全面的梳理与研究，其他文物待时机成熟时再予以补充。现报告如下：

一、相关文献梳理

1954年第五期《文物参考资料》发表《江苏睢宁县发现古墓葬》的通讯，全文98字："江苏睢宁县桃园区朱集乡群众三月间在荒地掘石子时，在地下丈余深处发现古墓一座，群众将顶挖毁，露出了五个方坑（可能是一主室及四耳室），出土有玉牌十余块，大部分被当地群众拿去。现当地政府已禁止继续挖掘。"经报文化部批准，1954年4月23日至5月3日江苏省文物管理委员会进行清理，并在1955年第二期《考古通讯》发表《江苏徐州睢宁九女墩汉墓清理简报》（简称1955年简报），全文2000字左右，汉画像石拓片13幅，墓室图1幅，文物图3幅。1959年江苏省文物管理委员会在科学出版社出版了《江苏徐州汉画像石》（简称1959年书），睢宁九女墩汉画像石墓部分1200字左右，汉画像石拓片11幅，墓室图1幅。1985年6月江苏美术出版社出版了《徐州汉画像石》（简称1985年书），睢宁九女墩汉画像石墓部分770字左右，原石照片2幅，拓片11幅。1995年徐毅英主编，中国世界语出版社出版了《徐州汉画像石》（简称1995年书），睢宁九女墩汉画像石墓内容少些，仅百余字，3幅原石照片。1998年田忠恩、武利华、陈剑彤、仝泽荣编著，山东美术出版社出版了《睢宁汉画像石》（简称1998年书），九女墩汉画像石墓部分1300字左右，拓片11幅。2000年中国画像石全集编辑委员会主编，山东美术出版社、河南美术出版社出版了《中国画像石全集•江苏 安徽 浙江画像石》（简称2000年书），睢宁九女墩汉画像石墓部分1300字左右，原石照片7幅，拓片1幅。2001年武利华主编，线装书局出版了《徐州汉画像石》（简称2001年书），睢宁九女墩汉画像石墓部分1291字，拓片8幅。其他具体到每一块汉画像石的研究与整体关联度低些，此不赘述。目前知道，睢宁九女墩汉画像石墓出土11块汉画像石。为阅读方便，我们将睢宁九女墩汉画像石出版资料列表如下：

睢宁九女墩汉画像石发表情况统计表

序号名称	1955年简报	1959年书	1985年书	1995年书	1998年书	2000年书	2001年书	登记情况
1 前室门楣	图版捌1，前室门额。	图21拓片，高0.48米、长2.48米，为前室门额。	图134拓片，225×42厘米，前室门额。		图5拓片，纵42厘米、横225厘米，前室门额。		图三十六拓片，纵42厘米，横225厘米，后室门额。	6展厅东展柜，高45厘米、宽288厘米、厚32厘米，前室门额。
	图版拾3，中室两壁石刻（位置不详）。	同上图21拓片。	同上图134拓片。		同上图5拓片。		同上图三十六拓片。	
2 西门扉	图版捌2，西墓门，高1.50米、阔0.57米。	图20拓片，高1.47米、宽0.54米。位于墓西门上。	图135拓片，147×56厘米，墓西门扉。		图7拓片，纵147厘米、横56厘米，墓门西扉。	图115原石，纵147厘米、横56厘米，墓门西扉。	图四十拓片，纵156厘米，横58厘米，厚14厘米，墓门西扉。	6展厅南展柜东6石，高156厘米、宽58厘米、厚13厘米，墓门西扉。

续表

序号名称	1955年简报	1959年书	1985年书	1995年书	1998年书	2000年书	2001年书	登记情况
3 东门扉	图版捌3，东墓门，高1.48米、阔1.26米。	图19拓片，高1.38米、宽1.21米。位于墓东门上。	图127原石、图128拓片150×126厘米，墓东门扉。	图41原石（图42局部），图42原石，150×126厘米。	图11拓片，纵150厘米、横126厘米，墓东门扉。	图113原石，纵150厘米，横126厘米，墓门东扉。	图三十九拓片，纵156厘米，横129厘米，厚15厘米，墓门东扉。	6展厅南展柜东5石，高156厘米、宽129厘米、厚15厘米，墓东门扉。
4 中室支柱	图版玖1，中室门额。	图28拓片，高0.21米、长1.25米。位于墓门中柱上。	图138拓片，152×24厘米，后室中支柱。		图8（局部）拓片，纵125厘米、横21厘米。墓门中柱。			6展厅南展柜东1石，高152厘米、宽24厘米、厚32厘米，后室中立柱。
5 中室西壁券石	图版玖2，后室门楣。	图23拓片，高0.95米、长2.72米。为后室墓门门楣。	图132拓片，216×82厘米。后室门额。	图43原石，216×82厘米（说明图号编错）	图1拓片，纵82厘米、横216厘米，后室门额。	图109原石，纵82厘米、横216厘米，后室门额。	图四十一拓片，纵98厘米，横276厘米，厚14厘米，后室门额。	6展厅南展柜东7石，矢高98厘米、宽254厘米（后期残缺）、厚14厘米，后室门额。

续表

序号名称	1955年简报	1959年书	1985年书	1995年书	1998年书	2000年书	2001年书	登记情况
6后室横梁	图版玖3，后室门额。	图版肆3原石、图29拓片，高0.24米、残长1.50米。为门楣石，位置不详。	图129拓片，116×29厘米。		图2拓片，纵29厘米、横116厘米，后室门额。	图111原石，纵29厘米，横116厘米，后室门额。	图三十七拓片，纵29厘米，横116厘米，后室门额。	6展厅南展柜东9石，高25厘米、宽116厘米、厚34厘米，两边残缺。
7墓门正中支柱	图版拾1，墓门正中支柱石刻。	图24拓片，高1.52米、长0.23米。为石柱刻石，位置不详。	图139拓片，148×24厘米，中室正中支柱。		图6拓片，纵148厘米、横24厘米。中室正中支柱。	图116原石，纵148厘米、横24厘米，中室正中支柱。		6展厅南墙东2石，高154厘米、宽24厘米、厚33厘米。
8中室正中支柱	图版拾2，中室正中支柱石刻。	图25拓片，高1.54米、宽0.22米。为中室正中支柱刻石。	图137拓片，152×24厘米，墓中立柱。		图10拓片，纵130厘米、横22厘米，后室正中支柱。			6展厅南墙东4石，高154厘米、宽23厘米、厚38厘米，中室正中立柱。
9中室侧壁	图版拾4，中室两壁石刻（位置不详），局部。	图27拓片，高0.96米、宽2.27米。为墓壁刻石，位置不详。	图130原石、131拓片，225×96厘米。		图3拓片，纵96厘米、横227厘米，位置不详。	图112拓片，纵96厘米，横227厘米，位置不详。	图四十二拓片，纵96厘米，横227厘米，位置不详。	6展厅南墙东8石，高96厘米、宽254厘米、厚14厘米。

续表

序号名称	1955年简报	1959年书	1985年书	1995年书	1998年书	2000年书	2001年书	登记情况
10后室正中支柱石	图版拾5，后室正中支柱刻石。	图26拓片，高1.50米、宽0.20米。为后室正中支柱刻石。	图136拓片，130×22厘米，墓门中柱。		图9拓片，纵150厘米、横20厘米，后室正中支柱。	图114原石，纵130厘米，横22厘米，后室正中支柱。	图三十五拓片，纵130厘米、横22厘米、厚38厘米，后室正中支柱。	6展厅南墙东3石，高153厘米、宽20厘米、厚38厘米，后室正中支柱。
11中室横梁	图版拾壹1，中室两壁石刻，（因群众早拆掉，不能辨识位置）。	图22拓片，高0.46米、宽2.42米。位于中室墓壁。	图133拓片，297×47厘米，中室墓壁。		图4拓片，纵47厘米、横297厘米，中室墓壁。	图110原石，纵47厘米，横297厘米，中室墓壁。	图三十八拓片，纵47厘米，横297厘米，后室门额。	6展厅西展柜，高47厘米、宽300厘米、厚33厘米，中室墓壁。
	图版拾壹2，中室两壁石刻，（因群众早拆掉，不能辨识位置）。	同上图22拓片。	同上图133拓片。		同上图4。		同上图三十八拓片。	
小计	13-2=11	11	11	2	11	8	8	11

从统计表中我们可以看出，2000年书原石照片7幅，其他资料中仅第1、5、10石原石照片多些，其余均为拓片照片。我们知道，拓片资料制作是一种再创作的过程，主观性较强，拓片有清晰的优势，也有丢失大量信息的缺陷，作为艺术品，或在技术条件跟不上的情况下是不错的选择。原石照片应尽量保留原石整体情况，我们细看睢宁九女墩汉画像石原石照片刊登最多的2000年书，一些照片不完整。关于墓葬结构图，我们仅在1955年简报与1959年出版的《江苏徐州汉画像石》中见到了相同的平面图，其他就没有了。该墓破坏严重，1955年简报称，该墓葬“距今约30年前，地面已低洼积水，一夕，

雷雨交加，忽然下陷，现出一洞，内有砖块，村民遂逐年陆续拆取。去年旧朱集村为整修小学校舍，曾利用该墓旧砖；今年2、3月间，群众又拆卸砖石，砌造旧朱集村庄口小桥两座。墓顶尽被揭开，破坏严重，很难辨明当年的形制了”。尽管1955年简报对墓中多数汉画像石的位置进行了标注，只能作为参考。发掘11天，整理时间也不长，一块汉画像石的不同部分也没能联系在一起，标注不准在所难免。前期学人做了大量工作，但墓葬结构的复原也没有进行。到了2015年的今天，以目前学术水准衡量睢宁九女墩汉画像石墓资料，还需要再考古再研究。通过新的工作尽量让睢宁九女墩汉画像石墓以更大的信息量展示给人们。

二、旧朱集的地理位置考辨

1955年简报称：“九女墩汉墓在江苏睢宁桃园区旧朱集村西北约半里。清光绪版《睢宁县志稿》卷七里有这样的记载：‘九女墩，旧志载，九女兜土葬亲而成，则墩当为墓，惜未详其姓氏年月，毫无证据。’群众又传有向此墩祷祭可借出碗碟、桌椅的神话。”60年过去了，桃园区现为桃园镇，位置基本未变。在睢宁的政区及居民点类地名中已经没有旧朱集了，原旧朱集隶属于桃园镇朱彭社区，而另有同属于桃园镇的朱集社区。2000年原朱集乡合并到桃园镇，2006年前朱集叫朱集村。朱集与旧朱集原本是相距5公里的两个地名，朱集在北，旧朱集在南。2007年徐州民政局在中国矿业大学出版社出版的《徐州地名录》第617页载：“旧朱集，隶属于睢宁县桃园镇朱彭村。清朝中期，朱姓在此居住，并于咸丰年间建圩，称朱圩。民国初年形成集市得名朱集，后北朱集兴起，该市取消，故名旧朱集。”第723页载：“朱集，隶属于桃园镇朱集村，清朝末年，朱姓居此，曾为集市，故名朱集。”这种变化极易导致古遗址空间关系的混乱，以至于2012年3月17日《彭城晚报》的《睢宁九女墩汉墓：2000年前的艺术创新》一文中称“九女墩汉墓在睢宁县桃园镇朱集村西北”。想是1955简报“旧朱集村西北约半里”句转用，只是前后省了。该墓实则在朱集村西南。外地人就更搞不清这一搬迁过的重要墓葬的空间关系了，朱集与旧朱集是两个相近而不同的地方，相距5公里。原旧朱集在今睢宁县桃园镇南偏东5公里(见睢宁九女墩汉墓位置示意图)。桃园镇位于睢宁县西南部，北纬33° 52′ 00.996″，东经117° 48′ 08.525″，距县城区15公里，东邻睢宁县经济开发区，南界官山镇、李集镇，西接安徽省灵璧县高楼镇，北至岚山镇。“借出碗碟、桌椅的神话”在各地古遗址中常见。徐州驮篮山楚王墓附近长久以来也有同样的传说，它说明该遗址在很久以前出土过价值较高的文物。

三、墓葬形制与结构

成熟以后的徐州汉画像石墓分为石椁墓、石室墓、砖石混合墓三种形制。从1955年简报提供的资料看，该墓为砖石混合汉画像石墓。方向5度。1955年简报称，“墓顶尽被揭开，破坏严重，很难辨明当年的形制了”，“墓系长方形，坑口南北长15米，东西宽

11.5米，深3.3米”。这些数据与墓葬结构无关，已经没有参考价值。1998年书称，“墓室南北通长12.5米，东西最宽6米”，应该是根据1955年简报墓葬平面图推算的，较为可靠，但都是指室内尺寸。根据墓葬平面图及现存汉画像石我们还可以进一步推算墓葬结构的大体情况。

1955年简报称：“墓道为八字形，东西各砖墙一堵(砖多契形，间有少数长方形的)，表面用石灰粉饰。”契形砖多数是券顶材料，据此我们可以推测墓道、前室两者之一是券顶，或墓道、前室全是券顶。从徐州同类墓葬看，仅仅前室为券顶的可能性较大，墓道应为露天的。1955年简报把门楣分为图版捌1、3，不知是一块汉画像石的两部分。1959年书将其合并，称其高48厘米、长248厘米，当是测量拓片得出的尺寸。1985年书、1995年书、1998年书、2001年书均称前室门楣高42厘米、宽225厘米，是拓片画面部分的宽度。实际尺寸高45厘米、宽288厘米，画面高41厘米、宽225厘米。据此我们推测墓道北端及墓门宽度与带画面的部分长度相同，即宽225厘米。现东西墓门画面高147厘米，东西墓门原石高156厘米，原石门高是包含门枢的，门枢上下是插入门窝的，不算高度，故应以147厘米计算。有门枢就要有地栿，地栿高度以10厘米计算（同类型墓葬地栿高度）。门楣、门、地栿三个高度相加，墓门与墓道北端高202厘米左右。券顶高度不详，以仅有的券石细加工面高度59厘米推测，墓门处总高度在261厘米。这与通常所见相同墓葬墓门高度相近。

分析1955年简报中“各室壁面一部分是石造，以石铺地”的描述，也有部分壁面为

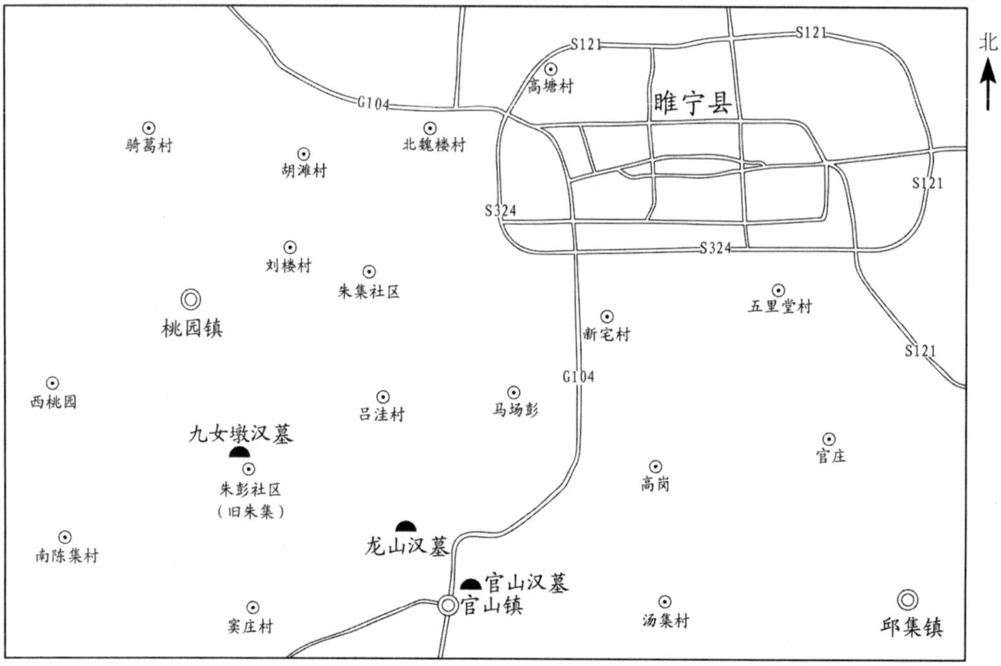

睢宁九女墩汉墓位置示意图

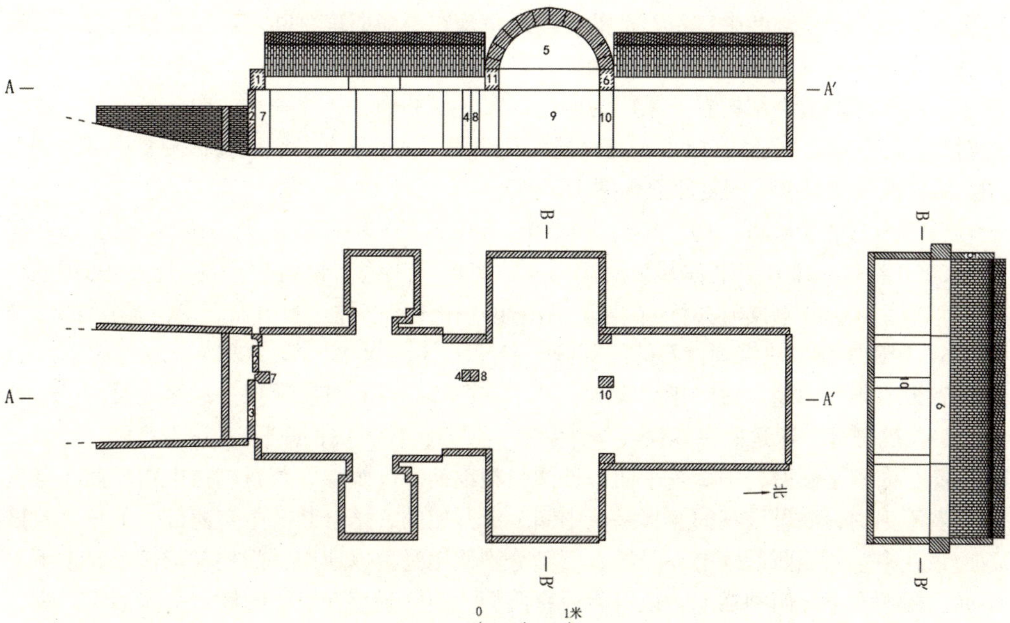

1. 前室门楣 2. 墓门西扉 3. 墓门东扉 4. 中室支柱 5. 中室西壁山墙 6. 中室横梁 7. 墓门正中支柱 8. 中室正中支柱 9. 中室侧壁 10. 后室正中支柱 11. 中室横梁

睢宁九女墩汉墓推测复原平、剖面图

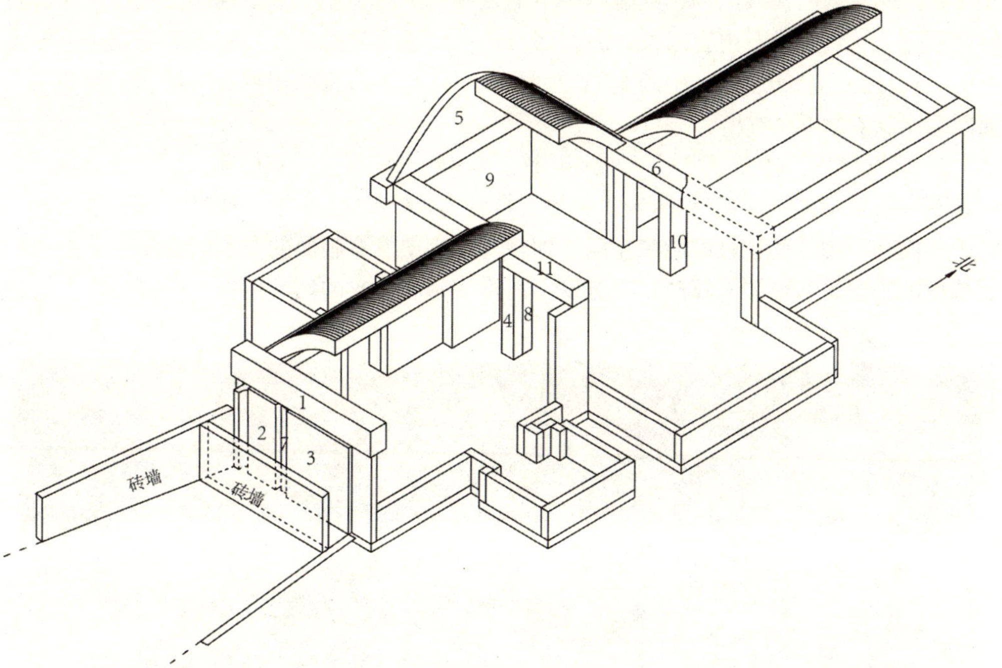

1. 前室门楣 2. 墓门西扉 3. 墓门东扉 4. 中室支柱 5. 中室西壁山墙 6. 中室横梁 7. 墓门正中支柱 8. 中室正中支柱 9. 中室侧壁 10. 后室正中支柱 11. 中室横梁

睢宁九女墩汉墓推测复原立体图

砖砌的，我们初步判断中室是石造的，前后室现在不能明确判断。从目前11块汉画像石及1955年简报对取砖情况的描述来判断，该墓用砖量比较大，应该是砖石混合墓，以砖券顶。从墓葬的形制结构看，墓门为两个，东、西并列，一大一小，中、后室也大致与此对应，后室的宽度达225厘米左右，当为合葬墓（见睢宁九女墩汉墓推测复原平、剖面图，睢宁九女墩汉墓推测复原立体图）。

5石、9石情况辨析。1955年简报与1959年书称5石为后室门楣，1985年书、1998年书、2000年书、2001年书称其为后室门额，1995年书没有该石位置说明。1998年书、2000年书、2001年书同时亦称6石为后室门额，1959年书称“为门楣石，位置不详”。5石、6石明确不是一块汉画像石的两部分，1998年书、2000年书、2001年书关于5石、6石的位置说明当有问题。1955年简报载：“中室西部有巨石沉底，想是这墓在早期已遭到不止一次的破坏，这是一块券顶。”九女墩券顶石仅仅一块，即5石。该石半圆，可以分成三圈，内圈是画面，中圈是平面，外圈是粗糙面。汉画像石墓石构件中粗糙面在墓室中是看不到的，如果该墓的券顶是从中圈上沿开始的，结合其“中室西部”的位置，该石应该在中室西侧西后壁上。门楣、门额分别使用时可以通用，门楣与门额处在上下关系时，门楣在下，门额在上。该石为后室门楣、门额说存在以下问题：一是后室门楣、门额上下放置，在其上再起中室的券，其高度就太高了；二是沿着中圈上沿起券，中室券的后室门下是空的，没有支撑，中室券无法起来。因此5石不是后室门楣或门额，也不是中室西侧室的门楣或门额，只能是中室的东西壁山墙，在“中室西部”发现，我们暂定在西壁。从汉画像石内容来说，5石、9石在中室是合适的，在后室的后壁则是不好解释的。5石画面宽200厘米、中圈宽约227厘米，与9石画面宽度相吻合。从1955年简报平面图的比例上也可以看出。

6石情况辨析。1955年简报与2000年书、2001年书称其为后室门额。1959年书称“为门楣石，位置不详”，宽150厘米。其他资料皆为116厘米，少了34厘米。该石全画面，几十年没有变化，变化只可能在左侧，即在几十年中没有画面的左侧破损了。石左边到了画像的边框，右边缺失较多，其宽度不能作为判断位置的确切依据。右侧麒麟后的植

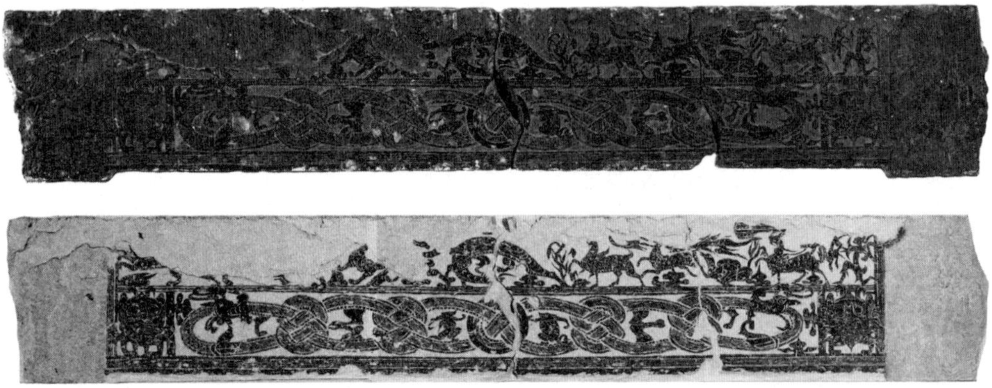

图1

图2

物造型要引起我们的重视，它往往是画面的分隔标志，画面两分隔的话，整体画面宽度就当是230厘米左右。这个尺寸与平面图的比例是吻合的。故我们采信后室门额说。

四、墓葬汉画像石描述

第1石（图1），前室门楣，长方形。青石，断为三截，上部画面剥落。现在徐州汉画像石艺术馆北馆第六厅东壁展出。原石尺寸：高45厘米、宽288厘米、厚32厘米。画面尺寸：高41厘米、宽225厘米。画面左右两侧下部延长5厘米，底部有门窝。画面分上、下两层。上层刻珍禽异兽，有羽人、麒麟、青龙、仙草、玄龟等。下层分左、中、右三格，中格刻双龙穿璧，图画中间刻一玉璧，二龙缠体相交，玉璧两边刻一对熊罴，张牙舞爪；左、右两格分别刻一饕餮，做兽面形。画面外边框、上下层之间为波浪纹，上层、下层左中右三格的周边为直条纹。

第2石（图2），墓门西扉，长方形。青石，基本完整，门枢及左上角微残。现在徐州汉画像石艺术馆北馆第六厅南壁展出。原石尺寸：高156厘米、宽58厘米、厚14厘米，画面尺寸：高147厘米、宽56厘米。画面分上、下两格。上格小，刻一凤凰，长尾大冠，口衔瑞草。下格大，刻铺首衔环，环为璧形，璧形环上拴结飘带，右下角站立执戟卫士。画面空白处饰有云气鸟头装饰。画面上下右边框为宽直条纹，两格之间为窄直条纹。

图3

第3石（图3），墓门东扉，长方形。青石，早期基本完整，现残为三块，下门枢微缺。现在徐州汉画像石艺术馆北馆第六厅南壁展出，位于第2石东侧。原石尺寸：高156厘米、宽129厘米、厚15厘米，画面尺寸：高147厘米、宽126厘米。画面分上、下两格。上格小，刻羽人手持仙果引逗凤凰，画面空白处刻有祥云瑞草、行龙飞鸟等装饰。下格大，刻两位侍者双手捧果盘献食。前面侍者脸部刻画特别，侧面像，刻有两只眼睛和两个鼻子，是正面还是侧面由观者自己揣摩。侍者下有珍禽异兽，侍者右面刻铺首衔环。画面四周边框为宽直条纹，两格之间为窄直条纹。

第4石（图4），墓中室立柱，长方形。青石，早期上下微残，后下半部画面缺。现在徐州汉画像石艺术馆北馆第六厅南壁展出，位于东数第1块。原石尺寸：高152厘米、宽24厘米、厚32厘米，画面尺寸：高125厘米、宽21厘米。画面分上、下两格，上格小，下格大。下格原刻二异兽和鸟雀，现下部异兽缺。画面左右为波浪纹，上下格之间为直条纹。

第5石（图5），中室西壁山墙，半圆形。青石，残为三块，左侧下部、右下角缺。现在徐州汉画像石艺术馆北馆第六厅南壁展出，位于第2石西侧。原石尺寸：矢高98厘米、弦长254厘米、厚14厘米，画面尺寸：矢高59厘米、弦长200厘米。该石半圆，可以分成三圈，内圈是画面，中圈是平面，外圈是粗糙面。画面中刻一两坡式梁桥，桥两端为20度左右斜坡以便车马通行，桥上有护栏，桥中间有灯柱，桥头有两只小兽护桥。桥上有一列车骑驰行。桥下两只小船上有人捕鱼，天空中有云气、鸟头，还有一飞仙凌空飞行。画面边框为直条纹。

第6石（图6），中室横梁，长方形。青石，该石左右边皆残，左侧有边框，右侧缺，仅一动物露出头部。现在徐州汉画像石艺术馆北馆第六厅南壁展出，位于最西端。原石与画面尺寸相同，高25厘米、宽116厘米、厚34厘米。画面从右往左依次为麒麟、灵芝、持节羽人、九华灯、箑蒲，箑蒲形如团扇，有茎连下。箑蒲是能自动生风的神草，生于厨间，能使食物保鲜，故将它刻在仙果的旁边。边框为直条纹。

第7石（图7），墓门正中支柱石，长方形。现在徐州汉画像石艺术馆北馆第六厅南壁展出，第4石西侧。原石尺寸：高154厘米、宽24厘米、厚33厘米，画面尺寸：高144厘米、宽20厘米。青石，右上部残。画面刻青龙、白虎。在直条边框上雕刻波浪纹，下部雕刻完整，左侧刻了一部分，右侧仅仅刻了部分轮廓线。

第8石（图8），中室正中支柱石，长方形。青石，画面基本完整，右上角略残。现在徐州汉画像石艺术馆北馆第六厅南壁展出，第3石东侧。原石尺寸：高154厘米、宽23厘米、厚38厘米，画面尺寸：高144厘米、宽20厘米。画面分两格，上格小而下格大。上格刻一怪兽头，下格刻青龙，间以异兽、飞鸟、云气、鱼等。上、左、右边框为波浪纹，下边框为宽直条纹，上下格之间为直条纹。

第9石（图9），中室侧壁，长方形。青石，残为三块，左上角、右下角及下部中间缺。现在徐州汉画像石艺术馆北馆第六厅南壁展出，第6石东侧。原石尺寸：高96厘米、宽254厘米、厚14厘米，画面尺寸：高72厘米、宽227厘米。画面四周边框为直条纹。以往资料尺寸基本是高96厘米、宽227厘米，96厘米是原石高，227厘米是画面宽。再细看各种资料的画面选择的大小也是不同的。2001年书选择到四周边框。

图4

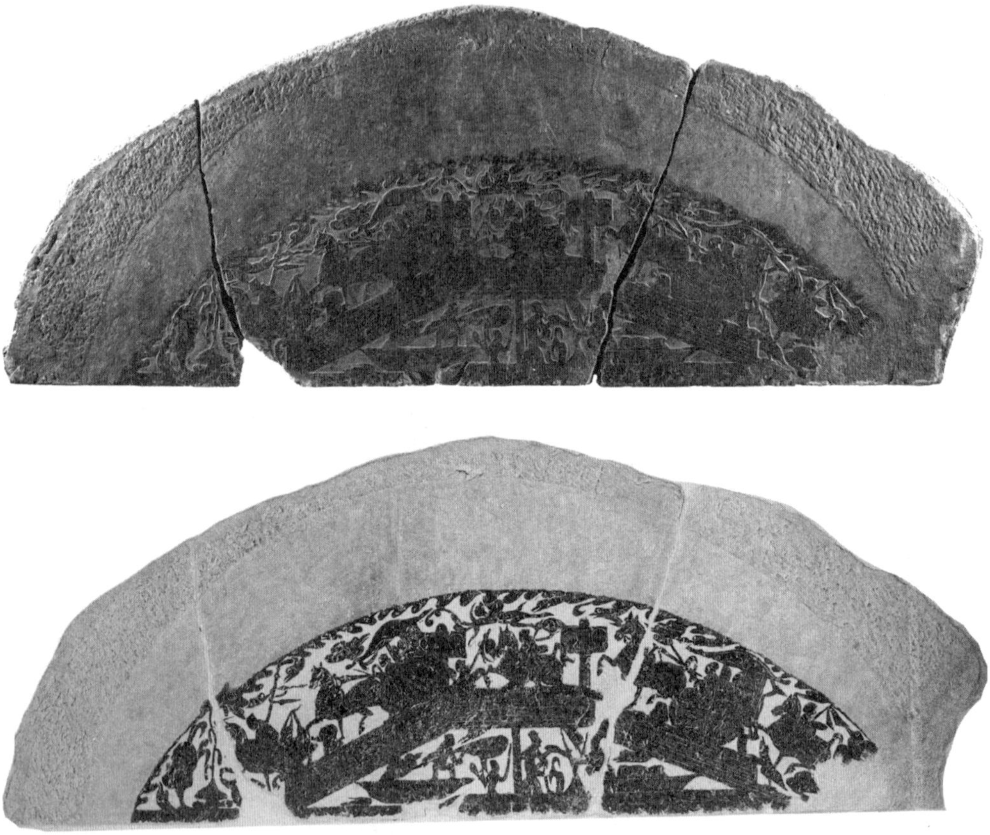

图5

1998年书上下到边框，左侧出边框，右面没到边框。2000年书下面到边框，上边左侧出边框，右面没到边框。1985年书下面右侧到边框，上面左侧出画面。

画面分两层，上层画面分三格，中间格刻一神鼎，鼎旁有玉兔守护，鼎内应装有炼成的丹药，两只生有羽翼的犀牛向鼎扑来，玉兔在奋力反搏。图上部刻一“九穗禾”，嘉禾旁有一对凤凰；左上角刻一九尾狐，右上角刻一麒麟。画面左右格各刻一对祥瑞符号，中间为圆日，四边为半月，此为日月合璧图。汉代人把日月合璧又称为日月同辉，视为吉祥之兆。下层刻车马出行图，两辆装饰华丽的辎车和三骑吏由远方驰来，骑吏的马背上挂着弓箭，似去狩猎。画面四周边框及上下层、左右格之间为直条纹。

第10石（图10），后室正中支柱石，长方形。青石，上部残。现在徐州汉画像石艺术馆北馆第六厅南壁展出，第7石西侧，第8石东侧。原石尺寸：高153厘米、宽20厘米、厚38厘米，画面尺寸：高146厘米、宽20厘米。画面中刻一青龙竖立，该龙形象风格突出，龙颜狰狞，额头生角，鳞纹致密，龙爪三趾，弯曲锐利，有似禽爪，背鳍与尾鳍突出明显，后世龙的基本特征均已表现出来；画面上方刻龙头的正面像，龙髯龙须雕刻精

图6

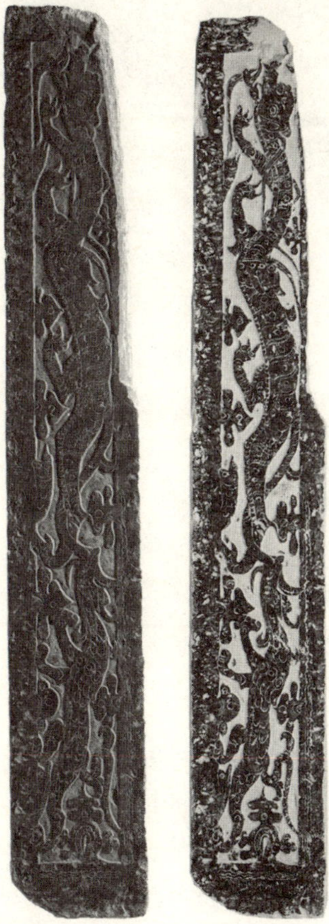

图7

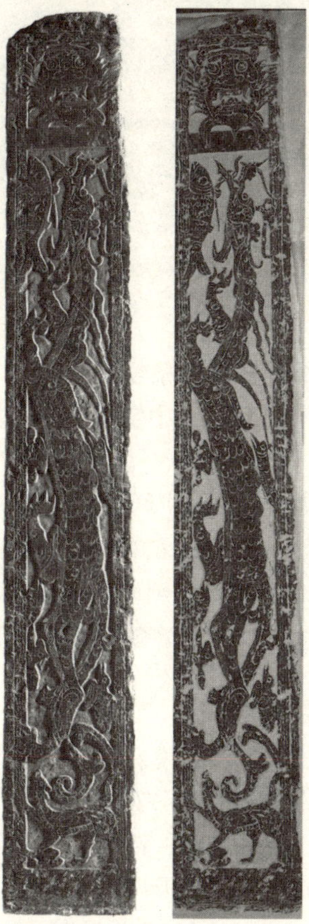

图8

图9

细。画面四周边框为直条纹。

第11石（图11），中室横梁，长方形。青石，上部残。现在徐州汉画像石艺术馆北馆第六厅西壁展出。原石尺寸：高47厘米、宽300厘米、厚33厘米，画面尺寸：高39厘米、宽225厘米。画面中间刻一重檐房屋，室内帷幔高悬，榻上置一几案，案上摆放食具，刻男女主人对饮；左右廊庑间刻二人跽坐，当为侍者；屋外左侧刻八人捧食进馔，右侧刻三人佩剑长跪。画面左右上方刻有翼虎、朱鸟、三足乌、灵芝仙树等。此图表现了墓主人生前钟鸣鼎食、豪华阔绰的享乐生活。画面四周边框为直条纹。

五、相关认识

该墓发现较早，规模宏大，雕刻精致，等级较高，因此成为研究徐州汉画像石的重要资料。尽管该墓资料被公布7次之多，但尚不够完整，不一致的地方也很多，即便这一次也没能收集到新的资料，特别是墓葬构件部分，推测研究的特点重了点。多年来，关于该墓的研究不断深入，应吸收有益成果，提高对墓葬的认识。现就相关问题谈点看法。

1．墓主问题。1955年简报在谈到墓主时仅仅提到“决非一般庶民所能胜任敢为”。

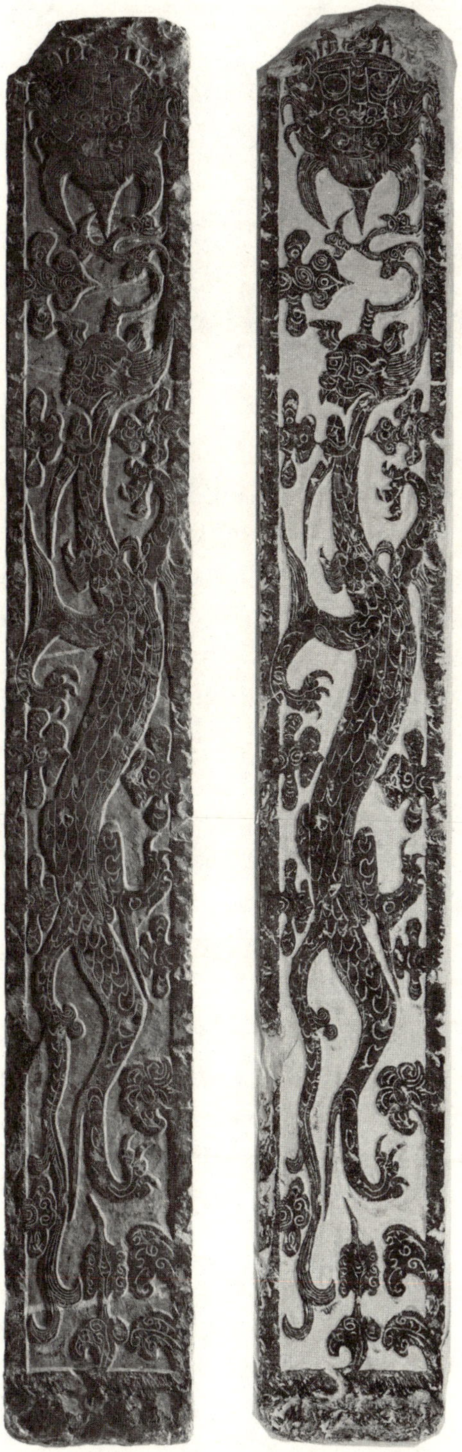

图10

李蔚然在1958年第2期《考古通讯》发表《江苏睢宁九女墩汉墓出土玉牌用途的推测》一文认为："睢宁九女墩汉墓所出长方形玉牌，质量并不太好，近于大理石的颜色，四角皆有圆形小孔，并有半厘米粗细的铜丝附在少数牌的孔内。""'江苏徐州睢宁九汉墓清理简报'一文中，提到229片，实际数字不止于此，据旧朱集村农民朱傅有说'在拆除墓砖修学校时，已经挖掘出了一百多片'。""睢宁九女墩汉墓所出的玉牌在数量上既具备了串缀玉匣的条件"，"还可以推测睢宁九女墩汉墓似为汉代诸侯王大贵人或长公主同等级的墓葬。"李银德在1993年第2期《中原文物》的文章中进一步提出："我们推断墓主人的身份应为与东汉下邳国王室有关的列侯、大贵人或长公主一类的人物。"两位李先生的推断都是有道理的，只是后者更具体一点。公元126年，东汉永建元年，汉顺帝刘保封第二代下邳王刘成的两个哥哥及第一代下邳王刘衍的两个孙子为列侯；公元132年，东汉阳嘉元年又封下邳国第三代下邳王刘意的八个弟弟为乡、亭侯。因此，睢宁九女墩汉墓墓主有可能就是他们其中的一员。

2．墓葬的时间。1955年简报称："可能是东汉的末年。"东汉下邳国治下邳，即今睢宁古邳镇，始封刘衍於72年（永平十五年），第四代下邳王刘宜185年继位，数月薨，无子，公元206年国除。历时共134年。目前学术界普遍认同东汉前后期的分法。如翦伯赞《秦汉史》认为"东汉的政权，到和帝时便发展到全盛时代的顶点"，林剑鸣《秦汉史》、何兹全《中国古代社会》明确和帝以前是前期，和帝以后是后期[1]，

[1] 翦伯赞：《秦汉史》，北京大学出版社，

（转下页）

图11

也就是说以106年为界，东汉可以分为东汉前期、东汉后期。即便按照范文澜《中国通史简编》修订本的说法，增加一个“分裂时期（190—280年）”，称作东汉后期也是可以的。[2]然而称作东汉末年可能有点问题。东汉末年往往指184年的黄巾大起义开始到220年东汉的结束。这一时期徐州一带极为动荡，也没有依据把时间定在如此短的时间内。从汉画风格与文物组合来看，东汉后期没什么问题。再参照李银德的观点，墓葬“与东汉下邳国王室有关”，则该墓上限在106年，下限以下邳国灭亡的206年为宜。

3．题材内容。关于睢宁九女墩汉墓汉画像石的题材内容与艺术风格，武利华与仝泽荣在1998年书“睢宁汉画像石综述”[3]一文中进行了论述。九女墩汉墓在徐州汉画像石中建筑特色明显，从中我们也可以了解睢宁汉画像石的概貌（见睢宁画像石分布图）。汉代有些厅堂前面没有门扉，以帷幕绕于柱上，垂于檐下，可作装饰，使室内宽敞明亮。如需挡风御寒或有机密要事，则放下帷幕。睢宁九女墩汉墓第11石画像内容为“厅堂建筑图”，除表现出汉代建筑“一明两暗”的形制外，各室以帷幕悬挂，表现出“堂被锦绣”的豪华。其建筑雄厚浑朴，结构奇特，为研究中国古代建筑史提供了珍贵资料。桥梁是古代建筑中的重要组成部分。古代睢宁曾有一座著名的桥，即下邳的圯桥，是张良遇黄石公进履之处。睢宁九女墩汉画像石中的“桥梁图”向我们展现了汉代桥梁的样式。图上的桥为两坡柱式梁桥，桥的两端呈约20度左右的斜坡，中间是水平状的桥面，以便桥上车马和水面的船只通行。桥上有整齐的护栏，桥中间还有高耸的灯柱，桥头有蹲兽。整个宽阔的桥身只有一对木柱支撑，桥上正有两车一骑通过，反映出桥的

1983年，446页。持类似看法的有林剑鸣《秦汉史》，上海人民出版社，1989年；何兹全《中国古代社会》，郑州：河南人民出版社，1991年，405页。

[2] 范文澜《中国通史简编》修订本第二编将东汉与三国合在一起,分为三个时期:东汉前期(汉光武帝至汉章帝共64年;东汉后期(汉和帝至汉灵帝共101年);分裂时期(190—208年即汉献帝初平元年至建安十三年凡19年为前段,208—280年即建安十三年至晋武帝太康元年凡73年为后段,前后共91年)。

[3] 田忠恩等编著《睢宁汉画像石》，济南：山东美术出版社，1998年。

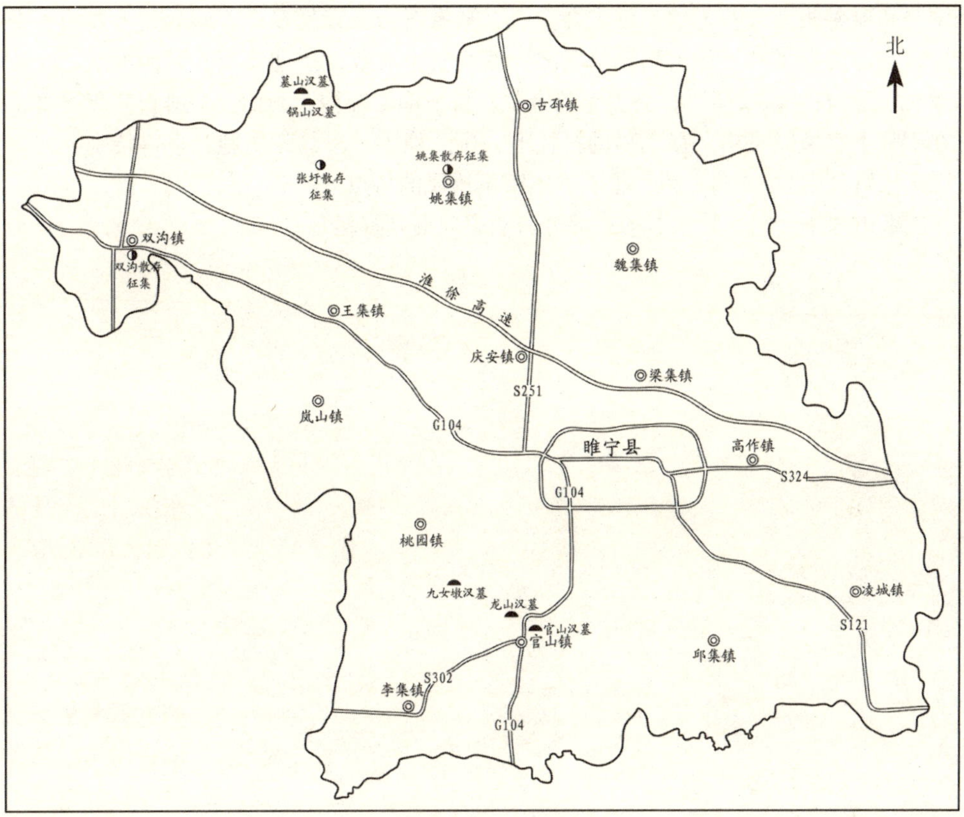

睢宁画像石分布图

实用性。这为研究中国古代建筑史提供了珍贵资料。九女墩汉画像石内容丰富，生产生活、神仙祥瑞都有，汉画像石部分已有描写，此不赘述。

4．艺术风格。睢宁九女墩汉墓画像极为精致，在徐州地区没有出其右者，其精度可以与沂南北寨汉画像石墓媲美。从雕刻技法上看，属于平面剔地阴线刻。九女墩汉墓第3石、东侧墓门上雕刻了《侍者献食图》，雕刻者采用笔不到意到的手法，烘托了墓主人生前宴请宾客的壮观场面：高朋满座，侍从如云，觥筹交错。在这盛大的宴席上，侍者们战战兢兢、诚惶诚恐。为了表现侍者在这种特定环境下的复杂心态，作者在侧向的脸部上刻一双正面的眼睛，在正面的脸面上刻一只侧面的鼻子，侍者的左顾右盼的情态被充分地表现出来，从而高度写意地把人物形象推向了想象的空间，把生活中的人的运动性、时间性与画面表现出来的静止性和空间性相结合，将人物性格、心态在特定空间中表现得淋漓尽致，具有超现实的浪漫主义气息。[4]它已经脱离了对自然形态的简单摹仿，进一步表达了作者的感受。有学者更进一步推断其为“老子出关图”[5]。汉画像石

[4] 崔之进：《从〈侍者进食图〉看徐州汉画像石》，《中国文化研究》2011年第2期。

[5] 温玉成：《睢宁九女墩汉墓“老子西出函谷关图”考》，《大众考古》2015年第3期。

是绘画和雕刻相结合的艺术，睢宁九女墩汉画像石构图繁复多样。画面充天塞地，密不透风，空白处以飞鸟走兽植物花草填之。然其安排有致，条理清晰，满而不乱。九女墩画像石墓第5石“桥梁图”，桥上车骑奔驰，桥下渔船穿梭，画面已安排得满满当当，而又在车骑上空填以飞鸟。在飞鸟的衬托下，桥的稳重，车马的急驰，显得特别突出。九女墩画像石墓第3石“门吏图”也表现出密不透风的特点。

图纸由缪华绘制，画像石描述部分参照表列书刊资料。

山东省沂南汉墓博物馆馆藏画像石

桑玉厚
（山东省沂南汉墓博物馆馆长、副研究馆员）

2010年3月13日，山东省临沂市、沂南县的两级文物、公安部门联合执法，破获了“3•13画像石案”，收缴文物51件。应临沂市文化出版局、公安局邀请，山东省文物局于2010年3月17日组织专家组赴沂南，对“3•13案”收缴文物进行了鉴定。经鉴定，二级文物3件，三级文物10件，一般文物38件，其中5件存疑。一次能够查获如此多的画像石，且级别如此之高，在全国实属罕见。这些画像石现由沂南汉墓博物馆保护、展示。

现将51件石刻文物逐一介绍如下。

一、汉代画像石

共41件。

第1石：线刻人物、六博图。石纵75厘米，横161厘米，厚17厘米，阴线刻，二级文物。整个画面上下、左右边缘部分各刻三层纹饰带：最外层为锯齿纹，中间层为菱形纹，最内一层为三角形纹。四周三角形纹饰间刻八只祥瑞。三层纹饰带内的画面分左右两部分。

画面左半部分：画面左右各有一座几乎相同的阙形建筑，两阙形建筑的中间为一厅堂，厅堂内二主人端坐，女左男右，女主人左二仆人，男主人右三侍者；男女主人下有十位仕女，皆裙裾飘飘，头像间刻“诸夫人”、“诸夫人”二榜题，最左仕女头像左侧刻“僮女”。十位仕女下分左右二格，分别刻铺首、白虎、拥彗侍者、青龙、朱雀等，两边各有二持棨戟侍者。

画面右半部分分三层，上层站立十二人，中间一老者一少者，均左向；老者头像右侧刻“斋（齐）二（闵）王”三字，右五侍者持笏恭立；少者头像左侧刻“齐皇子”榜题，头像左五侍者。第二层中部刻六博棋棋盘，二博者博弈，左博者的左手腕上部和右博者的右手腕上部各刻“博君”二字，左博者的身后有六侍者，右博者的身后有四侍者。第三层为车马出行，前有一骑者，回首后望，骑者上部有四侍者徒手而立；前单骑后有二骑，二骑者后有三骑，三骑后一行者，行者后一四维轺车，车上一人身前俯，马上部有一骑前行；四维轺车后有二骑。车马出行队伍上部有六只鸟儿在飞翔(图1.1、1.2、1.3、1.4、1.5)。

图1.1

图1.2

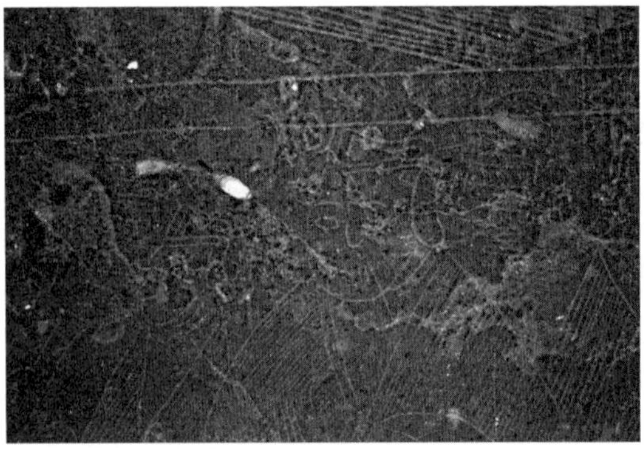
图1.3

图1.4

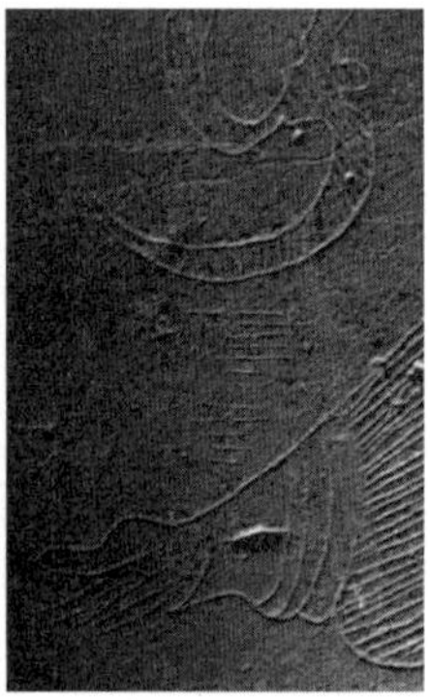
图1.5

图2

第2石：六博百戏图。石纵49厘米，横237厘米，厚29厘米，浅浮雕，二级文物。画面中间竖一建鼓，羽葆翻飞，两鼓手双手执桴，边敲边舞。建鼓左一人踞坐，手捧排箫。再左刻一六博盘，两人博弈，其中一人跪立，一人踞坐，各伸手相邀，后一侍者。建鼓右一人倒立于鼓上，再左一人，仰头蹲行，手执九丸。再左一人吹排箫，一人吹管。画面两端各有一翼虎的正面头像，两翼虎的前肢皆盘曲下按。画面上、下有边栏二道，上边栏内刻卷云纹，下边栏内刻涡漩纹。(图2)

图3

图4

第3石：胡汉交战图。石纵49厘米，横166厘米，厚30厘米，浅浮雕，二级文物。画面刻右汉骑、左胡骑各三。汉人戴平顶帽，后二人张弓欲射，前一人下马跪立，一手执刀，一手执盾。胡人后二人张弓欲射，前一人下马跪地乞降。画面上、下有边栏二道，上边栏内刻卷云纹，下边栏内刻涡漩纹。(图3)

第4石：车马出行图。石纵49厘米，横167厘米，厚31厘米，浅浮雕，三级文物。画面右一骑导行，后三辆轺车相随，各一马拉车，马皆高抬左腿，步态悠然。车上各二人，一人执辔，一人端坐。画面上、下有边栏二道，上边栏内刻卷云纹，下边栏内刻涡漩纹。(图4)

第5石：羽人怪兽，人物拜见、玉兔捣药图。该石为墓门楣，正面、背面刻画像，三级文物。

羽人、怪兽图：门楣正面画像。石纵50厘米，横150厘米，厚31厘米，浅浮雕。画面分三格。左右两格刻对称的莲花。中格右刻一人执牍，其前为墓主夫妇，皆手执名刺；再前一人，伸手相迎；再后二仙女引路，其后有一神兽（熊），神兽前四仙女，二人骑鹿，二人步行。画面上、下有边栏二道，上边栏内刻卷云纹，下边栏内刻涡漩纹。(图5正面)

人物拜见、玉兔捣药图：门楣背面画像。石纵50厘米，横150厘米，厚31厘米；画面纵50厘米，横90厘米，浅浮雕。画面左刻东王公，右刻西王母，分坐于悬圃之上，身边各有二仙人；中间一玉兔捣药。(图5背面)

图5 正面

图5 背面

图6

第6石：楼阁人物图。石纵118厘米，横68厘米，厚33厘米，浅浮雕，三级文物。楼分三层。最下层为人物拜见，中为二人踞坐交谈，上为楼阁，二门半开。屋顶上有二只猫头鹰，六只凤鸟，另有仆人、松树各二。左右对称。(图6)

图7

图8

图9

图10

图11

图12

第7石：东王公、三足乌图。石纵118厘米，横42厘米，厚27厘米，浅浮雕，三级文物。画面分四层。上层刻东王公，有翼，端坐于悬圃之上。第二层刻三足乌。第三层刻九尾狐。第四层刻两仙人，一仙人手执仙草，一仙人吹管，相背坐在悬圃下的底座上。画面上、右各有二道边栏，上边栏内刻锯齿纹，右边栏内刻涡漩纹。(图7)

第8石：鸟兽图。石纵117厘米，横46厘米，厚35厘米，浅浮雕，三级文物。画面分四层。上二层各刻一鸟，皆长喙单足，似为《山海经》中单足如鹤主长寿的“毕方”神鸟，上层有冠者为雄，第二层无冠者为雌。第三层刻一鸟头、人身、有翼之神怪，手执笏板。第四层刻一兽头、人身、有翼之神怪。画面左、右各有边栏二道，左边栏内刻水波纹，右边栏内刻卷云纹。(图8)

第9石：凤猴图、鹭捉鱼图。正面为凤猴图，左侧面为鹭捉鱼图，三级文物。

凤猴图：石纵167厘米，横49厘米，厚27厘米，浅浮雕。画面刻一仙树，盘曲昂然，枝条交缠，树上、树旁有两只猴、二十只凤鸟，两猴一老一小，凤鸟有的在巢中，有的已展翅高飞。寓意“世世封侯”。画面上、左各有边栏二道，上边栏内刻锯齿纹，左边栏内刻水波纹。(图9正面)

鹭捉鱼图：石纵167厘米，横27厘米，厚49厘米，浅浮雕。画面分三层。上层刻一虎头，两前肢盘曲下按。中层刻鹭捉鱼，鹭的右腿踩于鱼背之上。下层刻一侍者，持笏恭立。(图9背面)

第10石：杂技图、卷云纹图。正面为杂技图，右侧面为卷云纹图案，三级文物。

杂技图：石纵118厘米，横34厘米，厚28厘米，浅浮雕。画面分三层。上层刻一人仰首挺胸，右手叉腰，左手举一铲形物。第二层刻一人瞪目张口，蹲立，双手张开上举。第三层刻一人，左手持钩镶，右手持环首刀举于肩上。画面左边有边栏二道，栏内刻水波纹。(图10正面)

卷云纹图：石纵118厘米，横28厘米，厚34厘米，浅浮雕。整幅画面刻卷云纹图案。(图10背面)

第11石：庖厨图、卷云纹图。正面为庖厨图，左侧面为卷云纹图案，三级文物。

庖厨图：石纵117厘米，横38厘米，厚30厘米，浅浮雕。画面分四层。上层刻一厅堂，厅堂内一尊者长须飘飘，端坐于几后。第二层刻一人正在切割，头顶的横竿上挂鱼、猪头、猪肉、猪腿。第三层刻一人正在烧煮，壁上挂炊具。最下层刻一人正在汲水。画面左边二道边栏内刻涡漩纹。(图11正面)

卷云纹图：石纵117厘米，横28厘米，厚38厘米，浅浮雕。整幅画面刻卷云纹图案。(图11背面)

第12石：人物异兽图、卷云纹图。正面为人物、异兽图，左侧面为卷云纹图案，三级文物。

人物、异兽图：石纵118厘米，横38厘米，厚29厘米，浅浮雕。画面分四层。上层刻一戴冠男士。第二层刻少女。第三层刻一发髻高耸之女士。第四层刻一马首人身神怪，身背一捆丝状物，似为《山海经》中描述的“蚕神”。整个画面似表述远古时老两口之

图13

图14

独生女何以变为蚕神的故事。画面左边二道边栏内刻涡漩纹。(图12正面)

卷云纹图：石纵118厘米，横29厘米，厚38厘米，浅浮雕。整幅画面刻卷云纹图案。(图12背面)

第13石：三人物图、穿璧纹图。正面为三人物图，左侧面为卷云纹图案，三级文物。

三人物图：石纵117厘米，横40厘米，厚31厘米，浅浮雕。画面分三层。上层和下层各刻一人执戟侧立。中层刻一人袖手，左右长须飘飘。画面左、右各有二道边栏，左边栏内刻龙云纹，右边栏内刻涡漩纹。(图13正面)

穿璧纹图：石纵117厘米，横30厘米，厚40厘米，浅浮雕。整幅画面刻穿璧纹图案。(图13背面)

第14石：楼阁人物图。石纵118厘米，横80厘米，厚14厘米，浅浮雕。画面分三层。上层刻双菱形纹。第二层刻穿环纹。下层刻一厅堂，一男一女跪地相对，厅堂外二侍者，各持彗而立。厅堂顶立两只凤鸟。厅堂四周的边栏内刻斜线纹。(图14)

第15石：鱼鹤图。石纵109厘米，横82厘米，厚13厘米，浅浮雕。画面分上下两层。上层刻一鹤口啄一鱼，另一鹤欲口啄下层一鱼。下层刻一鱼。上层鱼鹤间有云朵。画面四周有边栏二道，栏外刻斜线纹，内刻连弧纹。(图15)

第16石：双身合首鸟图。石纵110厘米，横82厘米，厚17厘米，浅浮雕。画面分上下两层。上层刻一双身合首鸟，另有三只小鸟。下层刻柿蒂纹。画面四周有边栏二道，栏外刻斜线纹，内刻连弧纹。(图16)

图15

图16

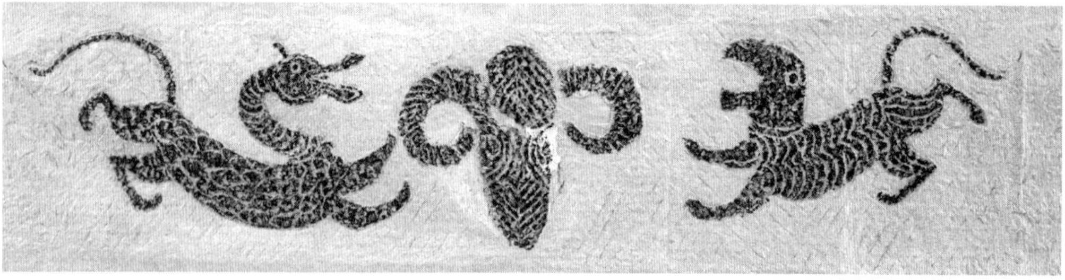

图17

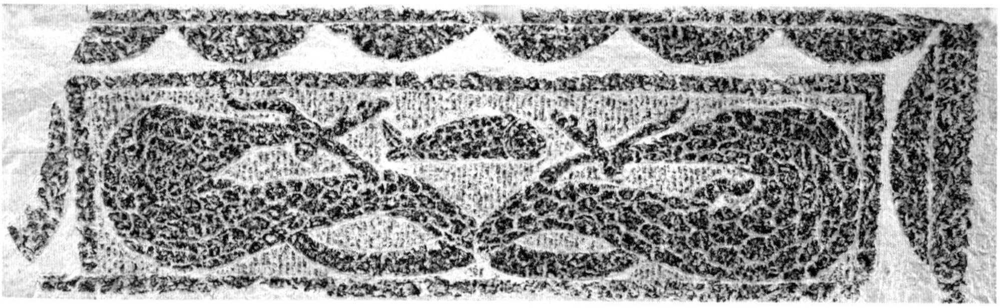

图18

第17石：龙虎图。墓门楣，石纵35厘米，横180厘米，厚24厘米，高浮雕。画面中间刻一羊头，羊头两边左龙右虎，龙虎皆张口、扬尾、奋蹄。(图17)

第18石：鱼龙图。墓门楣，石纵45厘米，横193厘米，厚24厘米，浅浮雕。画面刻二龙，头小腹大，回首相向，尾相交，口大张，作吞鱼之状。二龙间刻一鱼。画面上、左、右边栏内刻连弧纹。(图18)

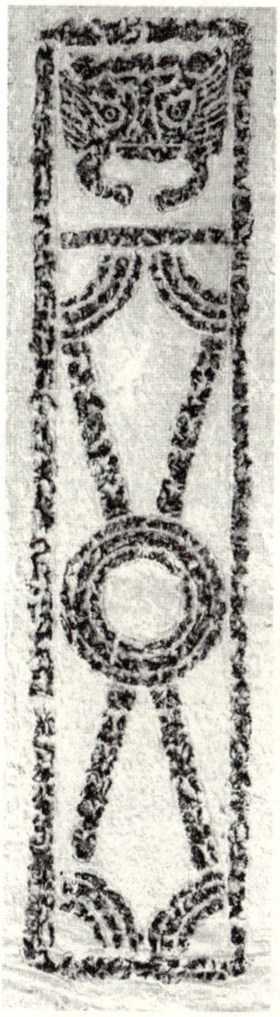
图19

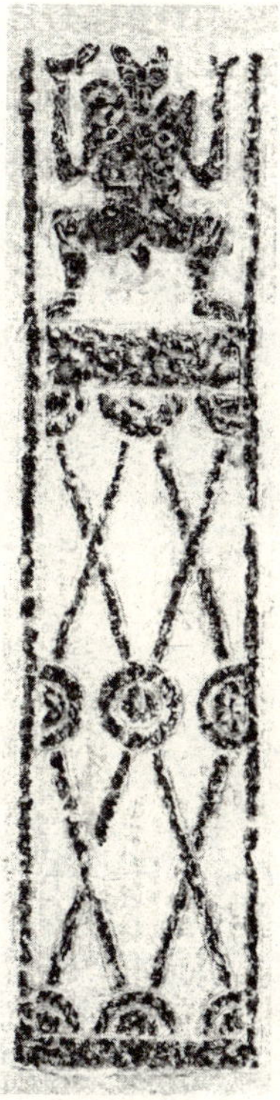
图20

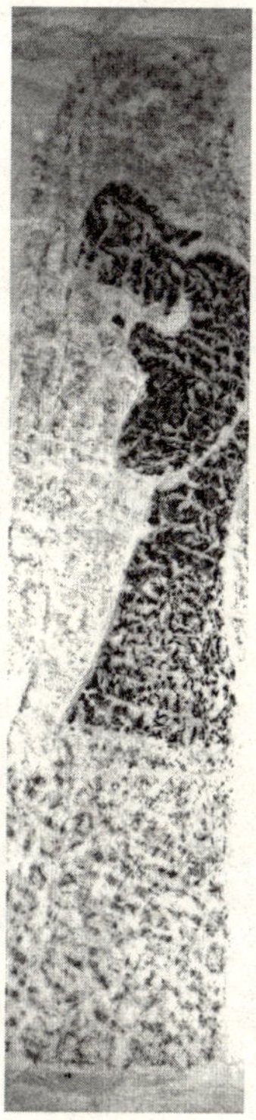
图21

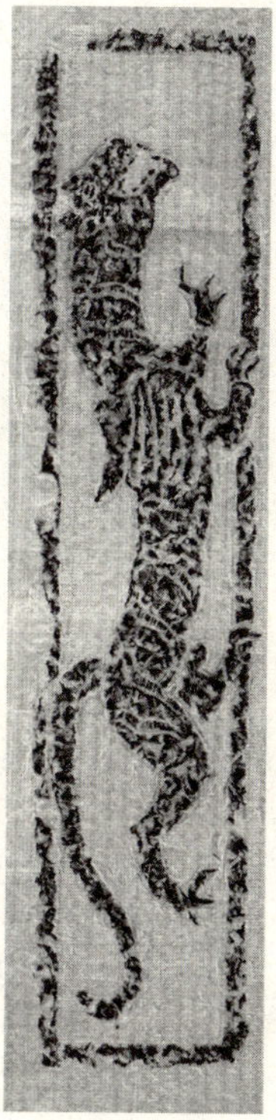
图22

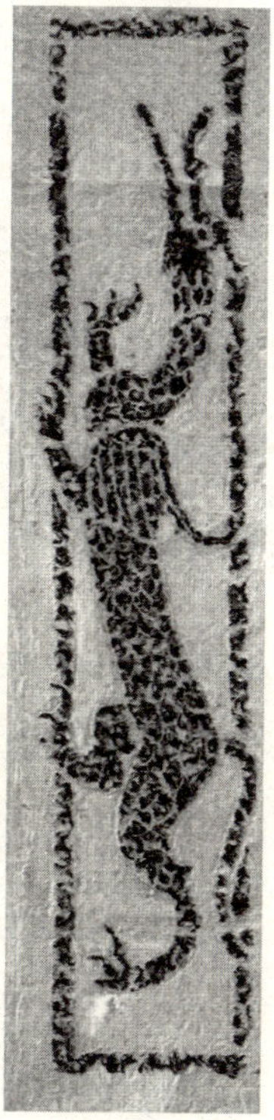
图23

第19石：虎头、穿璧图。石纵97厘米，横25厘米，厚32厘米，浅浮雕。画面分上下两层。上层刻一虎头，两前肢盘曲下按；下层刻穿璧纹图案。(图19)

第20石：异兽、穿璧纹图。石纵95厘米，横25厘米，厚29厘米，浅浮雕。画面分上下两层。上层刻一方相氏，两手上举，半蹲；下层刻穿璧纹图案。(图20)

第21石：人物图。石纵96厘米，横23厘米，厚27厘米，浅浮雕。画面刻一侍者，持板、低首、恭立。(图21)

第22石：白虎图。石纵22厘米，横97厘米，厚29厘米，浅浮雕。画面刻一头向上的白虎，张口，有翼，作行走状。(图22)

第23石：青龙图。石纵23厘米，横98厘米，厚22厘米，浅浮雕。画面刻一头向上的青龙，张口，有翼。(图23)

第24石：龙虎图。石纵33厘米，横94厘米，厚14厘米，浅浮雕。画面刻一龙一虎回首相向，龙虎间有云朵。画面上、左、右的边栏内刻斜线纹。(图24)

第25石：双龙穿璧图。石纵42厘米，横127厘米，厚25厘米，浅浮雕。画面刻二龙穿行于三璧之间。(图25)

第26石：双龙穿璧图。石纵45厘米，横123厘米，厚30厘米，浅浮雕。画面刻二龙穿行于三璧之间。左上龙头口衔另一龙之尾。(图26)

第27石：双龙穿璧图。石纵40厘米，横147厘米，厚24厘米，浅浮雕。画面刻二龙穿

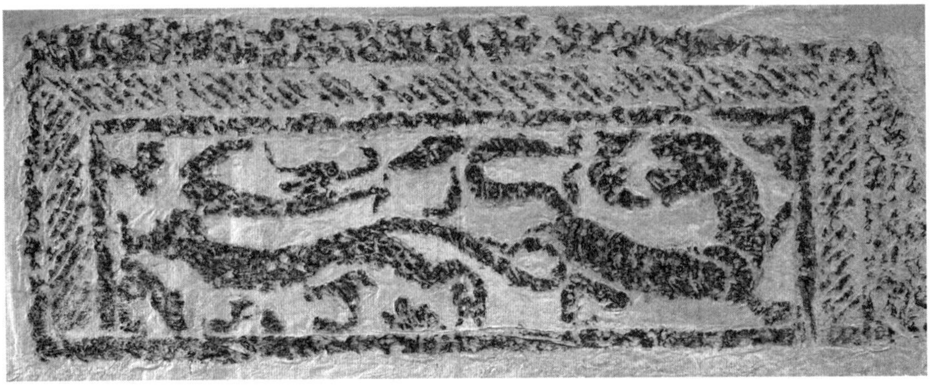

图24

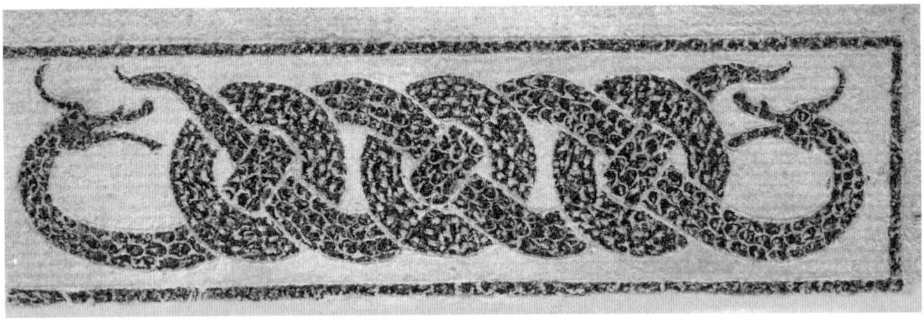

图25

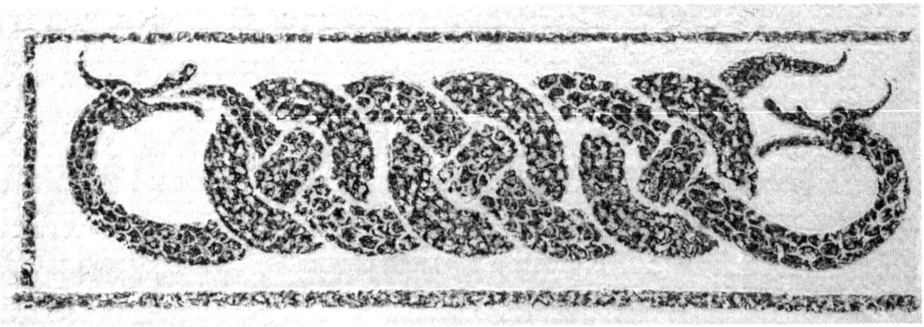

图26

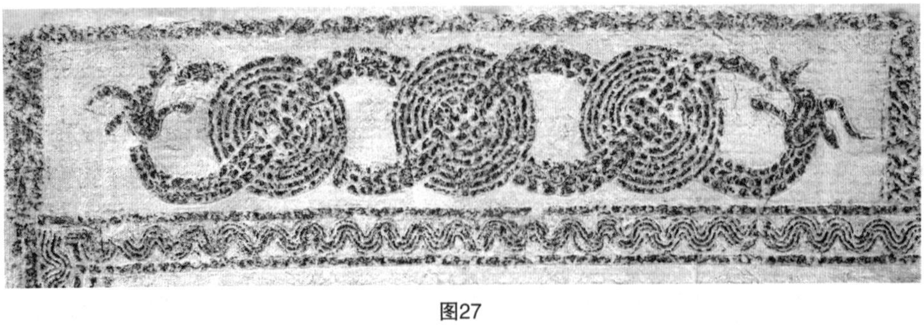

图27

行于三璧之间，两龙头皆口衔另一龙的龙尾。两龙下面边栏内刻水波纹。(图27)

第28石：铺首衔环、伏羲女娲图。石纵109厘米，横19厘米，厚18厘米，浅浮雕。上刻铺首衔环，环上系绶带，下刻伏羲女娲交尾。(图28)

第29石：铺首衔环图。墓门扉。石纵95厘米，横55厘米，厚9厘米，浅浮雕。画面刻铺首衔环，铺首上站一朱雀，右向。画面上、左二道边栏内刻连弧纹。(图29)

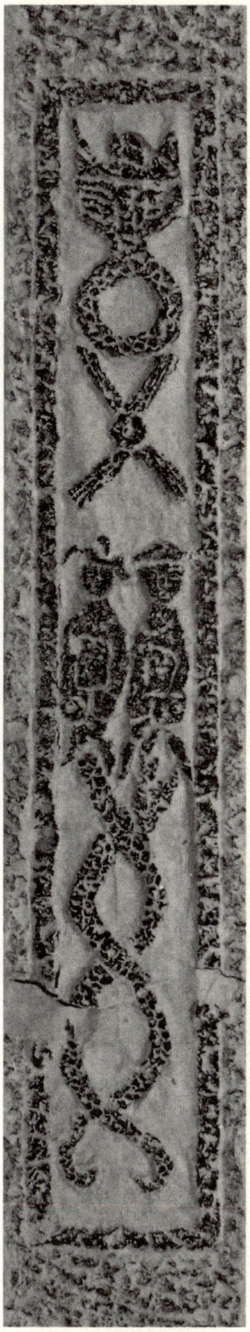

图28

图29

图30

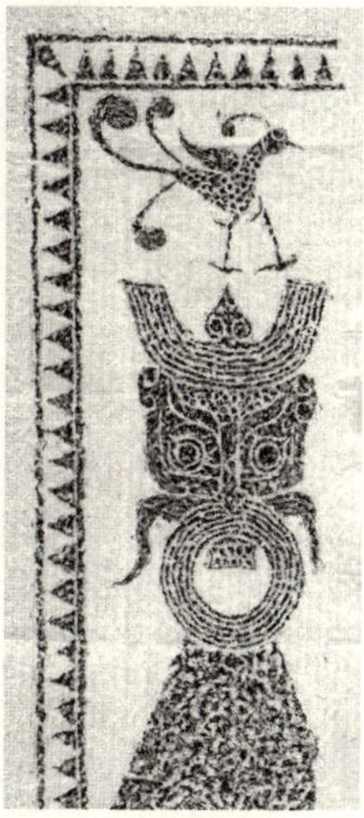

图31

第30石：铺首衔环图。石纵97厘米，横56厘米，厚9厘米，浅浮雕。画面刻铺首衔环，铺首上站一朱雀，左向。画面上、右二道边栏内刻连弧纹。(图30)

第31石：铺首衔环图。墓门左扉。石纵118厘米，横55厘米，厚12厘米，浅浮雕。画面刻铺首衔环，铺首上站一朱雀，右向。画面上、左二道边栏内刻锯齿纹。(图31)

第32石：铺首衔环图。墓门右扉。石纵117厘米，横58厘米，厚12厘米，浅浮雕。画面刻铺首衔环，铺首上站一朱雀，左向。画面上、右二道边栏内刻锯齿纹。(图32)

第33石：铺首衔环图。墓门左扉。石纵97厘米，横56厘米，厚10厘米，浅浮雕。画面刻铺首衔环，铺首上站一仙人，右向，手执仙丹。画面上、左二道边栏内刻连弧纹。(图33)

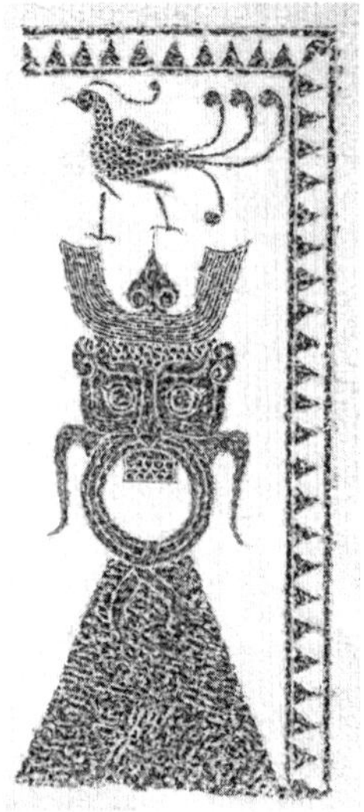
图32

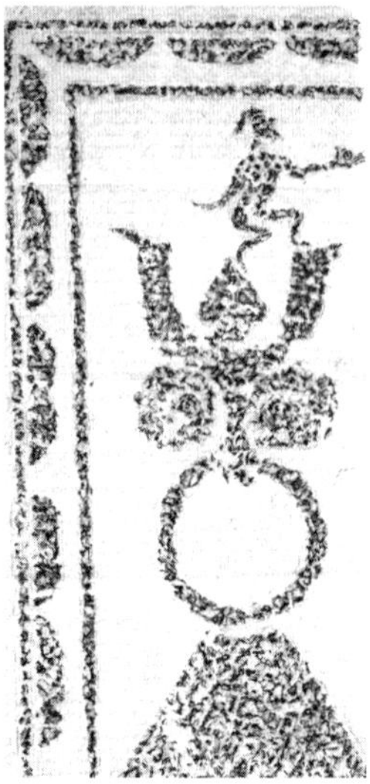
图33

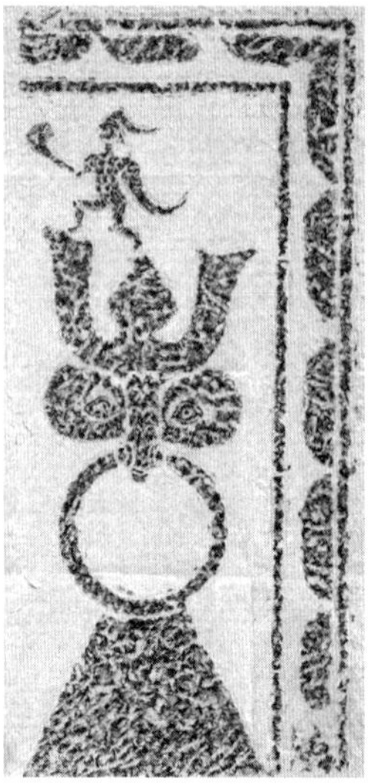
图34

第34石：铺首衔环图。墓门右扉。石纵97厘米，横54厘米，厚10厘米，浅浮雕。画面刻铺首衔环，铺首上站一仙人，左向，手执仙丹。画面上、右二道边栏内刻连弧纹。(图34)

第35石：铺首衔环图。门扉。石纵100厘米，横95厘米，厚12厘米，浅浮雕。(图35)

第36石：铺首衔环图。门扉。石纵99厘米，横46厘米，厚7厘米，浅浮雕。(图36)

图35

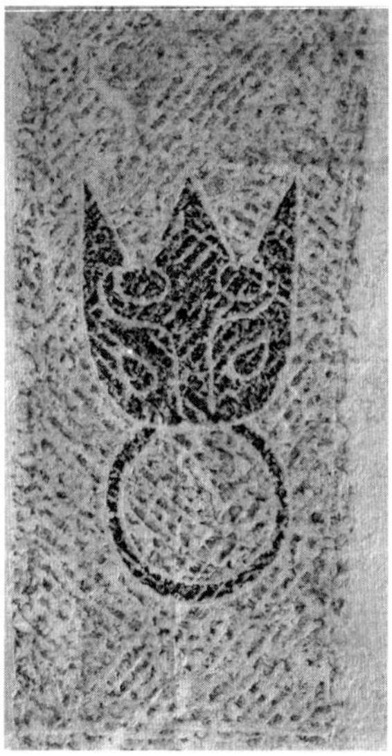
图36

以下5石(第37—41石)疑为赝品。

第37石：武士格斗图。石纵173厘米，横80厘米，厚10厘米，浅浮雕。画面刻二武士格斗：左一人持长戟，右一人左手执刀，右手持钩镶。二武士下的边栏内刻锯齿纹。(图37)

第38石：龙虎树图。石纵36厘米，横172厘米，厚16厘米，浅浮雕。画面中间刻一松树，左右有一龙一虎，皆奋身张口。画面上、左、右的边栏内刻连弧纹。(图38)

第39石：鲤鱼图。石纵91厘米，横49厘米，厚8厘米，浅浮雕。画面刻一鲤鱼，鲤鱼外面的二道边栏内刻连弧纹。(图39)

第40石：铺首衔环图。墓门左扉。石纵114厘米，横60厘米，厚9厘米，浅浮雕。画面刻铺首衔环，铺首上站一朱雀。画面上、左、下三道边栏内刻菱形纹和连弧纹。(图40)

图37

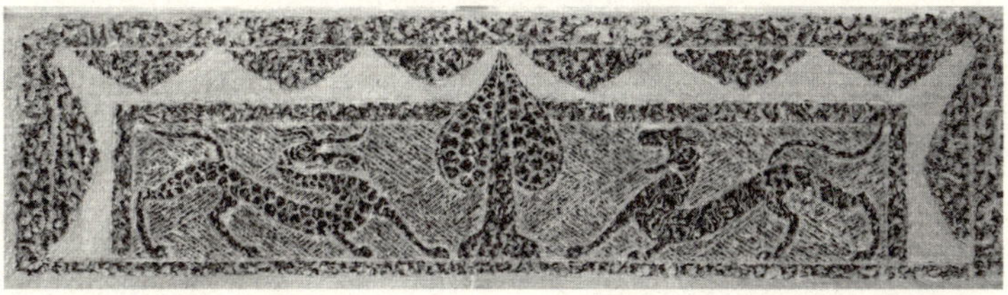

图38

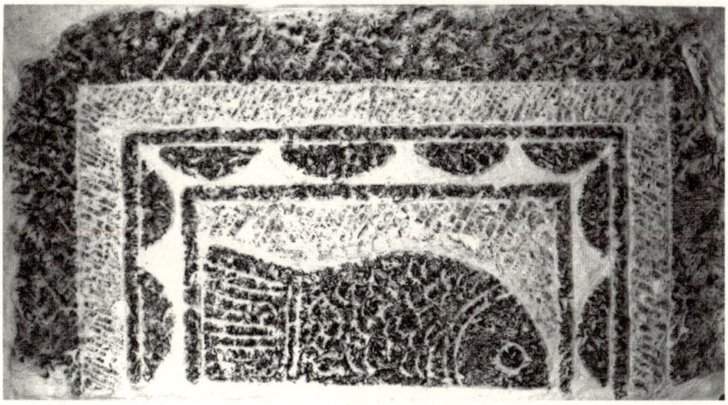

图39

图40

图41

第41石：铺首衔环图。墓门右扉。石纵116厘米，横54厘米，厚9厘米，浅浮雕。画面刻铺首衔环，铺首上站一朱雀。画面上、右、下三道边栏内刻菱形纹和连弧纹。(图41)

二、汉代画像石的年代

收缴的36件汉代画像石风格并不完全相同，不仅可能来自不同的建筑，还有可能来自不同的地区。饰卷云纹的画像石与邹城同类画像石有雷同处，可能来自那里或附近；有的墓门画像石与皖北萧县汉墓门扉风格相似。

这些汉代画像石已经失去其在原来建筑上的位置，也不知共存的还有什么器物，其上也没有纪年榜题，将其与邹城、萧县等地的同类画像石进行比较，可以看出，它们的年代基本相同，都是东汉中晚期的作品。

河南省南阳市东风厂汉画像石墓

南阳市文物考古研究所

河南省南阳东风机械厂生活区位于南阳市东北郊原312国道与独山大道交叉口东南角，东临包庄变电站，西临市交通驾校，占地面积150亩左右。（图一）为配合该基建项目工程建设，2001年5月，南阳市文物勘探队对该工地进行了文物勘探，发现古墓葬百余座，其中大部分为汉代砖室墓，残破比较严重。报经上级文物行政主管部门批准，同年十月至十二月，南阳市文物考古研究所对这批古墓葬进行了考古发掘。其中位于发掘区东北侧的M１７为一汉代画像石墓，现将该墓葬的发掘情况简报如下。

图一　墓葬地理位置

M17为砖石混合结构，由墓道、墓门、前室、左右主室及左右侧室等部分组成。（图二）墓门方向为106度，墓葬平面呈长方形，宽度大于长度。东西长4.64米（不含墓道），南北宽5.64米，墓底距地表深度为5米左右，墓室结构基本保存完好（仅在右主室墓顶后侧发现一直径约50厘米的盗洞）。该墓共有石材23块，主要用于墓门、主室门、左右侧室门、前室过梁等处，其它部位则用砖垒砌，除墓顶部分为楔形砖外，墓壁及其余地方均为长方形条砖，砖的规格一般为：32×16×6厘米（图三）。

墓道：位于墓门的正前方，呈长方形斜坡状，坡度15度左右，口宽368厘米，底宽348厘米，最深处近5米。由于种种原因，墓道向前只清理了一小部分。

墓门：砖、石混筑而成，主体框架部分用石材，由二侧柱、一中柱、二门楣、四门扉及二门槛石等构成两个门道。

在三个门柱与门楣之间，叠压有前室过梁的梁头（图四），每个门道高164厘米，宽116厘米，门扉有门枢，门楣及槛石上都凿有臼窝，门柱上凿有凹槽，每扇门扉均向外侧开启，门道前有双层砖垒砌而成的封门砖墙，门楣石上部有用砖砌成的矮墙。

前室：亦可称作前厅，介于墓门与主室及左、右侧室之间，有门与之相通，南北长2.52米，东西宽1米。除墓底和墓顶外，前室均为石材构筑，借用其它墓室及墓门的门柱，承托着

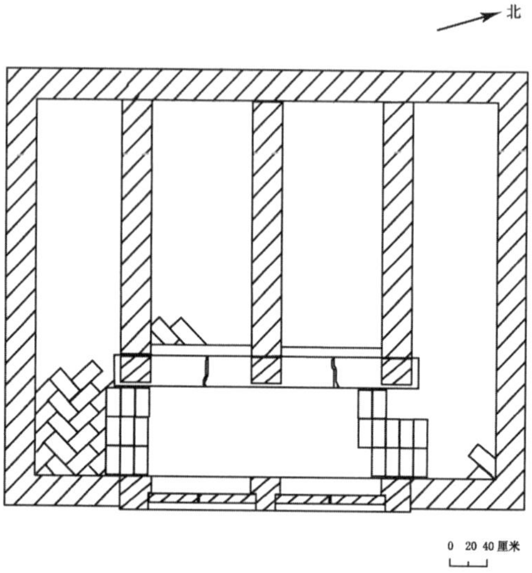

图二

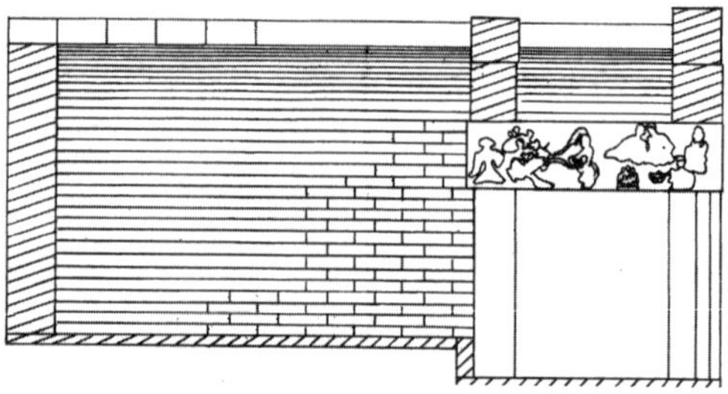
图三

图四

南北并列的三条过梁，过梁之上是前室的墓顶，墓顶为两个拱形券顶，用楔形砖垒砌，墓底铺砖为顺砖平铺，从墓底至墓顶高度为2.28米。在清理过程中，我们还发现在铺底砖之上有一层厚约2厘米的白灰面。

主室：南北向并列两室，大小基本相等，均为长方形，砖石结构。主室门由两门楣、三门柱及二门槛石（其下还有两块垫石）等构成两个门框，在三个门柱与门楣之间，叠压有前室过梁的梁头，门楣之上垒砌有四层砖墙把主室与前室的墓顶隔开（北侧门楣石已断裂）。每个主室长2.72米，宽1.10米，墓底高出前室26厘米，底部铺砖呈“人”字纹，同时在墓底也铺有一层2厘米厚的白灰面；墓顶为拱形券顶，用楔形砖对缝垒砌，与前室券顶高度基本一致，墓壁用双层顺砖错缝平砌。

侧室：分左右侧室，两个侧室南北向对称，大小基本相等，结构亦相同，均为长方形，砖石结构。侧室门偏在一侧（两门相对应），由两门柱和一门楣构成一个门框，其中门楣与前室过梁共用，每个侧室长4米，宽0.92米；墓底与前室墓底为同一个平面，底部铺砖呈“人”字纹，墓顶用楔形砖对缝垒砌成拱形券顶，墓壁用双层顺砖错缝平砌。

随葬品：该墓由于历史上遭受过盗掘，随葬器物所剩寥寥无几，仅在右主室墓顶盗洞口下淤土中发现有陶狗、陶猪圈、陶鸡、陶仓等，全部为釉陶，现分别介绍如下。

陶狗：1件，标本M17：1，体型较大，呈座姿，昂首，竖耳，尾部上翘。除口部及唇部饰棕红色釉外，通体饰浅黄色釉，胎呈红色。通高42厘米，长38厘米。（图五）

陶鸡：1件，标本M17：2，棕黄色釉陶，身体肥硕，头部较小，两侧线刻翅膀，尾部微翘，体长11厘米，高8厘米。（图六）

陶猪圈：1件，标本M17：3，棕色釉陶，胎呈红色，圈栏为长方形，前侧有三个长条形孔，两侧为厕房，四面坡式顶，饰屋脊瓦垄，房门前面有斜坡状阶道，内侧有半圆形孔道与猪圈相通。长33厘米，宽26厘米，高22厘米。（图七）

陶仓：1件，标本M17：4，棕色釉陶，胎呈红色，圆唇，折肩，筒状腹部，平底；器身上腹部饰弦纹两周，下腹部有两个小圆孔，底部附有三个熊状足，通高32厘米，口径7厘米，底径16厘米。（图八）

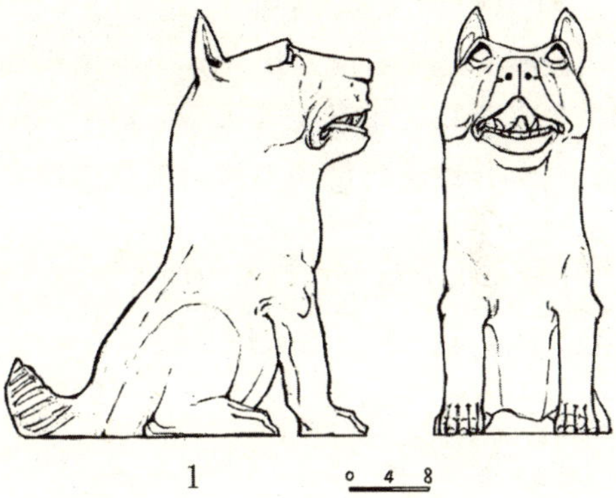

1

图五

4

图六

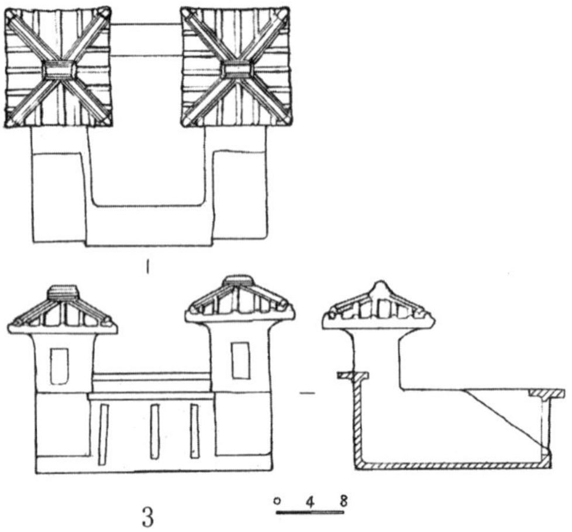

图七

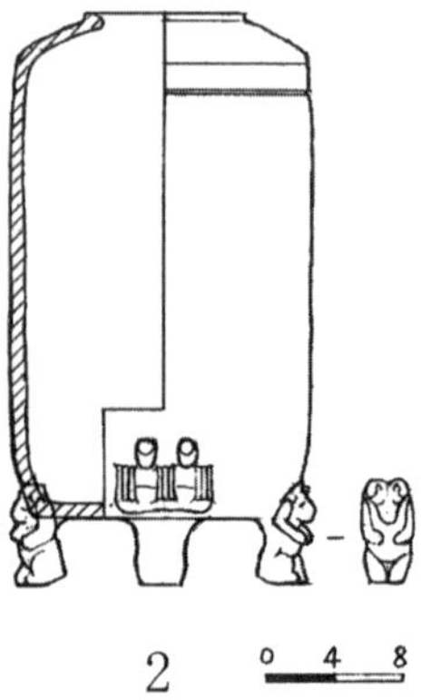

图八

画像石位置及内容

该墓共使用石材23块，其中画像石19块，雕刻画像30余幅：墓门正面9幅，背面9幅，主室门7幅，前室过梁及立柱4幅，侧室门（两个）4幅，前室过梁梁头3幅。遗憾的是，一部分画面已模糊不清。根据画像石在墓葬中所处的位置及内容，现分别介绍如下。

1.搏虎图：位于墓门左门楣石正面，画面中刻一武士，一手握拳，另一手抓着虎的前肢，正在同一只张着大口、迎面朝他扑来的猛虎进行搏斗，左侧还有二虎，均作逃跑状，其中一只虎在回头张望。（图九）

图九

2.斗牛图：位于墓门右门楣石正面，一力士袒上身，弓步蹲身，一手握拳，另一手抓着牛的犄角，力斗一牛，牛两眼圆睁，四蹄蹬地，弓颈挺角，向力士猛冲。右侧还刻有二虎一鸟，虎身上有翼，鸟作展翅飞翔状，另一只虎仅显示出张着的大口。（图十）

图十

3.执棨戟门吏：位于墓门左右两侧柱正面。两幅画像基本相同，皆为执棨戟门吏：门吏头戴前低后高冠，身着宽袖长袍，双手执棨戟相向而立（图十一、十二）。棨戟为汉代官吏出行时前导所持，《后汉书·舆服志》："公以下至二千石骑吏四人，千石以下至三百石县长二人，皆带剑执棨戟为前列。"有表示墓主身份之意。

4.菱形连环图案：位于墓门中门柱正面。圆环上饰有圆点纹。

5.白虎、铺首衔环：位于墓门四扇门扉正面。四幅画像基本相同，均为白虎、铺首衔环：画面上部为张牙舞爪作下山状的白虎，其下为铺首衔环，右侧两门扉最下部还饰有菱形图案。（图十三）虎，在汉代被人们认为是驱逐邪祟的神物。《风俗通义》："虎者，阳物，百兽之长也，能执搏挫锐，噬食鬼魅。"墓门上雕刻白虎，意在避邪。

图十一

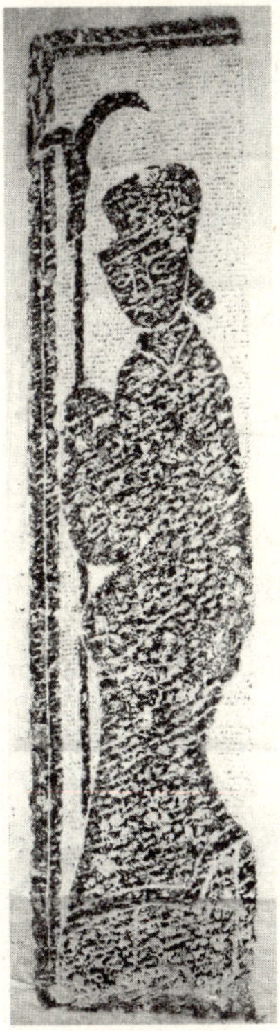

图十二

图十三

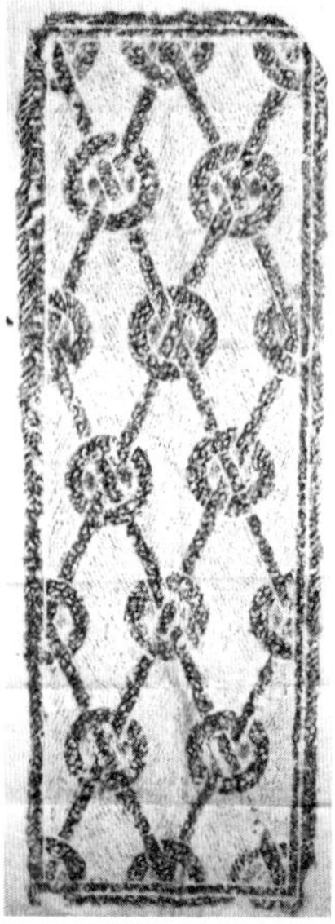

图十四

图十五

6.菱形图案：菱形穿环图案，位于墓门门扉的背面，共四幅（图十四）；菱形套连图案，位于墓门两门楣的背面。

7.拥彗门吏：位于墓门左右两侧柱背面。两幅画像基本相同，均为拥彗门吏：画中人物，头戴尖顶冠，着宽袖长衣，侧身拥彗，相向而立。（图十五）拥彗，是汉代迎宾礼仪之一，《史记•高祖本纪》："高祖朝，太公拥彗迎门却行。"李奇注曰："为恭也，如今卒持帚者也。"

8.二方菱形套连图案：墓门中门柱背面。

9.伏羲、女娲：位于主室门左右侧门柱。人首蛇躯，下垂曲尾，有双爪。王延寿《鲁灵光殿赋》云："伏羲鳞身，女娲蛇躯。"

10.菱形图案：位于主室门中门柱及门槛石正面。共三幅：中门柱一幅，门槛石两幅。

11.牛虎斗：165×42cm，前室南侧梁北面（即南侧室门楣正面）。

图左刻一牛，扭身低头，右刻一虎，张口扬尾。（图十六）

图十六

12.菱形套连图案：165 × 33cm，前室南侧梁底面。（图十七）
13.蹲兽（熊？）：40 × 28cm，南侧梁梁头（朝着墓道方向）。
图刻一兽似熊蹲踞。（图十八）
14.应龙：164 × 42cm，前室北侧梁南面（即北侧室门楣正面）。
图刻一龙，头长两角，张口露牙，生翼，龙尾长卷于身下。（图十九）
15.菱形套连图案：164 × 32cm，前室北侧梁底面。（图二十）
16.蹲兽（熊？）：40 × 28cm，北侧梁梁头（朝着墓道方向）。

图十七

图十八

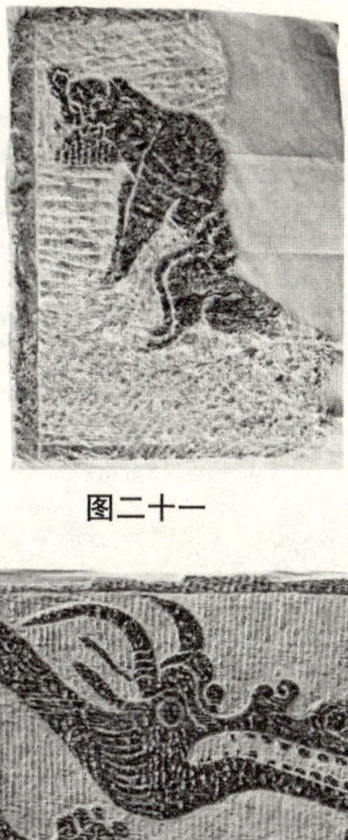
图二十一

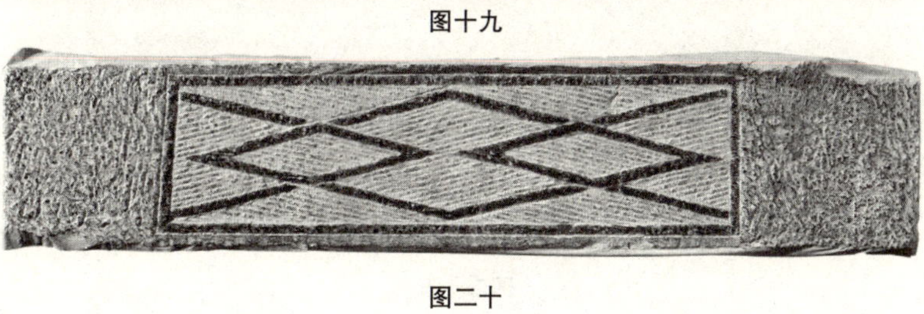
图十九

图二十

图刻一兽似熊蹲踞。（图二十一）

17.羽人驭龙图：147×37cm，主室左门楣正面。图左刻有独角瑞兽，中刻一马，昂首奋蹄奔跑，右刻一羽人驭龙。（图二十二）

18.菱形套连图案：147×27cm，主室左门楣底面。（图二十三）

19.牛虎斗：139×39cm，主室右门楣正面。

图左刻一虎，张口奋爪，右刻一牛，勾头前抵。（图二十四）

20.菱形套连图案：139×28cm，主室右门楣底面。（图二十五）

图二十二

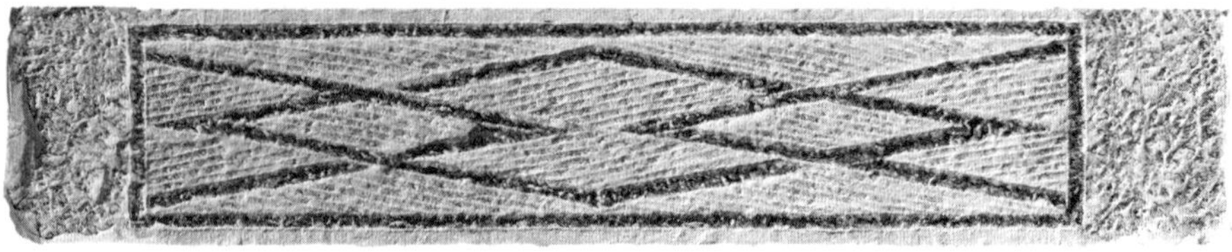

图二十三

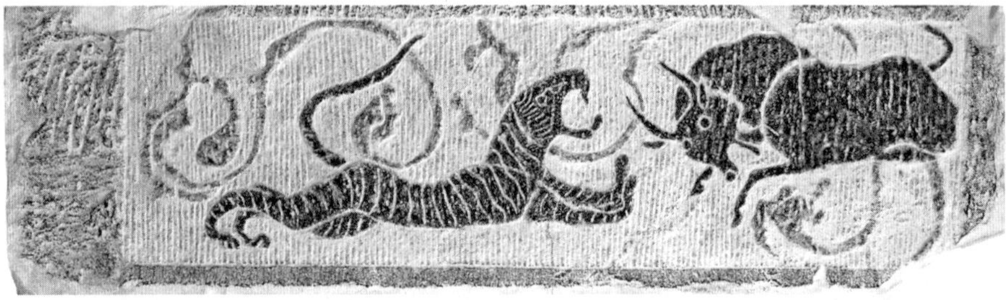

图二十四

图二十五

图二十六

21.跽坐观舞：167×43cm，前室中过梁南侧面。（图二十六）

图左刻三人，前一人席地而坐，仰面张口，在观看表演；后二人不知作何；中间二人，一人屈膝站立，长袖身后飘扬，另一人手抓舞者长袖，作奔跑状。右刻四人跽坐，面前放置二容器。

22.鼓舞图：167×33cm，前室中过梁北侧面。

图中刻一兽座建鼓，羽葆飘扬，两侧各有一人，舒袖且鼓且舞。左刻四人，不知作何；右侧刻二人，前一人舒长袖，后一人跽坐，前有一樽，樽上有勺。（图二十七）

23.菱形套连图案：167×33cm，前室中过梁底面刻菱形图案。（图二十八）

24．熊：位于前室中过梁梁头正面（朝着墓道方向）。画面刻一直立的熊，前肢上举。墓门上刻此画像，意为驱鬼避邪。（图二十九）

25.此外，在左、右侧室门柱正面，雕刻有几何形图案用于装饰，但漫漶严重，无法拓片。

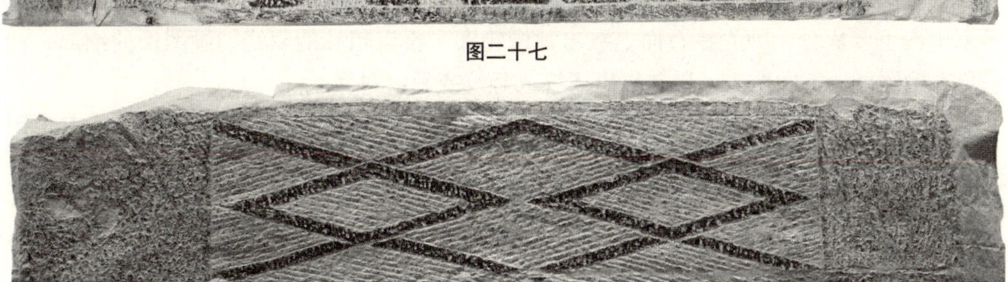

图二十七

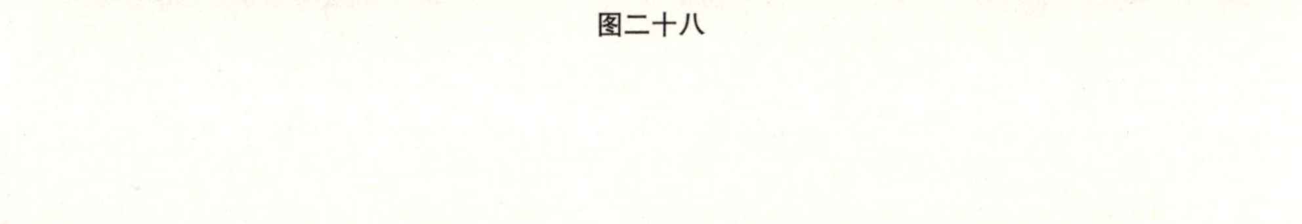

图二十八

图二十九

结　语

画像石墓是汉代厚葬的产物，随葬器物的种类和数量一般都比较丰富。但绝大部分已被盗掘。东风厂画像石墓也不例外，仅出土了陶狗等为数不多的随葬品。根据墓葬的规模判断，该墓的墓主身份应该为一豪强地主或具有较高社会地位之人。

墓葬平面形制呈近方形，座西向东，砖、石混作结构，由墓门、前室、主室和侧室等部分组成。墓室建筑结构均衡，布局对称，石料主要用于墓门、主室门和侧室门的立柱，门楣、门扉及过梁等骨架部位，其余全用灰色小砖砌筑。这些都具有东汉中期画像石墓的特征。该墓画像石所用材料为蒲山石、石灰岩，色青质坚，是理想的石刻材料。其雕刻技法为横、竖纹及斜纹衬底浅浮雕兼阴线刻，这种雕刻技法在南阳东汉中期画像石墓中占主要成分，即先在石面上雕出画像轮廓，再以粗壮的阴线勾画图像的细部，然后再在轮廓外的空间凿去一层并剔出横纹或竖纹或斜纹衬底。

再者，该墓所出土的随葬器物和画像内容及风格也能表现出这个时期的特点，因此，我们认为东风厂画像石墓的时代应该在东汉中期。

执笔者：梁玉坡　曾庆硕　牛天伟

邹城新发现汉安元年文通祠堂题记及释读

胡新立
（山东邹城市文物局）

内容提要：2013年4月，在邹城北龙河村发掘的北宋墓中，发现东汉汉安元年祠堂题记刻石。共41行606余字，是迄今国内汉代祠堂题记字数最多的一石。

在文字释读上，已考释出580余字，并大致句读出题记的主要内容。但因异体、俗体、方言之辨，或涉丧葬习俗之故，或因风化、字浅之因，尚有少数字词未能识读。题记文字不但记述祠主里籍、官职，及建祠、附葬、叙哀、言孝、丧葬习俗，而且详记祠主男丁及女眷的家族世系，甚为罕见。

题记文体采用东汉民间记事散文，同时兼有汉赋韵味的颂辞，是汉代题记向墓志碑文的过渡文体，对研究古代墓志的产生具有重要意义。题记图像当与升仙观念有关。题记纪年明确并记述是高平石工集团所为，为进行山东纪年汉画研究，探讨高平石雕工艺、地域特点提供了新资料。

关 键 词：邹城　汉安元年　祠堂　题记　汉画　高平

一、题记刻石的发现

2013年4月3日，在山东省邹城市北龙河村南修建公路的工地上，发现北宋时期墓葬四座。邹城文物部门即组织专业人员进行抢救性发掘，经清理，共出土汉代画像石5块，其中在1号墓发现东汉汉安元年祠堂题记，清理后于当日运至邹城博物馆保存。

该题记刻石发现于1号宋墓，系利用汉墓石材改建。经考古发掘清理，墓葬为全石结构单室墓。东西向，前有斜坡状墓道，在墓门外有立式大石板封闭。墓室平面呈正方形，东西长1.92米，南北2.53米，高2.16米。顶部为双层转角叠涩式藻井，均用三角形石块交错扣合，最上部为正方形石板盖顶。墓室内为男女合葬墓，木棺已朽。棺内有骨架，北侧为男性，约60岁，南侧为女性，约50岁。在墓内清理出20余枚钱币，主要有北宋时期的“皇宋通宝”、“熙宁元宝”等。在北侧木棺头部还发现一件青釉碗，其时代风格为北宋时期。

题记刻石位于墓室西壁下方，南北向立放于墓室底部，刻面朝向墓内。（图1题记刻石发现位置）经测量，题记石横长1.91米，纵宽0.47米，厚0.28米。在刻石的两端侧面有较宽的凿痕，应是北宋建墓时加工所致。石刻的左侧断裂，尚可复原。

题记文字为竖刻的形式，每行之间有竖刻的錾道。文字共41行，行距均匀，行宽2.3厘米，每行12—18字不等，共606个字（包括未识及风化残损字）。字径大小不一，最大4厘米，最小0.8厘米。（图2题记刻字局部）题记左右有人物和动物，浅浮雕技法，图像清楚。题记的刻面未经细致研磨，稍显粗糙，局部还有凸凹不平的痕迹。刻石石质是青灰色石灰石（有细小的鱼籽状小麻点，当地俗称鱼籽石），质地坚硬。细察刻面稍有风化表，表皮呈白灰色，在刻字前两行还有一些人为碰撞的小圆点。其风化现象，说明该刻石长期暴露在外，为风雨侵蚀所致。

图1

图2

二、题记释读

1. 题记标点句读

题记刻制较浅，刻面未经磨平，局部凸凹，加之风化剥蚀，给释读带来一定困难。经反复考释，参照历年汉画祠堂题记及汉代碑刻，释读如下（图3题记文字拓片）：

（每行后标明字数，不能识读的字，以□表示）

首行：魯國騶亭掾、主簿掾、文通食堂。 12

二、掾少小讀《嚴氏春秋》，經召縣掾、功曹、 14

三、府文學、薄曹、掾縣三老。掾年八十六以永 16

四、和六年十月八日己未以壽終。母年八十四以 18

五、永和五年五月八日丁卯以壽終。掾有子 16

六、男女八人，大女蕍侯，字惠邁，適戊父。其 15

七、大男宗，字伯宗，年五十病終；有子男久卿，久 17

八、卿弟寶公。伯宗弟般，字孟卿，年卅病終； 15

九、有子男如，字伯商。孟卿弟寅，字仲玉，年 15

十、五十病終；有子男憙，弟阿奴。仲玉弟識， 15

十一、字元玉，有子男方，弟扶、弟羡、弟顧。 13

十二、元玉弟竟，字仲忽，有子男吉，弟福。仲 14

十三、忽弟强，字季卿，有子男高，弟寶、 12

十四、弟時、弟少貴。季卿弟興，字季起， 12

十五、有子男伯張。季起兄弟八人，諸兄薄 14

图3

十六、命蚤終。季起秉掾、母奉終。得備衣冠 14

十七、印綬，長兄雖無，忠孝之心，尤識子道，反（返）□ 16

十八、恩，躬率諸孫，舉家竭歡，奉進甘珍。子 14

十九、孫念無堂，各欲盡□，制□曰愁。□欲 14

二十、兄姊不使，少子欲養親不往（在），掩（闇）忽 13

二十一、□（欲）供養，悲痛達心喪魂魄。岁（遂）置 12

二十二、自造（这）歸幽冥，孤子腸斷，維五感常 13

二十三、□（永）悲傷，掾、母命終，何其垂念之，悲结（切） 14

二十四、忉怛無窮，其子無隨沒之壽，王無附死 15

二十五、之臣，唯願有石顯闕，以奉四時，供祭魂神，以□ 18

二十六、世祿，永享其道。願勑霜護其子孫。今 14

二十七、□重□季起與伯張、高、寶等作成 13

二十八、石廟堂，以俟魂神往來休息，孝之然也。所 16

二十九、以置食堂，雖鄙陋，萬世墓表，頌之皆 14

三十、昌，逆之者亡。後子孫免崩落□子。願 14

三十一、毋絕緣，常受吉福，永永無極，萬歲無央。 15

三十二、伯宗妻□□□，字惠卿，年六十終。有子女 16

三十三、褔之□□。孟卿妻高平孔叔陽女，四十八終。 17

三十四、仲玉妻徐忠□女，字淑，有子、女、孫、女等 15

三十五、□之。元玉妻瞿伯春，字睦信，有子女潼 16

三十六、去。仲忽妻安天口小卿女，字敬郎，有子 16

三十七、女□。季卿妻資稚侯女，字敬淑，有子女□。 16

三十八、季起妻徐季文女，字義親，有子女。年 14

三十九、十五構（遭？）命夭折附葬（此），謁（竭）家痛切，治此食 16

四十、堂，以漢安元年六月七日甲寅，畢成。石工高 17

四十一、平□、高平□、王□、五庚。此中人馬皆食大（太）倉。 17

2. 题记考释

鲁國騶亭掾、主簿掾、文通食堂

鲁国，西周时封国。西汉景帝三年（前154年）封子刘余为鲁王，传十三王。西汉初年改故秦薛郡为鲁国，属豫州，下辖鲁、驺、卞、蕃、汶阳、薛六县。[1]东汉因之。驺县当年属鲁国管辖。

驺，原为邾国，西周初年所封，为鲁附属国，战国末年为楚所灭。秦统一后设立驺县，西汉仍之，王莽称驺亭。《汉书·地理志》云："邹，故邾国，曹姓二十九世为楚所灭，峄山在其北，莽曰驺亭。"

东汉时仍设驺县，隶属鲁国。[2]驺县治所仍在峄山之阳的故邾城。驺为大县，设县令，官秩一千石。[3]邹城发现秦代陶量、封泥及汉代器物均有"驺"字陶文，可证驺县之存在。

亭掾 汉代的社会结构是郡、县、乡、亭、里等政权组织。由于史籍记载简略，一般认为："亭"是统辖里的一级基层政权，由乡辖亭，亭辖里。亭、里相当于村级。"亭"所设的官吏要比乡复杂得多，多得多。凡乡具有的职责亭都具有外，亭还有许多其他的任务需要完成。据目前所知，亭设有亭长、亭啬夫、亭佐、亭掾等。祠主文通曾任亭掾，是基层的属官，究竟是驺地何亭，没有说明。

主簿掾 掾是汉代属官的通称。上自三公下至郡县都有掾属，人员由主官自选，不由朝廷任命。单称掾，一般指县掾，是无官秩、没有实权的附属官员，由县令自选任命。掾字前字不识，当为姓氏，其例多见汉画题记，如微山永初七年（113年）戴氏祠堂题记"戴掾君寿九十三……"[4]，安徽宿县熹平三年（174年）邓季皇祠堂题记"邓掾墓冢"。[5]又如嘉祥武梁碑："汉故从事武掾，字绥宗……"在邹城题记中称掾，是掾的儿子避父讳，以官职称之。

[1]《汉书·地理志》卷二十八"鲁国，故秦薛郡，高后元年为鲁国，属豫州。县六，鲁、卞、汶阳、蕃、驺、薛"。北京：中华书局，1977年。

[2]《后汉书·郡国志》卷三十，"鲁国，秦薛郡，高后改，本属徐州。光武改属豫州，辖六城：鲁、驺、汶阳、蕃、卞、薛"。"驺本邾国，有邹山（峄山），高五里，秦始皇刻石焉"。北京：中华书局，1977年。

[3] 钱穆：《中国历代政治得失》，"汉县仅分二级，万户以上为大县，其长官称令，万户以下为二级县，其长官称长"。又《后汉书·郑弘传》："明帝时会稽山阴人郑弘，拜为驺令，政有仁惠，民称苏息。"由此可知，东汉时驺为大县，民在万户以上。

[4] 杨爱国：《幽明两界：纪年汉代画像石研究》，西安：陕西人民美术出版社，2006年，45页。

[5] 杨爱国：《幽明两界：纪年汉代画像石研究》，西安：陕西人民美术出版社，2006年，63页。

文通食堂 文通应是掾的字。食堂，即祠堂，也称斋祠、庙祠、石堂、石祠堂、石庙堂等，是汉代墓地中对地下墓葬中的死者进行祭祀的地面建筑。在历经千年的沧桑巨变后，砖木结构的祠堂已荡然无存，现存完整的石祠堂可谓凤毛麟角。山东与其相邻的苏北和皖北，是唯一保存和发现祠堂画像石的地区。[6]

掾少小讀《嚴氏春秋》，經召縣掾、功曹、府文學、薄曹、掾縣三老。

掾在年少的时候，学习诵读过《严氏春秋》。《严氏春秋》即《春秋公羊传》（严氏传本），儒家经典《春秋》三传之一，是专门解释《春秋》的一部典籍。起于鲁隐公元年，止于哀公十四年，与《春秋》起讫时间相同。相传是子夏传于弟子战国齐人公羊高。西汉景帝时，传至其玄孙公羊寿，由胡毋生（子都）一起将《春秋公羊传》著于竹帛，流传于世。

《公羊传》经传合并，逐句传述《春秋》大义，是今文经学的重要典籍，历代今文经学家常用它作为议论政治的工具。

春秋公羊严氏学派（即严氏春秋）的创始人严彭祖，字公子，西汉初年下邳人（今江苏邳州）。拜眭弘为师学《春秋公羊传》，在眭弘诸门人中，只有严彭祖和颜安乐最精博，质问疑义，各持己见。眭弘去世后，严彭祖和颜安乐各专门教授《春秋公羊传》，从此分为《严氏春秋》学派和《颜氏春秋》学派。西汉宣帝时，严彭祖为博士，后来官至太子太傅，廉洁耿直，为汉代大儒。

东汉时《严氏春秋》影响较大，是儿童启蒙必读之书。一些社会贤良、耆儒以研读此书为荣耀。在汉代画像祠堂题记中，曾发现此类题记，如汶上县发现的新莽天凤三年（公元16年）路公食堂题记上，在图像右侧刻有题记二行“……天凤三年立食堂，路公治《严氏春秋》不渝……”。[7]

功曹 亦称功曹史，秦代始设，为郡令、县令的主要佐吏。功曹权力，汉代最盛，实为郡、县长官的助理。如西汉萧何，曾为秦时功曹。

县三老 三老是古代掌管教化的乡官，最早在出现在战国时魏国。秦置乡三老，汉增置县三老、郡三老和国三老。《汉书·高帝纪上》：“举民年五十以上，有修行、能率众为善，置以为三老。乡一人，择乡三老一人为县三老。”可见在汉代对县三老的推举标准还是比较高的。在平邑发现有“国三老”的题记，比较难得，平邑章和元年（87年）功曹阙刻铭有“……朝足□□明君□直任人□□二□来□道，以为国三老。章和元年……”。足见该阙主是国三老，在西汉时国内有名望的贤达人士。

邹城祠主掾文通，德高望重，饱读儒学之书，被推举为县三老，在当时驺县是知名的乡贤鸿儒之士。

掾年八十六以永和六年十月八日己未以壽終。母年八十四以永和五年五月八日丁卯以壽終。

---

[6] 蒋英炬、杨爱国：《汉代画像石与画像砖》，北京：文物出版社，2001年，83页。

[7] 付惜华：《汉代画像全集》，北京：学苑出版社，2014年，图129。

永和六年即东汉顺帝时期，公元241年，为东汉中期。寿终，古代将人的寿命长短分为上中下三个等级，即上寿百二十，中寿百岁，下寿八十岁。掾和夫人均在八十以上去世，故称寿终。母是指掾的夫人。因题记文是以祠主的儿子季起的名义撰写，故尊称其父为“掾”，其母亲为“母”。

季起兄弟八人，諸兄薄命蚤終。季起秉掾、母奉終。

题记文记述了季起以上共有兄弟（姊妹）八人，即大女、大男（长子）伯宗、（次子）孟卿、（三子）仲玉、（四子）元玉、（五子）仲忽、（六子）季卿，以上人等均已去世。题记文记长子53岁、次子30岁、三子50岁病终，另四、五、六子更可能在50岁以内死亡，可谓薄命蚤终。蚤，即早，蚤终即早死，夭亡。古代男子不满八十岁死亡，不能称寿终，只能称薄命或蚤终。汉代题记多用此语，如嘉祥永寿三年许卒史安国祠堂题记：“……唯许卒安国，蚤离父母三弟……”。东阿芗他君祠堂题记：“旬年二亲蚤去”、“大子伯男年卌二不幸蚤终”“主吏蚤失，贤子（芗）无患”。[8]

季起，也就是祠主小儿子，秉承、操持、侍奉其父母并养老送终。

得備衣冠印綬，長兄雖無，忠孝之心，尤識子道。躬率諸孫，舉家竭驩，奉進甘珍。

衣冠，当指掾、母去世后，季起为其准备的寿衣、服饰等。印绶，泛指官印。绶是指系官印的丝带。汉代官员的等级不同，印章的质地和系的丝带颜色也不同。《续汉书·舆服志》载：天子、太皇、太后、皇太后、皇后用黄赤绶，诸侯王、长公主、贵人用赤绶，相国、诸国贵人用绿绶，公、侯、将军用紫绶，千石、六百石用黑绶……百石用青紺绶。用印依官阶不同有金、银、铜质及钮式的区别。邹城祠主为县级属官，当有相应的官印，所以季起为其父也准备了随葬用的官印，当然也可能包括相应的寿服。汉代题记中也有印绶的话语，如嘉祥许安国祠堂题记有“学者高迁宜印绶”，是一种吉祥的祝福用语。

子道，古代谓孝敬、侍奉父母之道。《史记·五帝纪》：“舜顺適，不失子道。”孔子曾说：“人之行莫大于孝，孝莫大于严父。”汉代伦理中对父子关系的强调明显表现在《孝子传》早期版本中，其中大量的传记表达了儿子对父亲的孝行。汉画祠堂题记中多子孙为父母作记，强调孝行与子道，以博得孝子名声。如东阿芗他君祠堂题记讲“大子伯南……年卌二不幸早终，不卒子道……贤子无患奉宗，克念父母之恩……起立石祠堂”是说大子伯南早死，不能履行孝子之道了，只有小儿子无患侍奉思念父母之恩，建立了石祠堂。[9]又如曲阜延平元年（106年）阳三老食堂画像题字“延平元年十二月……石堂毕成，鲁北乡侯阳三老自思省，居乡里无宜，不在朝廷，又无经学，志在供养，子道未（报），感切伤心，晨夜啼哭，恐身不全，朝半祠祭，随时进口”[10]也是一处记载

[8] 罗福颐：《芗他君石祠堂题字解释》，《故宫博物院院刊》总二号，1960年，178页。

[9] 罗福颐：《芗他君石祠堂题字解释》，《故宫博物院院刊》总二号，1960年，179页。

[10] 端方：《陶斋藏石记》，卷一，商务印书馆，1909年。

子道的资料。

举家竭驩，奉進甘珍。

驩通欢，竭，竭止。意思是全家停止一切娱乐之事，全力举办为掾和母的丧事，奉进为祭祀活动所需要的祭品。见嘉祥许安国祠堂题记："……悲哀思慕，不离冢侧，草卢因容，负土成坟，许养凌柏，朝暮祭祠，甘珍兼设，随时进纳，省定若生时……"由许安国祠堂题记可以推知，季起等率领诸儿孙们，在父母下葬的坟前设有祭堂（当时石祠堂还没有建起），随时进献祭品，四时祭奠，以表示季起的孝敬之心。

歲（=遂）置自造（這？）歸幽冥，孤子腸斷，維五口常

幽冥，指阴世间、地下墓室。（自）造归幽冥，当指文通死后。幽冥一词汉碑、题记中常用。如《汉冀州从事郭君碑》"悼君短折，永归幽冥"。《文选》魏曹子建王仲宣诔"嗟乎夫子，永安幽冥"。又如安徽宿县邓文宣祠堂题记有"长入幽冥，悲哉伤心"。再如苍山元嘉元年题记有"长就幽冥，则决绝，闭旷之后，不复发"。大致意思是祠主掾、母死后，灵魂归入地下阴世间，与家人永远决绝。

孤子肠断，孤子指季起，兄弟七人，只有少子季起还在世。肠断，描述伤心之极状。汉代碑文、题记中多见，是叙哀、悼亡的主要词语。如"常感悲伤""悲痛达心""涕泣双并""感切伤心，晨夜啼哭""呜呼悲哉"等等。

其子無隨沒之壽，王無附死之臣。

其子，这里指季起。无随，指没有跟随父母。这里还是叙哀的继续：季起思念父母，悲切的心情如同肠断，无法用语言形容，当时恨不得跟随（陪伴）父母一同死吧，但季起没有这样的寿限啊！与此相同的语言在嘉祥许卒史安国祠堂题记中几乎一样："……去留有分，子无随没寿。王无扶（附）死之臣，恩情未反（返）。"[11]大意为：掾的儿子寿数未尽，不能跟着死去，就像国王没有陪死的臣子一样。这种叙哀的语言或许是汉代鲁南一带流行的。

唯願有石顯闕，以奉四時，供祭魂□（神）。

唯愿有，希望有墓阙，当时还没有建立阙。由此推测，该祠完工后，还有建立墓阙的计划。显阙，就是祠堂前建立的石阙。按《白虎通义》，"阙者，所以饰门，别尊卑也"。如平邑皇圣卿阙西阙铭中有"南武阳平邑皇圣卿冢之大门"，说明石阙就是墓地之大门。汉代墓前阙的建立有礼制规制，不是无官无秩的平民百姓所能配置的。东汉墓祠前配置墓阙的典型有三例。一是著名的武氏祠，"双阙及石雕狮子标志着墓地的入口，四座祠堂（左石室、前石室、武梁祠以及"第四石室"）很可能属于武始公、武梁、武景兴以及武开明为首的武家四系"。[12]现武氏祠双阙仍耸立在当地，是全国唯一的东汉原址原状石阙。二是安徽亳县东汉曹氏家族墓地，据郦道元在《水经注》的描

[11] 李发林：《山东汉画像石研究》，济南：齐鲁书社，1982年，106页。

[12] 巫鸿：《武氏祠：中国古代画像艺术的思想性》，北京：生活·读书·新知三联书店，2006年，43页。

述，曹嵩(曹操祖父)安葬处是一个独立的墓地，前有阙门、二碑一祠及一塚。当然还有郦道元记载的李刚墓的阙祠：“刚字叔毅，山阳高平人。熹平元年卒。见其碑。有石阙、祠堂，石室三间……”[13]邹城题记中的显阙，当指石阙较为高大，显露。但按祠主的身份仅为县级属官，官秩较低，只能配置单体石阙。

四时，即春、夏、秋、冬四季，古人以冬祭，即“腊祭”为主要祭祀。

季起與伯張、高、寶等作成石廟堂，以俟魂神往來休息，孝之然也。

季起和儿子伯张、季卿的儿子高和宝，一起修造成祠堂。“石庙堂”词语为汉画题记中首次出现，虽然题记文中三次出现“食堂”（如首行：“文通食堂”、二十九行“以置食堂”、三十九行“治此食堂”），但石庙堂的功能讲得更清楚，即让祖先的魂灵休息、享用血食的场所，是季起等子孙应尽的孝道。“石庙堂”一词应是当地方言俗语，它形象地描述了其建筑是全石结构的庙堂式样。为我们进一步探讨鲁南地区东汉中、晚期祠堂建筑，提供了新的资料。另外，“石庙堂”一词非常口语化，直白、上口、通俗，是叙说式语言。

明确表述祠堂是灵魂、神祇的休息活动空间。比东阿芗他君祠堂题记更为明确：“起立祠堂，冀二亲魂灵，有所依止。”此为研究祠堂功能又添新的资料。

以俟，等待意。《诗经·邶风·静女》：“静女其姝，俟我于城隅”，又如《左传·襄公八年》：“周诗有之曰：俟河之清，人寿几何？”“以俟魂神”一句的意思是等待祖先的魂灵到来。

魂神，《礼记》中记载了中国古代关于灵魂二分的信仰，根据这部儒家礼仪的经典，人死后“魂气归于天，形魄归于地”。明代邱琼在《墓祭起源》一文中认为“墓祭的礼仪始于东汉明帝时……追其死也，其体魄之归地者，为宅兆以藏之，其魂气之在乎天者，为庙祀以栖之”[14]。鲁南是儒家文化中心区，东汉时期“孝”的观念浓厚，祠堂汉画中魂神意识表现强烈，这种双重灵魂崇拜的信念一直延续到明清。

以置食堂，雖鄙陋，萬世墓表，頌之皆昌，逆之者亡。後子孫免崩落□子。愿毋絕緣，常受吉福，永永無極，萬歲無央。

墓表，即墓碑。这里指题记文，有墓表的功能。明代徐师曾《文体明变序说·墓表》：“墓表自东汉始，安帝元初元年立《谒者景君墓表》，厥后因之，其文体与碑碣同，有官无官皆可用，非若碑碣之有等级限制也。”刘勰说过“自后汉以来碑碣云起”。汉代人重视立碑竖表，因为关系到社会观感、家族脸面，是为了夸耀门庭，颂扬祖宗功德，更是为了聚集家族群体，慎终追远，绵延无极。

邹城祠主身份低，不够立碑的规制，所以立此墓表（即题记文）。作为颂辞，皆采用四字一句的韵文体，类似汉赋风格。这种韵文体的颂辞，在后代墓志中的“铭”中保

[13] 郦道元：《水经注》卷八，173页，李刚墓条；卷三十三，第449页，曹嵩墓条。上海：上海古籍出版社，1990年。

[14] 朱孔阳：《历代陵墓备考》，上海：上海申报馆，1937年，10页。

留着。所以邹城题记的文体是介于墓碑与墓志之间，总体式又是民间语言的散文。

“愿毋绝缘”与微山永和六年桓子祠堂题记中“何时复会，慎勿相忘，传后世子孙，令知之”词义相仿，是季起对祖宗寄托、希望、祝福的词语。

構（遭）命夭折附葬此，謁（竭）家痛切，治此食堂，以漢安元年六月七日甲寅畢成。

附葬，推测是在建立祠堂之前，季起完成了对以上六兄弟及妻子的迁葬，附葬在父母墓的周围，形成家族墓地。据巫鸿先生研究，带有祠堂的家族墓地，除武氏墓祠外，还有金乡的朱鲔墓地和徐州白集墓地，两处墓地的共同点是墓与祠堂相邻，建造于中轴线上，形成墓地核心。白集和朱鲔祠后的坟墓都由多个墓室组成，每座墓都有一个主室和数个耳室及后室，祭品置于主室，家庭成员的棺椁则放于后室之中。在这种多室墓里，一个大家庭的各个成员可以被安葬在一处，形成一个地下家庭。一座墓常带有多个墓室，家族的大型墓地也出现了。[15]

笔者1993年在邹城西南郭里镇调查汉墓时，就曾发现这种全石结构的大型回廊式家族墓葬。墓葬的前室是较大的公共空间，墓门位于正中，后室则有多个单独的小墓室，每个小墓室都有一对双扉枢轴式石门，门上刻有铺首衔环的图案，想必地上原来可能应有单独的石祠和双阙。墓中汉画图像与墓葬结构是典型的东汉中、晚期风格，与发现的汉安祠堂题记刻石似乎有着某种联系。从地理角度观察，该墓地与发现的宋代墓地直线距离约13公里，是否取自郭里区域，有待研究。

“以漢安元年六月七日甲寅，畢成”，汉安元年即东汉顺帝汉安年号，公元142年。其上一年是永和六年（141年）。毕成，完毕、祠堂工程全部竣工，当然还完成了将该家族其他成员迁葬（附葬）的内容。从掾在永和六年十月八日去世，到汉安元年六月七日祠堂毕成，其间只用了八个月的时间。

“……毕成”是汉代祠堂题记的常用句式。如苍山元嘉元年(151年)题记“立椁毕成，以送贵亲”，微山永和六年（141年）桓子祠堂题记“……到六年正月廿五日，毕成”等等。

石工高平□、高平□、王□、五庚。此中人馬，皆食大（太）倉

高平即西汉时山阳郡橐县，王莽时改曰高平，东汉因之。《汉书·地理志》：“山阳郡，故梁，景帝中六年（前144年）别为山阳国。武帝建元五年（前136年）别为郡……县二十三：橐，莽曰‘高平’……”《水经注·泗水》有关于橐县之记述：“高帝七年（前200年）封将军陈锴为橐侯。《地理志》山阳之属县也。王莽改曰高平。”据考古调查，今邹城西部太平镇南陶（橐）城村，尚有城墙遗迹，曾发现西汉铸钱窖藏。其地处泗水与古漷水之间，当与高平侯国有关。

高平侯国位于邹城西南，今郭里、石墙、太平、峄山镇一带，西南有微山两城、马

[15] 巫鸿：《武氏祠：中国古代画像艺术的思想性》，北京：生活·读书·新知三联书店，2006年，40页。

坡镇，南有滕州湖滨（岗头）镇，西有济宁任城区接庄镇相接壤。泗河自北向南穿过，流入独山湖，境内为凫山山脉，多为青灰色石灰石，是雕刻汉画石刻的优质石材。50年代以来这里发掘、收集了200余块汉代墓葬、祠堂画像石刻，当是东汉高平侯国的中心地区，也是高平石雕工匠集团的故里。

高平石工、画师在汉画题记中多次被提及，如东阿芗他君祠堂题记："画师高平代盛、邵强生等十余人。"嘉祥许卒史安国祠堂题记："名工高平王叔、王坚、江湖、栾石……"再如济宁任城王墓题刻"山阳高平钟生"等等。邹城题记中有高平"王高、王叔"的名字与许卒史安国题记石工名字相同，疑为同一个石工集团。杨爱国曾对高平石刻艺人（又称"良匠卫改派"）的石雕工艺特色、地域活动空间进行了整理研究，[16]笔者深表同意，可资参照。

此中人馬，皆食大（太）倉。

吉祥祝福语，常见于汉代祠堂题记中，在山东、苏北、皖北汉画题记中多次发现。陈直先生在考察河北望都汉墓壁画时指出："太仓为汉代太仓令，藏粟最多之处，比拟死者禄食不尽之意。"[17]其实，这些禄食既非来自国家太仓，也非死者亲人供奉，而是来自幽冥世界的虚拟"太仓"。

在东汉时期的汉画图像中，"此中人马皆食太仓"与共存的图像和道教有一定的关系，如临沂五里堡画像题记："人马禽兽百鸟，皆食于太仓，饮于河梁之下。"题记上部刻九头人面兽等图像，明显与道教升仙思想有关。[18]再如徐州铜山大庙村画像题记："此□室中人马，皆食大仓。"祠堂锐顶分刻西王母（或东王公）及青龙、白虎等图像。[19]嘉祥许卒史安国祠堂题记："此中人马，皆食大仓，饮其江海。"苍山题记："就夫仓，饮江海。"总之，该题记语虽然简单，但从分布区域看，是相当深入人心的，他们除了表示墓主（祠主）想死后"食谷太仓"成为官家人物，还借此表达想食"不死之药"早日升仙的愿望。[20]

3. 题记文体

新发现的邹城文通祠堂题记，通篇600余字，是目前国内已发现或著录的汉代祠堂题记中字数最多的一石，可谓突破东汉早中期题记之限制，文似碑制。

众所周知，汉画像石上颇多题刻文字，大多发现于祠堂刻石之上，其文体内容也因

[16] 杨爱国：《幽明两界：纪年汉代画像石研究》，西安：陕西人民美术出版社，2006年，见第四章，固守家园与远走他乡，133—134页。

[17] 陈直：《望都汉墓壁画题字通释》，载《考古》1962年第3期，161页。

[18] 临沂博物馆：《临沂汉画像石》，济南：山东美术出版社，2002年，45页。

[19] 徐州博物馆：《江苏徐州大庙晋汉画像石》，载《文物》2003年第4期，65页。

[20] 杨爱国：《此上人马皆食大仓解》，载《纪念汉长安城考古五十年论文集》，北京：科学出版社，2008年，565页。

图4

时代发展而变化。东汉早期，题记文字简短，略记祠主姓名、卒年、叙哀、费用等，题刻位置多在画像边缘或立柱上，图像为主体，文字偏居一隅，真可谓“榜题”。其文体只是记事而已。东汉中期以降，随着建祠立碑之风的流行，[21]题记文发展、繁荣，诔碑文走向民间，从而促使题记的阅读形式、内容与文风更接近碑、诔、铭之文体。[22]而且字数增加，呈现越晚越多的趋势。如东阿芗他君祠堂题记、嘉祥许卒史安国祠堂题记，是典型的民间诔碑记事文。

邹城文通祠堂题记，从文体上来看，已突破以往题记之限制，行文力求大而全，侧重家族世系记事。

首先，这篇题记文的刻制布局是以文为主，图像为辅。在通篇布局上，题记占据全石面积约二分之一，按照古代“右为上”的书写习惯，在右上（起首）部位刻写文字，右上一人和左侧六人相对题记呼应，这种“中心为主，对称呼应”的布局在汉画中多见。如邹城卧虎山石椁画像中的“泗水取鼎”的鼎、“伯乐相马”中的马，[23]均采用“中心为主，对称呼应”的布局，可谓这种布局的范例。

其次，刻制形式采用类似简册题写，整齐匀称。先将石面磨平整，界以匀称的线条直格，由画师或写手书写，然后由刻工刻制。整体观察，题记文字通篇字体匀称，虽有少量字体大小悬殊，但不影响整体效果。

最后，题记的文体形式是诔碑记事文。整体而言，题记段落清楚、叙事明确、文字朴实、语句通畅，是汉代诔碑记事文的佳作。总体结构由六部分组成：祠主（及夫人）事迹（祠主里籍、官职、卒年）；子女世系；建祠记事（言孝、叙哀、悼亡、建祠事

[21] 刘勰：《文心雕龙·诔碑篇》，“自后汉以来，碑碣云起”。

[22] 赵超：《中国古代石刻概论》，北京：文物出版社，1997年，61页。

[23] 胡新立：《邹城汉画像石》，北京：文物出版社，2008年，图11、图12。

由）；颂铭；女眷世系；纪年刻工。在颂词中采用四字一句的韵文，但题记的总体行文还是记事散文，内容完整，文字丰茂，已具备记事、颂德、叙哀、悼亡、颂赞、祈福及纪年等后世墓志碑文的基本要素，是汉代题记向墓志碑文的过渡文体，对研究古代墓志的产生具有重要意义。

三、刻石图像与祠堂形制

1. 图像与刻法

题记两侧刻有人物和动物的图像。（图4题记左侧图像）题记右侧一人，面左，头戴冠，上伏卧一鸟。身着长襦大袴，下着靴。双手拢袖置于腹前，作行走状。题记左侧五人，皆面右。右一，躬身，手持杖，头戴冠，身着长襦袍，站立。右二似为一老年男性，躬身，双手拢袖置于胸前。头戴冠，身着长袍，腰佩环首长刀，面右而立。右三似为一女性，头束三个半圆形的发髻，着长襦裙，双手拢袖于胸前，面右站立。右四为一武士，身着长襦大袴，下著靴。右袖卷起，手持一物，左手扬起，面右，似跨步行走。左下角一人侧立，双手扬起，似驱赶羊。画面左侧有两只羊，一只肥硕，站立，双角立起。另一只作奔跑状。题记左右两侧的人物的布局、朝向，都是以题记为中心，相对而立。

需要说明的是题记右侧的人物，在冠上伏卧一只鸟。长喙、长尾、收翅、圆目。在已发现的山东汉画中，难以找到相同的图像。但在微山两城“西王母、伏羲女娲”图像中，却发现在西王母头上有一只与此相同的鸟，身旁刻有“西王母”榜题。如果没有榜题，难以确认她就是汉画中常见的西王母。图像的奇异之点，就是不见头戴的方胜，却换上一只卧伏的鸟。这只鸟不见足部，无法判定它是青鸟或三足鸟，但我们只要认识到，它曾是一只刻绘在西王母头上的鸟，就可以了。[24]再观察两只鸟刻绘的细部特征、刀法一致，如出一人之手！真可谓高平石工卧鸟图像的模本。陈秀慧在复原鲁南小祠堂时，成功复原永和六年（141年）桓子祠堂右壁的西王母画像。[25]该祠堂与邹城汉安元年（142年）的图像极为像似，刻成年月相距一年，难怪两只鸟的图形一致。那么，这位头顶卧鸟的人物，是否受西王母的派遣，前来迎接、引导祠主升仙，有待研究。

此外，在汉画中佩刀的图像少见，其实在两汉时期，从天子到百官无不佩刀，用以表示达官员及贵族的身份等级。《后汉书·舆服志》明确记述了东汉时期佩刀的规制，从皇帝到百官在佩刀的尺度、质地、图案、工艺上都有严格规定。汉代男子保持佩刀习俗，但所佩之刀，有形无刃，失去实际价值，主要显示仪容。

图像的刻法采用的浅浮雕技法，在东汉中晚期鲁南地区最为流行。主要分布在邹

[24] 邢义田：《画为心声：画像石、画像砖与壁画》，北京：中华书局，2011年，87页。

[25] 陈秀慧：《滕州祠堂画像石空间配置复原及其地域子系统》，载《中国汉画研究》第三卷，2010年，桂林：广西师范大学出版社，288—290页。

城、微山、滕州、任城等区县，最集中的区域在邹城郭里、微山两城一带，即泗河以东、凫山以北发现较多。赖非将此地区列为“两城—邹城”类型，[26]其主要雕刻特征是：地面平整（大多打磨光净），图像凸起，物象边缘略带弧度，图像粗狂、大气，但面部或衣纹却用细錾刀，精凿细刻，在“深沉粗狂”的物象中不失“精细灵巧”的艺术风韵。正如蒋英炬所说：“邹城汉画像石浅浮雕作品中，有在浮雕出的物象上，留有原来修整石面的粗凿纹，更显出那种拙朴、粗狂、雄健的风格，不乏场面宏大、内容饱满的鸿篇巨制。”[27]

该石料是青灰色石灰石，刻面加工平整，背面、上、下加工粗糙，留有分布不匀的錾纹。刻面中间夹杂少量黄色石筋或斑块。刻面四周是凸起的方形边框，上部是下垂的半圆形垂帐纹。人物及动物均为浅浮雕，净地。题记有阴刻的竖条界格，文字以刻刀直接冲刻，刀法娴熟，字迹清晰。整个题记镌刻精细、技艺高超，是高平石工的精品佳作。

2. 祠堂形制

根据石料的形状及图像文字，推测其用途是祠堂的门楣石，可能是单室祠堂。一是东汉中晚期鲁南地区流行单室石祠堂。如已复原的邹城金山村单室祠堂、嘉祥宋山小祠堂、微山永和六年桓子祠堂等，都是东汉中晚期单室祠堂。蒋英炬首先对嘉祥宋山小祠堂进行了复原研究，具有里程碑式的意义。陈秀慧对鲁南诸多祠堂散石进行了复原整理，并将邹城、微山区域祠堂的形式列为“两城—邹城地区小祠堂”，其形制都是单室祠堂。[28]邹城祠堂为东汉中期，正是祠堂建造发展的鼎盛时期，其流行式样应是单室祠堂。二是邹城祠主的身份为县级属吏，只能配置单室祠堂。比该祠稍晚九年的武梁祠，也是单室祠堂。武梁的身份为郡从事，略高于邹城祠主，他们都是没有官秩的属吏。武梁和邹城祠主都是饱读圣贤之书、尊崇儒家思想的贤达之士，时时处处恪守礼制，他们的子孙也不会越礼，去建造规模较大的祠堂。汉代封建礼制法规比较完备，它约束着人们的社会行为。

如何知道这是一块门楣石，而不是祠内后壁或祠内两侧上部的条石？笔者仔细观察题记石的下部，即门楣石下方的两侧，有立石砌垒过的痕迹，每侧0.24米。印痕内石面风化较轻，可以看出是压在立柱石（祠堂边框）之上。该墓还出土了一块双面图像的立石，雕刻风格与题记石相近。假如是该祠的门楣立石，从图像的方位分析，应是右侧的立石。因立石上部残损，有待进一步研究。

---

[26] 赖非主编：《中国画像石全集》第2卷，济南：山东美术出版社，2000年，《概论》第6页。

[27] 蒋英炬：《邹城汉画像石·序言》，北京：文物出版社，2008年，3页。

[28] 陈秀慧：《滕州祠堂画像石空间配置复原及其地域子系统》，载《中国汉画研究》第三卷，288—290页。

四、结语

50年代以来，国内陆续发现、出土了一些纪年汉画像石题记，总数约百余块。其中约半数发现在山东，百字以上的题记多在鲁南地区。邹城汉安元年文通祠堂题记刻石的发现，为研究山东汉代画像题记又增添了新的重要资料。

整体而言，邹城题记已经走出东汉早期汉画题记的格局，迈向碑志之路。在形制上、功能上、内容上与后世的铭、诔、志接近，具有祠堂题记文体特点，行文与正规碑文有所差异。这种差异，因官方与民间、典型与通俗、过渡与成熟而存在，随着社会的发展而变化。邹城题记在字里行间显露出质朴的乡土语言，书法拙朴率真，为汉代通俗隶书，处处散发着浓郁的汉代民间气息。

1. 邹城题记为研究东汉墓记到墓志的演变，提供了重要参照。以山东鲁南地区为例，在东汉纪年画像石中，早期主要是榜题文字，刻写位置多在画像边框以外，单或双行，寥寥数语，简记祠主姓名、亡故年月及言哀之语。在中晚期，随着“厚葬”、“奢靡之风”的不断升级，墓上建祠之风盛行，且规模变大、工艺考究，注重请用“高平画师”、“良匠名工”，图像丰富精美，题记也变成长篇宏制。著名的武氏祠、嘉祥许卒史安国祠堂题记、微山桓子祠堂题记、苍山元嘉元年题记、东阿芗他君祠堂题记与邹城题记，都出现在东汉顺、桓时期，相距不过十几年。毋容置疑，这是汉画题记发展的高峰，也是“高平良匠名工”创造汉画艺术最辉煌的时期。“如果把它们联系起来，应该得到一条由墓上画像石题记到墓中画像石题记或墓室题记再到墓记的演变脉络，祠堂画像石题记对墓志的形成也应该起到过一定的作用。”[29]

2. 题记刻石为研究东汉祠堂的形制提供了新的资料。从复原的角度观察，该题记刻石似为祠堂门楣石，其用料硕大，开间宽敞，应是单室祠堂中的巨室。推测该祠堂的形制可能与已复原的嘉祥宋山一号祠堂相近。[30]一是与宋山祠堂门楣石的长度尺寸相近（邹城石横长1.91米，宋山石横长1.90米），两侧均有立柱（即祠堂门框立石）。二是上部图案（垂帐纹）与宋山祠堂近似。垂帐纹是古代帷幕纹的变形图案，常在汉画图像的厅堂、门楣上刻绘，起到装饰作用。该刻石画面有风化剥蚀的状况，应是长年暴露在屋檐之下，受阳光暴晒和风雨侵蚀所致。此外，在门楣石上应有安装的屋顶石和屋脊石，以显现出“石庙堂”的式样。

3. 对研究山东纪年汉画及高平石雕工艺特点具有重要意义。邹城题记纪年明确、图像清晰、雕刻技法特点突出，是判定山东汉画石刻年代的可信标尺，对研究纪年汉画及年代序列具有重要意义。“高平石工”是活跃在鲁南地区的石雕工艺集团，其活动中心在邹城—微山一带。邹城题记刻石无论浮雕的图像还是题记文字，都能反映其工艺特

[29] 赵超：《古代石刻》，北京：文物出版社，2001年，127页。

[30] 蒋英炬：《汉代的小祠堂——嘉祥宋山汉画像石建筑复原》，载《考古》1983年第8期，71—81页。

点。若与芗他君祠堂和许卒史安国祠堂共同研究，足以证明该石工集团技艺精湛，线刻和浮雕两种工艺均有明显的地域特点。“高平石工”不仅标明了地理方位，而且在汉代鲁南地区享有较高的美誉度。

由于笔者学识有限，释文讹误难免，恳请诸位方家批评指正。

（题记发现后承蒙顾森、赵超、朱青生、蒋英炬、赖非、杨爱国、龚诗文等先生亲赴邹城实地考察，对照原石进行考证，提出诸多宝贵意见。笔者两年间数易其稿，在2015年5月30日经赵超先生考察题记原石后，最终才确定题记文字。谨此，向以上先生深致谢意！）

2013年8月3日初稿
12月5日修订
2015年7月10日定稿

武梁祠献祭石室的功能和墙饰

类型学和图像学的研究

Doris Croissant

引言[1]

武氏墓位于山东嘉祥市附近，墓内所发现的石板是东汉时期（26—202年）最具意义的文物。石板上的一面浅浮雕堪称保存至今的汉代墓葬平面艺术中最具表现力的例子。

这些石板来自地上的墓石室，即祠堂内，根据Wilma Fairbank所提供的复原资料，这些石板无可非议地来自三个石室。[2]根据发现于墓上的碑石上对四人的悼文，石室的时

[1] 以下缩写在文章中被援用：

AA　Artibus Asiae

BMFEA　Bulletin of the Museum of Far Eastern Antiquities，Stockholm

远东古物博物馆学报，斯德哥尔摩

Corpus　Corpus des pierres sculptées Han(estampages), édité par Fou Sihoua 傅惜华：

Pékin，Centre d’Études Sinologiques de Pékin，1950—1951；2卷。

HJAS　Harvard Journal of Asiatic Studies

哈佛亚洲研究学刊

Miss.Arch. É.Chavannes，Mission Archéologique dans la Chine Septentrionale；Planches（巴黎 1909），Textes（巴黎）

MS　Monumenta Serica

SPTK　Ssu-pu ts’ung-k’an 四部丛刊

TP　T’oung Pao 通报

[2] Wilma Fairbank，“武梁祠的献祭石室 The Offering Shrines of Wu Liang Tz’u”，HJAS 6，1941，1—36页。

间可确定为公元 2 世纪中期。[3]

除了少数可确定发现地址的汇集[4]，以及年代确认和位置复原的可能，这些画像石的风格和意义以及石室的祭礼任务等问题至今还未能被解答。在这些纷繁复杂的问题中有两大问题要被分别提出和联系起来看待：石室的功能和石室装饰的每一个场景的图像学功能。

这些画像石要阐明的，尤其中央场景（图 1 — 3 ）和行进行列雕饰花纹[5]要阐明的，至今还很少被重视，这些献祭用的石室中具有祭拜目的的画像石首先必定是通过祭礼的性质确定的，但是相反地，祭礼其他的特性也能根据石室装饰的图像学被阐明。因为石室的祭礼功能至今未能确定，每一个画面主题的意义未有确切证据时，就不能确定。因此，找出石室解释，在解释之下，使石室的祭礼功能的意义和其中的每一幅画像的意义被揭示。

上述所提到命题的功能将会在图像学部分的画面主题的阐明中被论证：装饰的意义如何使石室的祭礼目的更为明确。

I．石室的功能

A. 前提条件

根据武梁祠的画像石,Fairbank复原了三个石室：武梁石室、前石室和左石室。[6]前石室和左石室的后墙向前开出壁龛，两石室的壁龛后墙上又再度建有中央场景或楼阁场景的画像石（图1-3）。

开间的复原显得并不一定完全，但可被确定的是，中央场景是嵌在石室后墙上的，因为孝堂山[7]石室后墙唯一一块画像石的画面和武梁石室后墙画像石的画面类似。[8]中央

[3] Miss.Arch.，文字卷I，1（La sculpture à L’ époque des Han，巴黎 1913）和插图卷。一一四人的死亡日期是：武斑 公元147年；武开明 公元148年；武梁 公元151年；武荣 公元167年。（参见：Miss.Arch.，文字卷I，94—109页）。

[4] 有关发掘史试比校：Miss.Arch.，第109—117页和Fairbank，出处同上，1—15页。

[5] 参见：HJAS 6，1941的Fairbank 的文章中插图2、7、6和Miss.Arch.，第108号。

[6] 参见：HJAS 6，1941的Fairbank的文章中插图2、7、6和Miss.Arch.，第108号。

[7] 参见：Miss.Arch.，第45号。

[8] 由Fairbank复原的壁龛作为典型的移近的三块刻石——这些刻石在孝堂山的墓边发现——已由Sekino Tadashi（Tei）（关野贞）组配在了一个壁龛里（Tei Sekino，“Stone Mortuary Shrines Wish Engraved Tablets of Ancient China Under the Han Dynasty-II”，Kokka 227，1909，105—124页）。Sekino也提示，在同一处发掘地还有别的刻石被发现，由德国人藏匿起来。这里指的可能是由Otto Fischer出版的刻石“孔子和老子的偶遇（Begegnung des Konfuzius und Laotzu）”（Otto Fischer，哥本哈根的第15届国际东方学代表大会上Santöshö ni okeru Kandai fumbo no hyöshoku［Tokyo 1916］展示了风格相似的残片，插图138—139。）——根据对今天在东京大学收藏的三块“壁龛”的刻石的观察显示，这些石板本身不能被组合在一起（参看：图19）。

场景在石室装饰占有主要位置，同时它又和石室的祭礼任务有紧密联系。Fairbank可能根据这个事实设想：中央场景本身是石室的祭拜物。[9]

对孝堂山[10]石室的研究表明，在后墙原有一块被后建祭坛所覆盖的低矮石基，这块石基铺至整个石室。这个石基被罗哲文描述为“神台”。[11]由这个神台发掘的支持，秋山进午（Akiyama Shingo）确定，在武梁石室后墙前，在整个中央场景下没有纹饰的长条也是一个基座。[12]武梁祠另两个石室由此被推断也铺有石基。

由此，新的问题被提出，石室是否只是作为献祭品的存放处，或者也包括有特殊的祭拜物。这个问题和两个方面紧密有关，一方面是祭礼的宗教特性和祖先祭拜间的关系，另一方面是墓的构想方案和墓石室作为祭拜场所的紧密关系。在以下的论述中这些特征将会一一在原始文献和现有铭文资料中做对比。

B. 祠堂的祭拜物

1.“祠堂”的概念

把地上石室墓称为祠堂可追述到《水经注》中对汉代墓制的描述。[13]尚存的孝堂山石室、朱鲔石室[14]和复原的武梁祠石室的年限的确定新近又由长广敏雄（Nagahiro Toshio）提出置疑。[15]长广持有的论点是：在原始资料中述及的汉代的祠堂不是设有画像石的石室，而是更大的，在历史文献中提及过的建筑物。[16]但长广不得不自驳其推论的主要思想[17]，因为关于武梁的公元151年的墓志铭述及了一座石制的祠堂的供奉[18]，而

[9] Fairbank，出处同上，4—5页，34—36页。

[10] 孝堂山石室位于山东省距肥城东西部大约60公里处。Miss.Arch.中的图，第45—54号；Fairbank，出处同上，插图4；Sekino，出处同上，插图4。

[11] 罗哲文，“孝堂山郭氏墓石祠”，文物1961，4—5，44—51页。——我感谢Richard Rudolph教授对这篇文章的指点。

[12] Akiyama Shingo秋山迮进，“Buryö shidö fukugen no sai-kentö”，史林1963：6，105—124页。Akiyama此外还证明了，在武梁石室的立面旁边没有柱子。

[13] 第8章——鲁峻墓，李刚墓和朱鲔墓，和第29章——胡著墓。

[14] Otto Fischer，汉代的中国绘画 Die Chinesiche Maleriei der Han-Dynastie（Berlin 1931），插图32—33页；W. Fairbank，“汉代画像石艺术的结构关键A Structural Key to Han Mural art，”HJAS 7，1942—1943，52—88页，插图7—17。

[15] Nagahiro Toshio长广敏雄，“汉代冢祠堂的备忘录Kandai no chöshidö ni tsuite”（Note on the chung tz’u-tang of the Han Dynasties），Bukkyö Shigaku Ronshü（有关佛教史的论文，献给Zenryü Tsukamoto 教授；Kyoto 1961），546—566页。

[16] Nagahiro，出处同上，551页可以作为他理论的证据，证明屋顶的瓦属于西汉时代的祠堂。

[17] Nagahiro，出处同上，556页；参见：注解33。

[18] Miss.Arch.，第104—106页；Fairbank，HJAS 6，1941，8页。

在所属祠堂的一石柱上又有注有公元154年日期的碑文[19]，这些就已说明，有画像石的石室在汉代就已被称为祠堂。

至少犹如祠堂的年限，石室的建筑方式也说明了祠堂作为墓上祭拜建筑物的特殊目的。单就在装饰[20]上的在石上复制的瓦屋顶和仿造的梁结构就证明，石室是由木、黏土、砖瓦所建的更大的建筑物仿建而来，此情况和在西汉时代或东汉时代的大量墓制建筑相同。

汉代的编年史提到两汉时期高官被授予在墓上盖祠堂的权利。最早述及祠堂的是文翁（公元前140—前86年）的传记。[21]文翁是蜀的最高长官，蜀的百姓和官员为他建了一座祠堂，类似的还有如北海的朱邑（逝于前61年）[22]，百姓和官员也为他建了一座祠堂。西汉时代第一位摄政者霍光（逝于前68年），死后也被加建祠堂一座：

帝国的中央行政区把劳动力征召起来，用于挖土建祠堂。一个300户之广的“墓葬区域”（用于维修墓葬）被设立起来，一个“长”和一个“丞”被任用，以惯例的方式来负责主管墓葬……霍光的寡妇“显”改建并扩建了他生前建的墓。她下令建了三层的阙，一条神道，并在北面和南面建了相对的建筑物“昭灵”和“承恩”。她完善了祠堂的装饰，把祠堂通过画像石廊和建筑物“永巷”连在一起，并把美貌的处女和女奴关在里面担任管理。[23][原文]

摄政者张安世（逝于前68年）在宣帝令下受封到一块在宣帝自己墓东边的墓地，并被授建了一座祠堂。[24]

---

[19] 罗福颐，“芗他君祠堂题字解释”，故宫博物院院刊2，1960，第178—181页。——石柱来自山东省东阿县的铁头山。在注有公元154年日期的碑文上，芗他的儿子们讲述了他们在父亲芗他及其夫人的墓边建了石祠堂。罗福颐认为，石柱是在地下祠堂里，这就是说，就是建在墓里。这种解释通过碑文被反驳，碑文的其他的普遍的表达中说明，是他的儿子们委托了墓的修建，树的种植和一座祠堂的建立。——这篇文章的指点要感谢T.Nagahiro教授。

[20] Fairbank，HJAS 7，1942—43，插图10—12。——类似的出自注有公元529年日期的画像石室的墙饰部分在波士顿美术博物馆（Kojiro Tomita），“一座公元六世纪的中国献祭石室（A Chinese Sacrificial Stone House Of the Sixty Century A.D.），”美术博物馆期刊（波士顿）40，世纪的日期的确定，A.Soper表达了他的怀疑；参见：他至Jean Buhot的评论文章，在AA17，1954，321—322页上的*Art de le Chine*（巴黎1951）。

[21]《汉书》（SPTK-版）89.3a。文翁在蜀建立了一个学校。为他设立的供奉献祭场所应在公元5世纪还存在；参见：W. R. B. Acker，“一些唐代和唐以前的有关中国画的文本（Some T’ang und pre-T’ang Texts on Chinese Painting）”（Leiden 1954；Sinica Leidensia 8），109页。

[22]《汉书》89.9a。朱邑以后位为卿大司农。试比较：Giles，《传记字典》（*Biographical Dictionary*），第450号。

[23]《汉书》68.11a。——建筑物“承恩”和“昭灵”的用途不清，“永巷”根据颜师古的评注，不作为其他情况下的一般解释，一般解释为宫中妇女的居室。

[24]《汉书》59.9b—10a。

在这些先例之后，在一直到公元二世纪的汉史中，对祠堂的提及一直有所增加。东汉时代的石室可能继承了西汉时代“寝”（Grabtempeln）的模式，寝自身反映了帝王墓的祭礼的设置。帝王的墓祭可视为官员和贵族墓祭的刺激性的榜样。

2. 皇陵与其祭拜场所

据《东汉书》的记载，西汉皇陵的祭礼已发展了秦朝（前255—前209年）开始的革新：

在古代是没有墓祭的。汉朝所有的墓都有“园寝”，这是从秦朝继承下来的。也就是说，在古“宗庙”的前面设置了“庙”，在其后设置了“寝”，就如对活人居所的模仿：前面是朝廷或晋谒处，后面是私人的就寝处……灵魂所有者“主”会被在“庙”中供奉四年。在“寝”中保存的是衣、帽、臂支、手杖，以及依实际所用器皿仿制的容器，用以为献祭存放新鲜的食物。在秦朝，“寝”第一次从整个建筑群中脱离出来，被移置在墓上。汉代把这种安排毫无改变地继承下来。但只要在“寝”中放有衣物和器皿，就是符合“寝”的旧的定义的（以前的“寝”在“宗庙”里）。[25]（见此注释，加入原文，前后所有引证原文处，一律添加原文）

“寝”和“庙”分开了，原来的祖先祭拜分成了在宗庙内祖先牌位（Ahnensitz）前的祭拜和在“寝“内死者衣冠前的献祭，这些使秦以来正统的规定受到了破坏。[26]因此西汉十一位帝王的神主（Ahnentafel）不仅设在原来的“宗庙”里，而且设置在各自的墓上，即他们个人的祭礼设在“陵庙”里。[27]

东汉时代的祖先祭拜的改革禁止了在墓上设“陵庙”。明帝（58—76年）给东汉祖光武帝（25—58年）在长安盖了宗庙（世祖庙），光武帝之后六位东汉皇帝的神主（Ahnentafel）也在世祖庙里供奉。[28]明帝把西汉十一位皇帝的神主集中设在洛阳的高庙里。[29]

“陵庙（Grabtempel）”的废除使墓上“神主”的敬奉不再可能，“园寝”就作为

[25]《后汉书》（APTK-版）19.5b（祭祀志下）。

[26] 试比较：Kan ō Naoki 狩野直喜，“Raiky ō to Kansei”(The Confucian Classics of Rites as they were codified in the system of the Han government)，T ō h ō Gakuh ō（京都），10:2，1939，第1—28页。

[27] 因为从汉代开国皇帝高祖(前206—前194年)到宣帝(前73—前48年)一共应该有167位皇族被供奉在宗庙里，单个个人的“神主”可能在“寝（Grabtempel）”和“宗庙（Ahnentempel）”里之外，还在别的、供奉他们私人祭礼的“园庙”里被敬奉。试比较：《汉书》78.3b（韦玄成传）。

[28]《后汉书》19.3a-5b。

[29]《后汉书》19.1b-2a。

主要的祭拜建筑物升到了墓上。[30]除了园寝，在皇陵范围内还立着很多其他建筑物。有钟楼“钟虡”、“寺吏”的便殿和“石殿”。[31]在皇帝园寝里的祭礼安设在“神坐”上，每年第一个月上陵时由皇帝与其臣子供上祭品。[32]主要的祭拜物是死者的衣物。《汉书仪》记载，出席祭拜仪式要着五套不同样式的宫廷服饰，配套有鞋、几和手杖置于座上，以及竹编制的“俑人”，俑人跽坐而没有被塑出头部。[33]

3. 陵庙、园寝和祠堂

由皇陵的祭礼设置向祠堂的类型学的推导，理论上得出两个可能性。要么西汉时代高官在墓上的祠堂是皇帝陵庙的复制，也像陵庙里有神主（Ahnentafel）；要么祠堂符合不怎么为人所知的正统含义，也就是到东汉时代还保留在皇陵上的园寝，并有“神坐”（shen-tso）作为祭拜物。

一个疑难问题使“祠堂”由“陵庙”而来的推论难于成立，这个问题就是，这些汉代的高官是否被合法授权，在“神主”的象征前献祭他们的祖先。旧的有封地者的等级特权可能随着秦朝暴力推翻前朝带来的贵族制度的瓦解，从而被取消了。[34]可能的情况是,旧王朝的制度在西汉时代随着新纪元的诞生被重新接受，祖先祭拜有关的特权也被重新分配，但只有当西汉时代的高层官员在相当于“园庙”的陵庙祭拜被允许时，这种特权才可能在东汉时代因为祖先祭拜改革，皇帝的墓祭自身遭受了限制后，由于限制而予

[30] 在孩提时就死去的殇帝（106—107年）、冲帝（145—146年）和质帝（146—147年）在墓上的园寝应该作为“宗庙（Ahnentempel）”的用途，就是说，年幼的皇帝不被收在“世祖庙”的祖先献祭里；参见《古今注》里的详尽解释，援引在《后汉书》16.6b-7a（礼仪志下）的评注里。有三位皇后除了在墓上，还在园寝里设了祖先献祭；参见：《后汉书》19.4a-b。

[31] 参见《后汉书》16.6b-7a中出自《古今书》的评注。

[32] 参见《后汉书》16.6a中援引的评注。试比较：《东汉会要》（1226年左右由徐天麟撰写），第7章，上陵。

[33]《后汉书》16.8b和6a。

[34] 根据《礼记》下士等级的人没有权利拥有宗庙。他们只能在寝里被献祭，而且没有“神主”，因为他们的尸体在逝世后立即变为鬼。试比较参见 Couvreur，Mémoires sur les bienséances et les cérémonies：《礼记》（新版。巴黎1950），第2卷，第20章，第263—264页；第1卷，第3章，289页。《礼记》的这个地方经常被讨论。许慎（公元1世纪）对《公羊传》的一处进行了解释：在周朝没有封地的臣下是没有“神主”的，献祭的是由绸卷和柴捆做成的象征物（参见《五经异义》，第8章）。Couvreur（出处同上，第2卷，265页，注脚)声称还有两位中国作家也有同样观点。在捍卫宋朝传播的家朝的文章里，司马光（1019—1086年）陈述了他的观点：在秦朝以前所有的官员都有“神主”。首先自秦代以来，除皇帝外，高官不敢再设“神主”，因此到了汉代，还是就他们的地位在墓边设了祠堂。参见：司马光，文潞公家朝碑，出自《温国文正司马公文集》（SPTK）79.9a-12b。有关“神主”的产生和之后在百姓的祖先祭拜中的接受采用，试比较：Berthold Laufer，“The Development of Ancestral Images in China，” *Journal of Religious Psychology* *6*，2，1913（Worcester，Mass.），111—123页，特别是117页。

以取消。[35]

“祠堂”由“陵寝”转化而来的推论另一方面由对霍光墓描述的援引得到证实。引文曰：婢女和女仆在祠堂中担任献祭，即执行死者的供奉，这种供奉符合作为私人和家室内部生活的处所，即“寝”的观念，相对于作为官方和公共呈示的宗庙之“庙”的观念。在这层意义上，“神坐”在祠堂中作为祭拜物和死者的衣物一起被祭拜。[36]

就像西汉时代大型祠堂的祭拜物和功能可能一直就存在，用理论推导的方式不能对画像石石室的任务——就像对东汉时代石室所具的任务——作出判断。可以确定的是，祠堂是大型祭礼建筑物的小型翻版，通过石室的模仿，上层贵族阶层墓祭的祭礼的实践与下级官僚的要求和权利相适应。同时要考虑到的是，祭拜物——“神主”或“神坐”——可能只在祭拜过程中被设置起来，或者石室是空的，只是作为祭品的存放处。因为这个问题既不能借助文学上的记载，也不能借助考古发现来解决，就应注意以下的墓祭的思想和宗教的背景，而且祠堂的任务要从墓祭的前提条件中来定义。

C. 墓祭和死者敬奉

1. 墓上献祭

《礼记》中确定，为家中最年长者的守丧期是三年。其间要求主要戴孝人，即长子，穿丧服并远离公共事务。[37]“丧礼”随时间的流逝由“祭礼”代替。和“丧礼”有关的是死者的灵魂，相对地和“祭礼”有关的是鬼神。两种礼俗对于其对象而言，相应地被视作凶礼也是吉礼的活动。[38]在墓上祠堂的祭拜算作是这两种为逝者安排的礼俗中的哪一个？同时，死者的哪个方面是与其有关的？

如由马援（前14年—公元49年）传记得知，这位将军在他的作为皇后的女儿死去之后，一度失宠，乘他夫人去世之机，通过明帝为他恢复了地位，公元74年，明帝为他在墓上设了一座祠堂。[39]在马援死后25年，在他寝里的献祭不能再以丧礼仪式的特性来描

[35] Nagahiro在一篇复杂编制的论证中尝试，通过壁龛是源自称作石室的作为在皇帝宗庙里安放“神主”的贮藏地，证明了由Fairbank建议的“壁龛”的复原。但就他所提示的——在后汉时代“神主”还没有被收藏在墓上——他必须收回其观点的主要思想（参见：Nagahiro，出处同上，566页）。

[36] 在元和三年（86年）章帝下访了东平王苍的墓，献祭了一头公牛，敬拜了神坐并把他的剑放到地上，参见《后汉书》72.13b。神坐的使用到六朝时还有。就如《晋书》所述：傅咸在他母亲的丧期时被委任了一个更高的职位，他带着他母亲的灵坐（根据注解确定为神坐）到了他的新任上；参见《晋书》47.15b。

[37] Couvreur，《礼记》，第1卷，第13章，743页。

[38] Tjan Tjoe Som，《白虎通》：The Comprehensive Discussions in the White Tiger Hall（2卷，Leiden 1949，1952，Sinica Leidensia 6），第2卷，625页.

[39] 参见：下文5页，5。和注解49。

述。墓上献祭属于“吉礼”，这样的例子确切的还有：平帝（公元1—6年在位）下诏，由其地方长官和地方其他官员为蜀郡的文翁和九江的召父（召信臣）在他们的墓上进行长达四年的献祭——文翁和召父都在公元前一世纪初逝世。[40]

如果祠堂在葬礼和丧礼过去很长时间才建起来，而且献祭能一直没有限制地继续下去，这样祭礼就是立于鬼神的积极方面的。在这一点上，还是和《礼记》的说明相联系的，但祭礼行为的特性使人置疑：是否宗庙“祠堂”还具原有意义。

在墓上献祭之际摆设盛宴，宰杀牺牲，呈上美酒。除了宗族成员，临近地区和郡（Provinzen）的官员也会来到。[41]祭拜大多在春季一月到四月和秋季的八月到十一月进行，[42]但在这两个时间段之间也有临时来人进行的小型祭礼。甚至皇帝也巡游高官的墓，或者派代表使节进行献祭。[43]

这些就明确地表明了，墓上献祭和祠堂的敬奉不是局限在死者的宗族圈内的。如果就像在文献中假设的那样，祠堂的祭礼任务是由家族的祖先祭拜和死者祭拜的需求致使的，那献祭只能由宗族成员进行。虽然西汉时期荒疏的祖先祭拜已经导致了《礼记》中祖先祭拜的规定被破坏，因为皇帝“陵庙”里的神主也为不属于皇族的臣下所敬奉。[44]正是这种社会风气的变革使人很是怀疑：祠堂的设立在东汉时期已是为了公众方面的需求，那么在祠堂里祖先献祭是否可能在神主前进行呢？墓石室是为特定人物进行私人祭礼而建的。石室的祭礼功能既不能直接追溯到死者祭拜的礼俗，也不能追溯到祖先祭拜（Ahnenkult）的礼俗。

2. 祠堂建立人

汉史提到为政绩突出的高官建“寝”（Grabtempel）的有皇帝、郡政府（Provinzialregierung）、死者生前的下属官僚，或者他生前所辖地的百姓。以下的引文表明，一座祠堂的建立源于特殊意义的动机。

1. ……瓜田仪在他从自己的领地出来前，上表臣服并死去。王莽下令厚葬他，给他建一个墓和一个“冢祠室”并且赐他封号：Herr Shang von Kua-ning，因为王莽希望由此可诱使剩下的人投降，但他们并未甘心屈服。[45][原文]

2. 当光武帝（25—58年）听说，蜀郡（Provinz）被平定（就是公元37年），他任命

---

[40]《汉书》89.12b（循吏传）。召信臣来自九江郡寿春（今安徽寿县），曾任河南南阳的太守。——有关文翁参见注解21。

[41]《后汉书》17.7a-b（冯异传）。又参见：下文17页，6。

[42] 有关墓祭的引文源自杨树达《汉代婚丧礼俗考》（上海，1993），274—289页。

[43] 杨树达，出处同上，284页及下页。

[44] 试比较：Kanō，出处同上，14—15页。

[45]《汉书》99.12a（王莽传）。翻译取自H.O.Stange，有关王莽的专著 *Die Monographie über Wang Mang*（莱比锡，1939），247页。

文齐为“镇远将军”，并授予文齐“成义侯”的贵族头衔。文齐在上任路上去世。在皇帝的命令下，为他建了一座祠堂，蜀的百姓为他建了一座“庙”并为他献祭。[46][原文]

3．巴郡的太守（Governeur）张翕秉性正直，处世温和，因此在他的统治下，蛮族和睦相处。他在巴郡统治17年。当他去世时，蛮族敬爱他，如同他们哀悼父母的逝去。200多位来自苏祈的年高德劭之人牵着牛羊来献祭，并随行他的棺木一直到他在巴郡的出生地安汉。在那里他们建了一座墓并进行了献祭。皇帝下旨宣扬张翕的美德，并出于对他的尊重安排了祠堂的建立。[47][原文]

4．窦皇后死的时侯，清河孝王想以个人名字“庆”给他的母亲建一座祠堂。但因为他怕这样做会招致嫌疑，被认为他想为他的母亲梁皇后——册封为恭怀——也要求同等的地位，就不敢与皇帝的意愿做对。[48][原文]

5．永平元年（58—76年），马援的女儿当了皇后。光武帝命人在云台上给建武年间（25—56年）有名的官员和政绩突出的将领画像。因为马援在女人闺房里有丑事，所以没有他的画像……当时东平苍王看了画像，对皇上说：“出于什么原因没有给伏波将军（马援）画像？”皇上笑了笑，但就此没说什么。但当永平十七年（74年）马援夫人死的时侯，汉明帝命人修复了他的墓，并且建了座祠堂。[49][原文]

6．杨厚在82岁的时侯，已退休，死在家里。皇帝命人送去了悼函并安排献祭。他属地的居民给他一个谥号“文父”。尊敬他的学生和朋友给他建了一座“庙”。该郡的文化部门的主管和下属每到节日宴会用射箭的方式为他献祭。[50][原文]

7．沛郡（在安徽）令王吉由于被控告犯罪而被判处死刑，并被处死了。他的亲戚和朋友因此不敢给他收尸。只有桓典从官职上退下来，准备了棺木，并把王吉的尸体带回他的家乡给安葬了。桓典戴孝三年，自己用后背背土堆了一个坟包，而且让人建了一座祠堂。一直到他完成了所有的守孝规定，他才离开了墓。[51][原文]

以上提及的所有人，都通过墓上石室的建立被尊敬、怀念，他们都属于贵族阶级或

---

[46]《后汉书》116.12a（《西南夷传》）。

[47]《后汉书》116.17b。

[48] 不仅和帝（89—106年在位）的母亲梁贵人，而且王子庆（逝于79年）的母亲宋贵人，都是章帝（76—89年在位）的夫人窦皇后的牺牲品。这件事也实现了对王子庆——曾一度为皇子——的废黜，而之后改立了和帝。窦皇后在章帝死后为和帝摄政。窦皇后死后两位贵人都被恢复了地位，梁贵人被封为“恭怀皇后”。宋皇后得到了庄严的墓葬设施，在那里定期举行献祭，但关于为他的母亲建一座祠堂的要求，王子认为尽管他对皇帝十分恭敬也不会被允许。参见《后汉书》85.3b（《清河孝王庆传》）和10A（《窦皇后纪》）。

[49]《后汉书》54.15b。——公元75年马援被封为“忠成侯”。根据Giles所记，一座供奉马援的石室到20世纪还立在江苏（传记字典Biogr. Dict.，第1490号）。

[50]《后汉书》60.6a。——杨厚死于公元150年。

[51]《后汉书》67.6b。——桓典死于公元201年。

曾是中央或郡政府的领导官员。[52]当然也有为少部分知名官员建立了祠堂的。

武梁（151年逝世）的墓志铭中写到他的儿孙是祠堂的建立人。[53]武班（147年逝世）的碑文是由五名郡行政官员落款的。[54]武班是武氏出仕为官中的一个，曾任敦煌长史，在一次成功的战役中取得了很高的声誉。悼文用颂歌和铭文（Ehreninschrift）的普遍套语称颂了他对国家的贡献和他的模范行为。以类似格式撰写的武梁和武荣的碑文没有落款，这可能是武氏在没有正式官方批文的情况下自己撰写的。[55]

尽管碑文不确定武班——家族中最有建树者——的带悼文的祠堂是由官方批建的，但也有这个可能，而且也有可能这个石室是给其他人的榜样，是为以后死去的家族成员所建的祠堂。

由死者后代修建石室首先可以理解为子女的孝敬行为或和家族祖先祭拜有关的习俗。但看上去，这种伦理和宗教的动机相对于通过为家族成员设祭拜场所而提高家族威望的驱使而言是第二位的。个人的虚荣心更多的是出于活着的人的利益，而不是死者的，官方没有给予的重视通过个人的方式来实现，并通过石室的落成来促进祭礼活动，这在当时被视为非分、浪费，并被儒家的道德观视为无耻。[56]墓祭的普及应该还另有原因，死后世界的构想应是一个重要因素。

D. 死后世界的设想和墓祭

1. 灵魂的部分和死后世界

“丧礼”和“祭礼”可以作为宗教礼俗和《礼记》上的其他四种世俗方式的礼俗区别开。[57]在祭礼中有关死者“鬼神”的精神方面的术语常被分成两个部分，消极部分的“鬼”叫“魄”，积极部分的“神”叫“魂”。[58]Hentze猜测，这些是从道家产生出来

---

[52] 试比较：还有《汉书》81.12a（“张禹传”）；89.3a（“文翁传”）；89.9a（“朱邑传”）。

[53] Miss. Arch.，104—106页。

[54] Miss. Arch.，96页及下几页，第1193号。

[55] Miss. Arch.，104—106页，第1195、1196号。

[56] 试比较：《后汉书》93.4b-5a（“李固传”）和75.11b（“张蒱传”）；Miss. Arch.，10页。

[57] Couvreur，《礼记》，第1卷，第3章，第328页。——Moroto Sojun诸户素纯，“Raiki ni okeru shū kyō no rinen”（《礼记》中的宗教理念，The Idea of Religion in Li-chi），Jimbun Kenkyū 人文研究6:4，1955，87页。

[58] Katō Jōken加藤常贤，Chūgoku kodai no shūkyō to shisō中国古代的宗教思想（Harvard Yenching-Dōshisha Tōhō Bunka Kōza 3，1954），第13页及下几页，第18页。——根据Katō的观点，鬼和神原来是同一的概念，首先在道家中分离开。最早的死者敬奉在神坐前放着木偶和死者的头颅举行仪式。

的，后来在汉代已经和佛家的灵魂的设想结合在一起了。[59]

"魄"就这种观点变成了"鬼"，尸体在墓里，而"魂"则作为"神"在神主里被敬奉。

灵魂部分和身体部分各属在天上和地下分开的组成部分，在死后这两个部分就分开了，这些在对汉以前文献的研究里就已毫无疑问地存在了。[60]令人不解的是，这个理论是否导致了普遍联系的死后世界的设想，即地狱的设想或天堂的设想。

道家的长生的仙境不能作为死者的死后世界考虑，因为只有通过道家的修炼并且克服了死亡成为"仙人"才能达到。[61]如同天堂的观念，地狱的概念也不明确。[62]但以后的佛教对死者的审判（六道轮回？）和在泰山的灵魂炼狱的起源应在汉代已能找到端倪。[63]

肉体的保存原则上既是因为道家长生的观念，也是为了尸体的长期保持，在墓里用食物供养是用以克服死亡的最重要的条件。值得注意的是，墓的祭礼意义和道家的不死信仰同时在西汉时期发展。[64]如果在追求永生的祭礼中生命的液体以非物质的形式保存，那么受儒家思想支持的墓祭就通过对尘世情况的模仿来使生命的长久得以保障。照这样看来，由灵魂各部分在墓的世界里严格区分的设想，墓中的部分最后转变为"神"，成为精神的液体的看法就是有错误的。西汉时代"陵庙"搬到墓上就反驳了这点（见上）。如王充（27—97年）所记，墓中人形陪葬品的任务是服侍尸体，以

[59] Carl Hentze，*Chinese Tomb Figures:A Study in the Beliefs an Folklore of Ancient China*（伦敦1928），第3页及下几页。——Paul Pelliot，"中国人的死后世界的设想（Die Jenseitsvorstellungen der Chinesen）"，Erano的年卷 Eranos Jahrbuch 7，1939（苏黎士1940），61—82页。

[60] Couvreur，《礼记》，第1卷，第21章，289页。

[61] 最早的有关天堂的描写见《列子》，文中与其说表达了一个死后世界的仙境，不如说更多地表达了一个乌托邦式的幸福之国；试比较 Joseph Needham，*Science and Civilisation in China*（剑桥1954及下年），第2卷，第142页及下页，第407页。首先是Amitābha的天堂的思想——就像公元4世纪由慧远所表达的——带来了一个超越感官直觉范围的设想；参见：Walter Liebentahl，"4世纪和5世纪的中国佛教（Chinese Buddhism During the 4th and 5th Centuries）"，Monumenta Nipponica 11，1955，第44页及下几页。有关神仙的构想试比较：Max Kaltenmark（翻译），"Le Lie-sien-tchouan：Biographies légendaires des immortels taoistes de l' antiquité"(北京 1953)，6页及下几页，和Needham，出处同上，第2卷，139—154页。

[62] 根据在楚国实行的祭礼，E.Erkes试图证明死神的存在（"The God of Death in Ancient China，" TP 35，1940，185—210页。）根据Erkes的观点，出自《楚辞》的招魂和大招的歌有作为把死者的灵魂从死后世界招回的咒语的附加意义，这个意义新近被质疑。试比较：E.Erkes，"大招。文本、翻译和注解The Ta-chao. Text，Translation and Notes，" Asia Major（Hirth Anniversary卷，伦敦1959），第67—68页；E.Erkes，Sung Yüh的"招魂"Das "Zurückrufen der Seele"（Chao-hun）des Sung Yüh(博士论文，莱比锡1914)；和D.Hawkes，"楚辞：南方的歌（Chu' u Tz' u：The Song of the South）"(牛津 1959)，102页。

[63] Edouard Chavannes，Le T' ai-chan（巴黎 1910），15页。

[64] 试比较Hu Shih，"The Establishment of Confucianism as a State Religion During the Han Dynasty，" *Journal of the Nirth China Branch of the Royal Asiatic Society 60*，1929，20页及下页。

墓中食物的香味使死者的“精魂”恢复。[65]据《淮南子》，会转变为“精神”的灵魂部分“精魂”是积极的部分，在献祭当时原则上属“阳”。[66]由此确定的是，祠堂里的献祭属“吉礼”，而此祭拜的是“神”。这就是说，死者灵魂的物质方面和精神方面当时都在墓上，并在墓上献祭时统一了，这就解释了为什么汉代的墓祭能如此大规模地发展。

2. 墓的意义

汉代皇陵的奢华设施除了坟丘和庙堂建筑，还有大门（Tore）和阙（Tortuerme），以及为履行墓葬工作的官员和侍者所建的居住建筑和管理建筑。这个地上的墓上建筑群显然是以实际的宫殿设施计划为依据的。通过世上宫殿在墓上的转变，通过活人对死后神圣居所的照料，使统治者的统治权似乎得以永恒。

墓上石室来源于皇陵祭礼建筑的可能性已在上文讨论过。普遍看来，贵族墓的形制在两个方面进行了模仿。诸侯墓允许直接模仿皇陵，而下等贵族这样做就是僭越并因此陷入争议。另外的有地位的人，他们的“寝”（Grabtempel）和侍奉允许通过在画像石石室上的复制和雕像（Statuen），或通过地上墓建筑以及墓内墙上的画来强烈象征地代替表达。在汉墓的石纪念碑上，这种代替表达也不是很难认出。“神道”口的“阙”自公元一世纪以来在墓的四边建立，阙是多层塔式建筑的石制仿制品。[67]守墓人的雕像也根据和上面的关系被这样称呼，祠堂的石室也是因为一样的原因被这样称呼。东汉时代墓上画像石建筑（Miniaturbauten）和雕像不断增多的同时，地下墓室装饰画的主题也不

[65] Alfred Forke（翻译），《论衡》（2卷，伦敦—上海1970，柏林1911），第2卷，第369页。

[66] E.Erkes，“《淮南子》的世界观（Das Weltbild des Huai-nan-tze），”《东亚报》（*Ostasiatische Zeitschrift*）5，1916—1917，27—80页。

[67] 陈明达，“汉代的石阙”，《文物》1961:12，9—23页。——这篇文章把所有迄今有名的阙按类别和年代整理了。

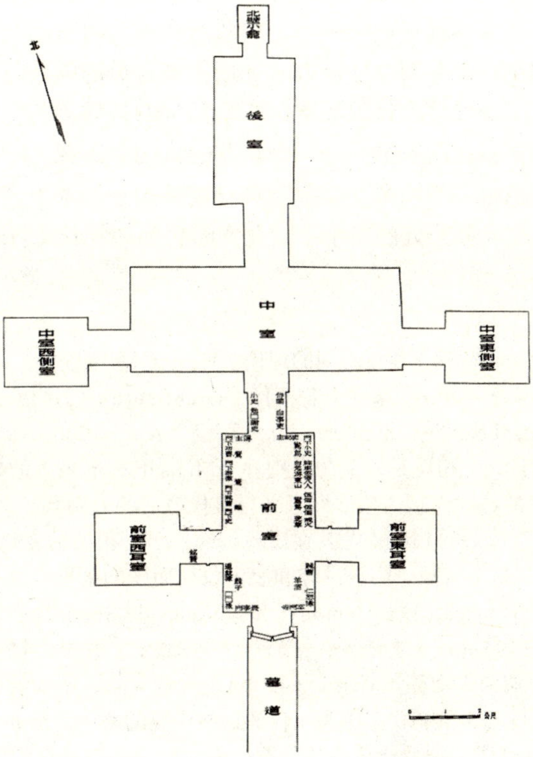
北
北壁小龕
後室
中室
中室西側室
中室東側室
前室
前室西耳室
前室東耳室
墓道

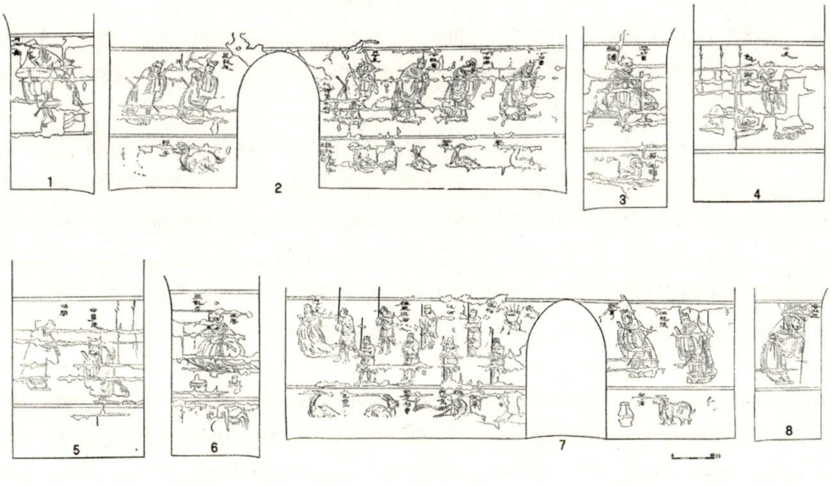
1
2
3
4
5
6
7
8

断增多，还配有人形的墓葬品。[68]例如，可能建于公元2世纪的“望都”[69]的墓就显示了：墓不仅是死者的私人居所，也可能象征了死者死后世界的行政所在。

望都墓前室所画的官员形象全部属于一位高官的谋臣（文中图1），他们的官职能从画上的榜题认出。这些人物画在中间墓室，由两名在私人居室的官员形象前后迎接。在同一个墓里，入口的左右画有两个守墓人，他们不是官员的随从，而属墓的侍从。右面的守墓人的榜题是“门亭长”。这种经常画在墓门上的持盾剑的守墓人形象的意义一般可由作为地区管理的警察官的官员——“亭长”的作用来解释。[70]和“亭长”相对在墓口另一面的官员的榜题是“寺门卒”，把墓自身定义为寺。术语“寺”，后来用于描述佛教的庙，在汉代是政府办公处的名字。[71]九卿的官邸和县长（Praefekturen）的衙署也被称为“寺”。[72]

[68] 有关随葬品的起源和意义存在不同的理论。Hentze（出处同上，17—19页）认为，周朝的人殉葬（Menschenopfer）仿效了墓葬人物塑像（Grabfigure）的风俗，根据Erkes的（“古代中国的随葬品（Die Totenbeigaden im alten China），”AA 6，1936—1937，26页及下几页），墓葬人物塑像（Grabfigure）相反是以前的人殉葬（Menschenopfer）的替代。但随葬品直接由人殉葬起源因此是可疑的，因为墓的象征性意义自秦代最后的人殉葬（Menschenopfer）到墓葬人物塑像（Grabfigure）风俗的兴起（尤其在汉代），经历了很大的变化。在始皇帝（前246—前210年在位）的结合了地下宫殿、防卫设施和宇宙象征而建的墓里，没有孩子的贵人和建墓人都被随葬了；参见：Chavannes，Les Mémoires historiques de Se-ma Ts’ien（5卷，巴黎1885—1895），第2卷，193—195页；《史记》，第6章。——战士、官员、舞女以及其他的人物塑像看上去与其说是作为早期的人殉葬（Menschenopfer）的替代品，不如说更像是作为隶属于墓所有者生前的仆役的象征性意义的替代。因为汉代的这些讲究的墓由官员和负责祭礼供奉的少女来管理，墓葬人物塑像也可能是作为仆役的替代而出现的。——有关墓的象征性意义，试比较：Fernand Buckens，“Les antiquités funéraires du Honan central et la conception de l’âme dans la Chine primitive，”Mélanges chinois et bouddhiques 8，1946—47，27、64页。

[69] 望都汉墓壁画（北京1955）。——这座墓因为壁画的风格和确定年代为公元182年的望都2号墓的壁画风格相似而被确定年代为公元2世纪末（试比较：望都二号汉墓，北京1959）。有关年代确定的问题参见：林树中在《考古通讯》1958:4，第68—71页(中的文章)和何直刚在《考古》1959:4，197—200页（中的文章）。

[70] 有关亭长的任务类似于在地方行政管理中作为警察高级官员，试比较：Ichisada Miyazaki，“Les villes en Chine à l’époque des Han，”TP 48，1960，376页及下几页，第388页；Matsumoto Yoshimi（松本善海）“Shin-Kan jidai ni okeru ‘t’ing’ no hensen – sonraku soshiki no hensei hōhō to no renkan o chūshin ni –”“（The evolution of t’ing during the Ch’in and Han Dynasties，with special emphasis upon its relation to the administrative organisations of village systems），”Tōyō Bunka Kenkyūsho Kiyō（Memoirs of the Institute for Oriental Culture，东京）3，1952，157页及下几页，182页；和《汉代圹砖集录》（北京1953），附录3ab。

[71] Alexander C. Soper，*The Evolution of Buddhist Architecture in Japan*（Princeton 1942），第41页。——Tanaka Toyozō（田中丰藏），“支那佛寺的原始形式Shina butsuji no genshi keishiki（On the Archaic Type of the Buddhist Temples in China）”，Bijutsu Kenkyū 16，1933，135页。

[72] S.Homer H.Dubs（翻译），*The History of the Former Han Dynasty*，第2卷（Baltimore

一个来自山东鲁王墓的雕像也有相似的铭文“府门之卒”。隶属这座雕像的另一个守墓形象的榜题是“汉故乐安太守漂君亭长”。[73]

皇帝或诸侯的墓是通过由其职位而特定安排的官员来管理的[74]，这种管理是和祠堂的表达及在地下墓口的“卒”的表达或在墓上的官员的雕像的建立相称的。另一方面，望都墓人物形像所借用的官僚机构的榜题表明，地下墓葬设施象征性地表现了一名高官的行政机关。

泰山的地下世界的观点为墓作为死者行政机关的象征性意义提供了另一个证明。在泰山的死者王国里，死者归于相应的等级，这个等级是死者在生时就有的，或在他死后为尊敬他而授予的。泰山作为死者王国的最早述及包括了管辂（209—256年）的评注，他表达了担忧：不久就不仅要对生者进行管理，还必须在泰山对死者进行管理。[75]死者在泰山的地下世界的情况对在生前有地位的官僚和贵族而言，具有很大意义。死后世界的观念可能在汉代有为死者加封号、授尊称建墓之后就形成了。因为在泰山对死者审判的观点不能断定起于汉代，死者王国只能在单个的、象征性表现了死者威望和等级的墓中发现。根据这个假设，汉代墓的象征性意义是和同时产生的死后世界作为已存在的墓里地下世界的设想相一致的。死者在死后世界的命运取决于他的墓的布置华丽与否，就像取决于他的社会声望——一项巨大开支，汉代的墓上大石碑就是一个有说服力的证明，并在佛教死后世界的理论进入后也没有完全被放弃。

3. 祠堂和英雄祭拜

汉代以后祠堂的消失，据Chavannes解释，是祠堂的任务由“家庙”代替了。[76]他假设的前提是：墓上石室里有神主这点并不能被证明。另一方面，Chavannes也证明了，在汉代就有为功绩特别突出的高官还在其生前就设立祭拜场所即“生祠”的。[77]这个事件反过来说明，单个高官的祭拜敬奉和祖先或死者祭拜的祭礼方式没有因果联系。汉代祭礼的定义是与稍晚出现的为英雄式的官员和统治者的“祠”祭礼相对的。

1944），307页，注解3.7。——又参见：第28章，“寺”在顾炎武的《日知录》（中的解释）。

[73] Miss.Arch.，第245—246页，第181号；Corpus，第1卷，第55号。根据Chavannes的观点，榜题为汉故乐安太守漂君的人物形象，把死去的太守漂作为亭长来表现。

[74] 光武帝为死于公元37年的安城的孝侯建了一座冢堂和一座祠庙，并任用了一名管理者和助手为墓服务；参见：《后汉书》44.11a（《安城孝侯赐传》）。——这座皇室墓的代理官员的榜题是寺吏（试比较：注解31）。

[75] Chavannes，Le T’ai-chan，400页（《三国志》29）。

[76] Miss.Arch.，7页。

[77] Miss.Arch.，28—30页。试比较：《后汉书》42.4b（《李宪传》）；106.2b（《任延传》）；61.5b（《王堂传》）。最早有关于为活着的高官建供奉石室的记载见《汉书》71.5b（《于定国传》）。其他有关唐代和宋代的祠祭礼的资料出处见Miss.Arch.，29页。

英雄祭拜（祠）首先涉及的是对历史性人物的敬奉。祭礼敬奉的人物被归为国家英雄或地方英雄。这种祭礼思想上的基础来自儒家的伦理和政治的国家规范。祭礼是为民众道德的宣传而服务的，在百姓中道德的有效维护支持了政府的威望。[78]在祭拜场所的供奉大多是在死后，偶尔也有为在生前就成为文化英雄的高官进行的。庙是向公众开放的。庙和家族的祖先祭拜没有关系，也不设在圣人的墓上。新的祭拜场所在19世纪还有设立，老的祭拜的延续取决于当时民众的喜好，圣人在百姓中是否还有盛名。[79]

如后期为英雄祭礼所建的庙，汉代的祠堂是为死者也可为生者设立的，是由皇帝、郡政府或百姓集资建立并为功绩突出的高官的公开敬奉服务的。国家批准的英雄祭礼是从汉代就开始了吗？而祠堂是第一种英雄纪念碑？初次在汉代出现的国家理论上定义的皇家官员和他们在国家结构中的任务的概念确定了这种推测。

官员作为皇帝和百姓之间的桥梁确保了政府的稳定和国家的次序。他们得推广教育和法制，保持百姓的和平状态，并由此保障理想国家所必需的统治者和下属之间的和谐的实现。在地方行政管理中，百姓的教化是否符合儒家的本分，主要依赖于太守（Governeure）和县令（Praefekten）的能力。[80]

这样看来，政府的皇家官员的祭拜敬奉是受欢迎的。在祭拜场所为有资格的官员进行供奉，不仅使百姓的祭拜需要被控制在对政府有利的方向，同时也使社会组织中的国家道德得到宣传。[81]

无须置疑的是，首先由官方资助的祭礼在东汉时代普遍化发展，祭礼不再仅以官方委托，而且还以家族的政治抱负和经济能力为决定因素设立祭拜场所的供奉。武梁祠的石室和普遍的汉代墓上画像石石室可看作这种发展的证据。尽管所举行的祭拜仪式和为国家授予的高官的敬奉并没有很大的区别。根据汉代典型的有关人世和天界现象处于一种变化关系的推测，超自然的现象和预兆幸福的现象是由理想的统治者和官员在人世的作为引起的。[82]因为通过为进入死后世界的英雄的献祭能以他非凡的影响有效地带来国

[78] Ch’ing-k’un Yang，Religion in Chinese Society（Berkeley 1961），161—177页。——J.J.M. de Groot，Universismus（柏林1918），271—272页，295—298页。

[79] 有关自秦代以来的英雄祭礼的历史试比较：John Shryock，*The Temples of Anking and Their Cults: A Study od Modern Chinese Religion*（巴黎1931）。—— Willem A. Grootaers，“Temples and History of Wanch’üan（Chahar），”MS 13，1948，209—316页。

[80] Otto Franke，“有关于孔夫子主义教条和中国的国家宗教的历史的研究（Studien zur Geschichte des konfuzianischen Dogmas und der chinesischen Staatsreligion：Das Problem des Tsch’un-ts’iu und Tung Tschung-schu’s Tsch’un-ts’iu fan lu）”（汉堡1920），221—224页，245—246页。——Wilhelm Seufert，“有关汉朝国家新体制的文献（Urkunden zur staatlichen Neuordnung unter der Han-Dynastie）”（博士论文，汉堡1922），36页及下页，42页。

[81] 试比较：Mori Mikisaburō（森三树三郎），“Shin Kan ni okeru minkan saishi no tōitsu”（On the state control of popular ceremonial rites under the Ch’in and Han Dynasties）Tōhō Gakuhō（京都）11:1，1940，61页及下几页。

[82] 试比较：公元171年写给Li His的铭文（Miss.Arch.，第235—241页；这篇文章的一部分在

家或家族的繁荣，这种（人世作为带来幸福的）期望就可能更大。而有可能的是：墓凭借它的神秘意义，和献祭用的石室在一起，成为对家族的命运和繁盛起影响力的圣物。[83]

墓的意义转变和官员敬奉的思想基础的废除可能使祠堂在汉代之后有保留地消失。在祠堂作为为英雄化的官员、显贵或捍卫儒家的国家道德的重要人物献祭用的祭拜场所的特性上，祠堂的功能和那些后期用于英雄祭拜的圣物的功能相符。在儒家思想中三种合法的祭礼是为自然精神、祖先和文化英雄的祭礼，第三种祭礼对象——文化英雄——为祠堂在中国祭礼形式中的归类提供了最重要的条件。

紧接的图像学研究将要表明，图像的阐释是否和石室装饰相一致。

II. 对石室画像石的图像学研究

A. 前提条件

自从Chavannes对武氏画像石的出版，特别是由Fairbank对三个石室的复原之后，对中央和楼阁场景的主题在题材上做了各种各样的意义解释的尝试（图1-3）。这些画像石在三个石室中都展现了车的行进行列和骑者的行进行列的主题。这两个主题的题材范围一直以来都是以极其相反的看法被解释的。要不是被解释为表现死者生前在人世的生活或死后在死后世界的生活的画，就是被解释为：这些画和石室里被敬奉的人没有关系，只是一些神话性或传奇性的历史画。

画面解释最大的困难是由于画像石的表达方式。象征性简洁及细节上微小区别的表达提供了现代观者和文献内容联系的如此多的可能性，以至可能出现错误的理解。直接的意义理解的尝试，即某种艺术本身的表现能力和它的内容没有正确的关系，就可能一直有这样的危险：画面元素的时间和空间情况以错误的方式来补充，或忽略了事实上存在的单纯的画面意思。[84]

在这里，以这个由形式造成的困难为前提，应通过对汉代儒家伦理及政治思想的题

156—157页被翻译）和在女神“开母”的圣地河南的一座阙上写给她的神庙铭文（Miss.Arch.，70—71页）。两篇文章都部分地包含有一样的隐喻。——有关于墓葬铭文对传记产生的意义，参见：P. Olbrich，“中国的传记（Die Biographie in China），”Saeculum 8，1957，224页及下几页。

[83] 在属于死者的父亲芗他的祠堂的柱子上的铭文中，死者的儿子们允诺了所有经过的人——即使是那些没有下马致敬的——只要看圣地一眼，就有延续万年的生命、财富、幸运和注满的仓库（参见：注解19）。

[84] 和其他浮雕相比，武氏的浮雕今天被看作矫饰(manieristischen)，或仿古的流派传统的代表，在空间和人物表达上有进步的趋势。在这层意思上特别由A. C. Soper在“Life Motion and the Sense of Space in Early Chinese Representational Art，”《艺术期刊 》（*Art Bulletin*）23，1941，141—146页，和Hsieh-yen Shin在“I-nan and Related Tombs，”AA 22:4，1959，277—312页中表达了看法。

材领域的解释可能性的限制，避免推测性解释的危险。就这种想法，相关的元素可以推测是在表达的意思和画面载体之间。图像学的阐释由以下观点支持：这些画像石的题材范围是由石室作为被奉为英雄的高官的祭礼场所的功能确定的，并因此是由儒家教条的思想领域确定的。

B. 行进行列

由Fairbank提出的左石室和前石室的画像石的安排，展示了一个从右面开始连着一条状雕式花纹经过两边墙的上半部分及后墙的上半部分的行进护送行列。短些的行进行列在左石室和右石室的中央场景的下半部分（图2，3），在唯一被复原的壁龛的画像石上和在武梁祠里，[85]行进行列由右墙开始直到后墙中间的中央场景的雕饰花纹的最下部（图1）。

这个主题已有的解释主要支持了两个命题：1. 在行进行列最大马车里的主要形象表现的是死者。[86]2. 行进行列的目的地是中央场景的那个建筑物。在这种情况下，主要形象或者是死者，或者是那个在建筑物里正襟危坐的高贵的拜访者。[87]

在对行进行列和中央场景之间场景联系的可能性作研究之前，有个问题必须再被提及：是否死者——在武氏石室里的情况下即是武氏家族的一位成员——在行进行列里被表现，以及行进行列的目的地是何处。

1. 铭文

在前石室三面墙上半部分延伸的行进行列雕饰花纹，根据在榜题里的官员榜题，这些行进行列没有相互联系，而是由三个独立的各有一名主要形象的护送队组成。[88]在后墙（前石室的第4石）和左墙（前石室的第2石）上的行进行列由迎接和欢送的形象在左右被确定界限，而右墙（前石室的第5石）上的行列只由一个有榜题“此亭长”的欢送的形象在右边被确定界限。[89]在后墙上对行列五马车的榜题应由后到前念：“主簿车”、“令车”、“门下功曹车”、“门下游徼车”、“门下贼曹车”。[90]

---

[85] Fairbank 出处同上，插图7和6。

[86] 大多数中国作者有这种看法，Chavannes也是；试比较：Miss.Arch.，177页。

[87] Otto Fischer，“汉代的中国绘画（Die chinesische Malerei der Han-Dynastie）”（柏林1931），100页；Yonezawa Yoshio 米泽嘉圃，“Ku K’ai-chih no Hua Yün-t’ai-shan chi ni tsuite – fukug ō k ō zuh ō k ō –”（On Ku K’ai-chih’s Hua Yün-t’ai-shan chi V），Kokka 623，1942，312页及下页。

[88] 参见：Miss.Arch.，第108号。

[89] Miss.Arch.，178—179页，第106号。

[90] Miss.Arch.，177—178页，第108号。根据Chavannes的翻译，这些官员——他们的榜题以

在右墙上的行进行列只由走在后面的“主记”车和“主簿”车和走在前面的“此君车马”、两“骑吏”和两“调间二人”组成。[91]

在左墙上的行进行列也只有三辆车马，其中两辆能读清为“丞相”车和“功曹”车。[92]

在后墙画像石上的官员行列和《东汉书》所记的郡管理官员班子出行的车马的阵容安排相符：

“三公”和“卿”[93]以下等级的官员到俸禄300石的“县长”（Praefektur）的“长”（Vorsteher），有五名为其服务的官员作为随从；这五名官员是“贼曹”、“督盗贼”（和“游缴”一样）、“功曹”，这三位配剑行在前面。“主簿”车和“主记”车跟在后面。

“县令”以上等级的官员的前卫还多有一辆“斧车”[94]。

长安和洛阳的县令，就像所有采邑国的首府的县令，前后加有一辆“兵车”和一辆“亭长”车。在他们的车边左右各有一匹备用马，也就是说，驾的车是三匹马拉的。在“琐弩车”前的步兵是“伍伯”[95]，“公”有八个“伍伯”。俸禄在3000到2000石的官员有四个“伍伯”。俸禄在400到200石的官员有两个“伍伯”。

“公”等级的官员到“公”等级以下俸禄为2000石的官员有4个“骑吏”；俸禄在1000石以下的官员到俸禄为300石的“令”有两个“骑吏”。这些“骑吏”都执剑持矛；他们走在队伍的前面并在肩上配有“弓张丸韣”。[96]

在前石室后墙上的行列雕饰花纹中跟随“令”的官员的行进行列和“主记”车的缺席是和官方的规定相一致的。如果雕饰花纹的表达严格遵循规定，主要人物可能曾经只是一个小地方的“令”，因为行列中没有“兵车”行进而且只有两个官员骑马在队伍前面。[97]在这里没有像在别的行列雕饰花纹上的严格可靠的文字说明。

在右边墙上[98]的行进行列主要人物的榜题为“丞相”。“丞相”的官职在东汉时代

门下开头——属于死者的侍从。门下的意思是“隶属于官员”，这里指行进行列的主要人物，就Chavannes猜测，表现的是死者。

[91] Miss.Arch.，第106号，178—179页。“调间二人”是开路的；试比较：Edouard Biot，*Le Tcheou-li ou Rites des Tcheou*（2卷，巴黎 1851），第1卷，303—306页：调人“ officier de paix ou conciliateur。”

[92] Miss.Arch.，第105号，176页。

[93] 有关三公和九卿的职务，试比较：Wang Yü-ch’üan，“An Outline of the Central Government of the Former Han Dynasty，” HJAS 12，1949，150页。

[94] 斧车在四川成都的一块砖上有展现；参见《四川汉画像砖选集》（北京 1957），插图27。

[95] 伍伯是五个人的带队。在望都墓里表现为榜题为“辟车伍伯八人”的八名士兵（文中图1）。

[96]《后汉书》39.8b（《舆服志》，上）。

[97] 一个掌管万户的县长由一个俸禄1000石的令领导。小些的“县长”由一个长管理，长只得俸禄400石；参见：《后汉书》38.4a，5b（《百官志》，五）。

[98] Miss.Arch.，第105号。

开始由“大司徒”代替。[99]这个表达因此可能只是一个历史事件的说明或者这个榜题是被偶然选择的。后面一种情况可能性比较大，因为在这里和在别的行进行列雕饰花纹上一样，跟随“令”的车队有三辆在前行、两辆在后随行，或多或少地完全犹如片段重复。“功曹”和“游徼”在中央场景（前石室第3石）下部的雕饰花纹上带领了一队榜题为“君”的人的行进行列（图3）。[100]

联系中国的考古，Chavannes设想到，死者证实为“君”并在行列中被表达。这个解释在前石室的第3石和第5石的画像石上情况相同，在这两块石上“君”作为没有限定官职名称的主要人物，在“令”的缩短复述的行进行列安排中行进，因此这个解释是可争辩的，因为没有一个从碑文上已知的武氏的官员担任过“令”一级的官员。[101]

术语“君”除了在这些画像石上出现，也在属于前石室的第9石和第10石的画像石上的行进行列的铭文上出现过。[102]如果死者被认为是这个标注“君”，那他就在第9石画像石上的简短的行进行列雕饰花纹上有两次在功能上作为“君为都尉时”和“君为市掾时”，在第10石画像石上有一次在功能上作为“君为督邮时”被表现。黄易在1800年左右就已根据最终列举出的榜题把前石室的残片归于武荣祠的一个石室里。[103]这个死者在行进行列里被表达的理论以已遗失的画像石上的两个相似的铭文为依据，这些画像石由洪适（1117—1184年）记载并流传下来。[104]

要注意到的是，“君为……时”这句话至今只在中国的考古文献上有记载，而不可能再由原件证实，因为这些画像石或者已遗失，或者就像两块武氏的画像石的情况，铭文已不能再被认清。因此不能确定，考古学家是否根据他们对碑文的知识和他们对所表达题材的理解对第9石和第10石画像石上的榜题作了补充或者只是随便加上去的。

是否在生前担任官职的死者在行进行列中作为主要人物或次要人物被表达，这个问题只能由这个主题和石室装饰的其他场景的意义上的相互联系来回答。

[99] 在哀帝时期（公元前6年—公元1年在位）丞相的职位由大司徒代替；参见：《汉书仪》，援引在《后汉书》34..4b（《百官志》，一）；Wang Yü-ch’uan，出处同上，144页。

[100] 在Fairbank对前石室的复原中，在壁龛后墙上的车队在左边和右边连接了壁龛的边墙的行进行列雕饰花纹展现了向左运动的贼曹车和向右的在君车后面的主簿车（Fairbank的插图6）。这个相互联系通过三面壁龛墙行进的护送队列可以作为对Fairbank的复原的支持。

[101] 试比较：Miss.Arch.，参见：94—109页。

[102] Miss.Arch.，第120号，188页；第111号，187页。Chavannes引用了阮元的《山左金石志》（1796）中的文句。

[103] 黄易（约1800年），见：小蓬莱阁金名文字（援引在Miss.Arch.，第10页）。Fairbank也坚持这种归属，但他强调，只有君督邮时的榜题有权证明这种归属（HJAS 6，1941，32页）。武荣在县里任职过，还担任过主簿、五官掾、功曹和督邮的职务。他担任过的最高官职是洛阳执金吾丞。

[104]《隶续》，第18章：李刚墓的浮雕；第17章：鲁峻墓的浮雕；试比较：Miss.Arch.，第11页。——洪适考证了当时五块著名的来自武氏墓地的画像石，认为它们同属于武梁的一个祠堂，这个祠堂刻了墓主人的名字。

2. 行列的目的地

在左石室和前石室的中央场景和下面的条形雕饰花纹的行进行列之间明显不存在画面联系（图2，3）。行进行列在条形雕饰花纹范围里活动。这种在石室墙饰上占支配地位的画面尺寸允许场景在水平方向上组合，而不是在垂直方向上或跑到画面范围之外。[105]行进行列没有本身的目的地，而在雕饰花纹的窄边的左面结束，假如行进行列不按雕饰花纹原来的安排向左继续，通常形式下最终由一个站立的官员形象来迎接。[106]

在武梁祠里有一个较短的车队直接在中央场景的右面结束了（图1）。是否可以由此断定，后墙的右边墙上的行进行列的目的地是中央场景的建筑物，或者只是因为空间太小而被移近了，而和建筑物没有场景的联系？因为对这个组合方式两种解释都可能，首先必须回答，通常形式下在条形雕饰花纹上被孤立开的行进行列的目的地是哪里。

在武氏的画像石上，驶来的车在大多数例子里都只由一个官员形象迎接，在其他来源的汉代画像石上旅途的目的地却是被详尽说明的。[107]

在一些源自四川的画像石上，车和骑者相对一个有两个“阙”作为标志的大门建筑物而来。[108]在一块源自“洪楼村”的画像石上客人在两个“阙”之间被迎接，同时他们的车还由马车夫驾着，并还在右边大门外等着（图12）。[109]一些源自山东的行进行列雕饰花纹上展示了在迎接形象后面的一个在画面边缘交叠出现的大门建筑物（参看图10）。[110]一个源自山东泰安的有榜题的行进行列雕饰花纹上展现了最详尽的表现（图13）。[111]在雕饰花纹的最左边立着一个大门建筑物，有三个官员从建筑物里出来，迎着驶来的车队。一条狗被拴在柱子上，一个带有装饰的打击面的鼓被悬在突出的房檐下。为展现迎接到达，有个小个子侍从用两根槌击鼓。在大门和第一辆车的马之间站着一个配剑持盾武装的人物形象。在他的上面跪着一个官员，以敬畏的姿势面对着来者。武装官员的榜题是“寺门亭长”，这就是在官府“寺”的大门前的“亭”长官。除了第一辆

[105] 在对中央场景和行进行列解释的尝试中，Yonezawa考虑到，来访者从建筑物前的左面来到，在建筑物的里面被迎接，在下面的雕饰花纹中又再离开。他还尝试，由这个场景推断出一个连续的行动过程，但还是得出结论，这些场景相互没有联系并且解释性的表达在汉代都还是单一场景组合的。Yonezawa，出处同上，231页和下页。

[106] 参见：注解100。

[107] 试比较：Miss.Arch.，第105、108、115、116号（前石室第2、4、15、13石），第127号（左石室第7石）——浮雕第116和107号的人物形象持盾。

[108] Richard Rudolph，*Han Tomb Art of West China:A Collection of First- and Second- Century Reliefs*（Berkeley and Los Angeles 1951），插图52-53，88-89。

[109] 江苏徐州汉画象石（Peki ng 1959），插图50。

[110] Corpus，第2卷，插图64；第1卷，插图275。

[111] Corpus，第2卷，插图2-3。

车上难以理解的榜题，其他的榜题都难以认清。[112]这块雕饰花纹在中间断了，原来可能有展示“令”的行进行列的第5车到第6车。在主车前行进着四个持有吹奏乐器、杖和扇子的步兵。

在另一块来源于泰安的画像石残片上的行进行列的迎接也以类似的形式表达。[113]在击鼓者和官员“亭长”之间立着一个拿着扫帚的小个子侍者。扫帚是派给“亭长”的侍者的很普遍的象征物，在望都墓的入口也有（文中图1），在沂南[114]墓的大门建筑物的一侧也有表现，在武梁祠的一个行进行列雕饰花纹（前石室第15石）上也有表现。

通过和源自泰安的画像石的比较，可以澄清：在武梁祠的行进行列雕饰花纹上的迎接官员“亭长”在功能上也作为大门守卫被表现，而且迎接场景也到这个形象被缩减了。“亭长”的任务已在以上和墓入口的守卫形象相互联系讨论了。墓作为官邸“寺”的象征意义也已被阐明了。毋用置疑地，源自泰安的行进行列是驶向一个高官的官邸。因为画像石原来属于墓或墓石室，联系了“寺”的大门的名称就有双重意义。行进行列的目的地是世上的官邸？或者墓就其意义是作为“寺”？另一种问法就是：场景说明的是来自官员世界的事件？或者是来自墓里象征世界中想象发生的事件？——这个象征世界反映了行政体制下的官僚组织。首先主要人物的确定会被和死者联系考虑，当这种想法不是很有意义时，就会立即考虑行进行列主题的意义和所有装饰（画像石）的内容的意义——无论在墓里还是在墓石室里。要确定的是：死者是驶向自己的官邸还是驶向另一个受尊敬的高官的官邸；在陈套的事件表达的后面隐藏着哪个有寓意的意义。从另一方面来考虑，如果行进行列驶向的是作为死者死后世界的官邸的墓，那么和每一个有意义的石室装饰上的其他行进行列上的主要人物“令”或“丞相”的表现相比，就缺乏了死者的表现。[115]

这个通过大门到达目的地的行进护送行列的补充暗示了，武梁石室里的行进行列是

[112] 第一辆车的榜题是卢行亭车。在前石室的第12石上的行进行列随从的榜题是行亭车。Chavannes把这个榜题翻译成“亭的看管人的车”（Miss.Arch.，第114号，第190页）。可能这里还要补上第一个字“卢”。可惜这个榜题的意义在两种情况下都不清楚。

[113] 参见：Corpus，第2卷，插图4。

[114] 参见：在沂南古画像石墓发掘报告（参见：注解140）中的插图7。

[115] 有关寺门和官员行进行列的相互关系的解释说明可以参考望都墓的墙饰（文中图1）。这些提有榜题的官员形象属于一个高级官员的行政管理班子，因为根据《后汉书》只有公一级的官员有资格有八名伍伯随行。有别于在石室的雕饰花纹上，在望都墓里，官员们的上级在墓里没有被表现。或者这个高级官员被鉴定为死者，因此他还鲜活地生活在他的棺木里；或者这些转向后墓室的形象是一个高官的下属，虽然这个高官同样也没有被表现，但是在通到中间墓室的通道有呈递礼物或消息给两个内室的侍者侍阁和小吏的使节，通过这些使节，这个高官可能是存在的。因此这些官员可以被解释为死者的拜访者。值得注意的是，不是所有的官员榜题都在前面加了“门下”，因此比如官员小吏和贼曹有两次被展现。如果榜题不是偶然被选择的，就可以确定，带有门下的官员、伍伯士兵和在通道的的使节（白事吏和勉□谢史）是来访者，而所有其他剩下的形象是死者的下属。

驶向中央场景的建筑物（图1）。由此，中央场景和行进行列的另外的独立主题在这种空间和场景相互联系的情况下被传达出来——一种从一开始就由题目的相似作为条件的组合，并且这种组合对行进行列的主题的阐明有着十分重要的意义。

这种思考的核心最终是一个询问中央场景自身意义的问题。要得到一个最终的解释，在这里首先要尝试对中央场景的分析。

C. 中央场景

中央场景和楼阁场景在武梁石室的后墙上，平行的画面条纹的平面部分是中断的，之间插入两个从左面和右面移近的雕饰花纹。在左石室的第9石和前石室的第3石上在行进行列的上半部分的画的平面增加了，占有画面的三分之二。主要母题是一座两层的建筑物，建筑物有塔式建筑（阙）立于两侧，里面挤满了人物形象。所有的三个石室的画像石的例子，在这整个建筑群左边里都有一棵树枝盘绕的树、一辆车和一匹马。

这个场景由Chavannes、Bushell、Fischer、Bulling和米泽家圃作了不同的解释。[116]首先是Fairbank，没有对这个场景做新的分析，而是提交了所有有关内容，通过对石室的复原为石室装饰的新解释打下基础，而且由此证明，中央场景和石室的祭礼作用有关。[117]Nagahiro使用了这个最新最详细的解释，在这个解释上对相关的地方进行了探讨。[118]

在武氏的三个石室的中央场景和大量的其他来源的相似表达（e.g. 图7、8）上，建筑物的式样基本上是不变的，同时人物形象在建筑物的里面，而附加场景的细节相互不同。由此推论，建筑物和人物之间的关系不是很密切，或者也就是说，建筑物的象征表达力总是首先通过其他画面元素的变化构成而被明确地阐明。中央场景的主要母题——建筑物——在此要被首先分析。

1. 建筑

a) 结构形式

在三个中央场景的例子中建筑物的表达只在建筑构造装饰的次要细节上及整体比例的

[116] Miss.Arch.，163页及下页；Fischer，出处同上，第34页；S.W. Bushell，中国艺术 Chinese Art（2卷，伦敦 1909—1910），第1卷，插图16；Anneliese Bulling“东汉时代死者活动的艺术 Die Kunst der Totenspiele in der östlichen Han-Zeit，”Oriens Extremus 3，1956，28—56页，Yonezawa Yoshio，出处同上，Kokka 623，1942。

[117] Fairbank，HJAS 6，1941，34—35页。

[118] Nagahiro Toshio，“Bushi-shi sa-sekishitsu dai-ku-seki no gazō ni tsuite，”Tōhō Gakuhō（京都）31，1961，95—116页。这篇文章在Acta Asiatica中的英文翻译的题目是“A Study on the Central Pavilion Scenes of the Wu Family Shrines”，Acta Asiatica（Bull. of the Institute of Eastern Culture，Tokoy）2，1961，40—58页。

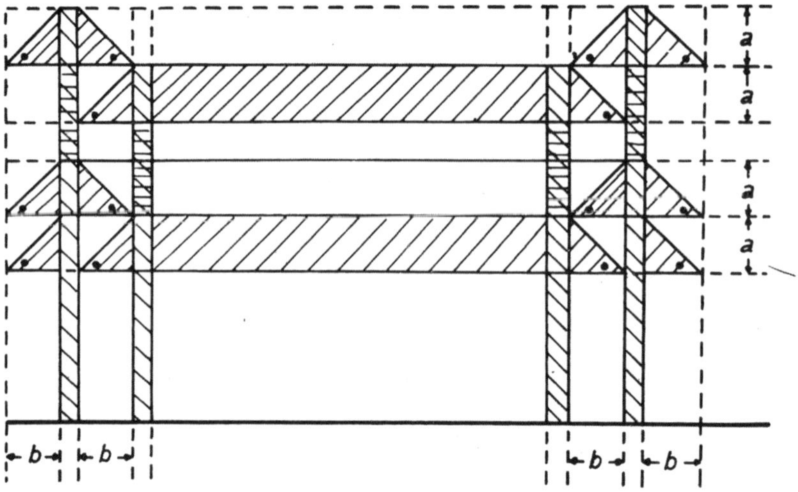

次要细节上有所变化。左石室的第9石上的表达最是详尽，在此有必要作番描述（图2）。

整个建筑群由一个两层的楼阁组成，左右各有一细长的塔式建筑（阙）。这两个阙和中间的建筑是完全一样构成的，底层由柱子来支撑顶，第二层由人形的男像柱来支撑顶。虽然两层顶的屋脊都有支出的角状尖锐的檐，但底层的顶表现为重檐，上层的顶表现为四坡屋顶或两山头屋顶。中间的建筑属于多层“楼”建筑的类型，它的每一层由上下层的重檐支持。[119]对于上层和下层的顶在表达上相同形式的运用符合了就武氏画像石而言的典型的形式元素重复的个性化原则。

绕着顶层有一圈纹饰华美的栏杆。屋顶面上的垂直线束和半圆再现了瓦顶。仔细擦净能辨认出一块菱形纹式装饰的区域，其宽度超过了底层的柱及上层的男像柱，通过柱轮廓的延长，超过了两个屋顶。屋顶的突出的三角面是被扇形划分的，并被划分为装饰了花纹的三角区域。柱头的轮廓是倒转的阶梯金字塔，但近看能认出是收口柱顶盘（Kraggebaelk）的平面图。

中间建筑的结构元素及装饰元素在两边的塔式建筑上重复。男像柱在此由兽形的柱托代替（图1，2）。在柱头下，一个单面的重檐重复了中间建筑下层的顶突出的三角面的轮廓。

在顶层，延长到阙顶的栏杆连接了中间建筑和阙。阙顶这边的檐角接触到了屋顶的脊线，而且正好是在顶坡和脊角造成的角的顶点上。这个事实情况和所有顶坡的同角情况导致了在整体结构中的对几何学关系的研究（文中图2）。

[119] 参见：刘致平《中国建筑类型及结构》（北京 1957），51—56页，128页。

通过圆规和直尺进行的测量得出三个常量：1.阙顶的坡和屋顶的坡的角度相同，只有微小偏差。2.阙柱和屋柱之间的距离在两边是同距的。3.通过由檐角到脊的测量得出一共六个屋顶和阙顶的高度都是相同的。

这三个常量不是偶然的，因为在武梁石室（图1）和前石室（图3）的建筑物表达中也是这样的。[120]

在早期表达中，中间建筑和阙已通过几何学的有关体系联系在一起。结构形式的模式的发展理论上可分为三个阶段：1.两块来自肥城的墓室浮雕（山东；标注年代：公元83年）。[121]阙的基线低于中间建筑的基线。阙顶不接触中间建筑，而上层阙顶和下层阙顶间的距离通过屋顶的檐角和脊线来确定（图6；试比较：图5）。2.孝堂山的石室的中央场景（年限确定在公元129年之前）。阙顶和屋顶之间的接触点与武氏浮雕上的一样，但阙顶的角度和屋顶的角度不同（Miss.Arch.，No.45）。——大部分的建筑物的表达属这种类型（试比较：图7，8）。3.来自济宁（山东）的浮雕。在这种类型的唯一一个例子中，阙和屋是一样高的。这个表达是武氏浮雕代表的类型的简化。根据风格上和图像学上的因素，它的年代定在公元2世纪中叶左右。

几何学的结构形式的逐步体系化可能是和建筑物表达的主题的历史发展相符的。但在武氏浮雕上，经常任意安排的尺寸变为确定模式的常量。这些由此确定的尺寸关系可能和真正的建筑的立面图并不相符：就如阙和中间建筑（在这里）排列在同一基线上，随便就在同一空间层面上被并列展现出来。因为中间建筑和阙立在一个共同的基线上，平面排列很容易看上去像空间排列。通过和来自肥城的浮雕的比较，要放弃这种过于严格的解读（方法）（图5-6）。在这些表达中，阙限定出一个面，这个面用三维空间来解释，是一个外部空间。在一块浮雕中这个空间里有三辆马车（图6），在另一块浮雕中这

[120] 左石室中央场景的被擦净和在Miss.Arch.，第77号、第107号、第129号中的三个中央场景的被复原是分析的基础。——直尺用于直线的刻画是确定的。垂直的尺度原来就被用于脊线的刻画及脊线延伸到阙顶的刻画，并还用于垂直的柱轮廓的刻画等等。如果人们把柱轮廓向上延伸至脊，那么柱轮廓就和屋顶上装饰了花纹的长方形竖线恰好相合。所有14个顶的角度的相同在原作上不用借助直尺的使用或平行线的移动就能通过以下经验得出：以相同的间距a（顶高）的相叠绘出了三条水平直线，在这种情况下，上面三条水平线和下面三条水平线之间的距离（也就是中间建筑下面的顶和上面的顶之间的距离）是可变的，同时垂直线方面，阙顶和屋顶的互相平行的轮廓线在整个建筑群的两边都以相同的间距来设定。（见文中图2）另有两条垂直线作为表达柱间距的辅助线被添加在图左和图右的边上。现在所有顶的坡度都能通过平行线和垂直线的交点在所期望方向上的连接中得出。在左石室的中央场景的建筑图（图2）以这个模式（文中图2）为基础，并和这个模式只有微小的差别。在另外两个场景（图1，3）中，建筑物结构和理想图样的比例相符。

[121] 王思礼，“山东肥城汉画象石墓调查”，《文物》1958:4，34—36页，插图1—2。——图5的画像石上，在右边阙的柱子上挂着一句铭文，在铭文上名为张文思的画像石资建者写道：他在建初八年（也就是公元83年）根据正当的礼俗为他的父亲戴孝，并出资3000石委托画家王次来绘制墓中的画像石。

个空间里有人物形象，旁边还有一棵树、一匹马（图5）。[122]在武梁祠的浮雕上，挪近中间建筑的阙以一种类型史上最早的对称的建筑图的表达立在中间建筑前。这些阙就这点经常被表述，但很少被联系“阙”的类型来讨论过，而就此需要一种新的空间关系的解读（方法）。

在来自肥城的两块浮雕中，中间建筑的顶层没有栏杆（图5-6）。人物形象被画在没有遮掩的顶上。从顶面，剩下的只有伸出柱子斗拱向外的三角。在其中一块浮雕中，底层通过一条梁盖和顶层分开（图5）。在战国时代的建筑表达中，楼层之间就已加入梁盖，并且外墙和顶面是敞开式的，让人能清楚地看到内室（图4）。[123]

和这个早期的表达相比，在来自肥城的浮雕中还能看到这种传统。但不难看出，在武氏浮雕上（图1-3）和相类似的来自山东的浮雕上（图7-8），中间建筑顶层的人物形象都坐在一圈栏杆后，这圈栏杆的长度从（中间）建筑直到两阙。（中间）建筑，至少（中间）建筑在顶层，是以其外立面被展示的。

在另外一些建筑表达的例子中，因顶层有门的存在，有些学者想到，（中间）建筑不是一个两层的建筑，而是立在前后两个空间的建筑，在一个平面上被上下而设表现。[124]这种解释通过和多层建筑的比较，是站不住脚的，（因为）这些多层建筑的楼层是以梯子或楼梯相连的（试比较：图5，11）。[125]

中央场景的建筑表达在结构形式上是根据理想的尺寸的。在几何学构图的规则模式中，建筑构造上的细节以程式化的形式被表现，同时，画有人物形象和纹饰的装饰以自由的展现使结构形式部分严格的构造变得生动。在整个建筑群中，两个塔式建筑“阙”和两层的中间建筑“楼”可作为独立的建筑形式被分开，而就它们的象征性意义作出追问。

---

[122] 在一块来自滕县（山东）的画像石上的建筑物表达中，阙柱的基座立在两层楼房的地基线的下面。在两阙柱之间有一位正面人物形象坐在一矮几后（Corpus，第1卷，插图91）。在一块来自肥城的画像石中也有一位正面人物形象坐在两阙之间的“空间”里（图5）。

[123] 试比较：杨宗荣《战国绘画资料》（北京 1957），插图19（来自辉县的青铜碗，河南）；Umehara Sueji（梅原末治），“战国时代的画象文铜卮（Sengoku jidai no gaz ō mon d ō shi）”, K ō kogaku zasshi 41:1，1955，13—18页（青铜碗，波士顿美术博物馆）；“山西长治市分水岭古墓的清理”，《考古学报》1957:1，103页及下页，插图2（来自山西的青铜杯）。

[124] 试比较：图7；Corpus，第1卷，插图190；Miss. Arch.，第152号。Nagahiro，Acta Asiatica 2，1967，54—55页；Berthold Laufer，《汉代的中国墓雕》（*Chinese Grave Sculptures of the Han Period*）（纽约，伦敦，巴黎 1911），5页；Erdberg-Consten学会，《古中国》（*Das alte China*）（斯图加特 1958），126页。

[125] 试比较：Miss.Arch.，第117号（前石室第14石）；第127号（左石室第7石）。在空间上前后而立的东西被安排为上下交叠放置，这种情况下，上下交叠放置并不是指（空间）分配，而是指空间再现的一种方法，上下交叠放置超出了平视或鸟瞰的认识，显而易见，在汉代以后的中国画中，上下交叠放置在宫殿和庙宇设施的规划表达中十分普遍。在汉代的图解艺术中，空间上前后而立的建筑物的再现通过建筑物在一个平面上并立的特征来表现（试比较：图11）。

b) 象征性意义

“阙”属于建筑类型“观”，即多层眺望塔。[126]《说文》中提到，人们在大门外，部分地建起很高的“楼观”，称之为“阙”。在阙之间有一条通往实际的大门建筑的路。[127]阙原来并不是立在每一个大门前。根据《周礼》，在皇帝宫殿的五扇大门中，只有中间的那扇“雉门”有两“阙”或“观”。[128]另外在汉以前的时代里，以两“阙”作为标志的“雉门”也有被称为“中门”或“宫门”的。[129]

大门建筑和两“阙”的组合显得在西汉时代完全成为了“宫门”的样板。《古今注》有言：“在古代，每一扇在前有两座眺望塔立着的大门都被称为‘宫门’。”[130]在长安所建的未央宫的东北门前立有“阙”。[131]北面的大门被视为所谓的“正门”，立在“前殿”（或“路殿）前。[132]

带有两“阙”的“宫门”代表了统治者的威望和权力。它作为宫殿的入口曾是皇宫自身的标志。如此，“宫阙”的概念除包括宫殿外，“阙”是皇宫最重要的建筑。[133]

“阙”在皇帝晋谒的仪式中负有特定任务。《说文》给这个术语作了两种解释：一个解释中，“阙”也叫做“观”，因为人们能在它的高度看得很远；另一个解释中，“阙”被称为“象魏”，因为其上悬挂有法令。[134]在第二个定义中，“阙”的任务是作为春季晋谒时张贴新的法律的地方。[135]

东汉时代，“阙”已不再是皇宫的特权，而也建设在地方行政地（Provinzialverwaltung）的政府宫殿前、高官的府邸前，以及将这种华丽的设置在墓和

---

[126]《而雅》（SPTK版），中。2a.

[127]《说文》（SPTK版）12上。2b.

[128] Edouard Biot，*Le Tcheou-li ou Rites des Tcheou*（2卷，巴黎 1851），第2卷，347页注解6；562页及下页；第1卷，58页注解1。

[129] Biot，出处同上，第1卷，第150页注解2。——试比较：《春秋》，定公二年（Legge，《中国古典文学》[*Chinese Classics*]，第 5 卷，746页）。

[130]《都邑》节，1.10b（SPTK版）。崔豹的《古今注》出自晋代。

[131] Chavannes，*Mémoires historiques*，第2卷，391页；Dubs，《前汉史》*(History of the Former Han Dynasty)*，第1卷（巴尔的摩 1938），118页。

[132] 对《三辅黄图》（SPTK版）2.2a-b的评注认为，正门（Haupttor）立在北面是不寻常的。试比较：A. Soper in L. Sickman，A. Soper，《中国的艺术和建筑》*(The Art and Architecture of China)*（巴尔的摩 1956），217、220页。

[133] Chavannes，*Mémoires historiques*，第2卷，第391页。——陈明达（《文物》1961，12，第18页）和刘致平（出处同上，第70页）给出一段不可证实的出自《释名》的引文，引文有关于皇帝本人在宣布命令和赏罚臣子时出现在宫殿的两阙之间的描述。

[134]《说文》12上。2b。

[135] Biot，Tcheou-li，第1卷，210页，34页；第2卷，314页。阙在公元6世纪的梁代还担任或又重新担任这个任务；参见：《南史》（SPTK版）6.23b（梁本纪上，天监七年[508年]，1月）。

庙前仿建。它作为“象魏”的任务可能已消失了或根据敬奉入口/敬贤门（Ehrenpforte）的意思被弱化了。[136]

在“阙”之间的两层建筑属于多层建筑类型“楼”或“阁”。[137]这种建筑虽然有代表性而且造资昂贵，但这种类型很难和一种确定的象征性意义相联系。[138]在汉代宫殿里，“楼”的作用是作为住房。贵妇在“楼”的回廊里散步，人们在举行庆典和宴会的时候也在回廊里碰面。[139]

两“阙”和中间建筑的对称的组合给阐释提供了两种可能：或者这个建筑图是作为皇宫的整个象征，最具代表的建筑在图中统一展现；或者是在平面上表达了再现的“宫门”的正视图，在平面上，“阙”看上去在边上接触到了两层/第二层大门建筑。第一个解释缺乏凭证，而画像石的画面材质倒是为第二个命题提供了证据。

汉代大门建筑的最重要的核心标志是：旁边有两阙框定的中间建筑。在东汉时代的画像砖和画像石上的大门的表达可区分为两种类型：或者“阙”低于中间建筑；或者“阙”高出大门建筑，大门建筑在两种情况下可能都是多层的。[140]以下作品中，中央场景的建筑在形式上属第二种类型。

一块来自成都（四川）的墓砖上展示了两座“阙”，在两“阙”之间夹有一个镶有入口的（屋）顶。[141]在一块来自嘉祥县（山东）的画像石的粗糙雕刻中，两座“阙”也是通过一个（屋）顶相连。[142]在“阙”边上立着两个持矛的人物形象，在敞开的入口处

[136] 八木奘三郎（Yagi S ō zabur ō ）（《满洲考古学》Mansh ū k ō kogaku [东京 1944]，第413页）认为，颁布给百姓的命令是以画的形式画在宫殿的阙上的，以使百姓能明白文字布告（的意思）。从这种图解说明，汉代艺术的保留内容发展了。阙不仅作为说教主题的画面载体来服务，颂歌等的显示也可以追溯到在墓入口的阙作为敬奉入口的意义。

[137] 参见：刘致平，出处同上，51页及下页。

[138] 在战国时代的青铜器上的多层祭礼建筑物的表达中，最高的一层楼——在这一层常常有祭酒被呈献——显而易见是具主导意义的（试比较：图4）。周朝的宗庙和明堂可能也是多层建筑（参见：Couvreur，《礼记》，第1卷，734页和W.E.Soothill，《明堂：早期中国王权的研究》*The Hall of Light: A Study of Early Chinese Kingship* [纽约 1952]，85页）。即使汉代的宗庙看来也曾是多层的，但不能确定的是，最高的一层在宗教仪式中是否有着特殊的任务；参见：《三辅黄图》5.4b-6b，《宗庙》节。对道教神祇的献祭在秦汉时代是在高高的塔式建筑里呈献的；参见：《三辅黄图》5.1a-2b，《台榭》节和7b-9a，《观》节。

[139] Chavannes，*Mémoires historiques*，第2卷，138页。见A. C. Soper，《日本的佛教建筑改革》（*The Evolution of Buddhist Architecture in Japan*）（普林斯顿 1942），10页。建章宫的大门建筑，官方称之为凤凰阙，是武帝（公元前140—前86年在位）下令在长安建的，民间称之为“贞女楼”；参见：《三辅黄图》2.4a-b，《宫》节。

[140] 在沂南墓中由两座阙限定的建筑物被以下出版了的文章的作者认作是庙门；曾昭燏以及其他（编写者），《沂南古画像石墓发掘报告》（上海 1956），插图7，13页。来自河南的画像砖上的第一种类型的图见《汉代圹砖集录》。

[141] R. C. Rudolph，《中国西部的汉墓艺术》*(Han Tomb Art of West China)*，插图86。

[142] Miss. Arch.，第1259号。

有一正面人物形象坐着，在屋顶上，有个环穿在交叉的带子上。[143]

一块来自汶上县（山东）的画像石上展现了一正面人物形象在两名持矛者中间的同样的安排。[144]但在这里，两层的中间建筑和三层的“阙”是分开而立的。来自汶上县的一块画像石可作为这两个表达的链接来考虑。[145]在这块画像石上，中间建筑的柱子已被忽略了，同时它的（屋）顶一直延伸到“阙”柱。两名持矛者在这里代替正面人物形象立在由柱子包围的平面上，即立在“大门入口处”。在来自肥城的画像石上，两“阙”的边上画有两棵金字塔形的树（图5-6）。

在这三块画像石中被表达的门卫把整个建筑群定义为大门建筑。极具意义的是在两个例子中，142、144入口处都由一个正面人物形象把守。大门、门卫及立在布局中心的正面人物形象的组合有着毫无疑问的象征性意义。[146]在组合中已显示，大门主题有其相应的象征性价值，这种价值创造了大门主题作为建筑学范畴对整体母题表达的相适。就像济宁县画像石的建筑画面所证明的，没有和人物形象的联系，大门建筑还是带有特殊的象征性。[147]中间建筑的底层通过两扇门锁着，同时在敞开的回廊后面坐着三名妇人。在武氏画像石的中央场景中，建筑物、底层的晋见场景、树及行进行列的组合主题作为各自独立的主题被设置在画面的四个区域里。值得注意的是，建筑物在这个条件下可能被作为关闭的大门建筑来表达。

在武氏石室的中央场景中，建筑物作为大门的解释首先仅是由两个“阙”导致的。在一块至今没有公开的藤井（Kyoto）的画像砖上的表达可以证明，中间建筑也表达为一大门建筑（图9）。[148]这座两层建筑的结构形式和装饰清楚地显示出，它的来源是中央场景的建筑风格。仅帘幔就以类似的方式挂在（屋）顶下。

在底层和顶层，代替主要人物形象出现了加深的榜题，在榜题里很可能记过特定人物

---

[143] 如果这个环作璧来解释，被表达的可能就是“璧门”，作为建章宫的正门的璧门可能曾全然就是宫门的象征（《三辅黄图》2.3b）。玉和宫门的组合也在术语“玉门”中显示。（参见：刘向《怨思》，在《九歌》中；Hawkes，《楚辞》，156页，诗行第11行）。

[144] Corpus，第2卷，插图86。

[145] Corpus，第1卷，插图130。

[146] 在两阙之间端坐的正面人物形象的主题曾在佛教艺术中流传。一块来自敦煌的公元6世纪的画像石上展现了在佛龛里的Maitreya佛，这个佛龛是由两座通过一个顶连接的阙构成的（P. Pelliot，*Les grottes de Touen Houang* [6卷，巴黎 1914—1924]，第4卷，插图页194，第11洞；I.Vincent，神圣的绿洲 The Sacred Oasis [芝加哥 1953]，Pl.15）。这个例子是古希腊文化的帝国象征被基督教艺术采纳的类似现象。城市大门的两阙立面被新解释为天上的耶路撒冷的象征，就像这种在门里立着的（人物形象的）交换性，皇帝由基督教圣徒代替的（现象）在形相学方面和在形式方面都适用于中国的例子。S.G.Bandmann，《中世纪建筑作为意义载体》（*Mittelalterliche Architektur als Bedeutungsträger*）（柏林 1951），92页及下几页以及92页的注解208。

[147] Corpus，第1卷，插图54。

[148] 在此我要感谢有邻馆的所有者收藏家藤井（Fujii）（京都）先生，非常感谢（他让我对他的这个收藏品）保有出版权。并感谢长广敏雄教授，他帮助我取得了这张照片。

的名字。[149]底层两官员形象的长袍上刻有“府门之卒”的标记。这个建筑是“府门”或一名太守的官邸的大门。“府门”的概念，它和墓的象征性意义的关系已被说明，在这里（其概念）看上去要被更新为一件属于墓或墓石室的东西。这个表达的意思应在确定的中央场景的阐明中再一次被研究。就以下的论述，可在此把命题先提出来：中央场景的建筑群表现了一个代表性的大门建筑的正视图，并且是统治者官邸的权威象征。

2.人物形象

a) 晋见场景

在中央场景的建筑物底层的晋见场景被Fairbank解释为“向死者致敬（homage to the deceased）”。另一方面，长广敏雄在对这个场景的详尽分析中得出结论：左石室的晋见场景原来不属于建筑物；在中央场景的三个例子中，三个敬奉场景在图像学上有所区别；最后，主要人物形象表现的不是死者。[150]

事实上，在左石室中央场景上以轮廓被显示的主要人物形象（图2）没有显露出什么特征，这些特征（应该）使被作为死者表达的主要人物形象从众多的人物形象中突现出来。（在这里）主要人物形象不坐在建筑物的对称轴线上，比其他人物形象也没高出很多，为了给在左边的树腾出空间来，他的这边移到了画面的右半边。然而，在原则上还是要考虑到，怎样能在一个为供奉特定人物的石室里，在墙饰的中央位置上表达对另一个神话性或历史性人物形象的敬奉。

长广敏雄的第一观察是合乎实际的。不考虑建筑学的范畴，在和另外的场景的联系中也显露出晋见场景的人物形象群体。此外还有两块来自汶上县（山东）的画像石[151]算作长广敏雄所举的例子。[152]在一个例子中，一名下属在主要人物形象前“稽首（prosterniert）”，这位主要人物形象端坐在一个平台上，手臂支撑在矮几上。向右边连接着一个有士兵和被绑的俘虏的场景。敬奉场景在这里和在另一个例子[153]中有一样的意义：一位统帅或贵族被告知对敌的胜利。在另一画像石上“泗水升鼎”的故事和晋见主题相联系。[154]在一块来自嘉祥县的画像石中，一对孔雀及坐在回廊后的妇人们是和晋

[149] 参见：注解214。——顶饰部分的年代说明“永和六年”可能指的是东晋时代的公元350年，出于风格的原因这块画像砖很难被确认为公元141年，公元141年同样也是一个“永和六年”。

[150] Nagahiro，Acta Asiatica 2，1961，196页及下几页。

[151] Corpus，第2卷，插图87和89。

[152] 试比较：Corpus，第1卷，插图54和Miss.Arch.，第150号；Nagahiro，出处同上，插图10-13。

[153] Nagahiro，出处同上，插图13。

[154] Corpus，第2卷，插图87。试比较：在Miss.Arch.，第122号、第52号、第148号；Corpus，第1卷，插图253；Corpus，第2卷，插图87-88中的相同主题的另外表达方式。

见场景组合的元素，但这些元素可能只来自中央场景。[155]

通过在一块来自焦城村的画像石上的榜题“此齐王也”，长广敏雄确定：这个建筑物和晋见场景的组合追本溯源是一名在山东齐地的贵族祭祀画。[156]如果中央场景的溯源只是在这样的祭祀画中，主题的意义就不一定是要一样的。在来自山东的画像石中，这样的场景经常出现，这就更能推断出：晋见场景曾是下属晋见统治者的普遍的模式，而这个场景的意义就此首先要从图像学的语境和画面载体的任务来定义。

晋见场景的主要人物形象是通过不同（于其他人物形象）的特征来展现的。他坐在一个底矮的平台上，手臂舒适地支在一个矮几上。在他头上挂着窗帘或缀有荷叶边的华盖。帘幔、平台和臂支（矮几）属于高贵人物的特征物。[157]来晋见的官员在被衣袍遮盖的手中执“圭”——一块长牌，为晋谒所需。[158]两名官员以“稽首”的卑躬屈膝的问候方式来晋见主要人物形象。[159]

只有在左石室的中央场景中，晋见是以上下级之间的正式会见方式来表达的（图2）。就晋见行为而言，仪式上规定的范畴是晋谒。在晋谒时，统治者从宫殿的隐秘生活中出场，而被下属拜见。在这里他施恩和下令，在这里下属通过晋见和朝贡来确认统治者的权威。晋见行为被作为国家行为表明，是国家尊严的象征。单独由对场景的观察不能得出对这个事件的每个地点和时间的更明确的确定以及对人物形象的确定。

就如长广敏雄已注意到的，在武梁石室和前石室里的晋见场景有着一个世俗得多的特性。[160]稽首的官员在这里由站着或跪着的侍者代替，他们为主要人物形象呈上食物，在统治者背后的小个子侍者手中持有一个半圆形的东西（代替“圭”），表达的可能是扇面(Blattfaecher)。[161]

晋谒场景到在一个几乎移到正面的人物形象前呈送食物的转变是很令人吃惊的，尤其当前石室的中央场景在所有其他细节上几乎是左石室的场景的完全复制（图1，2）。这个图像学上的变化的原因可能是石室功能有了新解释而且因此画面在它约20年短暂的产生年代中有了新解释，或者主要人物形象的下级在两个场景中都出现了。就这些问题以下将进行探讨。

---

[155] 参见：Miss.Arch.，第150号：试比较：Corpus，第1卷，插图276和图8。

[156] Nagahiro，出处同上，50—51页注解14。

[157] Biot，Tcheou-li，第1卷，第116—117页；第2卷，39、476、478、529页。

[158] Nagahiro(出处同上，45页)认为这个东西是笏，笏根据所有者的（不同）等级由玉、骨或竹做成，用来（在上面）写字（参见：Couvreur，《礼记》，第1卷，698—699页）。被削尖了的玉牌圭曾经就像玉环璧一样是地位的标志，是下属从统治者那里借来的（Couvreur，出处同上，第1卷，第70页）。

[159] Biot，出处同上，第2卷，第89页；Couvreur，出处同上，第1卷，714页。

[160] Nagahiro，出处同上，第45页。

[161] 在沂南墓的行进行列随从中的步兵也持有同样的东西，在沂南墓中被解释为便面；参见《沂南古画像石墓发掘报告》，22页。至今不能被解释清的是一件由同样的侍者夹在胳臂里的装饰了的长形物。

b) 回廊里的人物形象

建筑物的顶层在三个中央场景中基本是被相同安设的（图1-3）。绕着一位正面的坐在栏杆后戴有高耸头饰的妇人，聚着一些或多或少对称安排的侍女，她们互相交谈，呈送上容器和镜子，通过她们运动的姿势强调了中间贵妇的呆板。

通过这位妇人的正面性和在中央的位置，已有学者多次判断，她是作为神来表现的。她被解释为“西王母”——死者灵魂的化生，或作地方神解释。[162]

实际上，这些在顶层的妇人们的对称安排造成了场景到圣像画面模式的转变。另外，在建筑物的对称轴上的女性正面人物形象和在底层晋见场景中以轮廓方式表现的主要人物形象形成强烈的对照（图2）。只有在前石室的场景中，这个男性主要人物形象被移近到这妇人下面，而且通过他向正立面的部分的转向接近了整个场景的对称安排。

在一些早些的楼阁场景（Pavillionszene）的例子中，不同数目的妇人们一直是坐着的，并且在顶层的回廊里大多作正面安排。[163]妇人们不运动的姿态已在孝堂山石室后墙的三个场景中通过她们的相互交谈（姿势）变得生动活泼了。[164]在其他例子中，有一个关闭的有兽面装饰的门被搬到回廊的中间。[165]通过一扇门和一个正面人物形象，回廊中间的被强调确实是意味深长的，但很难就能说，只被表现为胸像并在大小上比底层的主要人物形象要小的、坐在回廊后的妇人作为女神来表达。她也没有用作为女神人物形象的特征标志的翅膀或祥云宝座来装饰。[166]当在回廊上的场景被作为对这位贵妇的晋见来

[162] Bushell把这位女性解释为西王母（出处同上，插图16）。根据Bulling（的观点），她象征了死者灵魂的女性组成部分，在死后必须与男性的部分结合，以产生新的女祖先。“婚礼”在地下世界的黄泉举行，在那里新娘和新郎由新娘的父亲引到一起（Oriens Extremus 3，1956，28页及下页）。这个想象力丰富的解释既不能通过表达自身，也不能通过历史凭据来被证明。——Nagahiro（出处同上，53页及下页）把这个女性解释为地方神，但未就其作更进一步的定义。根据他（的观点），建筑物不是两层的，而是由两座前后而立的建筑组成的。后面的建筑物表达的是家庙，在早些的场景例子中，家庙里排列着祖先像。——这种透视关系的解读在上面已被否决了。试比较：注解125。

[163] Corpus，第1卷，插图190、276；Miss.Arch.，第152号、第45号；图7；Corpus，第1卷，插图54；图8。Nagahiro忽视了建筑物的顶层在大多例子里表达的是妇人，因此他把这些人物形象作为祖先像的解释就触礁了。这些人物形象的帽子在早期的表达中尖形向后往上弯曲，而男性的头冠是前面高向后低下来的（Miss.Arch.，第45号；Corpus，第1卷，插图276）。这些正面展现的人物形象大多有圆形的帽子，（帽子）旁边垂下带子。侍女们偶尔有拿着镜子的，作为女性的象征（图2）。试比较：注解186。

[164] Miss.Arch.，第45号。

[165] Corpus，第1卷，插图190；Miss.Arch.，第152号；Corpus，第2卷，插图43；图8。

[166] 在武氏画像石中还包括了另外的建筑物表达，这些建筑物表达看上去说明了汉代普遍的节日宴会的规则（Miss.Arch.，第107号；前石室第4石）。在一座三层楼阁的底层，侍者端着食物经过楼梯到达第二层，在第二层有三名男子聚在一起宴会。在这层的另一边，妇人们和男子分开坐着。

观察时，把她作为底层的男性主要人物形象的女性对称人物来解释是有可能的。这个最终的解释看上去把其他解释都给排除了。

3. 副场景

在中央场景的左半画面上，在三个场景中都有一棵树枝盘绕的树、一辆车和一匹马（图1-3）。这三个场景的元素和右边的建筑图以两种不同的方式联系起来：

1）树、车和马是在建筑物里的人物形象的所有物，作为人物形象的象征，解释了这个活动的地点和时间。

2）它们和右边连接着的场景没有关系，对于右边的场景它们首先是以不明确的方式来配置的。

这两个理论上设想的组合方式是以在文献中的不同的解释尝试为基础的。特别是树和树的象征意义的主题，很多作者对此阐述过。

a) 树和弓箭手

自从Hentze认出在场景中建筑物右边是射手“羿”和十个在太阳树“扶桑”里巢居的太阳乌的神话，[167]树作为“扶桑”来解释就很普遍。自Hentzte的解释以来，树的未经讨论就被采用为传说中的“扶桑”的鉴定在这里要重新讨论。由Karlgren说明的射手“羿”和十个太阳的神话关系在这里不作探讨，[168]——这十个太阳后来变成来自“扶桑”的太阳乌，在东方升起。这里更多地要研究的是，为什么Hentze在这个表达中能看出这个神话。

Hentze的解释是以画面元素的三个可争辩的解读为支持的：1）树鉴定为桑树；2）在树上飞的鸟鉴定为神话中的十只太阳乌；3）车顶上的小鬼鉴定为射手“羿”（图2），以及在左边“阙”顶上的弓箭手鉴定为射手“羿”（图1，3）。[169]Hentze把马解

[167] Hentze，《中国墓内人物形象》*(Chinese Tomb Figures)*，第28页。——Fairbank，HJAS 1，1941，第35页。——Bulling，出处同上，52页及下几页。——Nagahiro，出处同上，42页。

[168] Bernard Karlgren，“中国古代的传说和祭祀 Legends and Cults in Ancient China，”BMFEA 18，1946（第199—365页），268—269页。在神话中皇帝尧的时候出现了十个太阳，燃烧了大地，造成了大片的沙漠。射手羿把其中的九个射下，从此天上只有一个太阳出现。太阳的神话和扶桑的联系第一次发表在《山海经》上，《山海经》是汉代的一本著作。另外在汉代射手羿和嫦娥相联系。她是羿的夫人并被放逐到月亮上，因为她从西王母那里盗走了长生不老药。S.Karlgren，出处同上，270页；试比较：还见Wolfram Eberhard，《中国古代的地方文化》*(Lokalkulturen im alten China)*，第2卷：“南部和西部的地方文化”*(Die Lokalkulturen des Südens und Westens)*（北平 1942），R.451，68页。

[169] 试比较：还见Carl Hentze，《早期中国的青铜器和祭礼表达》*(Frühchinesische Bronzen und Kultdarstellungen)*（安特卫普 1937），128页、130页及下几页；同一个人：“Le symbolisme des oiseaux dans la Chine ancienne，”Sinologica 5:8，129页及下几页。

释为月亮的象征，配合了“扶桑”的太阳的象征，[170]以此，Hentze把马和树联系在一起。

虽然在武氏画像石上的桑树的其他表达和中央场景的树没有类似性，但就中央场景的离奇的树是否属于桑树的种属这点还是很难确定。[171]把这些树鉴定为传说中的“扶桑”还是有问题的。“扶桑”在特性上属于季树（Kalenderbaeume）类别的太阳树，这些季树在武氏画像石上以树枝和数叶在树干两边对称安排的（方式）来表达。[172]有一盏青铜灯，直到今天仍被视为“扶桑”的唯一一个确定的例子，作为特征化的标志，这盏青铜灯展现了十个锥形的绕着架子安设的烛台臂。在这十个烛台上以透雕铸造细工加上了三足的太阳乌。[173]中央场景的树却既不表现为季树（Zyklusbaum），也不和汉代普遍作为太阳象征的三足乌有关系。

这些在树上飞过或在树枝里筑巢的鸟在三个场景里在九只、五只和十只之间变化。如果是树作为“扶桑”的表达，至少这十只乌在特定的特征上能被清楚地辨认出。

从这些在表达上自身的矛盾里看出，“扶桑”传说的表达在石室装饰如此惹眼的位置并以这种形式（表现），很难和另外的画面主题的选择原则相协调。在画像石上，一般只表达带来幸福的主题和善战胜恶的主题。但十个太阳同时出现是一个皇朝没落的凶兆。[174]

在左石室的中央场景有一个穿着裤子的小个子人物形象站在车的顶上，转身向后射一只飞过的鸟（图2）。这个人物形象属于守护神和自然神的类型，就像他在武氏画像石上经常表达那样。[175]在另两个场景中，由一名着官服的弓箭手来代替这小个儿守护神完成同样的任务（图1，3）。在两个例子中，他站在左边“阙”的顶上。传说中的射手“羿”能作被为守护神或作为官员表达吗?

树和弓箭手的组合在来自两城山（山东）的不同的画像石中很常见。这些画像石的主题是一棵树枝盘绕的树，这树很明显和中央场景的树类似（图14-15）。在一个例子里，在树冠上坐着裸体的人物形象群，可能是小孩子（图14），在另一个例子里，在树

---

[170] 树和马根据Hentze（的观点）也因此是属于一起的，因为这个神话场景使人联想起桑蚕养殖的产生。蚕女被变成了第一只蚕并被诱拐到桑树上。她曾许诺，如果马把她失踪的父亲找回，她就做马的妻子。但当她的父亲被找到后，他斩杀了马并剥下了马皮，而他的女儿因违背诺言被惩罚，被马皮卷了起来。参见：Hentze，《早期中国的青铜器》*(Frühchinesische Bronzen)*，128页。

[171] 试比较：Miss.Arch.，第77号（武梁石室的后墙；第1块雕饰花纹，中间“鲁秋胡夫人的传说”Legende der Freau des Ch’iu Hu von Lu）。

[172] E.g. Miss.Arch.，第116号（前石室第13石）。

[173] Rex Allen，“早期中国的灯 Early Chinese Lamps，”《东方艺术》（*Oriental Art*）2，4，1950，第133页及下页。

[174] 试比较：O.Maenchen-Helfen，“射中太阳（Der schuss auf die Sonnen），”*Wiener Zeitschrift für die Kunde des Morgenlandes 44*，1936，75页及下几页。

[175] E.g. Miss.Arch.，第132号（后石室第3石）。

干的左边端坐着一名由小孩团团围绕的女性人物形象（图15）。在第一个例子里，在空心的或（劈为）两半的树干里坐着一位人物形象。在右边一匹马旁边和左边一头山羊旁边各有一名弓箭手，向上射向一无名物。弓箭手的两次表达使他不可能被确定为传说中的英雄。[176]射手在这里象征的是什么？在中央场景里象征的是什么？

射箭的行为在两个方面意味深长。当一个儿子诞生时，为祈求上天的力量会向天空的四个方向射箭。[177]因此射手可能象征了多子多孙或长子的诞生。来自两城山的画像石上的孩子群和由小孩围绕的妇人都是支持这个解释的。

此外，弓箭手还被委任以职务，当日食和月食时，射杀预告凶兆的鸟，解救太阳和月亮。通过这种具有象征意义的行为使自然力量阴和阳重新平衡。[178]在《周礼》里记载的职务很明显和射手“羿”的神话有关，他曾经的作为在此被具体化为（宗教）仪式的活动。[179]而且弓箭手可能是在这个功能上被表达的，尤其当他和树在图像学上的整体关系不确定时。在一块来自济宁县的画像石上，有一射手立在大门的回廊上，射手作为独立的主题和画面右下部分的树场景分开。[180]在另一块画像石上，树和建筑物立在一起，但没有射手（试比较：图8，19）。因此，在中央场景和在来自两城山的画像石上，树和弓箭手相联系的情况可能在于多育的象征性意义，其主题是树本身。

中央场景的树最明显的特征是盘绕的树枝，这些树枝和风格化的树叶、花和果实（在一起）编织成一个装饰华丽的画面模式。有人考虑到，这些树表达为吉兆“木连理”。[181]在武梁石室顶板上的树表达的榜题表明，当统治者的行为堪为楷模并且他使天下为一家时，树就是相互连接的。[182]但因为“木连理”的图解表现为两棵树枝相连的树，这个（作“木连理”的）解释（在这里）就不得不被摒弃。而一个就这个表达合适的隐喻在于盘绕的树枝“连枝”的现象。根据苏武（公元1—2世纪）的诗，“连枝”是同根兄弟的比喻。[183]这种诗意的画面又出现在树“宾连”的象征中。由Tjan Tjoe Som翻

[176] 还见Hentze（出处同上）把这块画像石上的树不作扶桑解释，而是解释为生命树。

[177] Couvreur，《礼记》，第2卷，第678页；第1卷，662—663页。

[178] Biot，Tcheou-li，第2卷，第30章，210页，射鸟氏；第2卷，392页，庭氏。

[179] Tjan Tjoe Som，《白虎通》，第2卷，475—476页；Stange，出处同上，229页。

[180] Corpus，第1卷，插图54。在来自肥城的画像石上，弓箭手也是坐在阙上（图5、6），在来自Royal Ontario博物馆的陶制模型上，（弓箭手坐在）有栏杆的阳台上（参见：汉代艺术；美国的中国艺术协会[Chinese Art Society of America]，亚洲屋[Aisa House]，纽约 1961，插图7）。

[181] E.Chavannes，*La sculpture sur pierre en Chine au temps des deux dynasties Hans*（巴黎 1893），第29页；B.Laufer，《中国墓雕》（*Chinese Grave Sculpture*），第7页；江上波夫（Egami Namio），“汉代的“连木”主题和它到西方的流传 Kandai ni okeru ‘lien-mu’ mon to sono seih ō e no ry ū den”(The lien-mu motif of the Han Danasty and its distribution into West)，T ō h ō Gakuh ō（东京 1936）6，335—339页。江上认为，在武氏画像石上仅由树枝来连接的两棵树的类型是以降低标准的形式显示的，以对东方的生命树主题的认识负责。

[182] Miss.Arch.，第91号，176页及下几页。

[183]《别从弟诗》，出自《六臣注文选》29.13a（SPTK版）。Erwin v. Zach翻译，《中国文

译的《白虎通》（公元 1 世纪）中说到："当王的后代被同等对待，'宾连'就会长在王的卧室的门边，'宾连'是一种树的名字。它有着交错和相互连接的树枝。因此它长在王的卧室的门边，就象征了王的子孙的延续。（When [the King' s] descendants [are treated] equally, then the pin-lien grows at the doors of his chambers. Pin-lien is the name of a tree. It has interlacing und mutully connecting [branches]. Therefore it grows at the doors of his chambers, symbolizing the continuity of his progeny.）"[184]

盘绕的树枝的隐喻及对其在《白虎通》中的咬文嚼字的解说，毫无疑问地表达在图解中。如果中央场景的建筑表达的是宫门，那么建筑和树的组合就是有意义的，因为这个场景的细节影射了一位统治者的男性后代的重要情况。《瑞应图》的注解补充了《白虎通》里的定义：当王在正室和侧室之间作出正确决定时，当王对嫔妃的宠幸是定期的时，当男子和女子分开居住时，就会出现"宾连"。[185]这种阐释可以解释在回廊里的妇人们中突出的主要人物形象，还有弓箭手——强调了树的意义——可能象征化了长子的出生。[186]

树"宾连"的象征性意义和表现一位理想统治者特征的其他画面元素的意义相协调。就之前提到的左边建筑图和右边树之间在场景上的联系的两种可能性，在此可作一综合：树的象征性意义使整个场景个性化为一个理想的事件，这个事件发生在带有儒家色彩愿望的理想巧合中。所有的画面元素包含了一个寓意的价值，即使在画面整体之

选：文选的翻译》（*Die chinesische Anthologie:Übersetzungen aus dem Wen-hsüan*），（2卷，剑桥，Mass.，1958；Ilse Martin Fang出版），第1卷，521页（苏武 23.13a）："我们（之间）还有更多，我们是朋友，就像同一树干上的连接的树枝，我们有同一个身体"（况我连枝树，与子同一身）。吕向的评注："年幼的和年长的兄弟就像一棵树上盘绕的树枝，（并就像有）一个共同的树干。"

[184] Tjan Tjoe Som，《白虎通》，第1卷，第242页，k。——M.Sullivan已经考虑到，中央场景的树确定为《白虎通》中的宾连，而且与其说具有神话的意义，不如说具有普遍的带来幸福的意义。参见：Sullivan《中国山水画的诞生》*(The Birth of Landscape Painting in China)*（伦敦 1962），175—176页。

[185] Tjan Tjoe Som，出处同上，第1卷，339页的注解347。

[186]建筑物回廊上的女性正面人物形象的突出可以联系《白虎通》解释为正室和侧室的区别。在楼阁的顶层通过门来分开的地方，在回廊后面的左面和右面坐着的人物形象戴着不同构成的头冠（图7、8）。人们尝试，从图解中找到男性和女性分开居住的隐喻或者普遍的统治者的大量男性和女性后代的隐喻。试比较：注解163。来自两城山的画像石上的树也可作宾连解释，虽然这些树更强烈地表现了多育的象征。在图14的画像石上被劈开的树干可能和空桑有关，从空桑里诞生出了好些神话英雄（Sullivan，出处同上，第178页；Karlgren，BMFEA 18，1946，329页；Marcel Granet，*Danses et légendes de la Chine ancienne*（巴黎 1926），428—465页）。桑树林或单棵的（桑）树曾是大地祭礼的神圣场所，并且曾是在婚礼仪式时碰面的夫妇的会聚地；参见：石田英一郎 Ishida Eiichir ō ，"桑原考 Kuwabara k ō "（On the magic word 'kuwabara' [桑原 mulberry-field]）,Minzoku-gaku Kenky ū 12，1-2，1947，28页及以下几页。盘绕树枝之惯用语句的譬喻性阐明在《白虎通》中被看作是流行主题的经院式的解释。

外，这个价值还是画面元素所具有的。单个主题的场景上的联系以特有的方式保持在理想状态的说明性表达和单个起作用的象征物的附加之间。这种实际情况在对车和马的阐明中也能观察得到。

b) 车和马

在中央场景的树后面的车和马，至今或者被和晋见场景联系，即被看作是在建筑物里被迎接的来访者的象征，或者和树联系在一起被认为是从右边连接着的场景中分离出来的象征物。[187]在探讨（它们）和晋见场景的人物形象的理论上的关系之前，首先要确定，是否车和马属于一个整体，或者是否马和树联系在一起表达了一个图像学上的惯用语句。

树和马的主题在汉代的画像石中并不少见（试比较：图14，15）。就象Sullivan所展示的，这个主题包括了和东方的一棵生命树同源的象征性意义，在这个象征性意义里，马作为财富或多育的象征来解释，或作为牲畜祭品来解释。[188]关野雄还就在画像砖上的表达探讨了树作为山东的大地祭礼的祭拜物的意义，以及树在这层意义上和马的关系。[189]

在中央场景上的树和马的整体性以两个主题之一的多育象征性意义为基础不是不可能的。至今的分析显示：表达与其内容的关系很少能在宇宙学概念、宗教概念或神话概念的象征性密码中找到，反而是在文献中已给出比喻的寓意化的图解说明中能找到。与此同时，最小的细节也是有意义的，而且必须合适画面考虑，严格安排。

在三个场景中，马都转过去背着树，而车把它的正面和轻巧的车辕转向树干。这马不是坐骑，因为它既没有配辔头也没有配鞍具。它可能属于拉车的马，只是通过树被和车分开了。

因为马和车分开立着，它们就不可能像在另外的武氏画像石上的迎接场景里那样，作为来访者的象征。[190]车和马中的任何一个都具有一个象征价值，通过这个价值，它们——类似于树——只可能是属于建筑物里的主要人物形象的。对这些细节的另外的解

---

[187] 参见：注解169—170。

[188] Sullivan，出处同上，62—63页。

[189] 关野雄（Sekino Takeshi），《中国考古学研究》（Ch ū goku k ō ko gaku kenky ū ）（东京 1956；有英文摘要），527—552页。

[190] 在武氏画像石上，车和马也在情节并不一定需要它们的表达的地方显示。它们是作为来访者的地位标志被附加的。在所有若干人物相会的场景中，马是被套上的，而马车夫坐在设在车的平板上的座位上。E.g. Miss.Arch.，第49号（孝堂山）；第76号（武梁石室第2石；官员县功曹呈献礼物）；第104号（宴会场景和客人的车）；第130、118、137号。——中央场景的车属于很少表达的类型，这样的车在武氏石室中还有一位梁国的使节（Miss.Arch.，第77号）、孔子（Miss. Arch.，第137号）和一名贵族（Miss.Arch.，第131号）有。在这些例子里，这种装有拉高的隔板的车有两匹或三匹马被套在车前。

释都会变质为风俗画（风格）的解说，这种解说看来也不能和严格的表达原则相符。

因此比马的宇宙学的和象征性的意义更重要的是马作为战马和拉车马的意义。马和车的实际价值注定两者都是对统治者权力的比喻。早在《邓析子》中就有所记载："权力是贵族的车。威严是贵族的鞭。官员是贵族的马。权力的稳定一如车的牢固……官员的顺从一如马的驯服……如果统治者失去了这些，车就会翻倒，马就会奔逃，鞭子就会折断，而车轮就会被损。如此被运载的货物怎能无险犹存呢？"[191]《韩非子》中也有类似记载："王国是贵族的车，权力是贵族的马。"[192]另外根据《礼记》，车和马也被敬奉为贵族的权力和阶层的象征物。在晋谒时，地方长官（Statthalter）和官员在宫门前下马并在统治者的车马前鞠躬。[193]

当统治者以适当的礼俗来进行统治，良驹就被视为吉兆出现。这种类型的马在武梁石室的顶板上作为吉兆被表达。[194]

通过车和马的分开，可能影射了另外一个理想的统治者的特征。车未被使用且不作出行准备而立在建筑物旁边。通过这种无为可能象征性地表示了理想的统治方式，因为对理想的统治者而言，巡视和战车都是多余的，而所有的下属都自愿遵循来自静处在宫殿里的统治者的命令。这种解释能在对至今成果的阐明中找到证据。（见后）

4. 总结

分析得出，几乎所有的中央场景的元素都是互相协调的，并且被作为君王的象征来解释。[195]晋见场景展示了晋谒时君王在他的宫殿里或在他的宫门前，在最典型最庄严的时刻的权力行使。在顶层回廊后坐着正室和侧室或侍女；在屋顶上有奇异的鸟和守护神在嬉戏；兽形柱或人形男像柱支撑柱顶盘并由此表达了人间现象和天界现象的和谐。树枝盘绕的树作为子孙繁多的象征立在宫殿旁边，并且这样的树通过对在家族幸福未来（有意义）的私人领域中确保的后代的暗示，延伸了政治权力的方面。车和马是主要人

[191] 根据Hellmut Wilhelm（的文章），"有关周朝国家法理论发展的著作及残本 Schriften und Fragmente zur Entwicklung der staatsrechtlichen Theorie in der Chou-Zeit，" MS 12，1947，4页及下几页，64页。邓析生活在公元前6世纪。

[192] Wilhelm，出处同上，第64页。韩非死于公元前266年。

[193] Couvreur，《礼记》，第1章，67页；41、713页。

[194] Miss.Arch.，第88、100、101号，167页g。当统治者遵循法律、国家重视贤人、有能力的官员任职，而且百姓互爱时，玉马、白马朱鬣和泽马会出现。

[195] 在树边的鸟（图1、2）和图3的一个在车顶上的小个儿人物形象不好解释。在前石室的中央场景上，在车左边立着的显然是马车夫，在车辕下坐着一条狗（图3）。在武梁石室中央场景上的大车的左边立着另一辆还由马车夫驾着的车。有一个正想要上车或下车的人物形象。这些细节和中央场景之间的关系不是很清楚，但因为在（车）上面的条形雕饰花纹中的官员受到两名跪着的人物形象的欢迎，并且在左石室的中央场景的相同位置上有四名拿着书写板或书写卷以及笔的人物形象排列在一名官员前，所以这个副场景在题目上可能属于晋见场景。

物形象的职务和等级的又一次重要象征。

所有的细节都必要地和君王的合法合乎道德的权力行使相关，并且证明了统治者道德上的完美。这种天地现象的一致性和相互制约性在汉代关于国家理论的文献中很普遍。

这个处于石室装饰核心的场景的功能的方面，可被尝试视作对普遍的思想含义的修改的解释。所有至今被列为（表现）一位理想君王形象的细节可能完全和地方长官、忠诚的官员或“贵族”的特征相同，因为在汉代的中央集权政府中，太守和官员在其职权范围里是最高权力的代理人。

因此在最终的探讨中有一个问题要作为核心问题提出：中央场景是不是在石室中被敬奉的高官的理想肖像，且又如何来建立这个阐明。

D.阐明

1. 汉代的肖像表达

作为对汉代绘画的说教任务的补充，神话性和历史性人物的表达越来越趋向全盛。[196]在这重联系中，特别值得关注的是促使为当时高官画肖像的动机。就如在以下事件中所表明，这些动机在于对国家的忠诚态度，或在于对道德准则的典范追随。

无辜而被判决并作为殉道者为正义事业而死的官员蔡邕和李业在他们的家乡就被画有肖像。[197]无辜而被监禁的许杨被供奉在河南的一座庙里，为纪念他的功绩，（人们）祭拜他的肖像。[198]延笃（逝于公元67年）的肖像被画在他家乡的屈原庙里。延笃是一位正义的捍卫者并在文学上才华出众。[199]益州的太守下令给统帅杨竦建了一个纪念碑并给他画了肖像，杨竦在公元2世纪初绝对性地战胜了南方几郡的蛮族但死于战场。[200]当人们想给翼州（河北）的太守朱穆在其官职更替之际在郡政府的晋谒殿画一张肖像时，他

[196] 有关汉代宫殿里及庙里的画的引文出处：J.J.L.Duyvendak，“An Illustrated Battle-account in the History of the Former Han Dynasty，” TP 34，1938，249页及下几页，252页及下几页；F.S.Drake，“汉代的雕刻了的石头 Sculptured Stones of the Han Dynasty，” MS 8，1943，286页及下几页；俞剑华，《中国绘画史》（2卷，上海 1936），第1卷，16—18页；米泽家圃 Yonezawa Yoshiho，“汉代绘画中的劝戒主义 Kandai no kaiga ni okeru kankai-shugi to gaka”（On the moralisation in the paintings of the Han Dynasty），T ō h ō Gakuh ō（东京）9，1939，311页及下几页。根据这篇论文的预制构件，Nagahiro Toshiho发表有一篇文章是关于汉代的肖像画的，在此我仅可引用：Nagahiro Toshiho，“汉代肖像画的精神史的背景 Kandai sh ō z ō -ga no seishin-shiteki haikei”（The spiritual climate of Han portraiture），T ō h ō Gakuh ō（36，1964，京都），121—142页。

[197]《后汉书》90.18a-19a；111.3b-4a。

[198]《后汉书》112.5b（《方术传》）。

[199]《后汉书》94.6a。屈原生活在公元前332—前295年。

[200]《后汉书》116.15b-16a（西南夷传）。

留下了一封公文，在文中他声明自己配不上这个嘉奖。[201]另外在建武（公元26—56年）和阳嘉（公元132—136年）之间在河南郡执政的太守应当也是通过在行政殿堂里的颂歌和肖像被永久纪念的。[202]除了画这些被委以公开官职的人以外，人们也给有德行的儿子和女儿[203]及（品行）规矩的妇人[204]画肖像。值得一提的还有常被援引的故事：死于公元201年的赵岐在世时就让人把他自己的肖像和其他四名历史上有名的儒学家的肖像一起画在他的墓里。[205]

死后给高官画肖像以及在其生前由官方敦使来给高官画肖像，正如"祠堂"的建立，是为嘉奖，有利于家族的声望。王充在《论衡》中有记载：如先人未列入公元前51年由宣帝（公元前73--前48年在位）在麒麟阁颁布的高官之列，其后世子孙甚为羞愧。[206]明帝让人在云台给前朝皇帝光武帝的26位将军画肖像，独缺了马援的画像。[207]上面这段援引自《后汉书·马援传》，这段还暗示了：公元74年明帝在为马援恢复名誉之际让人在给马援建的"祠堂"里画了这位将军的肖像。

通过在庙里和在行政殿堂里安设肖像首先是要让观者记起被画像者的高尚品行，以激励观者有同样的作为。从心理层面来看，敬奉死者的肖像和圣像祭拜相差不远，尤其汉代的死者敬奉具有很强的宗教祭礼的性质。劳干证明，在东汉时期对死者的献祭是在（进行）大地祭礼（社祭）的庙里，并根据《晋书》的记载（献祭）设在死者的肖像前。[208]在一块属于范皮的墓石室内的画像砖上的铭文最终证实了这个猜想：死者的肖像曾包括在他"祠堂"的墙饰上。铭文写道："他的音容笑貌仍在我们记忆中，我们将其表达于上。如果逝者仍能分辨（他们死后发生的事），范皮（鉴于我们给他的尊敬）将何等遗憾，他在生前未得到公正的回报。"[209]

2. "祠堂"画像石画面上的理想肖像

在石室装饰的所有场景中，只有中央场景能被考虑作为死者的肖像表达。但场景的

[201]《后汉书》73.9b。

[202]《后汉书》29.3b（《郡国志》，一），（河南尹的评注）。

[203]《后汉书》114.13a（《列女传·叔先雄》），92.12b（《陈纪传》）。

[204]《后汉书》114.11b（《列女传·皇甫规》）。

[205]《后汉书》94.15b（《赵岐传》）（试比较：P.Pelliot，"Notes sur quelques artistes des Six Dynasties et des T'ang，" TP 22，1923，第221—223页）。

[206] Forke，《论衡》，第2卷，第223页；《汉书》54.23a-b；Duyvendak，TP 34，1938，252页及下页。

[207] 参见：上面注解49。

[208] 劳干，"汉代社祀的源流"，《历史语言研究所集刊》（*Academia Sinica*，台湾）11，1944，56—57页。《晋书》54（陆云传）。

[209] Miss.Arch.，23页注解1。Chavannes 援引了Li-hsü，第13章。范皮墓应在四川梓潼北面6里处。

图解式的特征、主要人物形象的轮廓表达和整个构图的对称设计都给场景的这个解释造成了困难。而相反的意见——浅浮雕的艺术形式可能不适合石室的中央祭礼画——也要被更正。但同时也要考虑：是否这样的肖像在普遍意义上有助于宗教崇拜，以及肖像在墙饰的其他场景中所占的地位。

石室画像石上大量的（对死者）崇敬场景和传奇大多是以历史上的故事（图例）说明了儒家伦理和国家理论的正统道理。这些表达展现了当时（人）对英雄的生活的典型看法，也就是说，其行为在道德尺度上是参照英雄的。

要考虑到：在文献中被提及的当时高官的肖像也许并非（他们）个人的画像，而是多位行为（高尚）者的群体历史写照。肖像的相似性在任何情况下都很难超越由服装、阶层标志以及象征所刻画的普遍特征。如果允许假设的话，汉代绘画中的人物的性格方面的特征很少从外貌上的标志来分辨，而是直接从象征和姿势中认出，由此出发设问：一位官员——他的个性被刻画为忠诚尽职——可能如何被表达。一首由郡政府于公元171年在甘肃为太守李翕[210]刻在山崖上的颂歌描绘了理想官员所具有的特征：

李翕参照阿和郑以古法修身。[211]因此他三次借出了三个不同的印章。他创造了“黄龙”、“嘉禾”、“木连”和“甘露之球”。他所有的行为都是以古代的法则来行事的。他广施博爱并向众人阐述道德和公正的存在。他教育人们，何为善何为恶。不用严刑他就获得了成功，不施酷政他就管理妥当。在朝内他保持肃静。因此他庄重的上朝（显得）谦虚谨慎。当他行使了管理权并执行了职务后，他不必离开“府门”。他的统治简明而他的命令都被贯彻了。当势者不再压制无势者，聪明人不再欺负蠢人。他所任命的各个“属县”的县长都匆匆赶来，来接受他的命令，并且不用组织会议，用以讨论相反的意见。他辖区以外的百姓赶到他的“来庭”来晋见他，并有2000多人把双臂缚在后背来向他臣服。岁丰年稔，粮仓里堆满了谷物。百姓生活富足。黍和小麦只要五钱（就能买到）。[212]

这个寓意性的描述似乎是左石室的中央场景（图2）的画面描绘或类似表达的画面描绘。这首在李翕生前所写的颂歌在原则上和一些碑文区别很小，这些碑文以类似的寓意颂扬了死者的生平。[213]在颂歌上诗化的画面和中央场景上场景式的大量（人和物的描绘）之间的类似性证明：对高官的颂扬——文字上或画面上——采取了相同的形式。

当在中央场景上的高官的表达作为在石室里被敬奉人物的肖像解释，石室后墙上场景的中心地位就可被理解。根据其安排和意义，这个场景处在所有其他场景的核心，它和其他场景在功能方面和形式方面没有本质上的区分，符合了画面说明的儒家道德习俗

[210] Miss.Arch.，第167号，238页及下页。

[211] 根据Chavannes（的观点），阿相当于阿衡（殷朝[应为商朝，盘庚迁都殷以后，商才也称殷——译者]的皇帝汤的顾问），郑相当于郑当时（前汉武帝时的农业大臣）：Miss.Arch.，238页的注解5。

[212] 因为复原的铭文已有部分不能读清了，所以这个德文的翻译是转译Chavannes的。

[213] 试比较：注解82。

的主题。在严格意义上，中央场景并非祭礼画，而是对理想官员完美化身的譬喻。在对英雄特征的描绘上，表达遵守了那个时代的规范，个性化的特征都得屈服于强大的儒家教条。

3. 遗像和丧宴

中央场景尤其是左石室的中央场景（图2）的寓意，根据给李翕的铭文不难追溯到汉代儒家学说的设想。另一方面，天与地相联系的类似想法也使（人）能在表达中发现被说明的死后世界的设想。因为中央场景的建筑物曾作为官邸的大门来解释，那么这个建筑物可能和墓作为行政机关驻地的象征性意义相联系，表达为死者在死后世界的官邸。

在已提到过的属于藤井的画像砖上，在两个层楼中原属男性及女性主要人物的位置上出现两个榜题，在榜题里曾经写的可能是死者的名字（图9）。用红颜料在画面下部写的文字尚能被辨认为“黄云之墓”。[214]此画像砖的用途不明，可能是在墓祭或祖先祭拜时作还愿牌使用，或者曾被安设在墓道口。只有当这两个人物形象已在典型的中央场景的表达中作为特殊人物——如被设想的：这两个人是在石室里一起被敬奉的夫妇——被表达，由特定人物的名字来代替主要人物形象才是可能的。两名“府门之卒”与上层的两名侍女相称，他俩监守墓道口，墓道口在形式上被表达为“府门”。

左石室中央场景的晋谒或晋见场景（图2）在另外两个场景中（图1，3）转变为呈送食物的主题。几乎完全被正面表现的主要人物形象，以及呈送食物的画题很像在朝鲜和满族的/高句丽墓里的死者表达，在这些在墓里的死去了的主要人物形象单独或和他的夫人一起在就餐时由侍女围着坐在华盖下（图16-18）。[215]看来呈送食物的主题从在武氏石室中出现以来，就被看作是相对于晋见场景而言在祭礼的宗教特征方面对死者肖像的更适当更深入的表达。以其他形式出现的呈送食物和献祭食物有在一块画像石（图19）

[214] 试比较：注解149。——从上面的这个提名栏的铭文中，只能部分确定地读出四个字中的下面三个为“杨六府”。Nagahiro教授的观点是：红墨汁写的铭文可能是作为原来的文字的补遗在现代被补上的。

[215] 试比较：原田淑人（Harada Yoshito），“辽阳南林子的壁画古坟”（On Ancient Mounds with Wall-Paintings at Nan-Lin-Tzu，Liao-Yang，Manchoukuo），Kokka 629，1943，105页及下页；Yagi，出处同上，287页及下几页；李文信，“辽阳发现的三座壁画古墓，”《文物》1955:5，15页及下页；“辽阳三道家两座壁画墓的清理工作简报，”《文物》，1955:12，49—58页；洪晴玉，“关于冬寿墓的发现和研究，”《考古》1959:1，27—35页；李庆发，“辽阳上王家村晋代壁画墓清理简报，”《文物》，1959:7，60—62页；Ikeuchi Hiroshi，Umehara Sueji，《通沟》（2卷，东京 1938；由Harada Jirō英文摘要）；《朝鲜古跡图谱》（15卷，东京 1916-1935），第2插图页141，插图490；《朝鲜古坟壁画集》（东京 1916），插图页69；Umehara Sueji，“最新发现的高句丽王朝的壁画墓（The Newly Discovered Tombs with Wall Paintings of the Kao-kou-li Dynasty）”，美国的中国艺术协会的档案（Archives of the Chinese Art Society of America 6），1952，5—17页。

上关闭着的建筑物前的，还有在沂南墓里，来访者的食物献祭是绕着大门建筑而设的。朱鲔石室的墙饰最后只以有男女宴客的宴会场景为内容。[216]

在对中央场景的图像学分析的总结中能断言，有两个阙限定的楼阁的建筑图作为官邸的大门建筑和左石室中央场景中其他的细节一起为死者的理想肖像勾画了背景，而在前石室和武梁石室的场景中（阙和大门建筑的建筑图）与东汉时代的墓画中的普遍的丧宴主题配合。[217]

4. 行进行列和中央场景

给李翕的颂歌中有一段可以作为行进行列的解释："当他行使了管理权并执行了职务后，他不必离开府门……他所任命的县长都匆匆赶来，来接受他的命令。"

在行进行列中没有表达能个别确定的人物。车和乘客以行政体制中的官员的典型方式出现。准确地说，中央场景首先被解释为一名高官的典型表达。在墙饰的不同地方上的行进行列主题的重复出现表明，被表达的不是特定的曾发生过一次的事件——出自死者生前的生活，而是这个主题的意义来自死者（生前）多次（发生的事件），只是以细节变化的再现来说明。这样的话，行进行列实际上只可能意指晋见活动或者意指敬奉某人的仪式活动。行进行列在祭天地的献祭场所和地方的祭礼场所举行，但也在墓上献祭之际由皇帝、皇帝的公使或郡的太守以及他们的官员来举行。[218]

经常在墓墙上表达的行进行列的蓝本可能就在这种（献祭的）列队游行中，而对死者的敬意就是通过地方行政部门的官员（的行进行列）来象征性表现的。[219]就像在墓中的象征性表示，可能在石室装饰上的行进行列雕饰花纹也象征性地表示了对死者的晋见。

在武梁石室里的行进行列的目的地本身就在中央场景的建筑物里——这个推测在前已陈述——由李翕的铭文得到证实。就此也符合了建筑群作为大门的解释以及中央场景总体上作为死者的理想肖像的解释。看上去，在左石室和前石室的行进行列雕饰花纹的主题也是有关于中央场景的，虽然在这两个场景之间没有直接的场景上的联系。行进行

[216] Fairbank，HJAS 7，1942—43，插图10-12。

[217] 当中央场景类型上的表达的来历和表达原来的显示不清楚时，（中央场景的）主要人物形象的鉴定不能被确定（试比较：六个首次在注解163中被提到的表达）。这些场景可能是在上述意义中的理想肖像，也可能表达的是神话中的英雄、皇帝或神祇。在一块来自肥城的画像石上的戴着高高王冠的正面人物形象展现的可能就是一位神话中的英雄或是一位神。在他的左边是一名司祭和一头牺牲（图6）。在孝堂山石室后墙上的楼阁场景的重复三次出现可能是因为有三个人在同时举行敬奉（仪式）——（这三个人可能是）同一个家族的官员或是同源的英雄。

[218] 参见上文。——在距辽阳北面5里处的墓中展现了一个大型的行进行列队伍，其中有一辆车载着皇帝的象征物（卤簿）前行。如果在这里展现的是皇家的行进行列，那么它是通过皇帝的来访象征性地表示了对死者的晋见。——虽然在孝堂山石室里的行进行列雕饰花纹上的主车的榜题"大王车"并不一定原来就有，但是这个有大象、骆驼和鼓车随行的队伍是贵族的规模。

[219] 试比较：注解115。

列和中央场景在一块画像石上的组合在另外的例子中也为人熟知（试比较图7、8）。

由大门“寺门”（或“府门”）的双重意义影响的中央场景的两种解释可能性（中央场景作为在地下官邸中的死者的肖像或在作为死后世界官邸中的死者的肖像）对行进行列也适用，就这点而言，行进行列或者是用譬喻描述了或者是用象征手法解释了对死者的晋见活动。

结尾

在武梁祠“祠堂”的石室装饰中，中央场景和行进行列的两个主题是在对石室功能的一个新解释的基础上来被分析的。针对任务被提出的中央场景的解释是通过它作为在石室里被敬奉的高官的理想肖像的阐明来完成的，并且它的解释可以和石室的功能相联系。这点也同样适合对行进行列的分析。

这个阐明的基础是：石室的功能的解释——作为从汉代开始的给当时高官进行英雄祭礼的献祭场所；墓的象征性意义的解释——作为和行政体制下的官僚设置相符的死者的地下官邸。

认为石室装饰主题的来源，尤其是中央场景主题的来源来自神话、不确定的转世论设想或地方祭礼传统的范围的观点应予以摒弃。而认为在中央场景和石室的祭礼目的之间没有关系的假设也应放弃。

今后研究的任务在于，证明石室装饰上所有的场景在图像学上的联系。这点可以根据所提议的中央场景作为理想肖像的解释来更简单地完成，因为历史画和虔敬场景的说教的和劝戒的意图能用中心主题的譬喻性的含义来满足，并且由此（这个意图）能从儒家的国家学说的概念领域中得到解释。[220]

[220] 在此我衷心感谢我的老师Hans Kauffmann教授先生（柏林）、Dietrich Seckel教授先生（海德堡）、Hans Eckardt教授先生（柏林）和Alfred Hoffmann教授先生（柏林），感谢他们对我的工作所表示的兴趣以及他们给我在学科上的指导。万分感谢Nagahiro Toshio教授先生（人文学科研究院[Research Institute of Humanistic Studies]，京都），他的有条理的建议以及就日本和中国文献方面的指点给了我非常有价值的帮助。在这层意义上我还要感谢Roger Goepper博士先生（柏林）对我的友好支持。

图1 武梁祠中石（3号石局部），转引自Miss. Arch.编号 77。

图2 左石室中石（左组9号石）155X70 厘米，转引自Miss. Arch.编号 129。

图3 前石室中石（前组3号石）146X69 厘米，转引自Miss. Arch.编号 107。

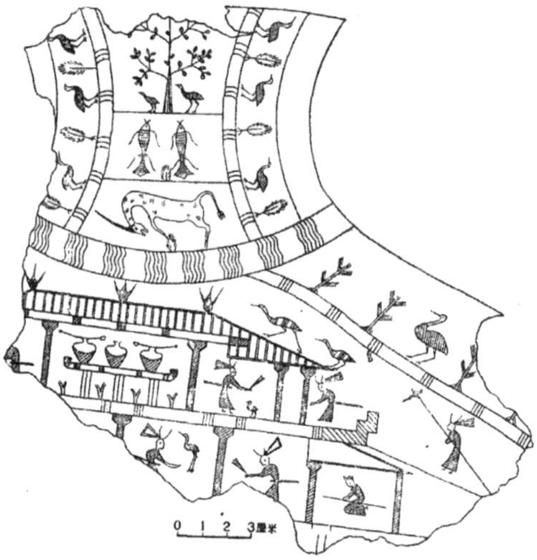

图4 山西出土青铜器残片上的屋宇图像 转引自《山西长治市分水岭古墓清理》，载《考古学报》1957年第1期，109页图2。

图5

图5-图6 山东肥城2块画像石 152X70 厘米，转引自《山东肥城汉画像石墓调查》，载《文物》1958年第4期，34-35页图1-2。

图7 山东济宁县画像石 176X75 厘米，转引自 Corpus第二卷图43。

图8 山东画像石（出土地不明）柏林人类学博物馆，转引自Miss. Arch.编号 170。

图9 建筑图像画像砖 日本京都有邻馆 45.3X31厘米，此文为首次发表。

图10 滕县（今滕州）微子墓藏画像石 77X77厘米，转引自 Corpus第二卷图43。

图11 徐州茅村汉墓画像石，转引自《江苏徐州画象石》，图13。

图12 铜山县洪楼村出土画象石 102X208厘米，转引自《江苏徐州画象石》，图50。

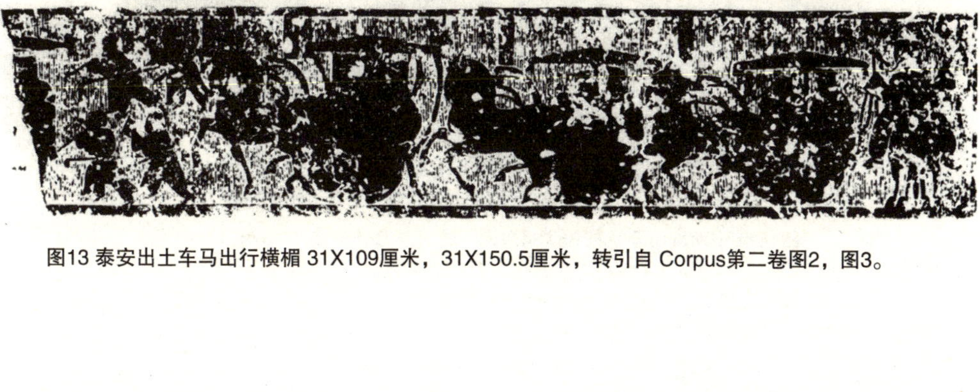

图13 泰安出土车马出行横楣 31X109厘米，31X150.5厘米，转引自 Corpus第二卷图2，图3。

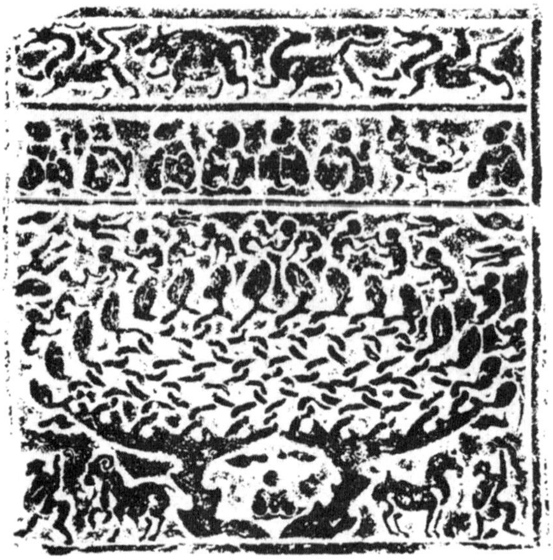

图14 济宁两城山画像石83X77厘米，转引自 Corpus第一卷图37。

图15 济宁两城山画像石 85X84厘米，转引自 Corpus第二卷图21。

图16 吉林省吉安市通沟舞俑冢壁画，转引自池内宏、梅原末治《通沟》，图版3。

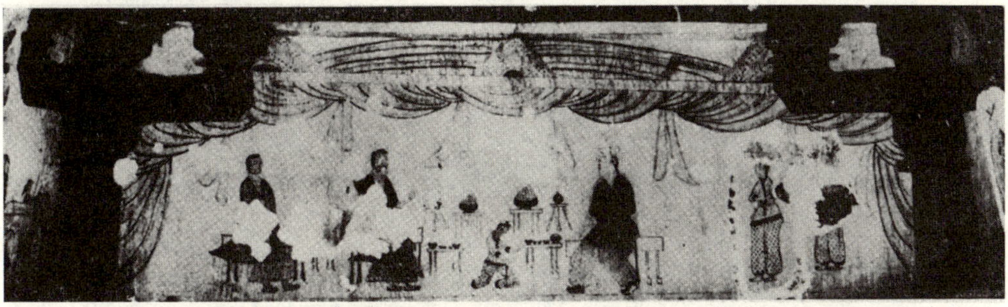

图17 吉林省吉安市通沟角抵冢壁画，转引自池内宏、梅原末治《通沟》，图版38。

图18 朝鲜双楹冢壁画，转引自《朝鲜古迹图谱》，第2卷，图版185。

图19 孝堂山三石
山东肥城 石室祠堂后壁，115X60厘米，两边侧壁115X60厘米，东京大学。

汉画中的酒具和酒仪

郝元义

内容提要：现代的美术学研究正在向普通物品（不一定具有审美价值）的研究范围扩展，以期增加对图像材料的考察范围，更为细致地解释历史中和文化中的问题。本文采用考古实物、汉代画像石画像砖与壁画、古文献三者结合的方式，对汉代宴饮中所使用的家具、饮酒器、酿酒器进行了器形和名称上的辨析，指出了目前学界一些对汉代器物指认上的问题。并进一步分析了各种器具在宴饮活动中的功用，由此阐明汉代宴饮的物质文化基础以及器形流变所体现出的社会文化因素。

关 键 词：汉代、酒器、宴饮

1.导论

1.1选题

1.1.1 选题说明

本文运用汉代的图像（史称汉画）和出土实物作为史料根据，对汉代宴饮中酒器的器形、命名和功用进行研究。

我国酒文化源远流长，新石器时期大汶口文化遗址就有酿酒及饮酒器具出土。在《诗经》中就有相当多的以宴饮为主要内容的诗歌，反映了商周时期宴饮的兴盛与内容形式的丰富，三礼中也有对周代饮酒及宴飨礼仪的详细记述。从考古遗存来看，商周时期数量丰富、形制多样的青铜食器、饮器的出土也为当时的宴饮提供了实物佐证。本文将从传世文献、出土器物、图像材料三方面结合的角度入手，首先对汉代饮酒器的流变进行梳理，指出汉代的酒器与过去时代在器形和种类上的差别。

其次，本文将对当下研究中关于汉代酒器的指认和功能理解上的偏差，针对每一酒器种类进行单独剖析。

最后，在此分析的基础上，本文将结合古文献和汉代画像中的描绘，对汉代宴饮场合中食器与酒器的摆放，结合其功用进行简要的论述。

1.1.2选题意义

由于汉代对于孝道特别推崇，厚葬之风从王朝建立伊始就有所显现，自西汉中期开始盛行，以东汉为甚，因而汉代考古就为研究提供了非常丰富的直接物质文化资料。另一方面，汉代画像石、画像砖墓以及壁画墓的流行也为汉代社会研究提供了大量间接的图像材料。

丰富的直接与间接物质遗存使得针对汉代物质文化的深入研究成为可能，也使其变得十分必要。目前针对汉代的酒器或酒文化的研究较少，而且并无结合物质材料、图像、文献对汉代宴饮的综合专题研究，这就使得本文具有了相应的存在意义与研究价值。

与此同时，对汉代酒器及饮酒程序的全面梳理有利于提高人们对于汉代社会生活和人际关系的了解，并且有助于学界以此为基础进行其他方面的文化研究。

1.2材料

1.2.1 考古材料

本文所引用的直接物质材料遗存主要来自长沙马王堆1、3号汉墓，河北满城中山王刘胜墓等几个汉代王侯级别、保存完好的墓葬，以及出土了某些典型用器的地方性墓葬。而作为画像石、画像砖、壁画等间接的图像资料证据则广泛取自山东、江苏、浙江、河南、陕西、内蒙古、四川等地的画像石、画像砖墓。

由于目前人力物力的限制，中国大多数汉代图像还未被著录，本文引用的图像材料只能依赖已出版物，酒器、食器等物质材料主要来自墓葬的考古报告（图像收录在图录一中，编目索引见附录一）；画像石的图像选自《中国画像石全集》系列丛书，而由于画像砖的出土地基本集中在四川地区，画像砖的图像基本选自《巴蜀汉代画像砖大全》，对酿酒、宴饮、庖厨，以及有酒器或饮酒场面出现的六博、歌舞等相关图像进行了全面搜索（图像收录在图录二中，编目索引见附录二）。

1.2.2古文献材料

由于汉代没有出现专门的饮酒及酒礼专著，在古文献的使用上，主要依靠对于汉代前后的直接论著，以及汉代的某些间接作品。由于汉代经学的发展，出现了很多对古经的注本，由于年代久远并且经历过秦朝的焚书，这些对古代著作的注释实际上夹杂了众多汉代人基于自己理解的对前人的解释，从而成为汉代研究的另一重要史料。史实方面主要引用《史记》《汉书》和《后汉书》；对酒器的解释主要来自汉代的字书。

1.2.3现代研究材料

部分研究来自《考古》《文物》《江汉考古》《考古与文博》等考古类期刊，部分来自《故宫博物院院刊》《碑林集刊》《南都学刊》《中国汉画研究》等国内博物馆的馆刊或学校的学刊，以及与本文直接相关的期刊。此外，还包括一些相关研究专著。

1.3方法

1.3.1 研究方法

本文将基于对现代研究著作所做综述，结合考古实物，画像石、画像砖以及壁画图像，传世文献及出土文献对汉代酒器、酿酒以及酒仪进行综合研究。

首先，本文利用各地墓葬出土报告中的实物照片与画像石、画像砖中对于实物的描绘，结合汉代小学著作《尔雅》《说文解字》《释名》和《急就篇》，对酿酒器具、储酒容器及饮酒器具、食器进行图录式的解说。本文并不对器形进行类型学上的细分，而将着眼点关注于典型器形以及当时人器物功用的理解。对于酿酒过程、饮酒中的礼仪过程的研究必须以所使用器物的澄清为先导，因此对器物的梳理也就成为后续研究的基础以及整体的必要组成部分。

其次，本文将对饮酒器具的使用，在宴饮中的功能进行研究。汉代宴饮的场面在画像石、画像砖的图像中大量存在，并且宴饮常常与酿酒、庖厨的场面共同出现，描绘出宴饮的准备与进行过程。因此，在宴饮的研究中，庖厨也将会被纳入考察范围。

1.3.2 文章结构

第一章，导论。对选题、使用材料和研究方法进行探讨。

第二章，研究综述。对前人关于汉代酒器、汉代酿酒以及饮食文化的相关研究进行综述总结。

第三章，器物辨析。对汉代的宴饮用具、贮酒器、饮酒器、食器进行专题解释、辨析。

第四章，酒器与宴饮。结合酒具、酒器的应用和功能，对汉代宴饮进行简要描述。

第五章，结论。就酒器器形和功用中所体现的汉代社会文化进行总结。

2.研究综述

本文为针对酒器器形、饮酒以及相关礼仪的结合实物、图像与文献的综合研究，则对以往研究的回顾局限在器物研究和饮食研究。

2.1器物研究

汉代酒器、食器与先秦时期相比发生了很大变化，青铜器慢慢走向衰落，而随着髹漆工艺的发展，漆器的数量与种类都变得日益丰富，而陶器在一般身份墓主的随葬品中还占有一定比例，墓主身份较高的墓葬如王侯墓中也有玉质器具出土，但相对所占比例较小。对汉代饮食器具的研究也主要集中在这三种主要类型。目前器物研究主要是从考古学的方法入手，以类型学的方式对器物进行分期。

2.1.1 研究专著

吴小平在《汉代青铜容器的考古学研究》[1]中，首先对汉代出土青铜器做了种类上的大致介绍，然后根据地区出土器物的种类、特点，将汉代青铜器分为中原系、西南系、岭南系几大类，介绍了每一地区大系青铜器的主要形制特点及其变化，并对纹饰和铭文进行了相应的研究。其研究的主要特色是依照两汉各个时期对相应的器形进行了归类，并由此显示出每一种类的器形随时间发生的变化及走向；作者还将每一器形所对应的实际出土器物进行了收集整理，同时给出著录的文献，基础工作认真缜密。

洪石《战国秦汉漆器研究》[2]中，第一章对漆器做了一个考古类型学的分析，详细描述了主要器形的各个分型，并对器形进行了组合与分析，考证翔实。其后分四章，分别研究漆器的制胎与髹漆工艺、漆器上的文字内容、漆器的生产与管理、漆器的使用等级与流通，其中最后一章对漆器使用者的等级身份与漆器本身在制作工艺及装饰上相关性的研究是本文一大特点，阐释出物质性所体现的内在观念上的差异。

胡玉康的《战国秦汉漆器艺术》[3]则主要依据年代顺序对漆器的发展进行考察，每个时代选取几个典型出土地的漆器分项研究。例如秦代主要讨论了云梦睡虎地出土漆器，而汉代主要选取了本属于楚地的长沙马王堆汉墓、广州市郊汉墓、河南洛阳汉墓群等，以及蜀地如湖北江陵凤凰山的汉墓漆器等。文中特别提到了战国秦代漆器艺术对后世的文化影响，包括对饮食文化的影响，但较为简略。

汉代陶器的研究专著有肖克之、张合旺与曹建强合著的《汉代陶器与古代文明》[4]，书中分章对陶器与汉代农业、汉代饮食器具、汉代生活用具、汉代雕塑艺术、汉代建筑进行了研究，其中“陶器与汉代饮器器具”一章对汉代常见的陶制食具、饮具进行了介绍。本书并非一部考古学著作，对器形没有进行深入研究，某些地方结合了一些文献材料进行论述，但总体比较简单，并不系统。

孙机的《汉代物质文化资料图说》[5]是汉代物质文化解析方面的集大成之作。此书依据出土报告，对汉代不同种类的物质资料遗存进行了详细梳理，其中既有来自实物资料的，也有来自图像的，并为其配备线描图。对汉代常见的饮食器都有著录，并与文献结合简要介绍了酿酒方法，篇幅较短。

[1] 吴小平：《汉代青铜容器的考古学研究》，长沙：岳麓书社，2005年。
[2] 洪石：《战国秦汉漆器研究》，北京：文物出版社，2006年
[3] 胡玉康：《战国秦汉漆器艺术》，西安：陕西人民美术出版社，2003年。
[4] 肖克之、张合旺、曹建强：《汉代陶器与古代文明》，北京：中国农业出版社，2000年。
[5] 孙机：《汉代物质文化资料图说》，北京：文物出版社，1990年。

2.1.2 研究论文

汉代青铜器的总体研究主要有俞伟超的《秦汉青铜器概论》[6]，杨菊花的《汉代青铜文化概述》[7]。前者将汉代铜器的发展分为三阶段：汉初为过渡阶段，西汉中期至东汉早期为典型阶段，东汉中晚期为总结阶段；并对各个阶段铜器的组合、形制、工艺特征和生产方式进行了论述。后者从文化方面对汉代铜器进行解读，认为汉代铜器存在向实用性的转向，世俗化和商业化是汉代铜器繁荣的原因。

汉代漆器的总体研究主要有以下几篇论文：

李如森的《战国秦汉漆器综述》[8]，对这一时期的漆器胎骨、漆器纹样、髹饰艺术进行了简要分析。

《汉代漆器初探》更多的是从社会背景与漆业状况的角度入手来对汉代漆器进行探讨，首先讨论了汉代漆业的地理分布，随后简单阐述了汉代漆业兴盛的原因，认为春秋以后山泽向平民的放开以及农业的发展导致从事工商手工业人口比例的上升，是汉代漆业发展的主要原因。最后，对汉代的官私营漆业、漆器制造工艺与纹饰进行了研究。

此外还有《秦汉时期的漆器》[9]，《汉代漆器》[10]等研究性文章。

汉代漆器纹样与装饰风格的专题研究不在本文考察范围之内。

2.2 饮食研究

2.2.1 研究专著

《中国风俗通史•秦汉卷》[11]是目前研究秦汉时期物质文化及风俗礼仪最为全面的著作之一，涉及饮食、服饰、居住与建筑、交通、婚姻、丧葬、生产、信仰、游艺和交往等诸多方面。饮食风俗部分首先简要解读了汉代人的饮食结构，包括主食、蔬菜、肉类、海产品、饮料等等，作者还依据考古的部分发现对不同地区不同民族的饮食结构差异做了归纳。而后作者依据郑州乾元北街、郑州南关、徐州北洞山和狮子山等汉墓出土的陶屋和实际建筑，介绍了汉代厨房的结构特点、厨事活动，并结合文献讨论了汉代主要的食物制作工艺、饮食器具。

《汉唐饮食文化史》[12]系统地研究了汉唐时期饮食原料与种类，炊具与饮食器、饮

---

[6] 俞伟超：《汉代青铜器概论》，载《古史的考古学探索》，北京：文物出版社，2002年，198—217页。

[7] 杨菊花：《汉代青铜文化概述》，载《中原文物》1998年第2期，69—75页。

[8] 李如森：《战国秦汉漆器综述》，载《史学集刊》1987年第4期，72—75转67页。

[9] 刘士莪：《秦汉时期的漆器》，载《中国生漆》1984年第1期。

[10] 吴宗华：《汉代漆器》，北京大学考古文博院学位论文，1994年。

[11] 彭卫、杨振红：《中国风俗通史•秦汉卷》，上海：上海文艺出版社，2002年。

[12] 黎虎：《汉唐饮食文化史》，北京：北京师范大学出版社，1998年。

食行业与饮食习俗。其中酿酒内容部分，主要是从《方言》和《说文解字》中归纳了汉代常见酒曲的原料，并依据《论衡》中的部分篇目介绍了汉代酿酒的一些外在特点，最后对《齐民要术》中相关内容进行了简要分析。而后介绍了酒榷、酒禁和酒俗，归纳了几个主要的饮酒节日，如“社日、元旦、上巳、端午、重阳”[13]。在酒俗介绍方面基本与《秦汉时期的酿酒与饮酒》和《汉代酿酒业探讨》两文类似。

《中国饮酒习俗》是一部主要从文化角度切入的对中国不同时代酒文化进行陈述的著作，其中最鲜明的特点是以场地为线索，单辟章节对历代酤酒饮酒的场所进行了研究。涉及汉代的部分并不多。

《〈说文解字〉与中国古代文化》[14]以《说文解字》中的文字解释入手，从文字学的角度论述了中国古代酒文化和烹饪知识。

2.2.2 研究论文

《〈周礼〉饮食制度研究》[15]是从文献学角度研究先秦饮食制度的一篇系统性研究论文，对于汉代饮食制度研究具有高度的借鉴意义。文章开头首先描述了周代的食官制度，随后介绍了《周礼》中的饮食结构，关于酒的研究集中在对“五齐、三酒与六饮”的解读上面，文献依据主要是《周礼•天官•酒正》《周礼•春官•郁人》《礼记•月令》《礼记•内则》《释名•释饮食》以及《说文解字》相关篇目。最后通过对《周礼》中鼎、俎、笾、豆、簠、簋等食器，爵、觚、觯、角、散等酒器的组合关系研究，确认以鼎为中心的食器使用制度和以爵为中心的酒器使用制度。

《秦汉饮食文化》[16]是一篇系统研究秦汉饮食的专题论文。作者分门别类地阐述秦汉时期的饮食结构、烹饪艺术、饮食风俗和节日食品。主要依据文献，在介绍食制的时候引用了某些考古材料和汉画像石内容。饮食礼仪方面主要依据《礼记》中的相关记载来做说明。《礼记》虽然现在多数学者认为成于西汉，但所记礼仪仍然以先秦为主，这样完全用《礼记》来说明秦汉情况也存在问题。

《汉代人的饮食生活》[17]对汉代人主食、副食种类，烹调方法，炊具食器进行了描述，比较简略。

《秦汉时期的酿酒与饮酒》[18]是一篇比较全面对汉代时期酒文化进行研究的文章。本文的特点是基本从文献入手进行研究，介绍了汉代人的饮酒风尚与饮酒的礼俗，例如座次问题以及不同身份的人敬酒的礼节；随后介绍了汉代的公私营酿酒与售酒行业状况，以及官方的酒业政策；最后简要介绍了汉代制曲的工艺和酒的种类，其中并未对酿

[13] 黎虎：《汉唐饮食文化史》，121—122页。
[14] 王宁、谢栋元、刘方：《〈说文解字〉与中国古代文化》，沈阳：辽宁人民出版社，2000年。
[15] 王雪萍：《〈周礼〉饮食制度研究》，扬州大学博士论文，2007年。
[16] 柴波：《秦汉饮食文化》，西北大学硕士学位论文，2001年。
[17] 黄展岳：《汉代人的饮食生活》，《农业考古》1982年第1期，71—80页。
[18] 王赛时：《秦汉时期的酿酒与饮酒》，《饮食文化研究》2004年第4期，第75—88页。

酒的详细过程进行剖析。

与汉代画像石、画像砖的图像结合，对汉代饮食文化进行研究的论文主要有如下几篇：

《庖厨画像反映的汉代饮食文化》[19]是较早的一篇针对图像的研究，根据出土实物和文献中汉代人食用面食的情况，与《战国策》中所记载的先秦人的饮食对比，作者认为“旋转石磨改变了汉代的饮食方式”[20]。

《从汉画看汉代饮食文化》[21]介绍了汉代常见的饮食制作方式和饮食结构，基本内容与《中国风俗通史•秦汉卷》中的介绍相差不大，其中作者以四川省彭县三界乡出土的一块沽酒画像砖来介绍民间饮酒的状况，并以河南密县打虎亭汉墓一号墓的一幅酿酒图来分析汉代酿酒，是本文的特色。

《从汉画图像看汉代饮食习俗》[22]除介绍汉代饮食制作方法外，通过河南密县打虎亭二号墓分析汉代宴饮主客的就坐规矩、通过山东诸城前凉台汉墓一画像石分析汉代施行分餐制是本文的最有价值之处。此文作者还有一篇《汉画中的酒文化略论》[23]对上文有关汉代宴饮的内容进行了更为详细的论述。

《从汉画像石看汉代饮食文化的特点》[24]基本内容与前几篇文章内容结构类似。

《浅析汉画中的酒文化》[25]是一篇从汉画图像内容描述出发进行的相关研究，特点是描述了图像中所反映的饮酒相关游戏，如投壶、六博、猜拳，以及阐发酒的用途：饮酒自娱、以酒待客、祭祀祖先、逐疫驱鬼、以酒伴舞等观点。

从目前已有对汉代酒器、饮食、宴饮及礼仪的研究来看，对器物的研究多数是以考古学的方法进行器形研究，而饮食的研究多借助《史记》《汉书》《后汉书》等史书的记载，部分结合了《释名》等小学著作，对于文献的综合应用研究还远远不够，而结合汉代画像的研究对图像整理的欠缺以及结合文献的深入辨析不足也成为目前一个主要的问题。因此，器物、图像、文献的综合分析就成为当下研究的最大要求，也是本文开始的立足点。

---

[19] 林正同、刘建华：《庖厨画像反映的汉代饮食文化》，《古今农业》1996年第3期，41—47页。

[20] 同上，第41页。

[21] 王强：《从汉画看汉代饮食文化》，《四川烹饪高等专科学校学报》2009年第1期，3—7页。

[22] 王瑞峰：《从汉画图像看汉代饮食习俗》，《中国汉画学会第九届年会论文集（下）》，2004年。

[23] 王瑞峰：《汉画中的酒文化略论》，《农业考古》2008年第4期。

[24] 徐颖、刘文平：《从汉画像石看汉代饮食文化的特点》，《中国汉画学会第九届年会论文集（下）》，2004年。

[25] 牛天伟、李真玉：《浅析汉画中的酒文化》，《南都学刊》2000年第2期。

3.器物辨析

本文所涉及器物及材料为汉代庖厨、酿酒及宴饮所用，辨析方法为：依据出土报告的实物照片或线描图作为图示，然后从画像石或画像砖的图像中找出对应物，并尝试从画面内容中找出器物的使用方法和使用环境，最后对秦汉之际产生的字书中对器物的解释进行检索，逐条列出。因为某个时代的人给出的解释必定反映了当时的理解，所以在本篇的器物解释中将所使用的文献限定在汉代前后：1. 产生于秦汉之间的字书《尔雅》；2. 西汉史游著《急就篇》；3. 西汉扬雄著《方言》；4. 东汉刘熙著《释名》；5. 东汉许慎著《说文解字》；6. 三国魏张揖著《广雅》，以及三礼中的记载。宋人李昉著《太平御览》中曾对文献记载中的器物进行过梳理，本文将对其进行参考，但将文献引证范围限定在汉代前后，并增补其不足。

3.1 庖厨器具

3.1.1 灶

古文"竈"，引火做饭之用。[26]汉代墓葬中有大量陶灶模型出土，汉画像石庖厨场面中也普遍存在。汉代的灶多为多火眼的连眼灶，中空，灶一侧有灶门，当时灶中所烧燃料为柴草木炭[27]，薪柴由灶门放入灶膛，另一侧为烟囱，汉代灶上的烟囱名为"灶突"，形制有曲直之分，灶边突出放物之处为灶陉[28]。此模型（图180）为吴楚地区流行的船形灶，而汉代关中地区出土的陶灶模型多为马蹄形，中原地区以方形为主。此幅汉画（图6）中灶放在厨房中画面一侧，灶上置釜甑，一人跪于灶前，左手持火棍将薪拨入灶门中，右手持一物似勺，另一侧灶突伸出画面以外。

由以上文献记录可以看到，灶边突出放物之处为灶陉，烟囱为灶埃。周代时即有祭灶的习俗，孟夏季节气候炎热，于灶上祭祀祝融，以顺应天时。[29]

---

[26]"灶，造也，创造食物也。"[东汉]刘熙著，[清]王先谦注：《释名疏证补》，《尔雅 广雅 方言 释名 清疏四种合刊》，上海：上海古籍出版社，1989年，1071页。

[27]"薪炭萑苇炊孰生。"[西汉]史游撰，[唐]颜师古注：《急就篇》，《文渊阁四库全书电子版》，迪志文化出版有限公司，2001年，36页。

[28]"寤谓之灶，其唇谓之陉，其窻谓之埃，埃下谓之□。"[三国]张揖著，[清]王念孙注：《广雅疏证》，《尔雅 广雅 方言 释名 清疏四种合刊》，上海古籍出版社，1989年，545页。

[29]"灶，炊灶也。周礼以灶祠祝融，从穴鼀省声。"[东汉]许慎撰，[清]段玉裁注：《说文解字注》，上海：上海古籍出版社，2006年，343页。

"孟夏之月，日在毕，昏翼中，旦在婺女中。日丙丁。其帝炎帝，其神祝融。其虫羽。其音徵。律中中吕。其数七。其味苦，其臭焦。其祀灶，祭先肺。（郑注：夏阳气盛热于外，祀之于灶，从热类也。祀之先祭肺者，阳位在上肺，亦在上肺为尊也。灶在庙门外之东，祀灶之礼先席于门之奥，东面设主于灶陉，乃制肺及心肝为俎，奠于主西。又设盛于俎南，亦祭黍三，祭肺、

3.1.2 釜

周礼中也称“鬴”。釜通常形制为圆底，鼓腹，敛口，为煮食器。有陶制、铜制、铁质等材质之分，有单用以煮食，也常与甑连用以蒸食（图181，图6）。

釜用以指称此类形制类似的煮食器，有时可与“鍑”换用。扬雄论述“自关而西或谓之釜或谓之鍑”[30]，说明至少在当时西部地区“釜”和“鍑”的涵义是基本相同的。东晋的郭璞认为“鍑，釜蜀也。鍑亦釜之总名”，而认定二者互为总称。二者可能存在区别，东汉的许慎认为鍑与釜类似而口大[31]，而唐代的颜师古认为大的叫釜，小的叫鍑。[32]许慎对于鍑的解释与考古发现的“镬”形制相同，这也与西汉扬雄的解释“鍑，或谓之镬”一致，而颜师古的注释似不可信。综上所述，在汉代，“釜”与“鍑”的区别基本是依据敛口还是敞口的特征来判断的，不同地区在叫法上稍有区别，部分地区认为二者相同。

汉画中灶上所用多为敛口的釜，考虑到汉画图像的规制性，以此来做出汉代人庖厨使用以釜为主的结论缺乏力度。但由于敛口的釜可以与甑连接用于蒸食，釜相对于鍑使用功能更为丰富，为其广泛应用提供了更大可能。在对《周礼》的注解中，郑玄曾经提到镬是用来煮肉的[33]，与釜通常情况下蒸饭的用途不同。

汉代，釜通常与甑共用，用于蒸食，有别于商周鬲与甑共用构成甗的情况。其转变的主要原因应为秦汉时期灶的普遍使用，加热方式是将釜放在灶眼上，而不再使用于器物之下直接生火的方式。加热方式的转变使得蒸煮器不再需要单独的足，于是釜就取代了鬲的位置，由此也可能推断出釜与鬲的传承关系。汉代在部分地区仍然残存带足的蒸煮器，例如“锜”（一种三足釜），以及将釜置于三足架上加热的过渡形式。

心、肝各一，祭醴三。亦既祭彻之，更陈鼎俎，设馔于筵前，迎尸如祀户之礼。）”[东汉]郑玄注，[唐]孔颖达疏：《礼记正义》，《十三经注疏（上）》，北京：中华书局，1983年，1364页。

[30]“鍑，或谓之镬。（郭注：鍑，釜蜀也）北燕朝鲜洌水之间或谓之錪，或谓之鉼。江淮陈楚之间谓之锜（郭注：或曰三脚釜也），或谓之镂。吴扬之间谓之鬲釜。自关而西或谓之釜或谓之鍑（郭注：鍑亦釜之总名）。”[西汉]扬雄著，[晋]郭璞注，[清]钱绎疏：《方言笺疏》，《尔雅 广雅 方言 释名 清疏四种合刊》，上海古籍出版社，1989年，850页

[31]“鬴，鍑属也。从鬲，甫声。釜，鬴或从金，父声。”[东汉]许慎撰，[清]段玉裁注：《说文解字注》，上海：上海古籍出版社，2006年，111页。“鍑，如釜而大口者。”同上，704页

[32]“铁鈇钻锥釜鍑鍪。（颜注：釜，所以炊煮也，大者曰釜，小者曰鍑，北燕朝鲜洌水之间谓之錪。鍪似釜而反唇，一曰鍪者，小釜类，即今日所谓锅，也亦曰鏃。）”[西汉]史游撰，[唐]颜师古注：《急就篇》，《文渊阁四库全书电子版》，迪志文化出版有限公司，2001年，29页。

[33]“亨人掌共鼎镬。以给水火之齐。（郑注：镬所以煮肉及鱼腊之器。既孰，乃脀于鼎，齐多少之量。）”[东汉]郑玄注，[唐]贾公彦疏：《周礼注疏》，《十三经注疏（上）》，北京：中华书局，1983年，662页。

3.1.3 甑

甑，为底小大口的盆形器，底部有穿孔，与鬲或釜连用，多数为陶制或铜制。底部的孔可以使蒸汽进入，用于蒸食（图182，图6）。

甑在《周礼•考工记•陶人》中所述为七穿之制[34]，但依汉代出土的甑实物来看，甑底之孔并非均为七个，并且存在各种不规则形状。汉代不同地域对甑有甗、鬵、鉹等不同称谓[35]，而在《释名》与《说文解字》对上述几个名词的解释中，甗是指一孔的甑[36]，而鬵是指一种大釜，或者是上大下小、像甑一样的鼎[37]。

如果甑底只有一孔，即无底甑的话，甑底需要有箅子覆底以防止甑中的食物掉落。[38]

而对“鬵”的解释，有三种可能：1. 甑，2. 大釜，3. 上大下小像甑一样的鼎。《诗经•桧风》中提到的“亨鱼”[39]，即煮鱼，显然不是甑的意思，这里鱼的做法并非蒸，那么只可能是后两种解释。其区别是鼎是有足的，而釜没有，共同特点必然是底部封闭无孔。山东嘉祥出土的一块庖厨内容的画像石中（图48），有庖者将鱼放入一容器的图像，此容器为敞口，上大下小，平底，与其他图像中甑的形状类似。但图像中放于灶上的容器上并未有盖，而同一地区出土的另一图像（图36）中容器上是覆盖的。蒸食的时

[34]“陶人为甗，实二鬴，厚半寸，唇寸。盆实二鬴，厚半寸，唇寸。甑实二鬴，后半寸，唇寸，七穿。（郑注：量六斗四升曰鬴。郑司农云，甗，无底甑。）”[东汉]郑玄注，[唐]贾公彦疏：《周礼注疏》，《十三经注疏（上）》，北京：中华书局，1983年，924页。

[35]“甑谓之鬵。鬵，鉹也。”[晋]郭璞注，[清]郝懿行疏：《尔雅义疏》，《尔雅 广雅 方言 释名 清疏四种合刊》，上海：上海古籍出版社，1989年，175页。

“甑甂甗瓯瓨罂卢。（颜注：甑一名甗，亦谓之鬵，又呼为鉹。）”[西汉]史游撰，[唐]颜师古注：《急就篇》，《文渊阁四库全书电子版》，迪志文化出版有限公司，2001年，32页。

“甑自关而东谓之甗，或谓之鬵（郭注：凉州呼鉹），或谓之酢馏。”[西汉]扬雄著，[晋]郭璞注，[清]钱绎疏：《方言笺疏》，《尔雅 广雅 方言 释名 清疏四种合刊》，上海：上海古籍出版社，1989年，850页。

“鬵，谓之甑。”[三国]张揖著，[清]王念孙注：《广雅疏证》，《尔雅 广雅 方言 释名 清疏四种合刊》，上海：上海古籍出版社，1989年，589页。

[36] “山上大下小曰甗。甗，甑也，甑一孔者。甗形孤出处似之也。”[东汉]刘熙著，[清]王先谦注：《释名疏证补》，《尔雅 广雅 方言 释名 清疏四种合刊》，上海：上海古籍出版社，1989年，1015页。“甑，甗也。从瓦，曾声。甗，甑也，一穿。”[东汉]许慎撰，[清]段玉裁注：《说文解字注》，上海：上海古籍出版社，2006年，638页。

[37]“鬵，大鬴也。一曰鼎大上小下若甑曰鬵。”同上，111页。

[38]“篅篧筥篼箅篝。（颜注：箅，蔽甑底者也，其字从畀。）”[西汉]史游撰，[唐]颜师古注：《急就篇》，《文渊阁四库全书电子版》，迪志文化出版有限公司，2001年，31页。

“箅，蔽也。所以蔽甑底。从竹畀声。”[东汉]许慎撰，[清]段玉裁注：《说文解字注》，上海：上海古籍出版社，2006年，192页。

[39]“谁能亨鱼，溉之釜鬵。”[西汉]毛亨传，[东汉]郑玄笺，[唐]孔颖达疏：《毛诗正义》，《十三经注疏（上）》，北京：中华书局，1983年，383页。

候为了保证加热效率容器上是应该有盖子的，其上未覆盖的原因是其为煮食器或者是甑而作者有意没有将盖画出尚不可知，但此容器可能即“鬵”解释中的大釜，其形制比盆更大。

山东武氏祠的一块画像石（图3）中，描绘了椎牛、杀猪、杀鸡、屠狗的场面，其中猪和鸡被杀后也是放在这种大釜之中，然后上灶煮，可见此容器主要是用于煮肉的。

3.2 宴饮家具

3.2.1 床、榻

床，古文做“牀”，为坐卧的器具[40]，在汉代还存在箦、笫等叫法[41]。有石制、木制之分，长方形，上为平面，下有四脚。榻为坐具，形制与床类似，但较床为小，因此只能坐而不能卧。

望都二号汉墓出土了汉代石床（图185），长159厘米，宽100厘米，高18厘米，基本能容一人卧息。孙机认为：“大床常在一侧设屏，背后设扆，合称‘屏扆’。”[42]山东安丘出土的一块画像石（图69）印证了汉代的大床上确实存在一侧与背后的遮挡，图中床背后的遮挡有一兵器架，人物凭几坐于床上，手持便面，应为主人，旁边也有一类似的床，但稍短，其上一人拱手朝向主人，似客人向主人拜谒。

关于“扆”的解释，从文献中的记录可以看到，《尔雅》中将扆释为牖户之间的东西[43]，当为屋中某种隔断。许慎延续了这种解释[44]。刘熙提到了扆是背后依靠的某种东西[45]，但也没提到是在床上用的。郑玄认为扆是类似于屏风的东西，要在扆前为王设

[40] “奴婢私隶枕床杠。（颜注：枕，所以支头也。床，所以坐卧也。杠者，床之横木也，也谓之兆。）”[西汉]史游撰，[唐]颜师古注：《急就篇》，《文渊阁四库全书电子版》，迪志文化出版有限公司，2001年，33页。“床，安身之几坐也。从木，爿声。”[东汉]许慎撰，[清]段玉裁注：《说文解字注》，上海古籍出版社，2006年，257—258页。

[41] “床，齐鲁之间谓之箦（郭注：床，版也。），陈楚之间或谓之笫。其杠北燕朝鲜之间谓之树，自关而西秦晋之间谓之杠，南楚之间谓之赵（郭注：赵当作桃，声之转也，中国亦呼杠为桃床，皆通语也。），东齐海岱之间谓之。其上版，卫之北郊赵魏之间谓之牒，或曰牑。”[西汉]扬雄著，[晋]郭璞注，[清]钱绎疏：《方言笺疏》，《尔雅 广雅 方言 释名 清疏四种合刊》，上海：上海古籍出版社，1989年，864页。

[42] 孙机：《汉代物质文化资料图说》，北京：文物出版社，1990年，220页。

[43] “牖户之间谓之扆。”[晋]郭璞注，[清]郝懿行疏：《尔雅义疏》，《尔雅 广雅 方言 释名清疏四种合刊》，上海：上海古籍出版社，1989年，158页。

[44] “扆，户牖之间谓之扆。”[东汉]许慎撰，[清]段玉裁注：《说文解字注》，上海：上海古籍出版社，2006年，587页。

[45] “扆，倚也，在后所依倚也。”[东汉]刘熙著，[清]王先谦注：《释名疏证补》，《尔雅广雅 方言 释名 清疏四种合刊》，上海：上海古籍出版社，1989年，1074页。

席[46]，因此这里扆肯定不是置于床上的。所以孙机提到的床上合称“屏扆”是后人的解释，汉代的文献记录没有人将床后的屏风释为扆，但功能与扆类似，可能是从扆发展而来的。

依刘熙在《释名》中对于床的解释，床是用来坐卧的[47]，汉画中的图像印证了这一点，而榻是一种长、窄而矮的物品，依照服虔对榻形制的描述，长三尺五[48]，依汉制一尺约合现今23—24厘米的换算关系，这个长短是无法容人卧息的，因此榻是只供人坐的器具。还有一种更小的叫做“独坐”，是因为主人只有一个，因此要独坐，而榻是可以与他人合坐的。服虔将“枰”释为“独坐”，而刘熙与张揖都认为“枰”的意思是平[49]，是一种平正的榻，他们认为的这种榻是否“独坐”尚未可知。

床上可置幄帐，将床笼罩起来，河南密县打虎亭汉墓的一幅壁画（图137）描述了这个物品。床前可设长几，即“桯”，放置酒食。

3.2.2 筵、席

筵、席为汉代常用坐具，常以竹或草编制而成，也有毛皮席。多呈长方形。

长沙马王堆汉墓有竹席和草席出土，其中三号墓出土的184号竹席呈卷筒状[50]，说明汉代竹席是可平铺可卷起的。还有一件草席，编号101，“莞草纺织，纵向有麻线为径。周围以绢和起绒锦缘边。长约200、宽约80厘米”[51]。刘熙认为席就是“释”的意思[52]，可卷可舒，马王堆出土的竹席印证了这一看法。许慎认为筵就是竹席[53]，《周礼•

[46]“大朝觐，大乡射，凡封国，命诸侯。王位设黼依，依前南向。设莞筵纷纯,加缫席画纯,加次席黼纯,左右玉几。（郑注：斧谓之黼，其绣白黑采，以绛帛为质。依其制如屏风然。于依前为王设席，左右有几，优至尊也。）”[东汉]郑玄注，[唐]贾公彦疏：《周礼注疏》，《十三经注疏（上）》，北京：中华书局，1983年，774页。

[47]“人所坐卧曰床。床，装也，自装载也。长狭而卑曰榻，言其榻然近地也。小者曰独坐，主人无二，独所坐也。枰，平也，以板作之其体平正也。”[东汉]刘熙著，[清]王先谦注：《释名疏证补》，《尔雅 广雅 方言 释名 清疏四种合刊》，上海：上海古籍出版社，1989年，1073页。

[48]“服虔通俗文曰：牀三尺五曰榻，板独坐曰枰，八尺曰牀。”[唐]徐坚撰：《初学记》，《文渊阁四库全书电子版》，迪志文化出版有限公司，2001年，52页。

[49]“棲谓之床。浴床谓之柖。簀策。树桃杠也。广平榻枰也。”[三国]张揖著，[清]王念孙注：《广雅疏证》，《尔雅 广雅 方言 释名 清疏四种合刊》，上海：上海古籍出版社，1989年，606—607页。

[50] 湖南省博物馆，湖南省文物考古研究所编著：《长沙马王堆二、三号汉墓》第一卷，北京：文物出版社，2004年，236页。

[51] 同上。

[52]“筵，衍也，舒而平之衍衍然也。席，释也，可卷可舒也。簟，覃也，布之覃覃然，平正也。荐，所以自荐藉也。蒲平，以蒲作之，其体平也。毡，旃也，毛相着旃旃然也。……貂席连貂皮以为席也。”[东汉]刘熙著，[清]王先谦注：《释名疏证补》，《尔雅 广雅 方言 释名 清疏四种合刊》，上海：上海古籍出版社，1989年，1073页

[53]“筵，竹席也。从竹，延声。周礼曰，度堂以筵，筵一丈。簟，竹席也。从竹，覃声。

春官•司几筵》中记叙存在“莞筵”[54]，说明筵也是由草编的。竹席较好的称为“簟”，较粗的竹席称为“籧篨”[55]。史游描述了草席所使用的草的类型分“蒲”、“蒻”、“蔺”，根据颜师古的注，蒻是较软或较少的一种蒲，而蔺草是属于莞之类的[56]，孙机认为蒲席就是莞席，其依据是《尔雅•释草》中郭璞的注：“今西方人呼蒲为莞蒲。”[57]这只是一种不同地域的叫法，并不能证明二者相同，况且《周礼》所分五席中莞和蒲是分立的，如果二者相同，这种分法则没有必要，可见它们是不同的。

筵与席的区别，并非以质地来分，郑玄认为筵也是席，铺陈起来的是筵，坐卧的是席。[58]这里郑玄的语义并不清晰，有两种可能：1. 同样的东西，依据使用情况来区分，单铺起来的就叫筵，供坐卧的就叫席。2. 不同的东西，铺在下面的叫筵，铺在上面供坐卧的叫席。贾公彦在疏中认为其意是后者，最底下一层铺在地上的叫筵，其上的都叫席[59]，但贾公彦生活的唐代距汉代时间久远，他的解释是否符合汉代情况则值得怀疑。河南密县打虎亭二号汉墓一幅壁画（图162）描绘了汉代宴饮的场景，其中出现了多人共坐的长席，如果这就是筵，则与周礼中“度堂以筵，筵一丈”的形制不符，说明汉代出现的筵要明显比周代的长。画面中间有一方形物，上置樽、勺、杯、盘，编者将其释为“方形大案”[60]。但此物并无足，直接放在地上，以图中人物比例约为两米多长，颜色质地与周围人物所坐长席一致，应也为一类似于席的物品。若此物为筵，则可以解释

籧，籧篨，粗竹席也。从竹，遽声。篨，籧篨也。从竹，除声。”[东汉]许慎撰，[清]段玉裁注：《说文解字注》，上海：上海古籍出版社，2006年，192页。“席，藉也。礼，天子诸侯席有黼绣纯饰。从巾，庶省声。”同上，361页。

[54]“司几筵掌五几五席之名物，辨其用，与其位。（郑注：五几左右玉雕彤漆素，五席莞藻次蒲熊，用位所设之席。）”[东汉]郑玄注，[唐]贾公彦疏：《周礼注疏》，《十三经注疏（上）》，北京：中华书局，1983年，774页。

[55]“簟，宋、魏之间谓之笙，或谓之籧苗。自关而东谓之簟，或谓之簟。其粗者谓之籧篨，自关而东或谓之篕掞。筕篖，自关而东周洛楚魏之间谓之倚佯，自关而西谓之筕篖，南楚之外谓之篖。”[西汉]扬雄著，[晋]郭璞注，[清]钱绎疏：《方言笺疏》，《尔雅 广雅 方言 释名 清疏四种合刊》，上海：上海古籍出版社，1989年，863页。

[56]“蒲蒻蔺席帐帷幢。（颜注：蒻，谓蒲之柔弱者也。蔺，草名也，亦莞之类也。蒲蒻可以为薦，蔺草可以为席。自上而下覆谓之帐，帐者，张也。在旁蔽绕谓之帷，帷者，围也。形如车盖者谓之幢，言其童童然也。）”[西汉]史游撰，[唐]颜师古注：《急就篇》，《文渊阁四库全书电子版》，迪志文化出版有限公司，2001年，33页。

[57] 孙机：《汉代物质文化资料图说》，北京：文物出版社，1990年，222页。

[58]“司几筵下士二人，府二人，史一人，徒八人。（郑注：筵亦席也，铺陈曰筵，藉之曰席，然其言之筵席通矣。）”[东汉]郑玄注，[唐]贾公彦疏：《周礼注疏》，《十三经注疏（上）》，北京：中华书局，1983年，753页。

[59]“贾疏：云依前南向，设莞筵，已下以席三重也。凡敷席之法，初在地者一重谓之筵，重在上者即谓之席，已下皆然。”同上，775页。

[60] 中国美术全集编委会编：《中国美术全集 绘画编 12 墓室壁画》，北京：文物出版社，1989年，图版说明第11页。

郑玄的第一种语义，即存在一种席不是供坐的而是铺起来放东西的，而且其形制也符合《周礼》中筵长一丈的描述，而席的长度可以很长，供多人并排就坐。

3.2.3 案、几

案为放置食器与食物的家具，又叫做“槝”[61]。汉代出土之案多为木质、陶制、漆制，亦有铜制，依文献记录还有玉制[62]。形式分有足与无足，形状分方形与圆形。用来放置杯、盘等饮食器。

与案类似的几，各地有不同的称谓[63]，但用途不同，案通常是放置食物的，而几是放置其他物品的[64]，几成长条方形，其“足为下施横柎的曲栅”[65]。

汉代的案有多种样式，通常为长方形，亦有圆形的案称为“檈”[66]。多有柱状或蹄状足，无足的或只有很矮的承托的被称为“棜”。郑玄辨析了其区别：有足的案也被称为“禁”，而无足的称为“棜”，也被称为“斯禁”[67]，其意思就是离地更近的案，这种无足的案上是有四边的[68]。棜有突出的四边，其功能可能是防止案上饮器与食器掉落。长沙马王堆一号墓出土了一张漆棜案，四周有边，上置耳杯、盘、卮与竹箸（图183），成为汉代饮食器具的一个极好例证。山东嘉祥出土的一幅画像石中，描绘了侍

---

[61]“案，陈楚宋魏之间谓之槝，自关东西谓之案。”[西汉]扬雄著，[晋]郭璞注，[清]钱绎疏：《方言笺疏》，《尔雅 广雅 方言 释名 清疏四种合刊》，上海：上海古籍出版社，1989年，853页。“案，谓之槝。”[三国]张揖著，[清]王念孙注：《广雅疏证》，《尔雅 广雅 方言 释名 清疏四种合刊》，上海：上海古籍出版社，1989年，557页。

[62]“几，尻几也。象形。周礼五几，玉几、雕几、彤几、漆几、素几。凡几之属皆从几。”[东汉]许慎撰，[清]段玉裁注：《说文解字注》，上海：上海古籍出版社，2006年，715页。

[63]“梡棵橛房杫虡桯虒俎几也。”[三国]张揖著，[清]王念孙注：《广雅疏证》，《尔雅 广雅 方言 释名 清疏四种合刊》，上海：上海古籍出版社，1989年，606页。

[64]“几，庋也，所以庋物也。”[东汉]刘熙著，[清]王先谦注：《释名疏证补》，《尔雅 广雅 方言 释名 清疏四种合刊》，上海：上海古籍出版社，1989年，1073页。

[65] 孙机：《汉代物质文化资料图说》，北京：文物出版社，1990年，216页。

[66]“案，几属。从木，安声。檈，圜案也。从木，瞏声。”[东汉]许慎撰，[清]段玉裁注：《说文解字注》，上海：上海古籍出版社，2006年，261页。

[67] “有以下为贵者，至敬不坛，扫地而祭。天子诸侯之尊废禁，大夫士棜禁，此以下为贵也。（郑注：废，犹去也。棜，斯禁也。谓之棜者，无足，有似于棜，或因名云耳。大夫用斯禁，士用棜禁，如今方案，隋长局足高三寸。）”[东汉]郑玄注，[唐]孔颖达疏：《礼记•礼器》，《礼记正义》，《十三经注疏（下）》，北京：中华书局，1983年，1433页。“大夫侧尊用棜，士侧尊用禁。（郑注：棜，斯禁也。无足，有似于棜，是以言棜。）”[东汉]郑玄注，[唐]孔颖达疏：《礼记•玉藻》，《礼记正义》，《十三经注疏（下）》，北京：中华书局，1983年，1476页。

[68]“棜在其南，南顺，实兽于其上，东首。（郑注：顺，犹从也。棜之制如今大木轝矣。上有四周，下无足。兽，腊也。）”[东汉]郑玄注，[唐]贾公彦疏：《仪礼•特牲馈食礼》，《仪礼注疏》，《十三经注疏（上）》，北京：中华书局，1983年，1180页。

者持樏和栙为楼上的主人进献饮食的场景，案上放有耳杯及椀，此处印证了汉代庖厨将饮食准备好以后，侍者是将饮食放在饮具及食具当中，然后排列在案上，持案一同将食物进献给用膳者的，这样出现四周有边的栙案就能在运送过程中有效地保持稳定性。沂南汉墓中室南壁画像石（图18）中，庖者将加工过的鱼、兔肉直接放在案上，可见当时案上可以摆放饮食器，也可以直接放食物。此图中还出现了将案叠置的情况，即将食物器具准备好以后，放于案上，一层一层地摞起来，孙机认为这就是《礼记•内则》中所说的“阁”[69]。郑玄认为阁是一种用板子做的放食物的物品，其目的是为了有次序的膳食[70]。依照郑玄的说法，阁不是叠案，而是一种架子。汉画中所描绘的是叠案还是一种专用的放食物的架子难以判断，如果它是案的话，这种案是有足的，案边没有突出的四边，并非栙案。从有利于依次序饮食的角度来看，这种依次叠放的方法是便于如此的，因而其可能就是阁，或者阁在汉代的衍生物。从其他角度来看，这种食品的叠放方式也有利于空间的节省与食品卫生，但汉代人使用它的目的到底为何，依据目前的证据不能下定论。颜师古对《急就篇》的注中出现一种齐人将有足的盘命名为案的说法[71]，此为孤证，不知是否正确。

几与案用途不同，几是用来放置物品的，与案通常用来放食物不同，但二者有时出现混淆，许慎也认为案属于几之类，后来放置文书的书几也被称为“几案”。长沙马王堆三号墓有实物几出土（图184），为一木胎漆几，两端各有两足，外足短，高13厘米，固定；内足长，高42.5厘米，可向内面折叠，这样内足收起几面就比较低，内足张开几面就能升高，是一个可以调节高度的几，说明几在当时也是有不同使用功能的。以汉代人跽坐的方式来看，使用矮足的时候适宜放置东西，而使用高足适合将手放于其上做凭几。几也可能用来放置食物，在上图沂南汉墓画像石（图18）中，一人釃酒，将盆放在几上，也是将几应用于庖厨之中。沂南汉墓后室另一幅画像（图20）中，几上放置一樽与两个耳杯，这里几起到与食案相同的作用，二者在功能上的区分有时并不明显，此几足比一般几足长，可能即高几“虡”。汉代还有一种置于床榻前的几称为桯[72]，东汉晚期朱鲔的石室（图7）中刻画了此物，桯较一般几为长，亦为曲足，置于床前，几上还

[69] 孙机：《汉代物质文化资料图说》，北京：文物出版社，1990年，216页。

[70] “大夫七十而有阁。（郑注：有秩膳也，阁以板为之，庋食物也。）天子之阁，左达五，右达五。公侯伯于房中五，大夫于阁三，士于坫一。（郑注：达，夹室。大夫言于阁与天子同处。天子二五，倍诸侯也。五者，三牲之肉及鱼腊也。）”[东汉]郑玄注，[唐]孔颖达疏：《礼记正义》，《十三经注疏（下）》，北京：中华书局，1983年，1467页。

[71] “椭杅盘案杯閜碗。（颜注：杅，盛饭之器也，一曰齐人谓盘为杅，无足曰盘，有足曰案，所以陈举食也。）”[西汉]史游撰，[唐]颜师古注：《急就篇》，《文渊阁四库全书电子版》，迪志文化出版有限公司，2001年，31页。

[72] “俎几也，西南蜀汉之郊曰杫，榻前几江沔之间曰桯。（郭注：今江东呼为承，赵魏之间谓之榹。几其高者谓之虡。）”[西汉]扬雄著，[晋]郭璞注，[清]钱绎疏：《方言笺疏》，《尔雅 广雅 方言 释名 清疏四种合刊》，上海：上海古籍出版社，1989年，865页。

放置了欜案，案上有杯、椀等器物，说明这种几是用于方便主人在床榻之上饮酒和吃饭的，类似于食案。

3.3 酒器

3.3.1 缶、瓮

缶为汉代贮酒和水的器具，折沿，敛口，直颈，圆肩，鼓腹，有假圈足。瓮，古文作“罋”，俗作“甕”，为贮藏食物和酒的器皿，可作为击打的乐器[73]，多为平底、直腹或鼓腹、敛口，形制类似今天的“缸”。二者均为陶制。

《尔雅》将盎解释为缶，郭璞认为盎就是盆[74]，张揖持同样观点[75]，许慎也对盎和盆进行了互解[76]。依照这种关系解释，缶、盆、盎就是一种东西。扬雄论证西部地区当时把罃甈叫做盎或者盆，罃为一种长颈瓶，与缶类似而颈较长，甈是空壶的意思。[77]而唐代的颜师古认为这三者属于同一类，缶就是盎，大腹敛口，而盆是敛底宽上的一种容器。[78]各地汉墓均有陶缶出土（图186），形制与文献描述一致，汉墓壁画中也多有涉及（图163），用以盛酒，今多将其释为坛子[79]，是错误的，汉代没有这种说法。在扬

[73]“缶，瓦器，所以盛酒浆。秦人鼓之以节歌。凡缶之属皆从缶。”[东汉]许慎撰，[清]段玉裁注：《说文解字注》，上海：上海古籍出版社，2006年，224页。

[74]“盎，谓之缶。（郭注：盆也。）瓯瓿谓之瓵。（郭注：瓿甊，小甖，长沙谓之瓵。）康瓠谓之甈。（郭注：瓠，壶也。贾谊曰宝康瓠是也。）”[晋]郭璞注，[清]郝懿行疏：《尔雅义疏》，《尔雅 广雅 方言 释名 清疏四种合刊》，上海：上海古籍出版社，1989年，168页。

[75]“盎谓之盆。瓿瓺罏缶也。”[三国]张揖著，[清]王念孙注：《广雅疏证》，《尔雅 广雅 方言 释名 清疏四种合刊》，上海：上海古籍出版社，1989年，555页。

[76]“盎，盆也，从皿央声。盆，盎也，从皿，分声。”[东汉]许慎撰，[清]段玉裁注：《说文解字注》，上海：上海古籍出版社，2006年，212页。

[77]“瓬、瓭、甒、瓮、甀、瓮、甄、瓮、瓿甊、甇，甖。灵桂之郊谓之瓬，其小者谓之瓭。周魏之间谓之甒，秦之旧都谓之甀，淮汝之间谓之瓮，江湘之间谓之瓮。自关而西晋之旧都河汾之间，其大者谓之甄，其中者谓之瓿甊。自关而东赵魏之郊谓之瓮，或谓之甖。东齐海岱之间谓之甇。甖，其通语也。……缶谓之瓿瓺。其小者谓之瓶。罃甈谓之盎。自关而西或谓之盆，或谓之盎。其小者谓之升甌。甂，陈魏宋楚之间谓之题。自关而西谓之甂，其大者谓之甌。”[西汉]扬雄著，[晋]郭璞注，[清]钱绎疏：《方言笺疏》，《尔雅 广雅 方言 释名 清疏四种合刊》，上海：上海古籍出版社，1989年，854—856页。

[78]“甄缶盆盎甕罃壶。（颜注：甄，小口罂也。缶盆盎，一类耳，缶即盎也，大腹而敛口；盆则敛底而宽上，缶字或作瓿，瓿甊，小罂也。甕谓盛酒浆米粟之甕也，罃，长颈瓶也。）甑甞甂瓯瓨罂卢。（颜注：甞，大盆也。甂瓯，瓦杅也，其形大口而庳，一曰瓯，小盆也。瓨，短颈长身之罃也。罂，甄之大腹者也。卢，小瓮，今之做卢酒取名于此。）”[西汉]史游撰，[唐]颜师古注：《急就篇》，《文渊阁四库全书电子版》，迪志文化出版有限公司，2001年，32页。

[79]中国画像石全集编辑委员会：《中国汉代画像石全集6》，郑州：河南美术出版社，2006年，图版说明第33页。

雄的论述中盆、盎是一种瓶或壶，类似于缶，这与颜师古的注解不同。当今许多考古学著作中将大口、上腹平直、下腹内收的容器释为盆[80]，类似于颜师古敛底宽上的解释，这种形制也符合现今对盆的理解。《方言》《说文解字》《广雅》中的解释均与颜师古在《急就篇》中的注存在出入，是汉代的盆就是类似于缶的东西，只不过腹较深、口较大，还是颜师古以当时的盆推断汉代的情况，依据满城2号汉墓出土带铭文“中山内府铜銗”的銗（图187）形制来看，近似于现今的盆，而《说文解字》中将銗释为小盆[81]，基本可以推断汉代的盆是敛底宽上的，近似于缶，但口沿部较大。肖克之等人论述西安半坡出土有两种类型的盆，后一种“敛口、卷唇、折腹、圆底……则后者发展为缶”[82]。这种盆可能与汉代的盆更为接近。沂南汉墓庖厨图（图18）中椎牛的场景，人前放置一容器用以盛血，折沿、敛口，腹微鼓，有圈足，形制与缶非常接近，只是口较大，推断应为汉代的盆。

瓮在满城汉墓有实物出土（图188），汉画中也有描绘（图12），瓮在《说文解字》中被释为“汲缾”，即汲水的瓶，体积必然不大，与出土物及图像相比形制不同。山东前凉台汉墓壁画中的瓮有半人高，圆形，鼓腹敛口，满城汉墓出土的陶瓮“带盖高66—76厘米。方形，直口，斜肩，直壁，平底”，体积较大，上书“‘黍上酒十五石’、‘甘醪十五石’、‘黍酒十一石’、‘稻酒十一石’、‘甘醪十石’等”，与画像中的大小类似，但形状不同。卢兆荫将其释为“陶酒缸”，但汉代的缸形制与其不合，孙机结合《说文解字》中的解释，已经指出了这一点。《说文解字》中“罋”和“瓮”是两个字，“罋”是一种汲水的瓶，既可装水，又可装食物，颜师古也认为它既可以用来盛酒、浆，又可以盛米、粟，瓶是一种较小的缶。而“瓮”被释为罂，即一种较大的缶。而目前发现的瓮是用来贮酒的，体积较大，类似于缶而非瓶，因此此种器皿更近于“瓮”的解释而非“罋”，此二者所指是否为一物存在疑点。依颜师古的解释，“卢”也是一种酒器，是一种小型的瓮。有的瓮底有孔，叫做“瓿”，用以滤酒。

3.3.2 壶、锺、钫

汉代的壶口微侈，长颈，斜肩，圆腹，圈足，上有盖，存在陶壶、漆壶、铜壶等质地类型，一般铜壶两侧多有耳，以供手提移动，形制与战国晚期相比没有变化。锺的器形几乎与壶相同，二者可能是同器异名，亦为酒器。钫的基本形状与壶和锺相同，但为方形腹，口亦为方形。其功用主要是贮水和贮酒。

马王堆三号汉墓出土漆壶6件（图189）、漆锺2件（图190）和漆钫3件（图191），均为器表黑漆，器内红漆，外绘菱形纹、云纹的样式。其中漆锺和漆钫的颈较漆壶稍

[80] 吴小平：《汉代青铜容器的考古学研究》，长沙：岳麓书社，2005年，152页。

[81]“銗，小盆也。从金，肙声。”[东汉]许慎撰，[清]段玉裁注：《说文解字注》，上海：上海古籍出版社，2006年，704页。

[82]肖克之、张合旺、曹建强：《汉代陶器与古代文明》，北京：中国农业出版社，2000年，69页。

长，总高度也稍高，壶和锺的区别可能就在于此。墓中出土遣策记录了随葬品的名称，因此可以确定这些物品的命名。东汉的画像石中如此形制的壶和锺相对少见，更为常见的是一种具有较高棱状圈足的壶（图18），在甘肃武威磨嘴子汉墓中有实物出土（图192），其足为十棱的假圈足，器壁有墨书“水锺”和“酒锺”，钫在汉画中几乎没有例子。东汉墓葬壁画此种锺的大量出现必然反映了器形的变异。壶和锺的两侧多有耳，可穿绳用以提携移动，说明它们是用来运送水或酒的器具，汉画中的不同图例显示了运送方式的不同，浙江海宁出土的一块庖厨画像石（图126）展示出壶是用绳索从两耳贯入，形成一个提手，可以挂在担的两侧用肩挑，也可以单手提着来运输。也有二人共担的情况（图59）。江苏徐州另一块画像石（图88）中，两名妇女共提一壶，此壶是用一个较大的壶盖倒扣在壶口上的，系在壶腹上的两条绳索分别连接到壶盖的两端，壶盖两侧各有一个把手用以提携，河北满城二号汉墓有此物出土（图193），是一个提梁壶，铜制，两侧各有一链索与壶身肩部的耳相连，上与一弓形提梁相连。链索是穿过壶盖两侧的圆环的，这样有两个用处：首先，壶盖就被穿在链索里而不会遗失或错置；其次，此壶在提起移动的过程中提梁被限制在壶盖周围而不会发生晃动，有利于运送过程的稳定性，如图88所示。

3.3.3 榼、椑

榼、椑皆为酒器，孙机认为榼是“茧形壶、蒜头壶、横筒形壶、扁壶的总称”，此说应为正确。椑是一种扁壶，横面或纵面呈椭圆形，有圈足，短颈。二者肩部通常有耳，以供提携。有漆制、铜制、陶制等类型。

许慎和颜师古都将椑释为圆榼，而张揖将椑释为扁榼，郑玄认为椑就是椭圆的意思，由此可以推断椑是椭圆的扁壶，其实物在江陵凤凰山168号墓有出土（图194），壶体呈椭圆形，正背两面扁平，两侧圆曲，有方形圈足，圆短颈，有盖。沂南汉墓庖厨图（图18）酿酒的几案两侧，分别放置了两个容器，其下横切面为椭圆形的一个酒器为椑，其上一个横筒形的酒器则应为榼，此种横筒形酒器在湖北有实物出土（图195），壶体呈圆筒形，横置，圆短颈，有盖。此画像石中椑的旁边还放置了两个壶，结合榼和椑多有耳的情况判断，榼、椑和壶一样，是用来运送酒的容器，可以单手提。

3.3.4 尊、勺

尊，古文为“䍡”，又做“樽”或“罇”，为盛酒器，分盆形和筒形两种。盆形尊多为圈足，偶尔见三足，筒形尊基本为三足，上有盖，多为平顶圆盖，也有尖顶圆盖（图20），其形类似于卣，可能由其发展而来。有铜尊、陶尊、漆尊等几种。勺亦可称为“斗”或“枓”，为舀酒器，分勺体和勺柄两部分，有短柄和长柄两种。

汉代盆形尊出土较少，汉画像石中有记录（图71），筒形尊在全国各地汉墓中皆有发现，山西右玉出土的一个筒形铜尊（图196）上刻铭文：“中陵胡傅铜温酒樽，重廿四斤，河平三年造。”此铭文印证了此类容器就是尊。唐兰认为温酒即醖酒，是“反复重酿多次的酒”。汉画中宴饮场面基本都有尊的刻画，数量非常庞大，可见尊是汉代宴饮常用的酒器。尊常配备“承旋”（图7），即放置尊的托盘，孙机认为“旋”就是“樏”的假借，即圆案。汉画中尊底的承旋并不一定是圆的，也有方形案（图93）。郑玄认为承尊的是“禁”，意思就是案，应为正解，其本意是酒戒。

勺在汉画中通常放置在尊中，二者同时出现，说明勺是从尊里向外舀酒的，为固定配置。勺又被称为“枓”，勺柄被称为“杓”。勺有时被命名为“匕”，二者其实不同。

匕又称“柶”或“匙”，是用来取饭的，而勺是用来舀酒的。马王堆三号汉墓二者皆有出土，其中漆匕6件（图197），全部出自东椁箱，与漆鼎相配，分柄和斗两部分，柄为长直柄，斗呈簸箕状，出土遣册简二四一“髹画鈚六”应指此物。同时出土漆勺3件（图198），东、西、北椁箱各出一件，亦分柄和斗两部分，柄也为长直柄，斗是以一个竹节底部为胎的，圆形，平底，直壁，用一个竹钉与柄相连，遣册简二四二“髹画勺三”应指此物。从形制上来看，匕成簸箕形状，斗腹很浅，适于取饭等固体物质，而不适于舀取液体，与东椁箱的漆鼎同出也能旁证其用途。而勺的斗腹深，直壁，显然不适于舀取固体而是液体，说明勺一定是用来舀酒或舀水的。依颜师古的注，盛放匕和其他食具如箸等的笼被称为“篿”。

汉画中常见的放置于尊中的勺与马王堆出土的勺形制稍异，为曲柄，较短，斗腹较深，呈半圆形（图7），亦适合于舀酒。

3.3.5 杯、卮

杯，古文作“桮”，饮酒器，或也作食器，其形制与现在的杯不同，为椭圆形，浅腹，两侧各有一耳，用以双手持握，因而后世又被称为“耳杯”。卮，也作“巵”，为圆筒形饮酒器，常于一侧壁有圆环形耳，也存在无耳的情况，上有圆盖，其形制更类似于现在的杯。二者都有铜制、漆制、陶制几种，杯还曾有玉质出土。

杯为汉代常见酒器，在汉画中，很多场景都描绘了此物，常于案上并排放置，且为数众多（图20），以其出现场景数量和每一场景中作为酒器所占比例来看，应为汉代民众最为常用的饮酒器。长沙马王堆三号汉墓出土的漆耳杯按漆书容量可为“四升酒杯、一升酒杯和小酒杯三种”，反映出汉代酒杯的不同规格，其中四升酒杯杯内用黑漆书写“君幸酒”，说明此类杯是饮酒器，此外还有大量杯内黑漆书“君幸食”，说明此类杯为食器，反映了杯的不同功用，既可作饮器，又可作食器。杯还有不同类型的称谓，“㔶”为小杯，“閜”为大杯。

一些学者认为杯即《楚辞•招魂》中“瑶浆蜜勺，实羽觞些”的“羽觞”，许慎注解斟满酒的觯叫做“觞”，觯是一种长身似爵的酒器，显然不是杯。汉代的“羽觞”是否发生了转义不得而知，但汉代字书中对杯的注解均无“羽觞”的说法，因此这种解释是非常值得怀疑的。并且无论汉代的字书还是出土物的自命名，均称这类酒器为“杯”，并无“耳杯”的称谓，此为后人的说法。

长沙马王堆三号汉墓出土的小酒杯有一部分是放在漆盒里的（图199），遣册简二五〇“髹画小具杯廿枚”应该指这种小酒杯，简二四九“髹画具杯□”应指此漆盒。

“具”的本意是准备的意思，“具杯”的意思就是供酒食准备的杯。以出土情况来看，这种小杯是为了宴饮准备的杯，平时放在漆盒或漆食奁中备用。一升酒杯在简二四八中记为“髹画龏（供）中幸酒杯廿”，其中龏为供的假借字，而“供”在文献解释中与“具”同，都是准备的意思，说明这种酒杯也是“具杯”，是供宴饮准备的。四升酒杯在简二六〇中记为“髹画大栘，容四升十”，“栘”的本意是“棠棣”，这里的“栘”所指是其木胎的质地还是假借不能确定。

可见盛杯的器皿叫做“桮落”，专名为“筶”或“箁”，其原型为一种竹笼，也可以用来盛放“箸”——即现在所谓“筷子”。马王堆汉墓出土盛杯的漆盒应该是这种器皿的变异。

许慎和颜师古都解释说“卮”是一种圆形器具，长沙马王堆三号墓亦有此器物出土（图200），有不同规格，分“斗卮、七升卮、二升卮、髹布小卮”四种。项羽曾赐樊哙“卮酒”，说明此物为常用的饮酒器。汉画中卮的形象出现较少，山东嘉祥出土的一幅画像石呈现的酿酒场面（图33）中，一人手捧饮酒之器应为卮，按其大小比例来看应为斗卮。卮的单耳不能用于在其中有液体的情况下穿绳提用，因此其单耳必定是用于单手持握，其形制和握法都类似于当今的杯，唐代开始流行的单耳杯应是由卮发展而来的。当卮比较大的时候，双手持卮应是比较常规的方式，如图199所示。许慎认为“卮”取“节制”之意，君子要克制饮食，也作“觛”或“鍴”，段玉裁指出“鍴”就是《急就篇》中所说的“槫”，即“樽”，由于这两字解释相同，都是小卮的意思，声部也相同，此说应为正确。马王堆汉墓出土的二升小卮很有可能就是“鍴”。

河北满城一号汉墓出土了一种铜制容器（图201），椭圆形，深腹，有一圆环状单耳，被命名为“椭圆形铜杯”。这种容器的器身类似于杯，但汉代的杯是有双耳供双手持握的，此容器的圆环状单耳与卮相同，是供单手握的，因此此物应是一种变异的卮，介于杯与卮之间。

3.3.6 碗、盘

碗，古文作“瓮”、“盌”，或“椀”。圆形，敞口，腹部下收，平底，有圈足。盘，古文作“槃”，圆形，浅腹，平底。

碗有汉代有实物出土（图202），形制与当今之碗类似，许慎将其释为一种小盂，郭璞在《方言》的注中说盂在江东也名为瓯，瓯就是一种小盆，其形与碗接近。由此可以看出碗、盂、盆在汉代基本属于一类物品，只是大小不同，原本应均为陶器。许慎将盂释为饮器，应该是用于饮酒或饮水的。盌与盂的不同，唐代颜师古认为盌比盂深长，解释是否正确缺乏依据。碗在汉画像石中也有所表现（图4），其用途应该是饮用酒或汤类。

盘在长沙马王堆汉墓中有实物出土，分平盘（图203）和食盘（图204）两种，其中南椁箱出土三件大平盘，遣册简二五六“髹画平般（槃），俓（徑）二尺五寸三枚”应指此。而出土食盘下盘内朱书“君幸食”，简二五九“□食般（槃），俓（徑）一尺二寸廿枚”应指此，确定为食器无疑。二者不同之处为食盘腹深，适合放置食物，而平盘腹浅，如食物含液体则不适合放置。还有一种小食盘，简二五一“髹画卑遞（匾）俓（徑）八寸，卌”应指此物。其实“遞”应为“榹”的通假字，就是盘的意思，卑的意思是小，“卑遞”就是“小盘”。在汉画中盘多用来盛鱼（图49），而依据郑玄对《礼记》的注解，盘本来是承水器，依据实际状况，汉代盘的用途无疑是扩大了的，而且器形和种类也变得更为多样化。

汉代的饮食器具部分遗留了战国时期的样式，但也发生了显著的变化。据研究，东汉时期出土的鼎数量急剧减少。作为主要炊具，鼎的消失反映出汉代灶的广泛普及以及与之对应的釜甑的推广，由于灶的发展，甑与鬲的组合也变成了甑与釜的组合。马王堆汉墓出土的漆鼎显然不能用于加热，而只能用于放置食物，其实用性大大降低。西汉时期可以看作灶、釜、甑的组合全面取代鼎的一个时代。满城一号汉墓还有战国时期的酒器罍出土，但东汉时期墓葬以及汉墓画像石中已经见不到这种器物。食器由周代常见的笾豆组合变成了杯和盘的组合，饮器主要由爵、觚、觯、角变成了杯、卮、碗，而尊的形制与装饰也被大大简化了，汉代酒器与食器器形本身的繁复程度和区分度都大大低于商周时期，例如耳杯，虽有质地和大小的区别，但本身器形相似程度很高，况且墓中出土同一类型不同大小的器皿是否为不同身份的使用者准备的并不能确定。汉代宴饮不同以往的另一个显著特征是漆器的大量使用，虽然漆器的发展固然有髹漆技术的提高为动因，但漆器本身的质地与耐久程度意味着其必定是以实用器具的身份出现的。汉代用器的扁平化和实用化倾向背后一定反映出社会结构和观念的相应改变。

4. 酒器与宴饮

汉代的酿酒图像通常是作为庖厨图的一部分来呈现的，而庖厨图像又往往是作为由单块或多块画像石组成的宴饮图像的一部分来呈现的，因此对宴饮的研究有必要将酿酒和庖厨结合起来，并借此理解酒器在各种情境转换和宴饮整体语境中的功用。

酿酒者利用釜、甑、灶等厨具加工曲料和饭食，以瓮酿酒，并使用釜甑将酒滤出。由于酿酒与庖厨所使用的器具的重叠，并且二者在汉代图像中经常在一起被刻画（图12），可以判断它们都是宴饮活动的重要组成部分，在地理位置上也必然接近。釜、甑、灶等用具在功能上既是厨具，又是酿酒具。

酒酿好之后，利用酒壶、酒锺、榼、椑等酒器将其运送到宴饮的场所，此为自家酿酒的情况，也可以到酒家去买酒。四川新都出土的画像砖（图163）表现了沽酒的场景，其中有以缶去酒家买酒，然后以担挑回去的情况，也有用独轮车运送的情况，车上有一方形酒器，河北满城一号汉墓有方形的陶酒瓮出土，应为此物。其中在汉画中自家庖厨中的大规模酿酒参与人数众多，运酒的器具也较为精良，应该是身份较高的人家为了大型宴饮所准备。与山东诸城前凉台汉墓大型庖厨图（图12）同墓出土、与之对应的就是一个大型的宴饮场面（图13）。汉代的缶、壶、锺、榼、椑等酒具器身上多有耳，方便移动或携带，说明这些器具并非单纯的贮酒器，而是运送酒的器具，运酒器的出现与多样化客观上反映出饮酒与酿酒在地点上的分离、饮酒场合的丰富以及酿酒的专业化和商业化趋势。

在宴饮中，侍者将庖厨准备好的酒食盛在杯、盘中，放在案上为宴饮者端至宴饮的厅堂中，放在每个宴饮者面前。堂中设筵，将酒尊、盛食物的大盘、备用的杯放置其上，宴饮者用完以后，将杯盘撤下，然后从尊中和盘中为宴饮者继续添置饮食，再端过去。筵的位置是固定的，而非将尊移到需要添酒者的面前。当然，生活中的具体规制并不一定，成都羊子山汉墓中宴饮的场所并不设筵，而将备用的饮食放在帐外（图150）。西汉马王堆汉墓出土的漆器中有筷子存在，但至少在汉代之前与人共食的时候是用手而不用筷子的，郑玄将其解释为这样显得是要快吃而对主人不礼貌。马王堆随葬的筷子应该是墓主人个人的生活用品，说明当时筷子的使用是相当个人化的。汉代宴饮图像中饮酒器几乎均为杯，偶尔为卮，二者主要是体量不同，并无功用上的明显区别，通常主人和不同宾客所使用的酒具也无区别。在周代为别人献酒是用爵的，而自饮和其他是用觯的，这种器形和礼仪功用的结合反映出身份的强化和崇礼的观念。而汉代饮酒器在器形上的单一化间接反映出社会身份的扁平和礼仪的简化。

宴饮中主客应该都坐于席上（图13，图162），坐在床上饮酒的情况一般都是主人接受拜谒，而非正式宴饮（图11、图69、图161），这种情况下的床是放在厅堂中供主人和客人就坐的，而非供就寝的床，应即“露床”。《礼记》中记叙聚会达到或超过五人，最多四人共席，长者应该另辟一席，郑玄将其解释为共席以四人为节，但汉代图像中经常出现五人的长席（图162），说明在实际生活中此礼仪规定并未得到执行。在列席的方向上，《礼记》中记载若席南北向则以西方为上，东西向则以南方为上，通常上为身份最尊贵人所居。《史记》所记鸿门宴中项羽和项伯东向坐，也就是坐在西面，证实了秦汉时期以西为上的观念，汉代图像中的主人通常也是坐在西边（图150，图162）。但《仪礼》中记载客人是坐在西边的，而主人坐在东边，是以客为尊。这一区别可能是汉画中为墓主人作画而多反映主人自家的宴饮场面所导致的。

5. 结论

汉代的酒器器形相对于前代发生了很大变化，釜、甑、灶等厨具的演进反映出工艺技术的发展，而在筵席坐具的形制质地以及布席、坐席的礼仪和观念上我们可以看到其与以往的延续性，但趋于灵活。汉画中多以主人为尊的表现可以看作是图像在墓葬语境中的特殊意义。在饮酒器具上的单一化和运酒器上的多样化在客观上间接阐释出汉代酿酒和饮酒的商业化和普及化的社会趋势，以及宴饮这一活动本身已经由周代主要承担礼仪功能转向了普通人的娱乐。

图1

图2

图3

图4

图5

图6

图7

图8

图10

图11

图12

图13

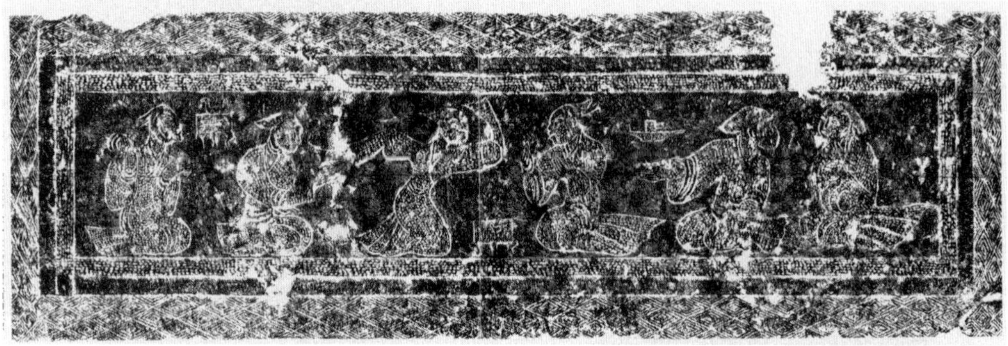

图9

图14

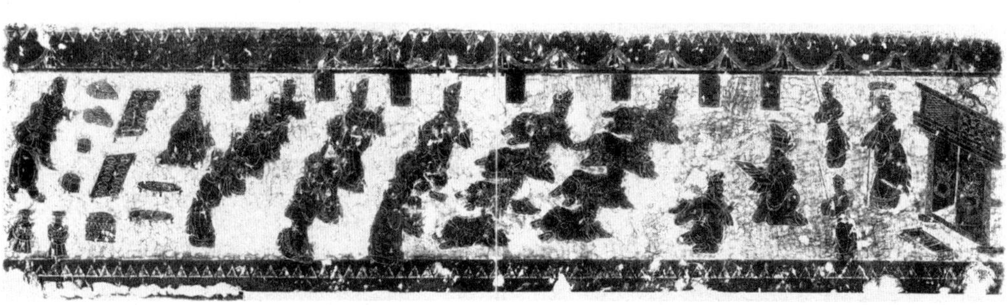

图15

图16

图17

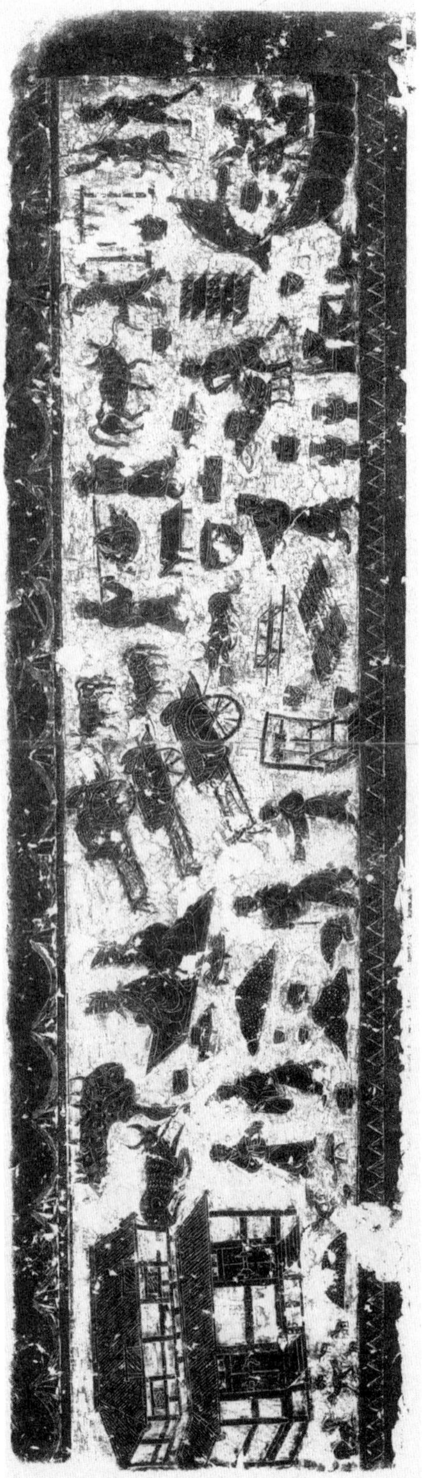

图18

图19

图21

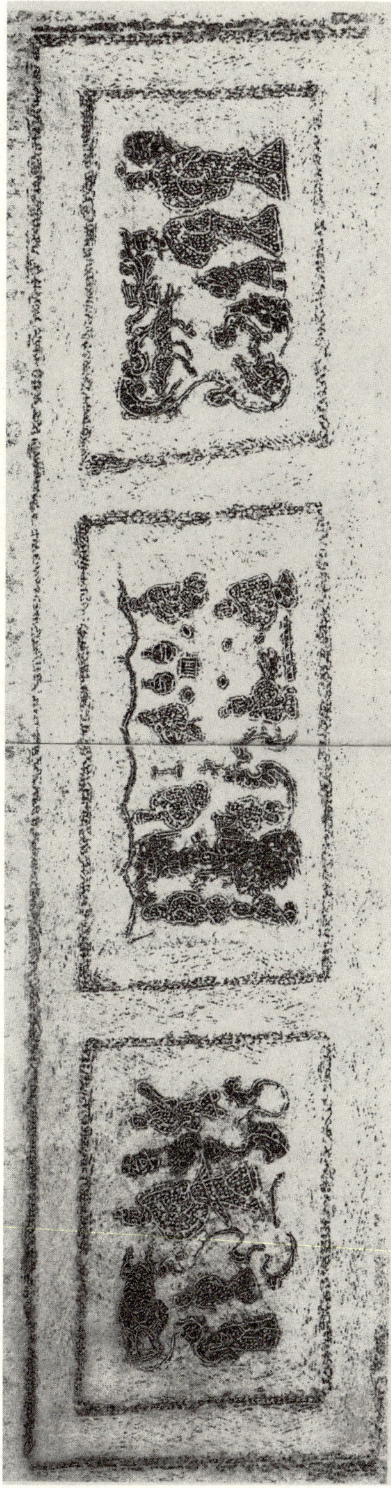

图22

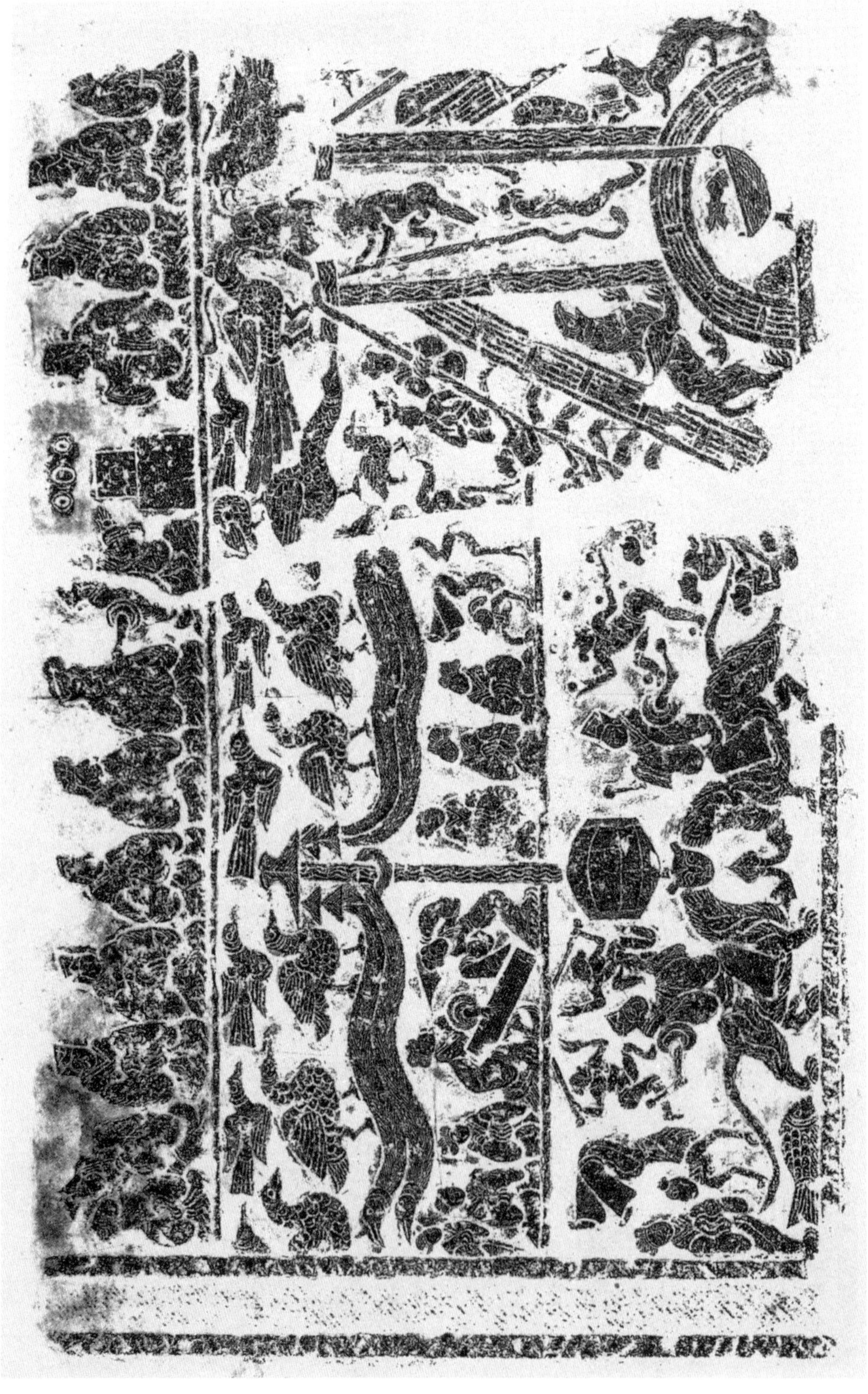

图23

图20

图24

图25

图26

图27

图28

图29

图30

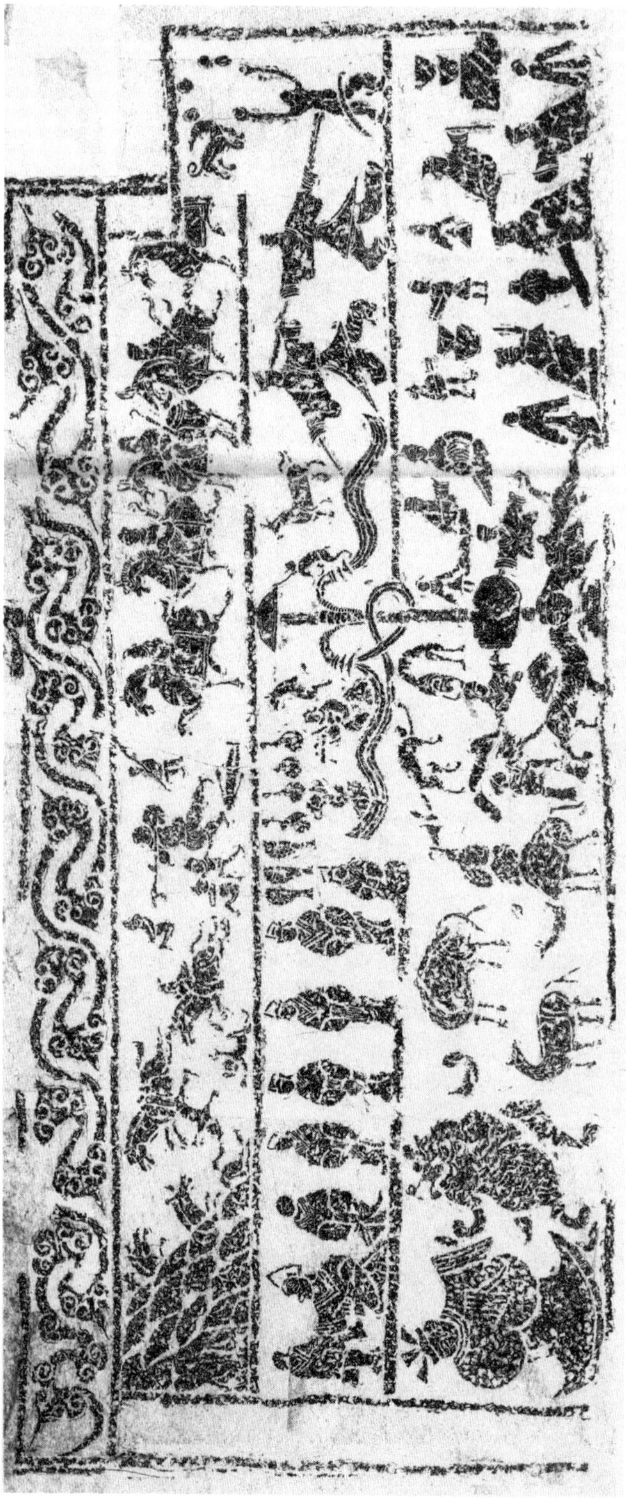

图31

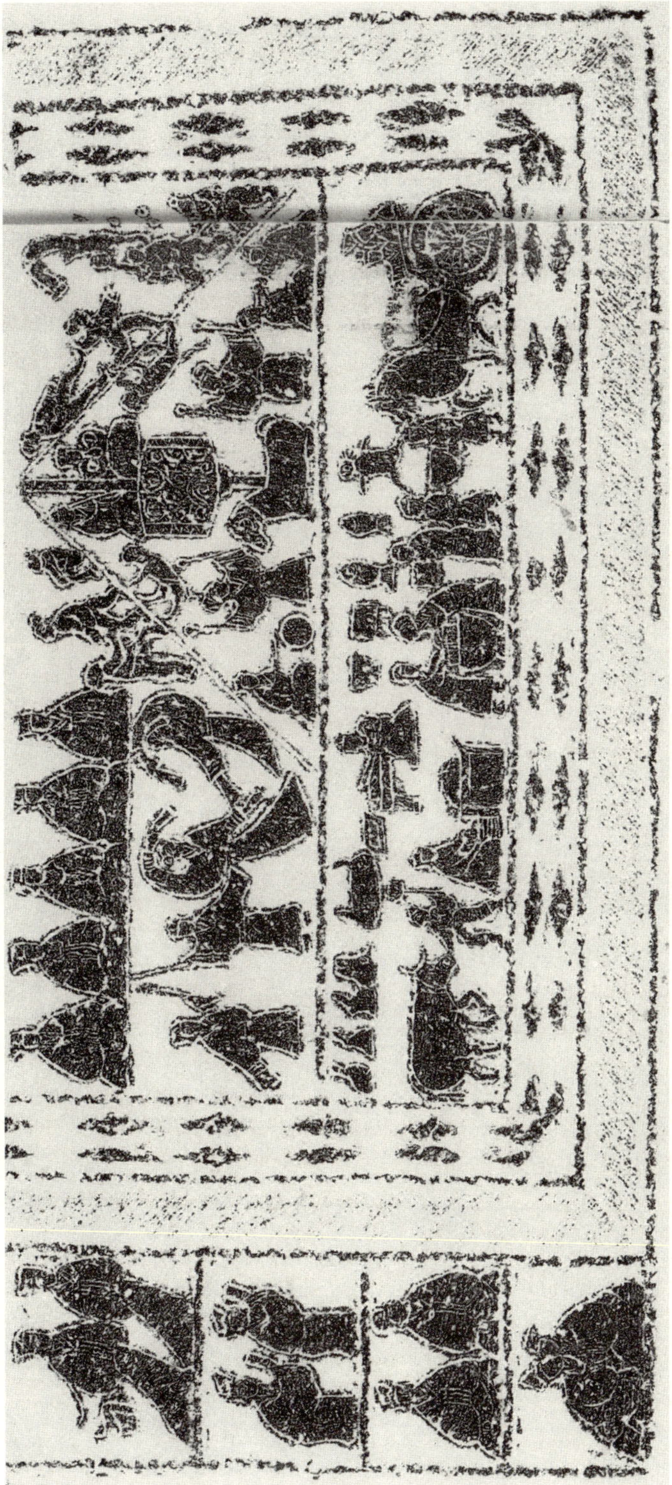

图32

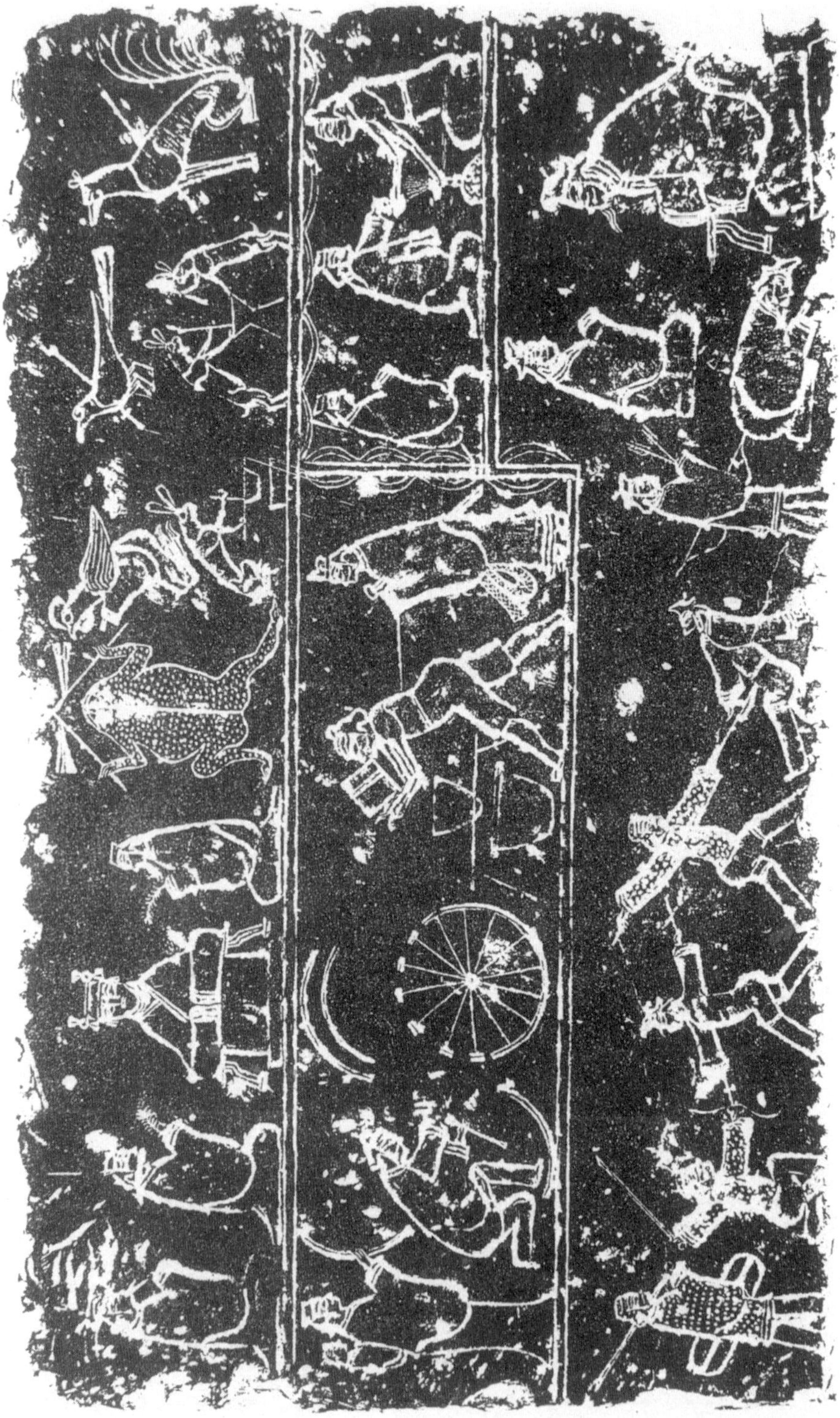

图33

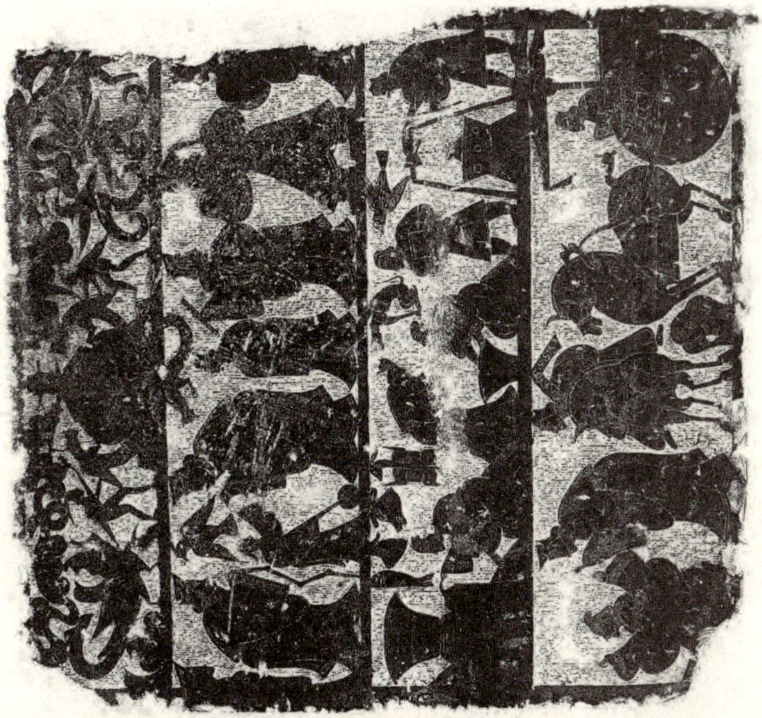

图35

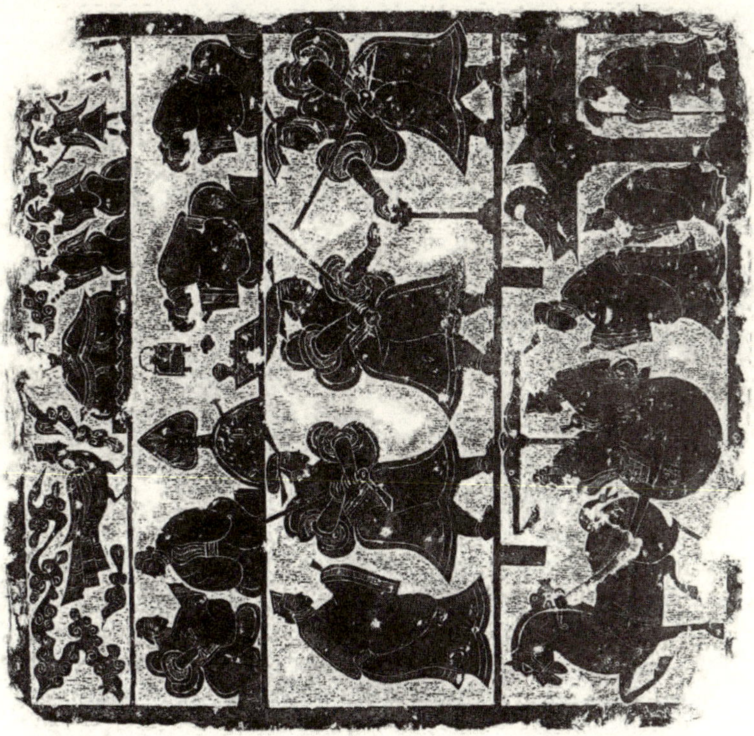

图34

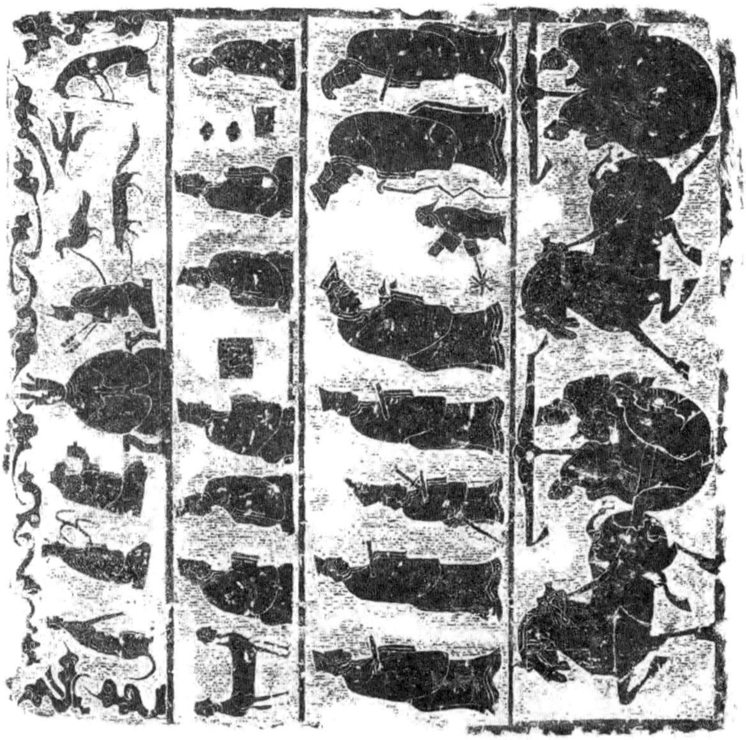

图37

图36

图38

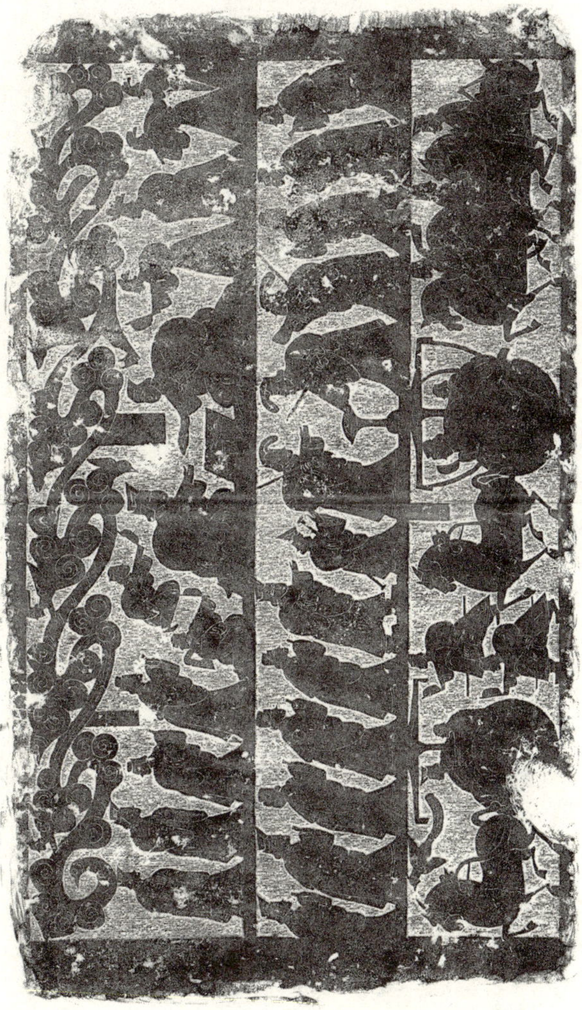

图39

图40

图41

图42

图43

图44

图45

图46

图47

图48

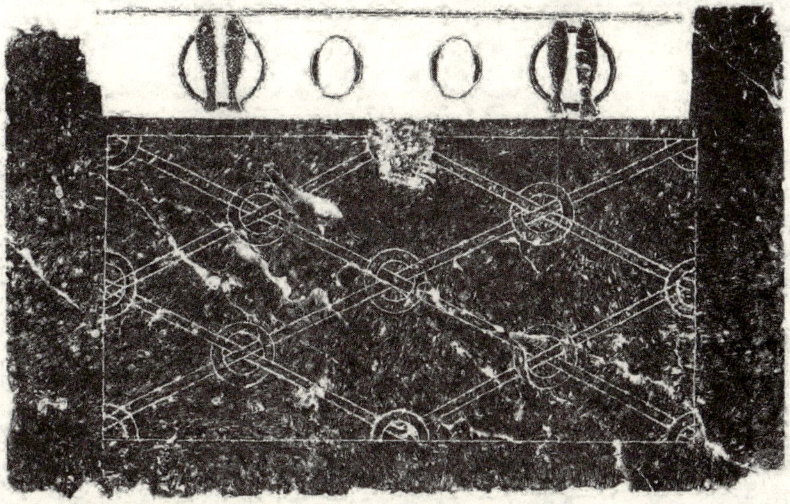

图49

图50

图51

图52

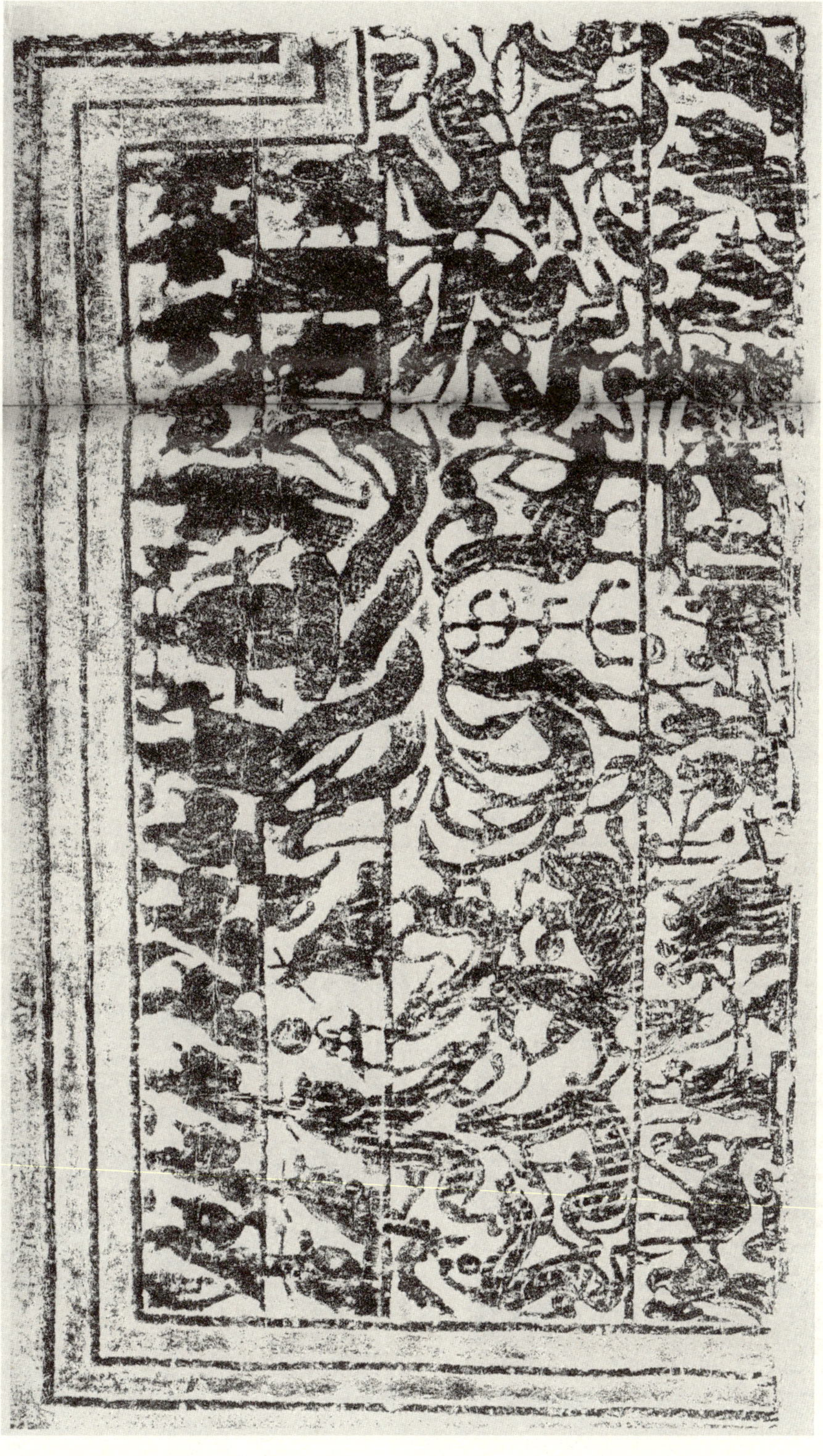

图53

图54

图55

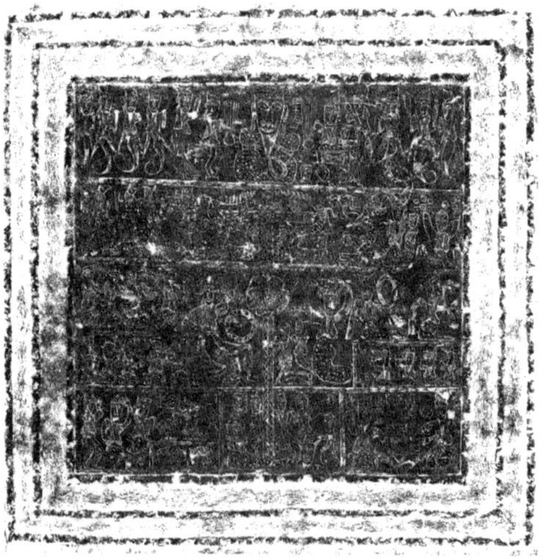

图56

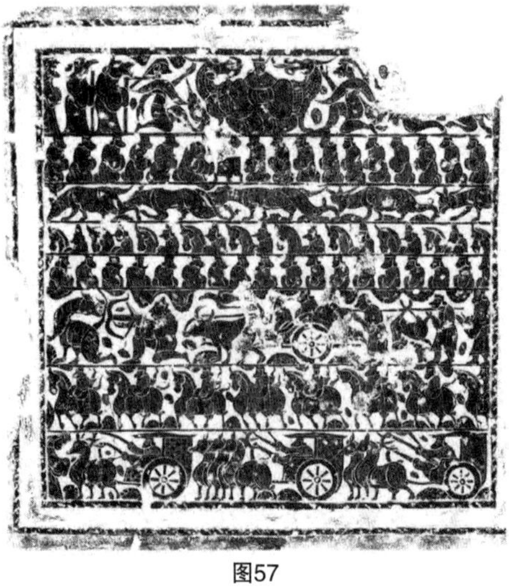

图57

图58

图59

图60

图61

图62

图63

图64

图65

图66

图67

图68

图69

图70

图71

图72

图73

图74

图75

图76

图77

图78

图79

图80

图81

图82

图83

图84

图85

图86

图87

图88

图89

图90

图91

图92

图93

图94

图95

图96

图97

图98

图99

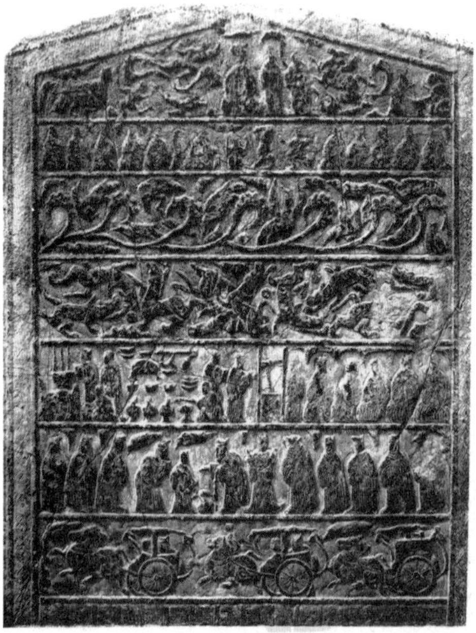

图101

图100

图102

图103

图104

图105

图106

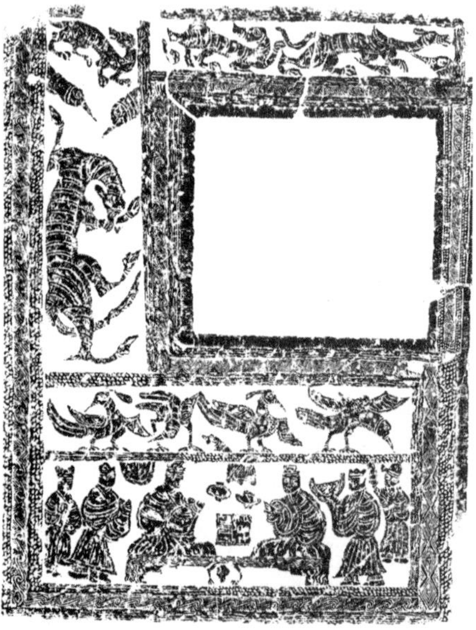
图107

图108

图109

图110

图111

图112

图113

图114

图115

图116

图117

图118

图119

图120

图121

图122

图123

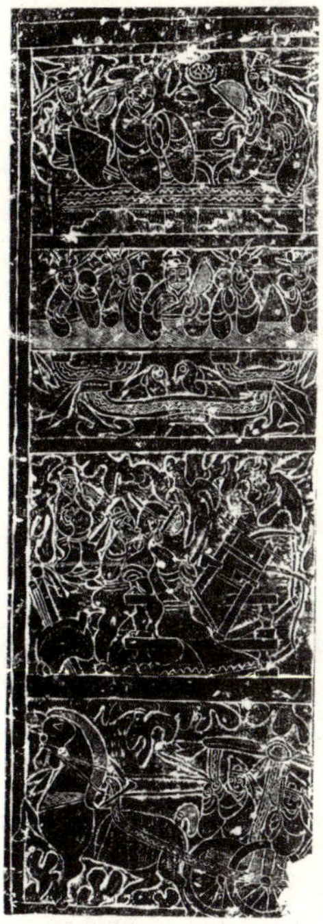

图124

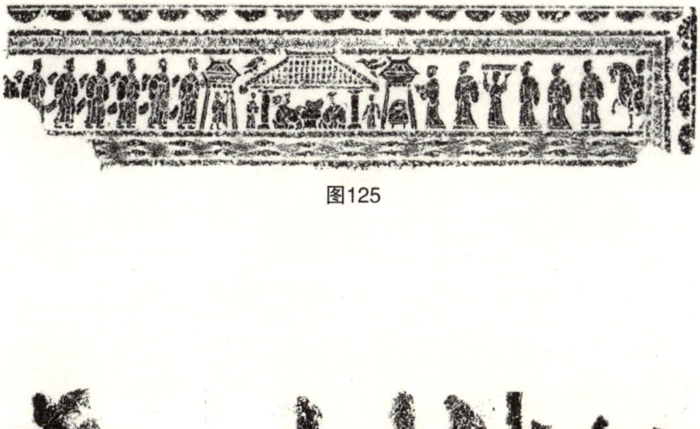

图125

图126

图127

图129

图131

图128

图130

图132

图133

图134

图135

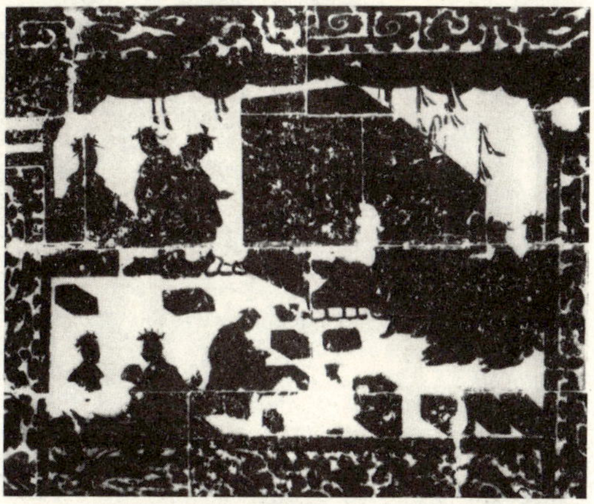
图137

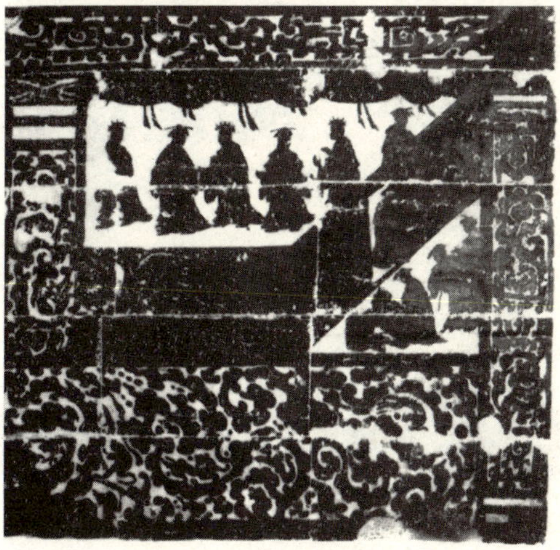
图136

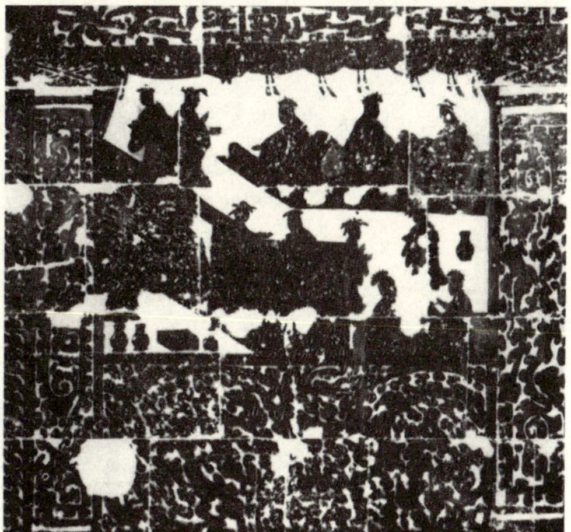
图138

图139

图140

图141

图142

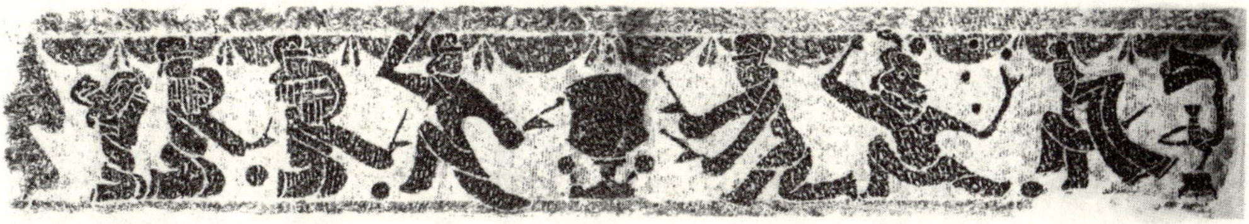
图143

图144

图145

图146

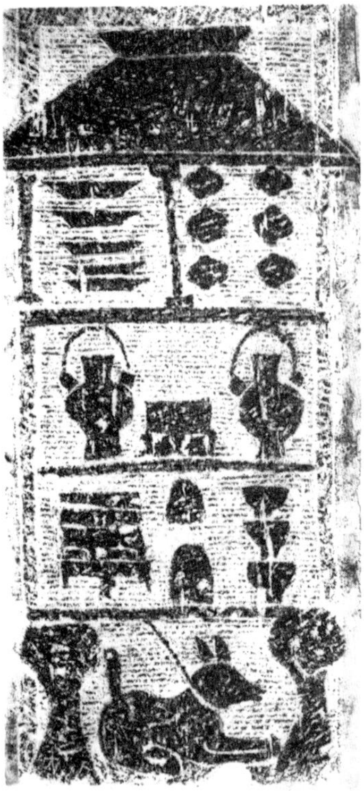

图147

图148

图151

图149

图152

图153

图150

图154

图155

图156

图157

图159

图160

图161

图162

图163

图164

图165

图166

图168

图167

图169

图170

图171

图172

图173

图174

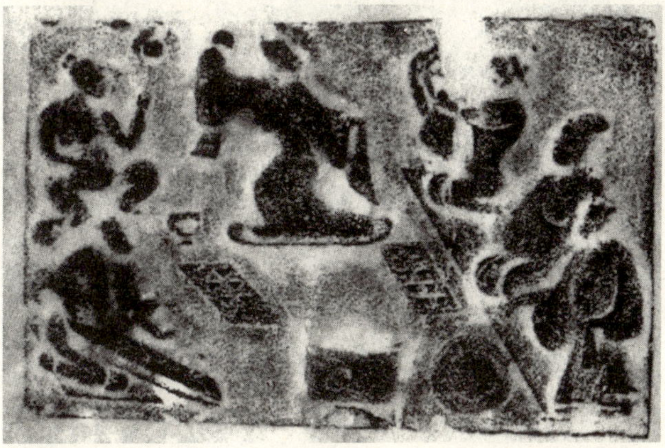

图175

图176

图177

图178

图179

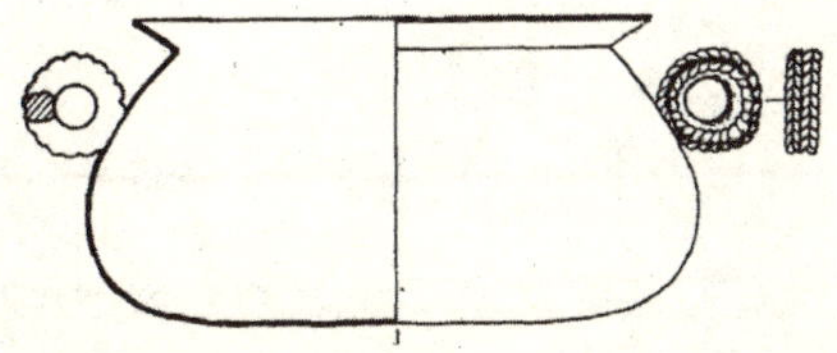

图181

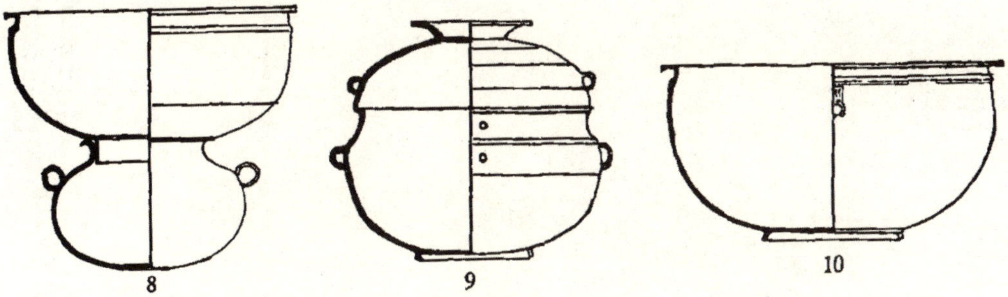

图182

图183

图184

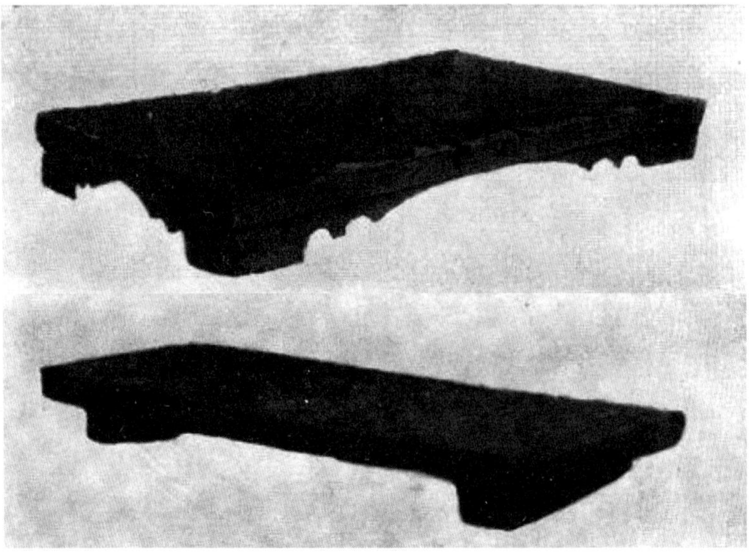

图185

图186

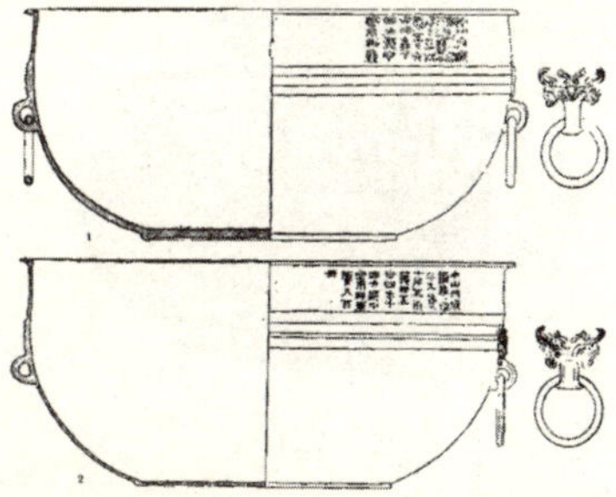
图187

图192

图193

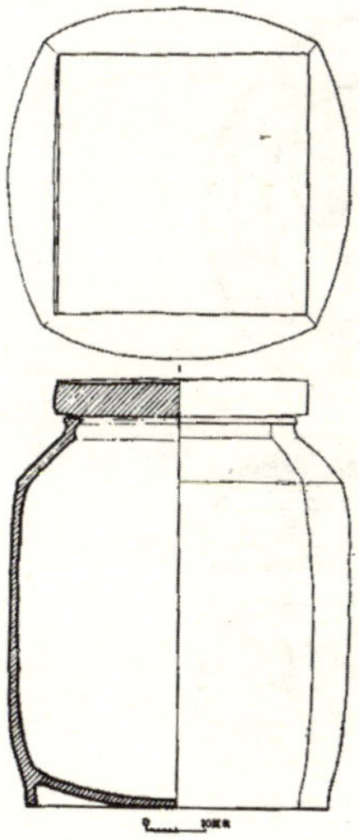
图188

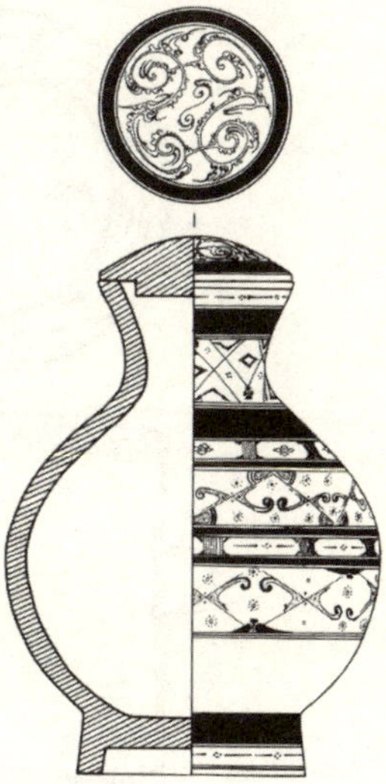
图189

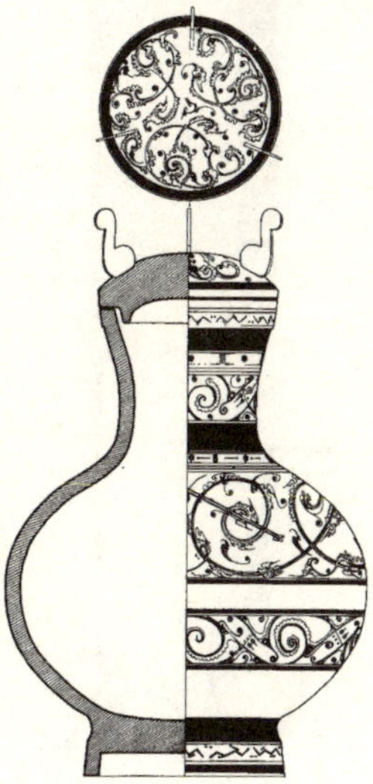
图190

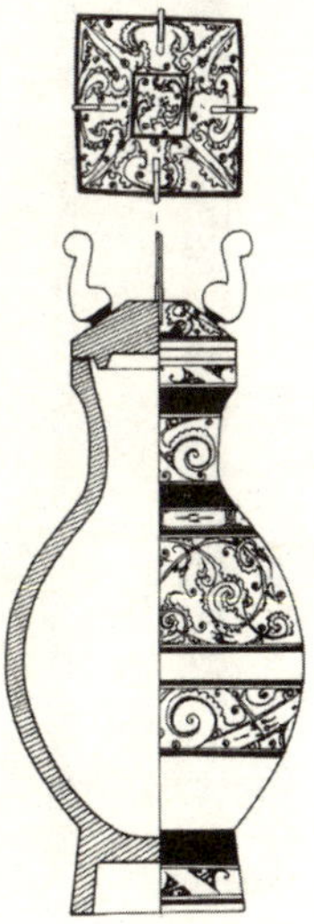
图191

图194

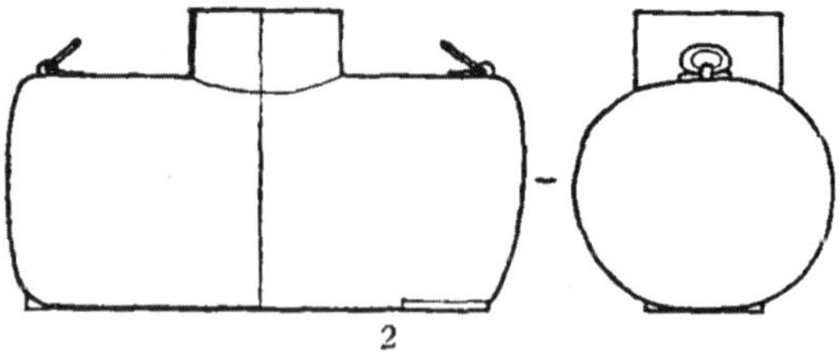

图195

图196

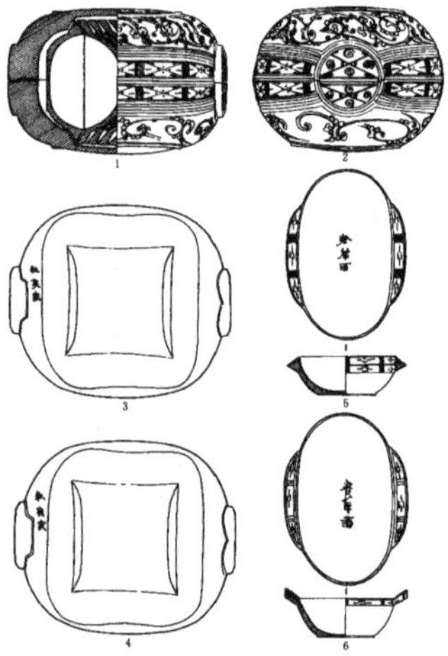

图199

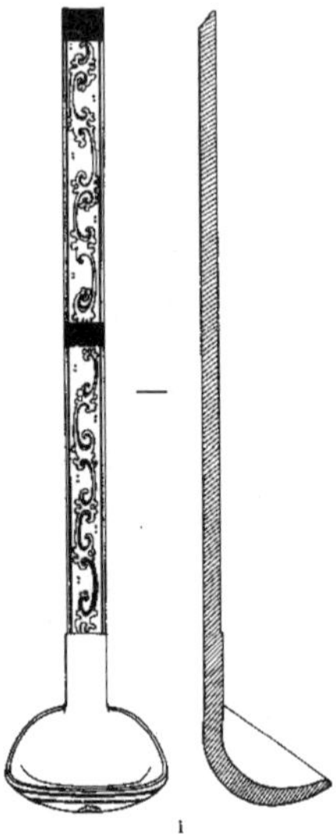

图197

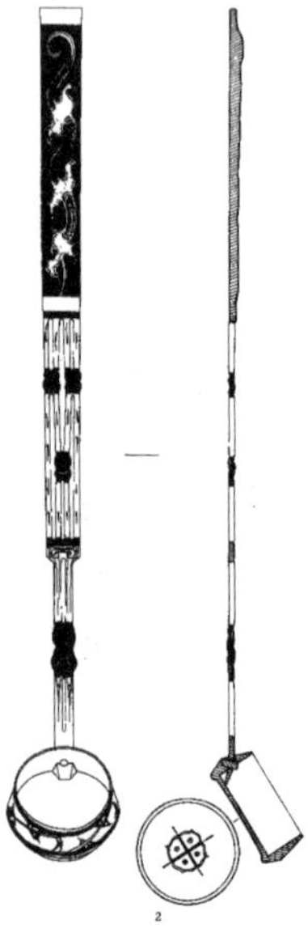

图198

图200

图202

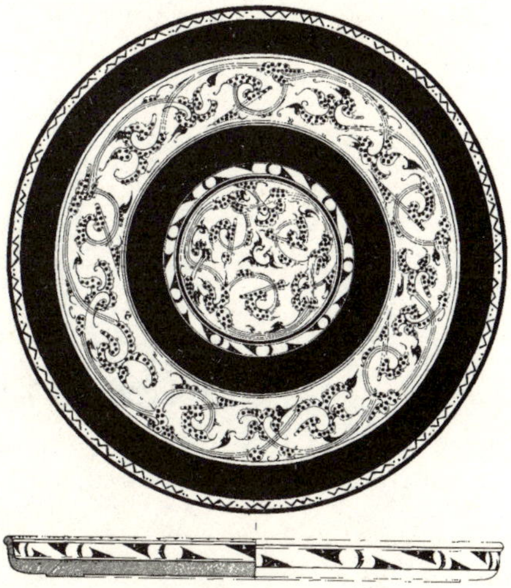

图203

图204

汉代陵墓石兽的发现与研究[1]

秦 臻
（四川美术学院）

摘　要：汉代陵墓石兽，自20世纪以来逐渐为研究者所关注，各种调查、著录系统而全面，奠定了较好的研究基础。多年来，学术界在陵墓石兽遗存与墓葬建筑空间及陵墓制度、丧葬礼仪相互关系的研究方面取得较大进展；通过对陵墓石兽的艺术研究，能有效地认识汉代艺术渊源、造型风格及艺术成就；同时，汉代陵墓石兽问题的研究，也能促使我们认识、了解汉晋时期中外交流与文化互动。

关 键 词：陵墓石兽 陵墓制度 艺术渊源 文化交流

汉代陵墓石兽是两汉时期列置于帝王陵园及贵族、豪强墓园及其神道两侧的大型圆雕石刻兽类。具有护卫仪仗、镇邪驱魔的功能，被设置于供墓主人灵魂出入的神道两侧，镇守着通往墓地的大门。其造型既有具象写实的狮、虎、羊、马等，也有夸张神异的带翼神兽天禄、辟邪之类。作为汉代墓葬建筑空间体系中的一个重要组成部分，陵墓石兽是两汉时期陵墓建筑体系中现存遗存材料最多且品类最为丰富的一类。它既是揭示特定礼仪展示和丧葬叙事模式的物质遗存，也是我们了解和认识汉代艺术形式、造型风格和思想观念、社会状况的重要实物材料。

魏晋以降，散布于各地荒原郊野的各类陵墓石兽，开始为地方志、地理志所关注并著录。有宋一代，石兽遗存及其题铭进入金石学研究视野直至清季。20世纪初现代考古学随西方学者在中国的调查开始引入后，陵墓石兽遗存更是得到多方关注。近百年来，随着石兽遗存材料的丰富、研究视野的拓展、研究方法的多样化，汉代陵墓石兽的研究已从早

[1] 本文为2014年度国家社会科学基金艺术学项目“图像、营建与观念——川渝地区汉代石阙艺术研究”（14BF063）成果之一。

期单纯的考古调查与测绘、石雕的命名考证、年代的确立发展到对陵墓制度、墓葬建造体系、丧葬观念以及对其艺术风格和艺术源流的研究上。在一些重大学术问题如中国古代陵墓制度的形成与发展，中外文化与艺术交流及中国古代交通等领域，以及艺术史所关注的一些问题研究上，均取得较多成果。正鉴于此，本文对汉代陵墓石兽遗存发现及研究状况进行回顾，对所关涉的一些重要学术问题与观点进行概括描述并做简要评述。

一、汉代陵墓石兽的发现与著录

（一）金石学及历代文献著录

早期地理志中，北魏郦道元对墓葬的建筑及配置状况的记载甚为详尽。郦道元所著《水经注》全本共四十卷，对先秦、两汉至魏晋时期墓葬记载共有260余处，其中著录了大量陵墓石兽，为我们提供了东汉晚期豪强大族陵园陵墓石兽丰富而翔实的记载[2]。其他则有《后汉书》中对宗资墓及杨震墓前石兽的记载[3]；有唐章怀太子李贤注《后汉书》中提及河南宗资墓及其石兽；又有唐人封演《封氏闻见记》中论述秦汉以来陵墓石兽的设置，同时也记录东汉杨震墓前石鸟来历及汝南彭氏墓头立石人石兽的典故[4]。

至宋代，当时的文人士大夫热衷收集古物和古代艺术品，产生了被称为金石学的古器物学。一些著名学者大量收藏来自全国各地的古代石刻拓片并加以考释。一些汉代陵墓石兽上由于有题铭而受到关注，相关著录如欧阳修《集古录跋尾》中对宗资墓前石兽题铭及宗资生平的记叙；洪适《隶释》中所录入的大量与东汉陵墓石兽相关的碑文如《吉成侯州辅碑》《益州太守颐碑》等[5]；赵明诚《金石录》著录中如《汉宗资墓天禄辟邪字》《汉州辅墓石兽膊字》及《汉巴郡太守樊君碑》碑文[6]。另外，宋人沈括在《梦溪笔谈》卷二一《异事》中则从石兽的属性角度谈到了河南宗资墓前石兽。[7]

清人叶昌炽《语石》记叙了霍去病墓前石雕群，并认为其“所琢制者为最奇”，同时收录了南阳宗资墓石兽膊上“天禄”、“辟邪”刻字，认为“此其滥觞也”，还收录山东临淄“刘汉所作狮子”题铭，并介绍了《汉石存目》及《汉晋石刻墨影》等金石学著录。[8]另外，尚有黄叔璥《中州金石考》，仍从宗资墓前石兽上所镌题铭角度对其进

[2] [北魏]郦道元著，陈桥驿校证《水经注校证》，北京：中华书局，2007年。

[3] 杨震墓石鸟见于《后汉书•杨震传》：“先葬十余日，有大鸟高丈余，集震丧前，俯仰悲鸣……于是时人立石鸟像于其墓所。”［宋］范晔《后汉书•杨震传》，北京：中华书局，1965年。

[4] [唐]封演撰，赵贞信校注《封氏闻见记》北京：中华书局，2005年。

[5] [宋]洪适《隶释》卷11，北京：中华书局，1985年。

[6] [宋]赵明诚撰，金文明校证《金石录校证》，桂林：广西师范大学出版社，2005年。

[7] [宋]沈括著，胡道静校证《梦溪笔谈校证》下册，上海：中华书局，1960年。

[8] [清]叶昌炽撰、柯昌泗评，陈公柔、张明善点校《语石•语石异同评》卷五，北京：中华书局，2005年。

行考释[9]。

（二）近代科学考察与田野调查及发掘

前文所述地理志、金石学著作中虽偶有提及汉代陵墓石兽，但其目的或为著录碑帖，或为考订墓主人生平或为记录地理志为主，而具有现代考古学价值及从艺术史角度对其进行科学考察与发掘工作并记录、研究，则发端于20世纪初在中国考察的西方学者的工作。当时的一些西方学者或探险家在考察中，开始注意到中国汉代陵墓遗存中的大型石雕艺术。1907年，沃尔帕（P.Volpert）等西方学者从武氏祠东阙和西阙前面发掘出两个圆雕石狮。同年，日本学者关叶野贞到访武氏祠，并绘制了详细的遗物出土位置图，从中可以清晰地看到石狮、石阙的位置关系。

法国考古学家色伽兰（V.Segalen）于1914年开始在中国西部地区进行综合考察。色伽兰先后在陕西、四川等地考察了多处汉代石兽，并在四川渠县清理发现了两具汉代石兽。[10]色伽兰在其书中重点记叙了“霍去病墓前足踏匈奴之石马”，认为:“此马与人猛勇镇定之状，除完全型范之外，殆难仿造。”还根据当时考察发现在霍氏墓“墓腹墓足皆有石块”的情况，首次提出“当时武帝欲使其象祁连山以旌其功，故布置如此”的观点。在四川，色伽兰对雅安高颐阙石兽及芦山樊敏碑附近稻田中石兽、渠县诸无铭阙附近石兽做了细致的记录和绘图，特别注意到了这些石兽带有西方文化色彩，认为应该是外来文化影响的结果。该书还从其造型特征上进行了总结描述：“汉代大兽姑不论其种类如何，盖为长身之兽，胸大腰耸，筋力呈现，大致以牡类体状居多。”

其后，瑞典艺术史学家喜龙仁（Osvald Siren）自1920年起，多次在中国进行古代石雕艺术的调查，包括对南京周边的南朝陵墓石刻遗迹的调查与著录。受此影响，国内学者先后有滕固、梁思成、朱希祖、朱锦江、朱偰等介入本问题的调查与研究中。

位于陕西省兴平县境内的西汉武帝茂陵旁的霍去病墓前石雕群，是被重点关注和研究的对象。自色伽兰于《亚细亚学报》上发表了介绍文章后，1924年前后，法国摄影师拉底克（J.Lartigue）和美国考古学家皮孝伯（C.W.Bishop）曾先后访问过霍去病墓前石刻，其后又有汉则（C.Hentze）、格留客（H.Gliick）、福开森（J.C.Ferguson)等人先后到访，并就霍去病墓石雕状况、题材内容、造型风格等进行了介绍性的初步研究。1933年前后，日本学者足立喜六、水野清一到陕西进行考古调查，其中霍去病墓前石刻仍是他们所关注的重点。水野清一并以专文对国外学者对霍去病墓前兽的研究状况做了一个综述，指出：上述西方学者普遍认为霍去病墓前石刻具有西亚或斯基泰人风格，同时也介绍了对马踏匈奴雕像下方人像的族属进行的甄别，如有认为是南斯基泰人的，有认为是闪族人的，而水野本人则认为这是图像化或程式化的“异人”的形象，不足以讨论种

[9] [清]黄叔璥：《中州金石考》八卷，济南：齐鲁书社，1996年。

[10]（法）色伽兰：《中国西部考古记》，冯承钧译，上海：商务印书馆，1930年。

族面貌特征和族属问题。[11]

20世纪50年代以来，随着各地展开的考古调查与发掘，逐渐发现一些汉代陵墓石兽遗存，这些成果主要以类型学的整理与著录出版形式呈现，为我们了解和认识汉代陵墓石兽和汉代雕塑艺术提供了更多的依据与实物例证。如《中国美术全集•雕塑编2秦汉雕塑》，将秦汉时期的雕塑作为一专门部类进行著录，其中大多为当时所掌握陵墓石兽材料。汤池的《秦及西汉时期的雕塑艺术》一文被录入其中，他在文章中对汉代陵墓石雕予以强调和重视。该书还收录刘兴珍《东汉时期的雕塑艺术》一文。同时，刘兴珍还有《地面大型石雕》一文录入顾森主编《中国美术史•秦汉卷》第四章，特别将秦汉时期的陵墓石兽作为一个专题进行研究。分为秦、西汉、东汉三个阶段，重点论述了霍去病墓石雕的艺术风格及特色。[12]金维诺《汉代雕塑》一文，以考古资料为依据，从雕塑的类型、题材、分别、区域特征、发展脉络、制作工艺、思想性和艺术性等方面全面介绍和论述了汉代雕塑的整体面貌。[13]王子云的一系列美术考古文章中，对各地汉代陵墓石兽遗存进行了介绍与论述，其中涉及陕西、四川、山东、河南等地多处石兽遗存。[14]

同时，各类美术史专著及图录对汉代陵墓雕塑进行著录和介绍，如《中国雕塑史图录》《中国雕塑艺术史》《中国雕塑史》《中国美术通史》等。林树中对流失海外的中国古代雕塑艺术品进行了调查并汇聚成《海外藏中国历代雕塑》出版，其中介绍了一些之前未曾著录的汉代陵墓石兽新材料。

陕西地区的陵墓石兽遗迹主要以西安及周边地区发现为主，其中有对陕西咸阳石辟邪的记载，有临潼发现汉代石羊及毕源石兽的记载，还有对城固张骞墓前石兽的介绍，也有汉武帝宫苑建筑石雕如太液池石鱼和昆明池牛郎、织女的发现。除陕西之外，在山西和青海均发现了西汉石虎。在山东则有鲍王村石兽、孔林石兽等材料被发现。在河北有内丘石兽的发现。在四川，有雅安、芦山石兽材料被逐渐发现和清理，有都江堰的汉代石像，有昭觉石兽等。近年来，又在河南孟津、南阳、许昌，安徽，四川渠县等地相继发现汉代大型石兽。

从目前所发现的石兽遗存来看，汉代陵墓石兽在时间分布上，从西汉武帝时期到东汉末期直至三国、西晋早期，历三百余年。但是各个时期的遗存并不平均，表现为西汉时期遗存相对较少，各类遗存集中在东汉时期，尤以东汉中晚期较为密集，有些地方这种传统更一直持续到三国、西晋早期。在汉帝国的广大疆域内，陵墓石兽在各地的分布情况并不平衡。陵墓石兽比较集中分布在当时经济、文化发达的主要区域，表现出与汉代画像石的区域分布很强的一致性。散布在东起滨海地区的山东，西到甘陕、四川西部

[11]（日）水野清一：《前汉代に於ける墓饰石雕の一群け就いて一霍去病ての坟墓》，《东方学报》第三册，1933年。

[12] 刘兴珍：《地面大型石雕》，顾森主编《中国美术史•秦汉卷》，济南：齐鲁书社，2000年。

[13] 金维诺：《汉代的雕塑》，《雕塑》2003年第4期。

[14] 王子云：《从长安到雅典：中外美术考古游记》，长沙：岳麓书社，2005年。

一线，北到陕西北部，南至四川南部的广大区域内。

二、汉代陵墓石兽的研究

具体而言，汉代陵墓石兽问题的研究，除去前文所述以介绍田野调查与考古发掘成果为主的，从类型学、年代学为出发点的材料整理和汇编之外，所涉及的研究问题主要集中在以下三个方向。

（一）陵墓石兽与陵寝制度问题

杨宽在《中国古代陵寝制度史》中对汉代陵墓制度与陵墓石兽的关系作了详尽的论述，他认为东汉时期墓前石刻："第一个特点是，墓地上的石刻群往往布置在祠堂或祠庙的前面，说明石刻群的出现该与当时盛行的上墓祭祀的礼俗有关。""第二个特点是，墓地上石刻群往往成对布置在墓前大道（神道、隧道）的两旁。"[15]王鲁豫《汉晋南北朝墓前石雕艺术》从中国陵墓制度谈起，将中国古代陵园石雕艺术的发展分为诞生期、规制期及完备期三个阶段，对陵墓石兽遗存进行了较为详尽的收录。[16]秦臻在《汉代陵墓石兽研究》中对现存材料进行全面梳理，初步建立了汉代陵墓石兽乃至汉代石雕艺术的类型学系谱，并对中国陵墓制度的发展进行了详尽总结，认为两汉时期的陵墓石兽造型规范和设置制度，早在春秋、战国时期已初现端倪。西汉承袭秦制，有了比较规范的陵寝制度，开始设置具有"起居、衣冠、象生"之备的陵墓附属设施。自西汉中期开始，先秦时期各地墓葬中散见的以镇邪驱魔为目的墓俑、兽开始出现于墓冢地面，成为陵墓石兽最早的形式。及至东汉，随着陵寝制度的逐渐完善，厚葬观念的不断普及，帝王陵墓前开设神道，通过对宫苑建筑体例及仪仗护卫雕刻造像的全力仿效，陵园墓前列置石人和石兽更是形成完善的制度，开启了南北朝陵墓制度之标准，并为中国古代陵墓石刻制度奠定了完善的规制基础。沈琍认为汉代墓葬形制与墓前神道石兽的形成,不仅受制于汉代丧葬礼俗的直接因素,同时受到外来文化的影响。而各地由于其地域、传承、相关背景的不同,石刻造型均显示出不同的风格特征。[17]杨荣新在《我国古代的陵墓神道石刻》一文中对自西汉到明清的陵墓石刻制度的演变做了回顾性的介绍。

值得一提的是日本学者曾布川宽对南朝时期帝陵的研究。他并未囿于南朝石兽，而是对汉代到南朝石兽做了全面的介绍，并结合陵墓制度的演变探讨了其嬗变的过程及成因。[18]

杨宽先生率先将陵墓神道石兽的设置与上墓祭祀的礼俗联系在一起考察，进而讨论

---

[15] 杨宽：《中国皇帝陵的起源与变迁》，《中国古代陵寝制度史》，上海：上海人民出版社，2008年。

[16] 王鲁豫：《汉晋南北朝墓前石雕艺术》，北京：北京广播学院出版社，1992年。

[17] 沈琍：《汉代神道石刻与墓葬形制》，《大连大学学报》2008年第4期。

[18]（日）曾布川宽：《六朝帝陵——以石兽和砖画为中心》，傅江译，南京：南京出版社，2004年。

陵墓石刻制度的内容、起源以及对后世所产生的影响。学术界普遍认为，陵墓石兽成为制度性设置，肇始于两汉时期。西汉承袭秦制，确立了比较规范的陵寝制度，陵墓附属设施的建设导致了陵墓石兽群的出现。其原因，一方面是有了墓前石兽所存在的空间，一方面是受草原民族立石传统影响，同时更是延续先秦时期各地墓葬中散见的镇墓俑、兽形象的设置。

至东汉，随着“上陵礼”的实施及“祠堂祭拜”的流行，帝王陵墓前开设神道，通过对宫苑建筑形制及仪仗护卫的仿效，陵园墓前列置石人和石兽形成完善的制度。随着中西方交流的日益扩大，在来自西域等地的文化因素影响下，陵墓石兽的题材类型、造型特征及表现手法均出现了新的文化因素。确立于东汉时期的这种陵墓制度，虽然一度衰落，其后又由南北朝陵墓制度所继承，并为中国古代陵墓石刻制度奠定了完善的规制基础。

（二）汉代陵墓石兽与中外文化交流问题

汉代陵墓石兽的艺术源流及其所反映的中西文化交流问题，一直是中国早期艺术史研究所关注的问题。如姜伯勤在对学术史的回顾中就指出：“关于有翼神兽‘天禄’、‘辟邪’的考释，是上世纪中国学术史上有成效的论题。”[19]

1928年，喜龙仁于《东方艺术》杂志发表《早期中国艺术中的有翼兽卡美辣》一文，首次提出了通过对有翼兽的系统研究，来认识南朝陵墓石兽风格受到波斯、亚述影响的观点。[20]该文影响了这一时期国内学者的研究视野与研究方法。1935年，滕固在《六朝陵墓石迹述略》一文中，承袭喜龙仁关于汉晋有翼神兽与外来文化因素关系的观点，对六朝陵墓石兽作了分析，结合其在意大利考察时期见过的“有翼的希美辣（Winged Chimera）”认为：“有翼兽传自波斯，而远溯于亚述利亚，自无疑义。但何时传入中国，这是很成问题。……六朝陵墓的有翼兽可断言其渊源于汉代。”梁思成同样认为中国的有翼石兽应该是外来文化影响的结果：“考古艺术之以石狮为门卫者，古巴比伦及阿西利亚皆有之。然此西亚古物与中国翼狮之关系究如何，地之相去也万里，岁之相去也千余岁。然而中国六朝石兽之为波斯石狮之子孙，殆无疑义，所未晓者，则其传流之路径及程序耳。”[21]

六朝陵墓石兽作为汉代陵墓石兽的继承者，其研究与汉代石兽具有很强的相关性。与滕固同一时期的学者朱希祖、朱锦江等人均对南朝陵墓石兽进行研究，其中也涉及对汉代陵墓石兽遗存的观察。尤其是朱希祖的《六朝陵墓调查报告》序言：“一物之微，考其制作，各有其历史之根据，文化之渊源，例如六朝陵墓之神道石柱，天禄辟邪，

[19] 姜伯勤：《中国祆教艺术史研究》，北京：生活·读书·新知三联书店，2004年。

[20] Osvald Siren，“Winged Chimseras in Early Chinese Art”，*Easter Art*，October，1928。

[21] 滕固：《六朝陵墓石迹述略》，《滕固艺术文集》，上海：上海人民美术出版社，2003年。

一经考古者详为考核，精为比较，则与希腊波斯印度之文化，颇有息息相关。”[22]又在《天禄辟邪考》中引用文献考据对辟邪概念进行了辨析，并认为南朝陵墓石刻源流是本民族固有基础上吸取外来事物而成。而其子朱偰则认为墓前有翼石兽源于亚述，传至波斯后流传至中国，但是“此种作风既起自西亚，如何传至中国，颇成疑问”[23]。

李零在对中国早期艺术中的有翼神兽问题的研究中，论证了汉代陵墓石兽中的有翼神兽的艺术渊源与中外文化交流中的意义。他认为：“中国的有翼神兽，无论从文献记载看（如《汉书•西域传》的记载），还是从文物形象看（如依托狮子的形象），都与西亚、中亚和欧亚草原的艺术有不解之缘。”[24]沈福伟在《中外文化交流史》中认为汉代石兽形象由于外来的新题材的增多而大大丰富。两汉时期动物纹的题材和造型风格有明显的变化，表现在圆雕动物形象逐渐消失，发展成大型镇墓石狮、石马和天禄、辟邪。[25]于春在其硕士学位论文《我国出土战国至六朝时期的“有翼兽”及相关问题》中认为,东汉时期大型墓前有翼神兽的意义，应该是受到中亚斯基泰—西伯利亚游牧文化的影响，是将有翼神兽作为亡灵的引路人形象，它的宗教含义与最早源于西亚地区的鹰首狮身的有翼兽“格里芬”基本类似。[26]

而霍巍则以陵墓石兽为切入点讨论中西文化交流并讨论了其地域风格的形成与艺术源流的问题，其研究见于《四川东汉大型石兽与南方丝绸之路》《神兽西来——重庆忠县新发现石辟邪及其意义初探》等文及其与赵德云合著的《战国秦汉时期中国西南的对外文化交流》[27]一书中。秦臻对四川渠县新发现两具石兽的研究认为，其中残石辟邪为中国陵墓石兽中较早出现的狮型石兽，其造型手法应与西域文化传入有关系,是吸纳了佛教教义中护法狮子的意义并结合中国传统墓前镇守石兽升仙含义的产物。该石兽的发现,也验证了南朝陵墓石兽除受到来自南阳、襄阳等地的影响外,还受到来自沿长江上游的四川、重庆等地的影响。[28]

同样，很多学者也关注到了中国古代大型石雕艺术的渊源与地域传播的问题。林梅村以一系列文章进行讨论，分别从陵墓石兽的艺术原型、艺术源流、流传线路等方面进行研究。他认为,有“三种文化因素对中国大型石雕艺术的起源和发展起了重要的作用。首先基

---

[22] 朱希祖、滕固等：《六朝陵墓调查报告》，南京：中央古物委员会，1935年。

[23] 朱偰：《建康兰陵六朝陵墓图考》，北京：商务印书馆，2006年。

[24] 李零：《论中国的有翼神兽》《再论中国的有翼神兽》《“五星出东方利中国”织锦上的文字和动物图案》，《入山与出塞》，北京：文物出版社，2004年。

[25] 沈福伟：《中外文化交流史》，上海：上海人民出版社，2006年。

[26] 于春：《我国出土战国至六朝时期的“有翼兽”及相关问题》，《中国四川西部人文历史文化综合研究》，成都：四川大学出版社，2003年。

[27] 霍巍：《四川东汉大型石兽与南方丝绸之路》，《考古》2008年第11期；《神兽西来——重庆忠县新发现石辟邪及其意义初探》，重庆中国三峡博物馆编《长江文明》第一辑，重庆：重庆出版社，2008年；《战国秦汉时期中国西南的对外文化交流》，成都：四川出版集团巴蜀书社，2007年。

[28] 秦臻：《四川渠县新发现汉晋石兽及相关问题》，《四川文物》2013年第2期。

于中原本土文化因素;其次,受欧亚草原,尤其是阿尔泰语系游牧人古代艺术的强烈影响;其三,张骞通西域后,中国石刻艺术才开始和中亚希腊化艺术以及西亚波斯艺术进行交流"[29]。沈琍则在《陕西汉代雕塑研究》一文中全面地对陕西地区汉代雕塑遗存进行研究，并探讨了汉代大型石雕艺术传统从关中地区向周边地区传播的路径及成因等问题。[30]

综上所述，汉代陵墓石兽尤其是有翼镇墓神兽是中国传统造型在中西文化交流过程中吸收西方有翼兽的造型因素与多样装饰风格结合而逐步形成的。具体而言，在新石器时代至战国以前，翼兽的本土化特点显著，反映出本土文化因素的阶段性。在春秋战国至秦汉时期，接受来自北方草原民族文化因素的影响，有翼形象与中国传统图像进行结合。进入东汉以来，有翼神兽形象接纳了新的宗教因素与造型观念，大量出现，同时开始流行大型镇墓有翼神兽。

（三）汉代陵墓石兽艺术及风格问题

喜龙仁于1925年出版了《五至十四世纪的中国雕刻》四卷本，其图版中著录了大量被梁思成称为"言之甚详"的南朝石刻遗迹，奠定了以艺术风格学为理论的中国陵墓石兽发展史研究基础。英国学者苏立文（Michael Sullivan）在《艺术中国》第五章《秦汉艺术》中，对秦汉时期的雕塑艺术进行了专门论述，特别提出霍去病墓前石兽具有萨珊艺术的特征。[31]国内学者如阎文儒对陕西关中地区的陵墓石刻的研究[32]，王玉池[33]、刘凤君[34]、龚良[35]以及苏健[36]等人对东汉陵墓建筑及其雕刻的研究，均对此问题有所推进。其中，苏健以纪年材料为分析依据，对汉代石辟邪材料进行了初步阶段性划分,提供了汉代陵墓石兽分期研究的基本依据。另外，一些学者也对汉代陵墓石兽所体现的中国古代雕塑的艺术语言及审美特征进行了探讨，包括对审美特征、装饰传统、造型规律和造型语言符号等问题的研究，同时，也从美学角度讨论了浪漫主义产生的三个方面的背景，分别有本土文化根源，中国古代人的生死观，与草原文化的互融影响。

长久以来，学术界对特定地区或典型墓葬的陵墓石兽给予持续的关注。霍去病墓前石刻群是长期以来研究的重点，其研究范围涉及陵墓石刻制度、石雕年代、造型风格、

[29] 林梅村：《秦帝国大型石雕艺术的起源》，《古道西风：考古新发现所见中西文化交流》，北京：生活·读书·新知三联书店，2000年。

[30] 沈琍：《陕西汉代雕塑研究》，罗宏才主编《西部美术考古》，上海：上海大学出版社，2008年。

[31]（英）苏立文：《艺术中国》，长沙：湖南教育出版社，2006年。

[32] 李零：《论中国的有翼神兽》《再论中国的有翼神兽》《"五星出东方利中国"织锦上的文字和动物图案》，《入山与出塞》，北京：文物出版社，2004年。

[33] 王玉池：《美术史论丛刊》第一辑，北京：文化艺术出版社，1981年。

[34] 刘凤君：《东汉南朝陵墓前石兽造型初探》，《考古与文物》1986年第3期。

[35] 龚良：《陵墓有翼神兽石刻的发展及其艺术源流》，《华夏考古》1994年第1期。

[36] 苏健：《洛阳新获石辟邪的造型艺术与汉代石辟邪的分期》，《中原文物》1995年第2期。

雕刻技法、石雕设置的意义及渊源。

除去前文所介绍材料外，还有王子云、傅天仇等人对霍去病墓石刻群系统的介绍和较为综合的研究。陈直对霍去病墓前石刻中所发现的题铭进行了释读与研究，并探讨了汉代工官制度下的石雕营建体系。[37]秦臻则讨论了汉代墓葬营建制度下的工匠和赞助人等问题。[38]何汉南认为霍去病墓前石刻是随葬制度的创新，是地下埋葬品转移到地上改为永久保存形式的表现。

一些学者更对霍去病墓前石雕的设置意义提出新解，如陈诗红的《霍去病墓及其石雕的几个问题》认为其设置体现了当时的神仙方术思想，山形墓上点缀动物并镂以奇珍异兽与当时仙人博山炉有类似的构思关系。[39]这一观点，承袭了20世纪30年代日本学者水野清一的看法，水野清一是最早提出“博山炉”这一概念的学者，他认为霍氏墓前石刻群虽然直接表现的是纪念性形式，但从另外一个角度体现了当时盛行的追求长生不老升仙思想的社会风尚。持有类似观点的国内学者有程征[40]、林通雁[41]等。同样，贺西林在其《“霍去病墓”的再思考》中对墓葬概念的生成方式提出与之前不同的观点，并就其功能性、思想性及属性等问题做了探讨，认为所谓霍去病墓石雕其实是构筑了一个巨大的仙山蓬莱景象，其主旨不在记功，而在于构建一座虚拟的神仙世界来表达死与永生的观念，同时对霍去病墓的位置提出了质疑。[42]郑岩更进一步将其阐释为某种“景观”或“大地艺术”的表现，他认为霍去病墓石雕与汉碣石宫、昆明石、织女像等具有同样粗犷风格的石雕一样，表达了当时所盛行的神仙宗教观念。[43]

而闫松岭则对霍去病墓石雕群的审美取向与形象源头提出了新的看法，与学术界较多认为其意匠来自西域的观点相左，他认为其意匠源自楚文化背景。这一看法得到了孙长初的认同，他进而以南朝陵墓石兽为例，认为其艺术渊源与楚地漆镇墓兽有联系。[44]

从上述内容可以看出，汉代陵墓石兽艺术的研究从早期以西方学者为主的艺术风格史意义上的探讨，发展到将汉代陵墓石兽艺术置入到更为广阔的社会史、文化交流史研究背景中去考察，所涉范围、内容不断扩展，研究方法也日趋多样化。既有通过图像考释与比较，从图像表现和图示意义上来梳理其艺术渊源及意义的尝试；同时也利用艺术

[37] 陈直：《 陕西兴平县茂陵镇霍去病墓新出土左司空石刻题字考释》，《文物参考资料》1958年第11期。

[38] 秦臻：《四川东汉陵墓石兽所见丧葬艺术赞助人问题》，《中国汉画学会第十二届年会论文集》，2010年。

[39] 陈诗红：《霍去病墓及其石雕的几个问题》，《美术》1994年第3期。

[40] 程征：《为冢象祁连山——霍去病墓石刻群总体设计之探讨》，《西北美术》1984年第2期。

[41] 林通雁：《西汉霍去病墓石雕群的三个问题》，《美术观察》2009年第3期。

[42] 贺西林：《“霍去病墓”的再思考》，《美术研究》2009年第3期。

[43] 郑岩：《风格背后——西汉皇室大型石雕新探》，北京：第三届中国高等院校艺术史学年会，2009年10月。

[44] 孙长初：《六朝石刻辟邪艺术图像的释读》，《东南文化》2008年第2期。

赞助人的方法，通过对影响艺术作品的外在因素的研究，去认识汉代陵墓石兽所体现的艺术赞助机制，赞助人及被赞助人关系所体现的思想观念、社会状况等内容；还有通过研究艺术品的制造者——工匠的问题，来考察艺术作品的地域特征及艺术赞助机制下的艺术作品商品化的问题。

三、汉代陵墓石兽研究与展望

自20世纪以来，汉代陵墓石兽开始逐渐为研究者所关注，各种调查、著录和图录较为系统而全面。由于历史原因流散于海外的石兽也由研究者进行了多次实地走访、勘察并初步完成了资料收集与著录工作。学术界已经初步建立汉代陵墓石兽的分区域、分阶段的类型学系谱。在此基础上，在汉代陵墓石兽与墓葬制度、丧葬礼仪甚至中国陵墓制度的发展等问题的研究上，在文化交流与中西交通史的研究上，在陵墓石兽所体现的汉代石雕艺术及艺术史所关注的一些问题，如艺术渊源、艺术交流、艺术赞助、艺术工匠、艺术商品化等问题的研究上，均取得较多成果。

汉代陵墓石兽作为陵墓建筑系统和墓葬礼仪空间的一个组成部分，其形制是与墓葬建筑整体配套而存在的。作为汉代丧葬艺术中非常典型的表现，它是反映当时社会状况与思想观念非常重要的考古学遗存。所以，通过这样一个典型的材料，开展各类专题研究，从中透物见事、透物见人，是非常重要的。

同时，汉代雕塑艺术是中国艺术史上的一个黄金时代。作为最能体现汉代造型艺术风格与精神的实物遗存，汉代陵墓石兽是我们研究中国早期艺术形式和图像传统的最佳选择。而且,成型于汉代的陵墓石兽制度，根植于本土文化土壤，在频繁的文化交流与撞击中逐渐形成独具特色的体系。这种制度直接影响了南朝陵墓石刻的产生并为其所继承，形成了长达千余年的中国陵墓制度。所以，通过汉代陵墓石兽制度及其渊源的研究，有效地认识中国陵墓制度的产生、发展与成型，具有非常重要的意义。再者，从艺术史的研究角度而言，对历代画史、画论中甚少著录的陵墓石兽的关注，其实代表了一种新的研究视野与学术发展趋势，即通过对传统观察、研究对象的扩展，通过方法论上的多样探索，对不同阐释概念与历史叙述模式深度开发，这也是考古学与艺术史相结合产生艺术考古学以来的成果与趋势。从研究现状看，研究重点聚焦于石兽遗存与陵墓制度的关系、陵墓石兽所体现的文化交流、陵墓石兽的艺术风格及艺术成就等方面。随着研究方法的不断丰富，研究视野逐渐开阔，陵墓石兽问题应与艺术史、人类学、社会学，甚至思想史等研究领域结合且不断拓展，会呈现出更多更新的研究成果。

汉代栾栱考辨

刘冠

内容提要：本文是对汉代木构建筑中栾栱部件进行的多方面考证与辨析，具体通过梳理考古成果及传世文献中与栾栱相关的内容，并对照已有研究理论，在综合论证的基础上逐步形成对汉代栾栱的阐释。文中考证了栾栱的含义，总结了栾栱的形态特征，并据此对栾栱出现的技术和观念层面原因进行分析，从而推想栾栱在中国木构建筑体系中的文化内涵及意义。

关键词：早期斗栱　栾栱　直枅　弯举　建筑图像学

术语：本文所使用的一些术语，其内涵与外延有可能异于通常惯例，特此提出并界定如下。

斗栱——中国传统木结构建筑中梁枋和立柱间的重要承重部件，兼具结构作用与文化内涵。在历代文献中又被称为斗科、铺作、欂栌等。

早期斗栱——斗栱定型化之前的斗栱类部件的统称，早期斗栱存在山节、欂栌、层栌、欂栌等别称。

栾栱——呈弯曲形状的横向栱木，亦称曲枅。

枅——建筑斗栱结构中横向的栱木部件，栱的别称。

弯举——栾栱的栱臂所呈现的∪形上弯造型，用以承托梁枋，因而称举。

卷杀栱——斗栱定型部件。端部下缘被砍削成上弯曲线或折线的直枅，多为一斗三升，上缘栱头两端与中心坐枓处之间挖栱眼，在直枅的基础上形成翘曲的效果。

1. 导论

1.1 本文结构和材料

第一节导论部分介绍了本文总体结构和所用材料，并简述目前已有研究理论与现状，概括本文写作目的与研究意义。第二节从解释栾栱的含义入手，结合汉代栾栱出现的历史文化背景展开论述。第三节以考古成果为基础，通过对比栾栱与同时期直枅的制作与使用，从多方面探讨汉代栾栱的技术特点与艺术特点。第四节在前文论述的基础上，运用相关材料对栾栱出现的形式内涵进行分析，以提出可能存在的文化来源。第五节则重点将栾栱对后世木构建筑斗栱体系的价值和意义加以总结。

所用材料：本文所用材料主要依据北京大学汉画研究所相关收藏和资料；图像资料，主要依据《中国画像石全集》（第一卷至第七卷）、《中国画像砖全集》（四川汉画像砖）、《河南出土汉代建筑明器》、《中国古代建筑史》、《杨鸿勋建筑考古学论文集》等图册及相关书目上的图版。本文所用材料截至2011年1月。

1.2现有研究综述

关于汉代栾栱的研究主要可分为三个层面：

第一层面：名称与定义。古人对栾栱的理解，反映为历代传世文献中论及栾栱名称与定义的内容。例如《营造法式》就收录了閞、槉、欂、枅、栾、栱共六种名称[1]；而《说文解字注》则分别以词条形式解释了与栾栱有关的枅、欂、栭、櫼等字义。[2]

第二层面：形制与特点。当代人对栾栱的认知主要基于汉代考古的开展，大量汉代石阙、墓室建筑构件、明器和画像砖石中的斗栱形象，被广泛收录于相应考古发掘报告之中，成为开展研究的基础。建筑史论著作则依托考古成果，如《中国古代建筑史》[3]、《中国建筑艺术史》[4]等，对汉代栾栱的形制特点加以整理和描述，形成了探讨汉代栾栱问题的总体框架。

第三层面：功能与来源。由于木构建筑实物的缺失，对汉代栾栱等早期斗栱部件之

[1]《营造法式》（卷四•大木作制度一•栱），据《卷一•总释上•栱》所载，[宋]李诫撰，邹其昌点校《营造法式》，北京：人民出版社，2006年，27页。上述名称分别引自《尔雅》《苍颉篇》《释名》《鲁灵光殿赋》《博雅》《西京赋注》《吴都赋》。

[2] 详见《说文解字注》第十一卷，第六篇注上。[汉]许慎撰，[清]段玉裁注《说文解字注》，上海：上海古籍出版社，1981年，254、257页。

[3] 在东汉和三国时期，斗栱已发展到相当成熟的阶段，使用已相当广泛。……栱端卷杀也不止一种，其中四川一带有用复杂曲线构成∽形和P形状的，最为特殊。刘敦桢：《中国古代建筑史》（第二版），北京：中国建筑工业出版社，1984年，78页。

[4] 栱的另一种形式是曲枅，弯形，早期又称“曲栾”或“栾”，两端置斗，也是一斗二升。萧默主编《中国建筑艺术史》，北京：文物出版社，1999年，235页。

功能、来源等问题的研究，整体上略显薄弱。目前建筑史学界普遍认同汉代栾栱作为斗栱定型化之前的一种发展方向，源于建筑装饰美化的尝试，其独特的形态虽存在一定功能意义，但因过于偏重装饰和夸张，背离了建筑基本结构需求，因而被更趋合理的卷杀栱所取代。

1.3研究目的与意义

栾栱作为斗栱演化过程中的关键节点和典型阶段性部件，多见于东汉，其弯曲的形态从细微处折射出汉代木构建筑技术与艺术的发展，并使得蕴含其中的营造观念得以显现，为今人探究斗栱这一中国传统木构建筑标志性元素的源起和内涵提供了可兹比较的标本与追溯的可能。

本文通过深入分析汉代栾栱的功能、制作手段、形制和艺术特点，旨在梳理它在建筑中的作用与文化内涵，并联系相关材料，推测其造型来源，进而总结其在斗栱整体发展过程中的作用。此项研究不仅有利于学界正确认识汉代栾栱的本质与价值，而且对促进今人理解汉代建筑文化存在明显的现实意义，亦可为斗栱起源问题的研究提供有力的旁证。

2.汉代栾栱的含义与文化背景

2.1 栾栱含义

何谓栾者，《说文解字注》释曰："欒，木，似栏。栏者今之楝字。本艸经有栾华。未知是不。借为圆曲之称。如钟角曰栾。屋曲枅曰栾。"[5]栾本义为栾树，亦名栾华，引申为圆曲之意。《释名•释宫室》曰："栾，挛也，其体上曲挛拳然也。"说明栾与挛二字可通，取象向上蜷曲不直之态。《博雅》亦曰："欂谓之枅，曲枅谓之栾。"

枅与欂可互译，《说文解字注》释曰："枅，屋欂栌也。按有枅，有曲枅。枅者，仓颉篇云柱上方木也。"欂，其注曰："柱上枅也。"[6]枅与欂俱为与栌不同之柱上方木，加之枅又有"悬挂秤的横木"之意，《太平御览•资产部八•屠》载："步行，从市过，见屠肉枅。"因此，枅应为斗栱结构中平直的替木或横木，而栾自然就是弯曲形态之栱木，李善注："薛综《西京赋》注曰：'栾，柱上曲木，两头受栌者。'栱，栾类而曲也。"这些文献资料清楚地表明，栾栱的实质就是呈向上弯曲形态的枅，用以作为承托枓的建筑构件。

栾栱或言曲枅，相对于直枅的变化看似微不足道，实则意义重大：它一方面继承并发展了早期斗栱雏形（山节）和平叠栱的功能与结构原理；另一方面又开启了后世建筑栱木卷杀的基本形制，并且其自身在汉代斗栱体系大发展的背景下，也表现出丰富多彩的造型

[5] 许慎撰，段玉裁注：《说文解字注》，上海：上海古籍出版社，1981年，245页。

[6] 许慎撰，段玉裁注：《说文解字注》，上海：上海古籍出版社，1981年，254页。

方式，从而生动地反映了中国传统木结构建筑斗栱体系演化的内在趋势与观念来源。

2.2 汉代栾栱出现的文化背景

相对于纷乱动荡的春秋战国和短暂的秦朝，汉代社会总体呈现出统一而繁荣的面貌。长期的社会稳定以及财富充盈为汉代建筑的发展提供了必要的物质保证；冶铁和其它手工业的兴旺拓展了营造活动所需的工具和手段；同时，融合了楚文化[7]、黄老哲学、儒家伦理及诸子学说所形成的汉代思想和神话体系，则成为汉代建筑艺术所追寻的精神共识[8]；而对先秦各类建筑方法与形制的继承，客观上又形成了汉代建筑演进的技术基础。这些因素都是促进汉代建筑斗栱发展及栾栱出现的客观前提。

另一方面，若与前代相比，建筑在汉代社会生活中的作用和位置亦有显著提升和改变，并取代青铜礼器而被视为社会文化最具代表性的物化反映。在西周完整的宗法社会里，大型建筑主要的社会功能仅是作为承载"重器"和宗法礼仪活动的场所；而自"礼崩乐坏"的春秋时代直至秦汉，建筑的文化性渐趋独立与自觉，并逐步成为彰显社会政治权利、伦理道德，甚或家族与个人功业和财富的标志，正如《史记》记载萧何言及未央宫形制"非壮丽无以重威"[9]，便十分清晰地反映了当时宫殿营造的首要追求。巫鸿先生认为："礼制艺术的时代随着九鼎的消失而结束。新历史时期中的纪念碑不再是神秘的'重器'，而是取而代之的宏伟的宫殿和陵墓建筑。"[10]

斗栱作为建筑中的重要部件，其作用的变化也经历了相应的过程。

目前可以肯定的是，斗栱的正式使用不晚于西周，西周时斗栱被视为建筑对社会宗法秩序的反映，其象征意义远大于实际结构和装饰意义，据《礼记•明堂位》的记载："山节、藻棁、复庙、重檐、刮楹、达乡、反坫、出尊、崇坫、康圭、疏屏，天子之庙饰也"，从中可见被称为"山节"的早期斗栱是周天子宗庙建筑神圣性的象征元素之一。[11]而《诗经•小雅•斯干》中"如跂斯翼"的诗句其实也是描写斗栱，意为建筑上如

---

[7] 汉初楚文化在宫廷中受到一定程度的欢迎。例如，刘邦本人是南方人，据说他欣赏楚乐。与此类似的还有，湖北的一个大一统以前不久的考古遗址中埋有秦和楚都使用的占卜文书。[英]崔瑞德、鲁唯一：《剑桥中国秦汉史》，北京：中国社会科学出版社，1992年，626页。

[8] 在汉代建筑中，这种共识主要表现为朴素的趋福避祸观念。"汉代人有一种共识，认为不可见的力量能够影响人的命运，人可以与这些力量进行交流，从而致富避祸。"[英]鲁唯一著，王浩译：《汉代的信仰、神话和理性》，北京：北京大学出版社，2009年，7页。

[9] 《高祖本纪第八》：高祖还，见宫阙壮甚，怒，谓萧何曰："……何治宫室过度也？"萧何曰："天下方未定，故可因遂就宫室。且夫天子以四海为家，非壮丽无以重威，且无令后世有以加也。"高祖乃说。[汉]司马迁：《史记》，北京：中华书局，2006年，81页。

[10] 巫鸿：《中国古代艺术与建筑中的"纪念碑性"》，上海：世纪出版集团、上海人民出版社，2009年，13页。

[11] 西周时山节作为斗栱的雏形，其具体形态目前尚未有完整的考古实例佐证，但在西周早期的一件青铜器"令簋"上，栌斗和散斗的形态组合已很清晰，可参考刘敦桢《中国古代建筑史》（第二版），北京：中国建筑工业出版社，1984年，39页。

枝杈般的山节助托着屋檐[12]，其目的在于明确说明建筑合于礼制的特性。

在春秋时期，伴随着建筑活动在宗法社会瓦解过程中不断出现“僭越”的现象，建筑中的斗栱已非天子宗庙的特权。由于宗法社会的瓦解尚未彻底，斗栱的使用虽常被僭越，但僭越者与旁观者仍认可其作为象征元素的作用。汉代荀悦的《汉纪•文帝纪上》说：“及至周室道衰，礼法隳坏，诸侯刻桷丹楹，大夫山节藻棁。”《礼记•礼器》则载：“管仲镂簋朱纮，山节藻棁，君子以为滥矣。”而在《论语》的记载中，子曰：“臧文仲居蔡，山节藻棁，何如其知也？”[13]虽意在讽刺臧文仲谄龟邀福，以宗庙之礼奉龟，但也可从侧面说明当时建筑僭越之甚，以及斗栱作为宗庙礼制象征物的意义并未褪尽。

而战国经秦至汉代早期，缘于社会宗法关系逐步让位于强大的政治实体和显赫的个人权威，宗庙的核心地位亦被宫殿和陵墓建筑所取代。[14]并且，为达到“壮丽重威”的目的，这些建筑力求高大、华美、奢侈，建筑日趋复杂的结构和华丽的装饰必然要求斗栱的进步，因此斗栱的结构作用和装饰作用开始超越原有的象征意义，斗栱的形状、大小、材质、雕绘等方面日益受到关注，并呈现蓬勃发展的态势。[15]及至东汉，随着建筑各方面条件的逐渐成熟，已充分积累了孕育栾栱发展的沃土。

汉代栾栱正是在这样一种文化背景下出现的。

3. 汉代栾栱的技术与艺术特点

3.1 汉代栾栱的技术特点

分析栾栱的技术特点须兼顾两方面因素：一是栾栱在建筑中的功能性特点，二是栾

[12]《诗经•小雅•斯干》中“如跂斯翼，如矢斯棘，如鸟斯革，如翚斯飞，君子攸跻”，并非描写建筑物飞檐翼角之态，而是指：“（建筑上）如枝杈般的山节助托着屋檐，如箭矢般的椽桷笔直锋利，（并且建筑整体）如大鸟展翅般宽阔舒展，又如锦鸡飞升般鲜艳而崇高（这些都是合于天子之礼制的），天子可以登堂行礼了。”详论参见笔者所撰，刘冠：《从〈诗经〉词句解读西周宫室建筑的外观》，载《装饰》2010年第6期，122页。

[13] 语出《论语•公冶长第五》。参见钱穆《论语新解》，北京：生活·读书·新知三联书店，2002年，125页。

[14]“这两类新型的纪念性建筑与强大的政治实体和显赫的个人权威直接相关，而不再引导人们寻觅宗族的本源。一座传统的宗庙在很大程度上依靠神圣的礼器以获得纪念碑性，而宫殿和墓葬纪念物则主要通过自身的建筑形式来实现它们的意义。……如果说中国艺术的发展曾在一段漫长的时期内重视礼器，那么这个新的历史阶段，建筑则成了艺术发展的火车头。”巫鸿：《中国古代艺术与建筑中的“纪念碑性”》，上海：世纪出版集团，上海人民出版社，2009年，99页。

[15] 后世封建社会亦存在系统的建筑等级规范，但其核心在于权力等级秩序的显现，与西周宗法社会亲缘等级秩序存在本质不同，本文暂不详述。而两汉时期尚未形成比较系统的建筑等级规范，因而，建筑的营造相对比较自由，形制多样，这也使斗栱的演变获得多样化的发展空间。

栱自身在制造过程中的工艺及材料特点，两方面互为因果，共同构成我们所要认知的栾栱结构。

建筑史论界对栾栱在结构功能方面相较早期斗栱和平叠栱的改进意义，业已形成比较明确的共识。如孙机先生提出："栾是一种两端翘起略似弓形的悬挑构件。它所装的斗大都开槽口，下部的欹多有𣂼，整朵斗栱通过榫卯拼逗结合在一起，性能比平叠栱大为改善。"[16]虽然目前的考古证据未能直接证明早期斗栱或平叠栱的斗皆不开槽口，但此观点却说明了由直枅发展至栾栱，在建筑结构功能改进方面的一种可能性。并且，汉阙、明器和画像砖石中的栾栱形象清晰地表明，栾栱向上弯曲的栱臂不仅改变了原始斗栱单纯依靠斗材与枅材高度累加的结构方式，有效地减小了构件自重，而且也极大地拓展了斗栱结构的灵活性和应用领域。

但是，栾栱的向上弯曲形态也明显增加了制造这种部件的难度。首先，栾栱的形状决定了它比较费料：平直的枅可由直径适当的圆木或方木加工而来，而栾栱则要根据构件拳曲的造型和尺度，选取大料刳刻而成，相对而言对材料的要求较高。其次，栾栱的成型也较费力：直枅仅需一般性切削加工，栾栱则必须多耗费不少雕凿之力，且须时刻注意避免其断裂，不易成型。最后，栾栱的制造必然十分费工：直枅在加工过程中易于保持构件规格尺度的一致性，对技术要求相对较低，而一座建筑中同时出现的多个栾栱则要保持造型和比例的一致性，必须良匠之巧工，其人工成本亦高，因而费工。

那么，栾栱的这些利弊特点，何以使之仅兴于汉代呢？汉代铁器工具的发展水平，无疑是在技术层面形成这一现象的决定性因素。

许多学者认为：尽管中国青铜器被公认为古代世界技术最为高超的青铜作品，然而古代中国人从未用青铜制造农业用具，并只是制造了少量的手工工具，青铜作为一种政治权利，主要服务于非生产性目的。[17]因而，在金属工具不够发达的夏商周时期，对建筑木质构件加工的平整顺直，应是建筑营造的首要目标。《国语•晋语八》载："天子之室，斫其椽而砻之，加密石焉；诸侯砻之；大夫斫之；士首之。备其物，义也"，在以这些基本构件如柱、枋、椽的平整顺直来区分建筑等级的时代，直枅斗栱（山节）足以作为"天子之庙饰"，使宗庙建筑有效地区别于一般性建筑，表明栾栱产生的技术条件显然尚未成熟。

铁与青铜在古人观念中存在明显不同，《国语•齐语》记载："美金以铸剑戟，试诸狗马；恶金以铸鉏、夷、斤、斸，试诸壤土。"铁并非被看作制作礼器的合适原料"美金"，而是作为"恶金"始终与实际生产活动密切相关。[18]随着战国时代冶铁手工业的

---

[16] 孙机：《汉代物质文化资料图说》，北京：文物出版社，1990年，166页。

[17] 巫鸿：《中国古代艺术与建筑中的"纪念碑性"》，上海：世纪出版集团，上海人民出版社，2009年，80页。

[18] 关于"恶金"所指目前学术界尚存争论，主流观点认为其指为铁，如郭沫若先生认为："所谓'美金'是指青铜。剑戟等上等兵器一直到秦代都是用青铜铸造的。所谓'恶金'便当是铁。铁，在未能锻炼成钢以前，不能作为上等兵器的原料使用。青铜贵美，在古代不用以铸耕

（转下页）

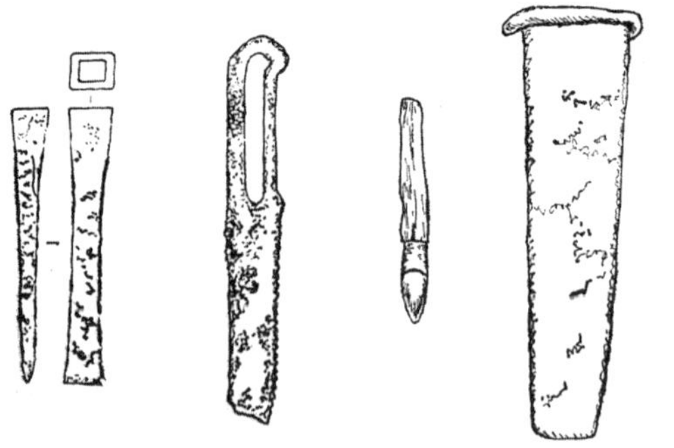

图1 考古发现的汉代铁制工具

迅速发展，及至汉代铁器已广泛使用，据《汉书•地理志》记载，（武帝时）全国共设铁官49处，并下辖若干专门作坊，铁制工具的种类和产量已十分丰富。通过考古发掘可知，汉代已具备斧、斤（锛）、斵、锯、凿、錾、锥、钻、锉、钳等基本铁制木工工具，相较前代可完成更加精细的加工，这也使直枅斗栱变得不再是罕见之物，而栾栱的出现则成为可能。

但值得注意的是，汉代木工工具的发展并未尽善：其中以刀锯为主的锯主要功能是断截，不具备破解大料的能力。[19]当时劈裂大木主要依靠斧、斤（锛）等工具砍切，或以名为"镌"的铁楔成排打入后裂解大料，在四川绵竹西汉木板墓中所出木板有明显的撕裂痕迹。因此直到晋代，仍推崇"直理易破"的木材。[20]而这种方式，使得汉代同一建筑物上的斗栱、枋料等，并未形成统一标准，相互之间未见有成熟的计算关系。这应是早期制材工具所使然（图1）。因为"裂解与砍斫"方式对木质材料的加工结果还较难以精确控制。[21]

具"。郭沫若：《希望有更多的古代铁器出土——关于古代分期问题的一个关键》，《奴隶制时代》，北京：人民出版社，1973年，33页。也存在不同观点，如白云翔先生曾撰文认为其指粗铜，提出："春秋时期人工冶铁尚处于初步发展阶段，人们对于铁的认识还不够完善，铁器的生产和在社会生活中的应用还有限。"白云翔：《"美金"与"恶金"的考古学阐释》，载《文史哲》，2004年第1期。

[19] 李浈：《刀锯考辨》，载《建筑史论文集》第16辑，北京：清华大学出版社，2002年，64页。

[20] 用斧—斤—斵的顺序进行加工，原料只能是直径较小的原木。对于大木来说，则须先解成板材。汉代虽已有夹背锯、刀形手锯和弧形锯，但均不能胜任这一要求。孙机：《汉代物质文化资料图说》，北京：文物出版社，1990年，24页。

[21] 李浈：《试论框锯对古代建筑技术的影响》，载《建筑史论文集》第12辑，北京：清华大学出版社，2000年，69页。

图2 四川荥经石棺左侧栾栱图像

图3 山东邹城画像石中水榭

因此，汉代栾栱的加工在当时虽有条件完成，但实非轻而易举。而其在结构功能方面较直枅又有一定优势，相对于直枅的简便实用，二者各有所长，这些技术特点造就了汉代栾栱与直枅斗栱长期并存的局面。[22]

图4 微山两城镇画像石中水榭

3.2 汉代栾栱的艺术特点

技术上费料、费工、费力的栾栱，体量越大也就意味着制作难度越大，数量越多则表明保持造型准确一致的水平越高，这便促使人们在建筑艺术方面，逐步形成大栱优于小栱，栾栱优于直枅，重栱优于单栱的营造观念。汉代明器、画像砖石、石阙和墓室中的建筑斗栱形象亦受此影响，产生了许多夸张甚至近乎不合理的栾栱形态，其虽可能与实际建筑有一定距离，但仍可佐证当时人们对栾栱的理想化追求。

第一，栾栱以巨大为美。以1969年四川荥经县城郊出土石棺左侧画面中的建筑形象为例（图2），其栾栱尺度巨大，左右栱臂对称且显著上弯，似为整料刳刻而成，为避免弯矩过大而断裂，中部增加一蜀柱支撑，说明时人不惜耗费工本，并以牺牲一定结构强度为代价来满足对大体量栾栱强烈的偏好。其他各地画像砖石中典型的一斗二升栾栱形象虽在比例尺度方面不及如此之巨，但仍明显大于同时代直枅或后世建筑斗栱中的栱木

[22] 在考古发现的汉代明器和画像砖石形象中，栾栱与直枅皆有大量使用，但会因地域和建筑功能差异有所不同。

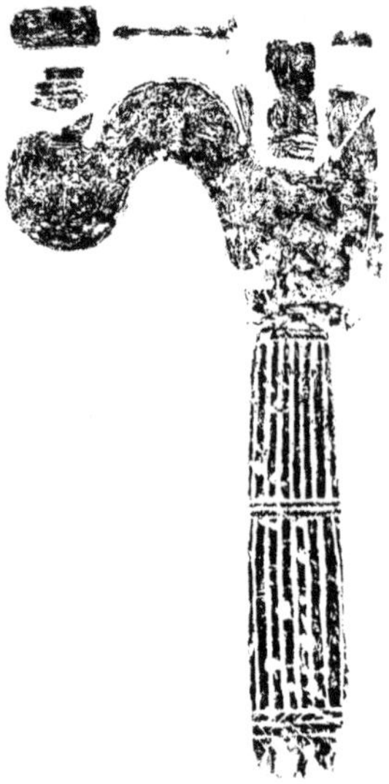

图5 乐山柿子湾崖墓栾栱

图7 沂南汉墓一斗四升栾栱

图6 内江崖墓石质窗下栾栱

部件，可以有力地证明栾栱以巨大为美的倾向。

同时，对有特殊承重要求的斗栱部件，时人则以另外的方式来表达栾栱求大的建筑观念：水榭类建筑对下部悬挑支撑的强度要求非常高，若仅从结构稳定角度考虑，平叠栱与支撑柱（斜撑柱）的组合最为简便实用，但在很多东汉画像石中，如山东邹城市郭里乡出土的水榭、人物、异兽画像石（图3），滕州市山亭区出土的水榭、人物画像石，微山县两城镇出土的水榭、人物画像石（图4）等却表明，人们更倾向于选择以平叠栱和大尺度栾栱相组合，下部再以柱支撑的“挑栱”结构。由于木材纹理特点，这类栾栱不可能以大木刳刻而成，因为这样必然会明显削弱栱臂的抗压强度，且也难以找到如此粗大的原木，但此类栾栱较少出现多个并置或左右对称的用法，所以笔者推断其应是选择自然弯曲的木料经表面加工而成。虽然加工过程看似较刳刻大料简单，但寻觅适当质地、粗细和弯曲形状的原料亦非易事，这也从另一角度说明了时人对大型栾栱的偏好。

第二，栾栱以多弯为美。栾栱又称“曲枅”，相对直枅而言呈向上弯曲之态。但在汉代栾栱发展的高峰时期，相对简洁的∪形上弯栾栱似已不能满足人们的审美需求，各类考古发现的建筑形象中造型多弯的栾栱屡见不鲜。其中，以四川所出土最为丰富，如上文提到的荥经县城郊出土石棺左侧画面中的栾栱中部略呈W形；而乐山柿子湾崖墓浮雕中栾栱

图8 江苏铜山檀山集画像石中的曲栱重栾

（图5）则呈现明显的双∽形上弯，且栱臂造型随弯曲有粗细变化，以强化弯动之势；内江崖墓石质直棱窗下斗栱在面宽十分有限的情况下，雕刻出拳曲动势强烈的栾栱造型（图6）。而山东沂南汉墓中室八角柱上的斗栱为增加装饰效果，在∪形栾栱之外又增加了两个倒置神兽形栱臂，形成独特的“一斗四升”状态（图7）。实质上这些W形、双∽形上弯或“一斗四升”的栾栱，相对于普通∪形上弯栾栱并无特别的结构意义，有的甚至会减弱栱臂强度，但却十分生动地说明当时人们以栾栱多弯为美的建筑观念。

第三，栾栱以重垒为美。在以大型建筑为主题的汉赋中，“重栾曲枅”类描写多次出现，王延寿《鲁灵光殿赋》载：“于是详察其栋宇，观其结构……层栌磥垝以岌峨，曲枅要绍而环句。”磥，古字同“垒”，堆砌。垝，高而危险之处。岌峨，形容高貌。要绍，张载注：曲貌。环句，亦作“环鉤”。环与环相勾联貌。因而，此句可理解为：（建筑斗栱中）层叠的枓堆垒而高，栾栱拳曲而相互勾联，说明这是一种由曲枅为栱并多层重叠构成的斗栱结构。张衡《西京赋》则载：“跱游极于浮柱，结重栾以相承”，直接言及多层的重栾构件。而何晏《景福殿赋》的描写更加细致：“于是兰栭积重，窭数矩设。欂栌各落以相承，栾栱夭蟜而交结。”注曰：“以木兰为栭，言兰栭重叠交互以相承，有似窭数，故借其名焉。”欂栌，斗栱也。夭蟜，栾栱长壮之貌。此句意为：（建筑上）以木兰制成的斗栱相互交叠承托，栾栱长大而彼此交错。这些文字皆明确反映了栾栱以重垒为美的观念，但仅凭文字仍不够直观，况汉赋状物总有铺陈张大之嫌，是否存在相应物象佐证文中所述呢?

在江苏铜山檀山集发现的一东汉时期楼阁、六博、杂技画像石中，画面中心楼阁下方由一大柱上施曲枅重栱支撑（图8），重垒多达4层，下部栱臂长大，为增加强度而在中轴部位置一长蜀柱辅助载荷，上层栾栱相互交叠，十分生动地展现出当时高等级建筑中“重栾曲枅”已成为一种典型特征，反映了时人视栾栱以重垒为美的风气。

图9 荥阳出土东汉陶仓楼明器中插栱局部

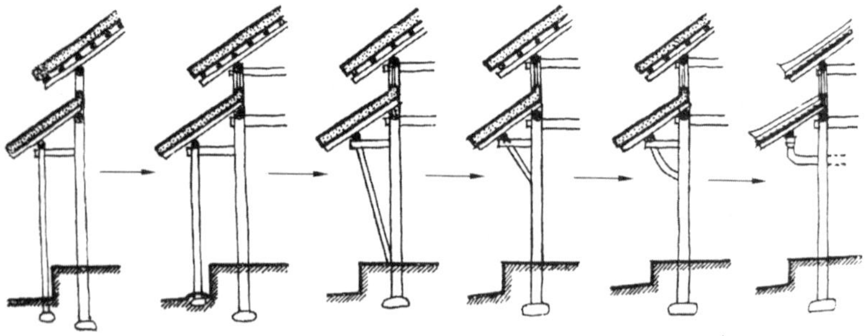

图10 杨鸿勋先生构想的斗栱来源过程图解

4. 汉代栾栱的文化来源推想

通过上文对栾栱技术与艺术特点的论述可以看出，汉代栾栱的应用虽然有一定结构意义，但却是以显著增加制作成本和难度为代价的，因而单就当时的建筑技术层面而言，栾栱并非技术进步的唯一或最佳选择。另一方面，文献记载和图像资料皆说明汉代人对栾栱的艺术特点和装饰效果高度关注，并往往将其作为建筑物的标志性元素加以强调。因此，在汉代建筑斗栱蓬勃发展的时代，斗栱部件的结构方式与装饰效果客观上存在多种发展途径，而为何选择上弯形态的栾栱作为演化的主流方向，其中必然存在深层次的文化来源，探究这种来源是令人全面认识汉代栾栱，并深入理解汉代建筑思想不可回避的课题。

不过，由于建筑文化来源问题的抽象性和不确定性，以及相关史料的不完整，所以

图11 徽州西递民居中的牛腿撑

图12 漳州裕昌楼又称“东倒西歪楼”，清晰地表明木构榫卯连接与四边形构架的特点

目前建筑史学界对此问题的专门论述较少，且常被归于斗栱起源相关论题中。[23]

而若将栾栱视为一种建筑文化现象并探寻其观念来源，首先应注意的是，栾栱本身并不曾独立构成完整的艺术作品，而是始终作为建筑整体一组成部分发挥作用。因此，不能仅从栾栱本身的形态推想其来源，而应充分注意其在建筑中的位置、方向、尺度等因素，否则便很容易陷入主观臆测的境地；另一方面，客观上栾栱的作用包含形式与功能两方面，片面强调任何一方面来源必然是不尽合理的。

由于汉代真实木构建筑和栾栱遗物的缺失，今人研究的主要对象只能是间接性形象遗存，其中很多信息并不完整，但包含在画像砖石中的汉代建筑图像、建筑明器、墓室、墓阙中的栾栱部件等间接性遗存数量甚多，因此可用对比归类的方式使之相互对照补充，以得到具有普遍代表性的结论。

栾栱的样貌虽多，但在建筑环境中皆可被理解为：栱臂由平出造型与弯举造型结合而成的势态，因而本节将以此深入剖析栾栱的文化来源。

[23] 关于斗栱起源问题存在多种意见，其中比较有代表性的有：王鲁民提出“山节本是男根的象征物……山节在建筑上的使用，是与踆乌有特殊关系的建筑意义完善要求的结果”。详见王鲁民：《中国古典建筑文化探源》，上海：同济大学出版社，1997年，26页。汉宝德则认为“斗栱系统从未是中国建筑构架的有机的必要的部分……它始于装饰，终于装饰”。详见汉宝德：《明清建筑二论》，台北：台湾明文书局，1988年，60页。而杨鸿勋先生则论证“承檐的高级结构——悬臂出跳的斗栱，是由承檐的低级结构——落地支撑的擎檐柱进化而来的，即斗栱的前身是一根细柱”。详见杨鸿勋：《建筑考古学论文集》，北京：文物出版社，1987年，89页。

4.1 栾栱缘何皆平出

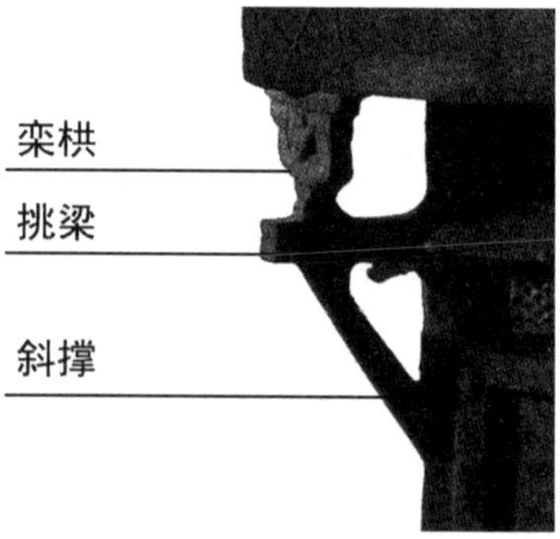

图13 河南灵宝东汉陶望楼明器局部

这里所说的平出造型意为水平方向的伸展，包括横向的“不出跳”栾栱与纵向的“出跳”栾栱两类。[24]其中“出跳”栾栱的数量虽不占多数，但相比“不出跳”栾栱具有更明显的结构作用，常见或为水榭类建筑平座下承挑建筑负荷的构件存在，即所谓“挑栱”；或为承托檐下直枅斗栱组的构件存在，即所谓“插栱”（图9）。而此类“出跳”栾栱的造型普遍比较粗壮，有明确的承托功能，栾曲上弯程度的差别较大，有些呈近乎90°角上弯；有些则仅微微上翘，几乎接近直枅，说明“出跳”栾栱在保证承重的核心作用之外，造型未及形成典型性规律，因而表面上似乎不便于总结栾栱平出的文化来源。

不过值得注意的是，有学者认为在一些明器陶楼中，承托屋檐的“向上斜挑梁”也属于“出跳”栾栱的原形或变形，杨鸿勋先生还绘制了该演化过程的构想图解（图10），但经反复比对，笔者认为此类斜挑梁实与斗栱并无直接关联，而是后世明清民居建筑中“牛腿”（别名马腿、撑栱等）类部件的原形（图11）。这一结论不仅出于二者造型和功能的相似性，而且从原理方面看，经过最原始的实拍栱以后（笔者认为实拍栱本质上更接近“雀替”，其是否可归于斗栱类部件，并作为斗栱的初级形态是十分值得怀疑的），斗栱中栱木的存在至少应满足两个条件：一者栱上应受栌（或曰枓）；再者栱木与梁枋没有直接接触，否则斗栱组合就不能成立，这与直接顶托梁枋的“牛腿”类斜撑是存在本质区别的，因此对比汉代“出跳”栾栱和“向上斜挑梁”的这种区别，可使今人更深入地理解栾栱平出的部分建筑文化原因。

若结合前文分析，我们不难发现在当时技术条件下，后者的制作应相对容易一些，且构成的三角形支撑也更牢固，因而理论上在结构效率方面是优于前者的。但前者得以充分发展，并在唐宋以后逐步演化成中国传统木构建筑的标志性元素，而后者却始终未成主流，仅停留于不得使用斗栱的“小式[25]”建筑中，说明此类构件在理论上的结构效率并非古人营造活动考虑的首要因素，因而今人也应以更广阔的视角思考这一现象。

栱木出于斗栱的组合，斗栱组合的根本在于木质构件间的榫卯连接，而木构榫卯属于典型的半刚性连接方式[26]，与彻底刚性的连接不同，半刚性连接允许构件从稳固状态

[24] 横向“不出跳”指栱木不承担悬挑作用的情况，纵向“出跳”指栱木承担悬挑作用的情况。

[25] 小式：无斗栱，不带纪念性，用材较小之建筑形式。梁思成：《清式营造则例》，北京：清华大学出版社，2006年，71页。

[26] 榫卯半刚性连接工作机制：（分析可见）在受荷载的最初阶段，榫卯缝隙挤紧，结构构件间产生明显的滑移，说明开始时刚度很小。荷载继续增大，榫头与卯口侧壁挤紧，在两个侧面上

（转下页）

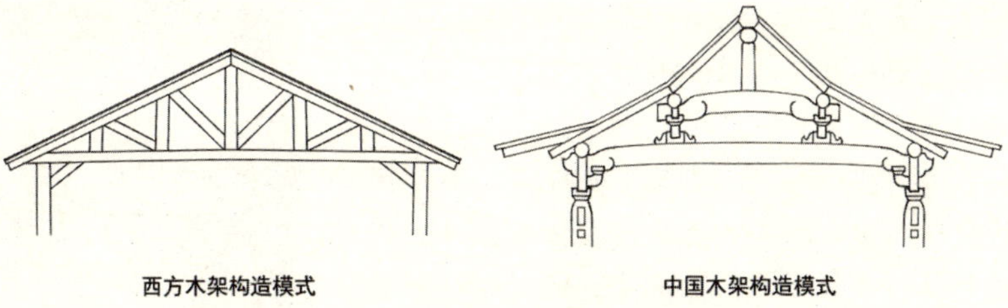

图14 西方建筑木构架与中国建筑抬梁式木构架对比

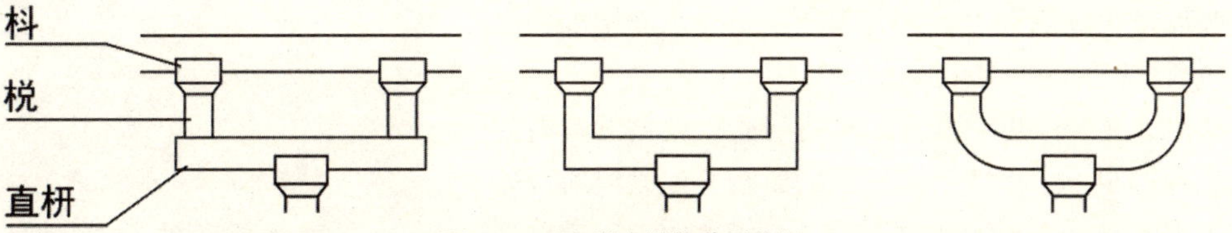

图15 U形弯举栾栱的造型分析

到断裂状态之间，存在一定范围内的结构形变。当木材因气候、材性等原因发生内在的翘曲变形，或建筑遇到地震、强风等外力因素时，这种缓冲优势便通过榫卯连接的斗栱得到显著体现。[27]因此，相比于“向上斜挑梁”与柱枋相互构成刚性更强的三角形结构，早期斗栱组合采用纵横构件所呈现的四边形结构，能允许更大的形变范围，在建筑工具和技术不发达的时代，这无疑更有意义，甚至可看作是斗栱起源的一个重要理由（图12）。

经过上述分析，便不难解释汉代人为什么会选择栾栱作为直枅的发展，而未采用上斜撑来替代直枅塑造举托的视觉效果。因为两种结构出于相反的支撑理念，是作用不同的建筑构件，一个强调结构的韧性；另一个则强调结构的刚性（图13）。

若引申而论，栾栱以平出结合弯举向上的形态，保持了早期斗栱与梁柱构成的四边形可变结构，这种结构的优势在于“允许适当程度内的误差和意外”，其观念实质是一种主动的有限度妥协，是对建筑中一切不易控或不可控因素巧妙的包容和化解。

产生摩擦力和法向应力共同抵抗外力作用。随着弯矩和轴力增加，榫卯已逐渐挤紧，限制了梁柱间的自由转动，结构刚度提高，并能承担一定的弯距，明显区别于铰接点。姚侃、赵鸿铁、葛鸿鹏：《古建木结构榫卯连接特性的试验研究》，载《工程力学》2006年第10期，170页。

[27] 斗栱是纵横构件的弹性节点，很似一个弹簧，在一定范围内起以柔克刚的作用，遇有地震，柔性结构虽然晃动很大，但能恢复原状，能抗御强大的地震力。现代建筑中的刚节，虽然坚强有力，但是一旦地震力超过了建筑物的刚性节点强度，则势如破竹，一垮到底。又由于斗栱能把梁、枋、桁的荷重分散承担逐步传递下来，使构件的承托面加多加大，因而结构的整体性好，增加了内外槽所形成的圈梁之间的联系。于倬云、周苏琴：《中国古建筑抗震性能初探》，载《故宫博物院院刊》1999年第2期，8页。

纵观古今木结构建筑的营造，有三类因素必然是不易控或不可控的：首先是人的因素，多人共同制造大量的、复杂的建筑构件时误差极易出现，若处理不当误差还会逐步累加；其次是材料的因素，不同树种、不同部位、不同含水率的木料在变形方面差异很大[28]，加之干湿寒暑等环境影响，使人们对构件开裂或翘曲的程度很难精确预知并控制；最后是自然外力的因素，地震虽不常见，但若发生时其剪力作用将对建筑结构产生剧烈的影响，而一些常见的外力因素，如强风产生的侧推力，或大雨使瓦顶吸水而增加的额外负荷，同样不可小视。

图16 河南博物院征集东汉陶楼

西方建筑中也有很多木结构房屋，他们的建造活动同样摆脱不了上述三种因素的影响，但其应对和处理的方式与中国传统明显不同。总体上西方木结构建筑体系比较简洁，习惯于使用刚性更强的三角形框架（图14），并多用更坚硬的金属构件辅助相对简单的木构榫卯[29]，以达到加固节点之目的。简化与加固的做法都可被看作在建筑中以人的主观努力克服客观问题的体现，是一种“不妥协”的态度。

就现存中国古代木结构建筑实物来看，唐宋以后随着斗栱、构架等各方面技术逐步成熟定型，其整体的坚固程度相较西方古代木构房屋“有过之无不及”，且更加耐久，使后人在赞叹各类复杂精巧的结构时，容易忽略其原本的妥协性意涵。但从汉代建筑的各种尝试中，尤其是栾栱平出的栱臂这里，我们仍能清晰地认识以包容和化解为观念特色的中国建筑文化根源。

4.2 栾栱为何要弯举

弯举造型是栾栱最显著的特征，也是其名称之由来，但由于栾栱在汉代地域分布

[28] 历代工匠在建房时都会十分注意对木料的选择，从一些口耳相传的口诀可见一斑：“楠木山桃并木荷，严柏椐木香樟栗，性硬直秀用放心……唯有杉木并松树，血柏乌绒及梓树，树性松嫩照加用。还有留心节斑痈，节烂斑雀痈入心，疤空头破糟是烂，进深开间横吃重，务将木病细交论。”摘自：姚承祖原著，张至刚增编，刘敦桢校阅：《营造法原》，北京：中国建筑工业出版社，1986年，10页。

[29] 欧洲系统中榫卯较为简单，通过金属构件加强了节点的刚度。通过与石墙等的连接形成混合结构。朱光亚：《中国古代木结构谱系再研究》，载《第四届中国建筑史学国际研讨会论文集》，2007年，389页。

广，延续时间长，涉及建筑类型多，因而具体的形状差别亦十分明显：如前文列举四川地区发现的W形、双∽形栾栱，沂南汉墓中带有神兽形栱臂的“一斗四升”栾栱，都显示出了丰富的想象力。但若究其弯举造型的一般规律，各地区皆常见的∪形栾栱在数量、用途等方面无疑最具普遍意义。

∪形弯举的栾栱可理解为将直枅与两端之棁融合并取弧线的做法（图15）。上文已论述了这种造型可保持四边形结构的基本观念，但为何一定要取为弧线呢？笔者认为应作以下两个层次的分析。

第一层次：源于对大屋顶形态的视觉平衡。

无论是四面坡顶还是两面坡顶，作为中国传统建筑主流的大屋顶形态从未发生过动摇。大屋顶的存在不仅可满足建筑屋面排水的需要，也可有效保护墙基，但更为重要的是，木结构本身比较轻便，且木柱皆埋地不深或浮于柱础，出于以压力稳定整体构架的需要，屋顶保持庞大和沉重的形态有着重要的结构意义。[30]但是，庞大屋顶却不可避免地造成建筑出现“头重脚轻”之外观效果，为在视觉上化解其所产生的沉重感和压抑感，唐宋以后的大型建筑发展出了“举折”、“推山”，以及著名的“飞檐翼角”等屋顶做法，即以凹曲屋面与反翘檐角的造型使屋顶显得飞扬舒展，从而与其客观的沉重体量形成视觉上的平衡。

目前根据考古材料可以确定，迟至汉代虽尚未在建筑中广泛使用“举折”、“推山”等做法。但这并不意味着当时没有这种意识，汉代人在有限的技术条件下，于建筑正脊两端、垂脊外端通过翘升脊瓦或立置柿蒂形、叶形等脊饰，使得屋顶的整体轮廓呈现末端上翘的样貌，并且在一些屋顶的正脊中央，还置有一展翅的飞鸟形象作为装饰，进一步标示出飞扬的意味（图16）。

在同样观念的驱动下，檐下斗栱原有直枅两端承棁的形态自然显得有些平淡僵硬。因此，将直枅与棁融合为一体，并适当上翘的造型便可形成优美的∪形弧线，从而有效地烘托整体轻巧上升的气氛，为沉重的屋顶寻求视觉上的平衡。虽然某些异形栾栱改变了∪形弧线的基本状态，但其所呈现出W形或双∽形的实质，是更加生动地展示这种“举重若轻”的审美追求。

第二层次：源于对生发符号的借用。

如按建筑形式研究的要求，栾栱弯举的来源问题似乎已经得到了解决，但若从建筑的图像学[31]角度考量，则该问题仍有深入分析的必要与可能。并且这种图像学的分析可

[30] 结构作用也可转换为礼制观念：“建筑屋顶在传统中国建筑中占着压倒性的比例，越高级的殿宇，屋顶就越大。屋顶越大，就越隆重。”赵广超：《不只中国木建筑》，香港：三联书店(香港)有限公司，2000年，97页。

[31] 此处建筑的“图像学”提法源于潘诺夫斯基在《图像学研究》（*Studies in Iconology*. 1939）提出的（解释的第三层次）“更深层意义上的图像志分析”（1939年）或称“图像学分析”（1955年）。它的对象是艺术作品的“内在含义或内容”。……他的解释得受“对各种不同历史条件下通过特定主题和概念表现人类心灵基本倾向之方法的洞察”的控制。摘自（波）比亚洛斯托基（Jan

（转下页）

图17 汉代篆书文字瓦当

使我们从更广泛的思想文化层面，进一步理解栾栱弯举的象征意义。[32]

不过，探讨此问题的前提是要明确栾栱弯举的做法是否存在普遍的象征意义。

以艺术史的标准衡量，主观上历代中国社会始终未将房屋的构造视为艺术创造[33]，而视之为一种实用的观念载体，建筑构造的方式、部件、装饰，甚至建造过程都承载了天地宇宙观、社会伦理观，以及超自然神秘力量等多重意义，正如《黄帝宅经》所谓："宅者，阴阳之枢纽，人伦之轨模。"因此"象征"作为一种手法，便成为使房屋构造具备上述意义的主要途径。

虽然文献中鲜有直接描写栾栱弯举象征意义的记载，但汉代建筑和梁架构造存在象征内容却是可以确定的。据班固《西都赋》载"其宫室也，体象乎天地，经纬乎阴阳。据坤灵之正位，仿太紫之圆方"，宏观地表达了建筑物用以"法天象地"的象征内容；而《鲁灵光殿赋》的描写更为具体："然其规矩制度，上应星宿，亦所以永安也"，指出"（灵光殿的）规模法度应合(象征)上天的星象，想来也是它永保安全的原因吧"。继而另有："于是详察其栋宇，观其结构。规矩应天，上宪觜陬[34]。倔佹云起，嵚崟离搂。三间四表，八维九隅"。意为"仔细观察这座宫殿的屋架结构，它的规模（也）与天象对应，取法（象征）名为觜陬的星宿。而且结构变化多端，众木交架在高空，审视着正殿、东西两厢及四面，环顾八方于正中"[35]，清楚地表明建筑是天地的微缩和象征，梁上构架（屋顶构造）代表了天的结构。因此，栾栱作为联系柱顶与梁枋的斗栱构件，其弯举的造型自然

Bialostock），杨思梁、宋青青译：《图像志》，载《新美术》1990年第1期，73页。

[32] 图像学也适用于建筑。对建筑的内容——它的形式、结构与它的作用（包括它的象征意义）之间的关系的研究，叫作建筑图像学。建筑图像学较之传统的工程技术建筑史，或者形式分析建筑史研究更加复杂。欧美现代学者把传统的方法、形式分析方法与社会学方法结合起来，解释建筑的内容。他们的研究极大地更新了人们关于建筑史的观念。摘自李莉《图像学》，载《中国大百科全书•美术卷》，北京：中国大百科全书出版社，1990年。

[33] 两宋以来文人园林的营造虽逐步显示出了艺术创作的自觉，并在明代计成所著《园冶》中得到系统阐述，但其并未根本改变建筑观念固有传统，尤其对房屋的构造方面影响甚微。

[34] 觜陬，古代传说主管架屋的星宿。《尔雅•释天》载："娵觜之口，营室东壁也。"

[35] 本段译文引自：王友怀、魏全瑞主编《昭明文选注析》，西安：三秦出版社，2000年，74页。

也不应游离于这象征体系之外，因而一定存在着某种象征的意义。

栾栱弯举具体象征了何种内容和意义呢？

既然汉代人将建筑的屋顶构造看作天的象征，那柱子和斗栱的组合必然被想象为有支撑天的作用。不过，时文对传说中天柱的描述却并不统一，甚至有些相互矛盾，难于从中得到天柱的确切概念。[36]但通过这些记载可知，不论何种“擎天柱”皆可贯通天地，并且都是近乎无限高的，但是现实世界中建筑的屋顶（天）和柱子（天柱）的高度却非常有限，人们一方面夯筑高台为基，并选用大料为柱，实质性地为建筑增高，另一方面，采用栾栱的弯举造型也是为使柱子“在感觉上显得更高”所做的图形象征方面的努力。

栾栱弯举所形成的∪形线条，在中国图像符号体系中具有典型的指示意义，而这种意义可从一些早期汉字的分析中得到启示。李约瑟先生认为：“在中国的文字中，有些象意字（ideographic script）对于研究科学思想的起源，具有重大的意义。”[37]而林语堂先生也曾将建筑与书法联系起来：“书法的影响竟会波及中国的建筑，好像是不可置信的。这种影响可见之于雄劲的骨架结构。像柱子屋顶之属,它憎恶挺直的死的线条，而善于处理斜倾的屋面……或许比之直径轴线的原则更见重要者，为弧线、波浪形、不规律的韵律线条之应用，所以与直线相调剂。”[38]建筑史学界更有很多学者从部首“宀、亠、穴、广”所构成的汉字入手解析文明早期建筑的形制。赵广超先生写道：“传统中国的木框架建筑，从竖起一条木柱，架设一条梁枋，到楣檩桁椽，无不是书画

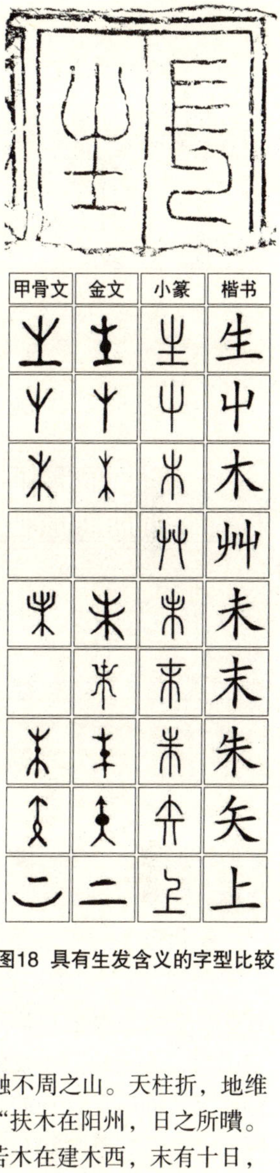

图18 具有生发含义的字型比较

[36] 如西汉《淮南子•天文训》云“昔者共工与颛顼争为帝，怒而触不周之山。天柱折，地维绝”，即天柱在不周山（或就是不周山本身）。在《坠形训》又有：“扶木在阳州，日之所曊。建木在都广，众帝所自上下，日中无景，呼而无响，盖天地之中也。若木在建木西，末有十日，其华照下地。”表明天柱为某种神木。而汉代纬书《河图括地象》则载“昆仑山为天柱，气上通天。昆仑者，地之中也，地下有八柱，柱广十万里，有三千六百轴，互相牵制，名山大川，孔穴相通”，即昆仑山就是天柱。伪托东方朔所撰的六朝志怪小说集《神异经•中荒经》将天柱描述为“昆仑之山有铜柱焉，其高入天，所谓天柱也，围三千里周圆如削”。这许多种说法的存在，说明汉代人观念中的“宇宙模型”尚未定型，当代很多学者对此发表过研究成果，各有千秋，但此处非关本文主旨，因而不予深论。

[37]（英）李约瑟著，陈立夫等译：《中国古代科学思想史》，南昌：江西人民出版社，2006年，257页。

[38] 林语堂：《吾国吾民》，西安：陕西师范大学出版社，2002年，300—301页。

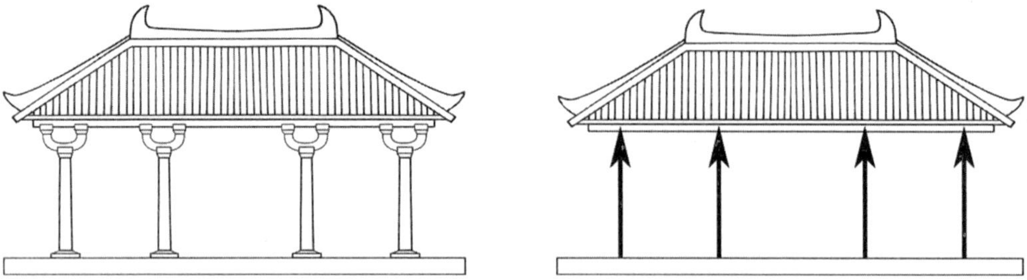

图19 图解∪形栾栱所象征的生发意涵

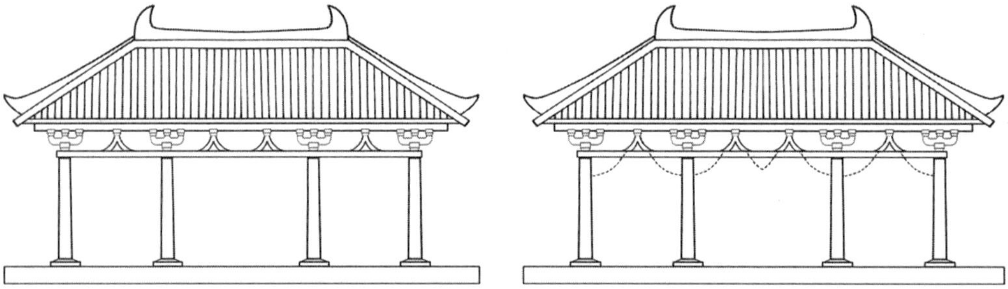

图20 图解人字栱造型的实质是虚拟栾栱之一部分

家所说那样，一笔一画，一撇一捺地‘在天空中勾画’着，大家本来就活在优雅的笔画之中。”[39]

汉代隶篆并存，隶书是日常使用的工具性文字，而小篆则主要用于装饰用途，其中汉代建筑流行的文字瓦当，就是以小篆为基础并加以变形而来的建筑装饰图案（图17）。栾栱弯举的∪形线条是小篆中常见的一种笔画，当用于“生、中、木、艸”[40]等字中时，表示向上生发的状态，且用于比较相近的“未、末、朱”三字时，这种意涵格外明显。同时，这种向上的生发与单纯向上方的移动，在古人观念中是有根本不同的，因而“矢”的笔画就不含有生发之意（图18）。

若继续追根溯源，何以使上述小篆文字中的∪形笔画具有了生发符号的作用呢？在

[39] 赵广超：《不只中国木建筑》，香港：三联书店(香港)有限公司，2000年，23页。

[40]《说文解字注》对上述几字的解释如下：生，進也。象艸木生出土上。下象土。上象出。此與屮出宋以類相從；中，艸木初生也。象丨出形有枝莖也。丨讀若囟。引而上行也。枝謂兩旁莖枝。柱謂丨也。過乎中則爲屮。下垂根則爲木。古文或㠯爲艸字。漢人所用尚爾；木，冒也。以疊韵爲訓。冃部曰。冒，冢而前也。冒地而生。東方之行。从中。下象其根；艸，百芔也。卉下曰。艸之緫名也。是謂轉注。二中三中一也。引伸爲艸稿，艸具之艸。从二中。[汉]许慎撰，[清]段玉裁注：《说文解字注》，上海：上海古籍出版社，1981年，274、21、238、22、273页。

图21 云冈石窟第9窟外部雕刻的人字栱建筑与装饰仍存有栾栱曲线的潜在意味

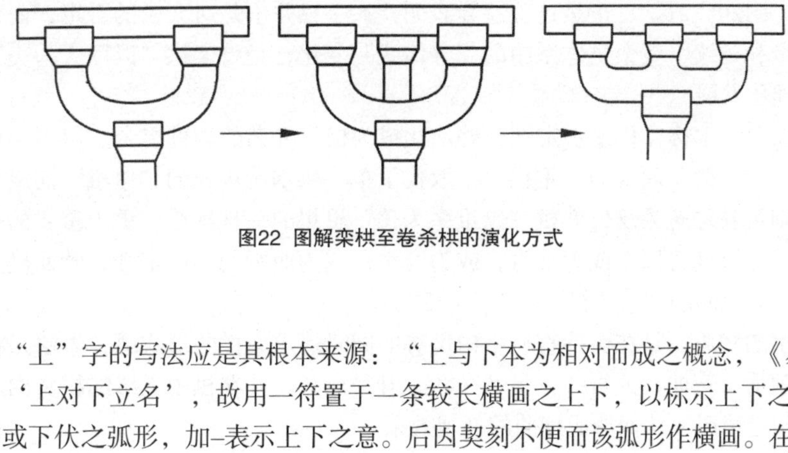
图22 图解栾栱至卷杀栱的演化方式

甲骨文中“上”字的写法应是其根本来源：“上与下本为相对而成之概念，《易•上经》释文曰：‘上对下立名’，故用一符置于一条较长横画之上下，以标示上下之意。最早本用上仰或下伏之弧形，加–表示上下之意。后因契刻不便而该弧形作横画。在合文中，或有省去一画者，亦有将弧线刻成折画者。”[41]正是这种上古符号观念的遗存，使小篆中的∪形笔画具有了生发符号的意涵，进而产生了汉代建筑中栾栱弯举∪形线条的象征意义。而且，考虑到秦汉以来文化领域五行学说的完善，“木”被认为属东方，主生发，若以弯举的∪形显现木柱的生发之意，自然会形成更强烈的观念象征效果。

因此从图象学角度看来，汉代人在看待柱上∪形栾栱时，如同今人感觉上在柱顶增加了一个“↑”形符号（图19），无形中使得静态的柱子具有了向上生长的态势，而使建筑显得更加挺拔向上。并且，这一理论也可部分地解释缘何中国传统建筑未选择“上

[41] 徐中舒主编《甲骨文字典》，成都：四川辞书出版社，1989年，5—7页。

拱”的拱顶外形[42]来化解大屋顶所产生的沉重感和压抑感，而始终以“反翘”的下弯弧线塑造飞扬态势的某些图像学观念原因。

5. 汉代栾栱在斗栱发展过程中的作用

栾栱弯举的形态在保持结构作用的同时形成了显著的象征意义及装饰效果，但这种做法在一定程度上影响了栱臂的结构强度。因而历来多为一些建筑史学家所诟病，认为其违反了木材构造的基本原则，是汉代人片面追求美观的一种并不成功的装饰化尝试，甚至视之为非理性的木构建筑演化“歧途”，与后世斗栱结构复杂的演化“正途”形成了鲜明对照。

但经过前文分析和论述可以看出，事实上栾栱的出现和发展是汉代工具技术、结构思想、图像观念等多种因素综合作用的结果，因此不宜用今日之歧正观点给予片面地评价。并且，寓于栾栱之中的思想观念和审美追求，并未随着栾栱的消失而消亡，反而对后世斗栱部件的发展，起到了潜在的重要作用。

由汉末至北魏木构建筑中出现的人字栱，便与栾栱有着密切的联系。人字栱多用于檐下补间，早期为直脚人字栱，南北朝以后渐变为曲脚人字栱，有些会在栱脚间加设短柱以求加固。补间人字栱虽与柱头上的汉代栾栱在位置、造型等方面存在显著差异，但如图所示（图20、21），正是这些差异表明：人字栱并不是对栾栱的否定，而是其构造思想的继承和延续，是栾栱体系中的“分体式”变化，是将栾栱“以巨大为美”观念的变通与合理化发展。

唐宋以后，木构斗栱逐步定型，并演化成为极为复杂的构件组合。以多层栱木上下堆叠，前后“出跳”而成的“重栱”，取代了单一栱木所构成的“单栱”而成为主流，这种发展则可被理解为汉代栾栱“以重垒为美”思想的一种延续。更为重要的是，栱木形状摆脱了两汉魏晋以来或为平直，或为弯举，或为曲脚的不确定性，转而确立为一种形状介于直曲之间的“卷杀栱”状态（图22）。

卷杀栱的实质，是在保持直枅结构优势的同时追求栾栱的形式感，做法是将直枅端部下缘砍削成上弯曲线或折线，呈“一斗三升”形状，并在栱木上缘的栱头两端与中心坐枓处之间挖栱眼，从而形成翘曲的外观效果。

卷杀栱非常巧妙地融合了直枅与栾栱的优点，可总结为以下几方面：

⑴ 卷杀栱总体为平直造型，结构强度几乎与直枅无异，且易于堆叠。

⑵ 卷杀栱的尺度相对汉代栾栱明显变小，用料和加工比较容易。

⑶ 卷杀栱在端部呈现上弯曲线，继承了栾栱弯举的形式美感。

⑷ 卷杀栱采用一斗三升，相比栾栱一斗二升的形状增加了中间承托点，相当于栾

[42] 从中国后世诸多木拱桥的形象可知，理论上用木材建造上拱弧线在技术方面完全可以实现，而且后世木构建筑中广泛使用的“月梁”就是典型的“上拱”弧线。因而，建筑整体放弃上拱外形的原因只能归于古人在造型观念方面的主动取舍。

栱中间设蜀柱的效果，因而结构上更加简便而坚固。

正由于上述优点，卷杀栱的形态在唐宋之际定型以后，直至清末的千余年间再未出现过本质变化，这也可被看作栾栱构件在中国传统木结构体系中的最终归宿。

6. 尾声

本文从对汉代栾栱的各方面考辨出发，反映出中国木构建筑在汉代特有的物质文化背景下的一个生动发展侧面。但笔者掌握的图像和文献资料亦相对有限，对很多问题的论证尚未能达到十分理想的水平。因此，意在通过文中所列之推测和猜想，梳理自己在中国建筑史研究领域的一些心得，以期求教于方家。

在本文写作过程中，承蒙北京大学朱青生教授、清华大学常大伟教授的指导，北京大学汉画研究所的支持，以及中国艺术研究院建筑艺术研究所张欣助理研究员的建议，在此表示衷心的感谢！

2011年6月8日，于燕南园64号

汉代墓葬语境中的阳遂

练春海

摘　　要：除文字外，墓葬中还有些图案和实物与阳遂相关。阳遂是一种礼仪用物，本身可以辟邪。在墓葬语境中，它的功能与其它事物、图文相交织在一起，进一步产生了象征太阳、宇宙以及吉祥的功能，与之相关的图案与文字也具有同样的功能。

关 键 字：阳遂　墓葬　功能

陕北绥德出土了一块墓葬石构件，其上刻“阳遂”二字(见图一)。该构件系杨孟元墓后室口门坎石，因中间隔着纪年柱，所以门坎石被一分为二，刻字位置靠近中柱。[1]专家对于这两个字的含义提出了三种猜测：造作墓室的工匠的名字，表示阳间的愿望已遂，或与实物阳遂有关。

（一）认为是造作墓室工匠的名字。

墓葬构件中工匠留名的情形通常有二。

其一，出现在以赞助人的口气叙述的准碑文或者传记性的铭文中。这类工人名字前常贯以“巧工”、“良匠”、“画师”、“石工”以及地名等，令人一目了然。例子有很多：

陕北绥德黄家塔M7横楣石左端有题刻：“巧工王子、王成作”[2]；

永建三年雕刻四川犀浦二门桥王孝渊碑者为“工人张伯和”[3]；

---

[1] 李贵龙在其书上说刻字部位在“门坎石98靠中柱石处”，即由前墓往后室看的左门坎右端，这与李林等人所说的位于“右门坎左下角”不符。经与发掘者康兰英老师核实，李说有误。李贵龙：《绥德文库•汉画像石卷》，北京：中国文史出版社，152—154页。李林、康兰英、赵力光：《陕北汉代画像石》，西安：陕西人民美术出版社，111—112页。

[2] 张俐：《论陕北东汉铭文刻石》，《中国汉画研究》第二卷，桂林：广西师范大学出版社，2006年，199—220页。

[3] 金石拓本研究会：《汉碑集成》，同朋舍株式会社，1994年，119页。

永建七年在河南襄城茨沟建造画像石墓的是“石工褚置”和“砖工张伯和”[4]；

在山东微山为王成母建造画像石食堂的是“石工严申”[5]；

永和二年在山东微山两城乡雕刻画像食堂的是“石工刑□□”[6]；

永兴二年在山东东阿芗他君石祠堂的建造者“师操义、山阳虾丘荣保、画师高平代盛、邵琼森”等十余人[7]；

永寿三年在山东嘉祥许卒史安国祠堂上刻“……募使名工：高平王叔、王坚、江胡、栾石，连车采石县西南小山阳山”[8]；

武氏阙铭中亦提到“使石工孟孚、李弟卯造此阙”[9]；

武梁碑中称赞的“良匠卫改”[10]；

图一 绥德杨孟元墓“阳遂”刻字

其二，为区分责任而留名（很可能是按规定行事），主要出现在合作的情况下。合作可区分为同门合作、非同门合作[11]、奉命合作[12]等。而奉命合作往往是为帝王造墓，其劳动量难以由个人，或师徒数人来完成，在这种情况下就需要多人合作，而要求工人署名是为便于检查各个工人的劳动质量。如河北定县北庄汉墓[13]就是一例，其出土题铭

[4] 杨爱国：《幽明两界——纪年汉代画像石研究》，西安：陕西人民美术出版社，2006年，132—144页。

[5] 马汉国：《微山汉画像石选集》，北京：文物出版社，2003年，37页。

[6] 马汉国：《微山汉画像石选集》，北京：文物出版社，2003年，39页。

[7] 杨爱国：《幽明两界——纪年汉代画像石研究》，西安：陕西人民美术出版社，2006年，132—144页。

[8] 中国画像石全集编辑委员会：《中国画像石全集2•山东汉画像石》，济南：山东美术出版社，2000年，100—101页，图108之一及附页的说明。

[9] 朱锡禄：《武氏祠汉画像石》，济南：山东美术出版社，1986年，89、131页。

[10] 杨爱国：《幽明两界——纪年汉代画像石研究》，西安：陕西人民美术出版社，2006年，132—144页。

[11] 福建师大李豫闽教授见告，在闽南民间有一种传统，当地人在建房或造庙时，往往同时请两组名望相当的建筑工匠来承作，目的在于引入竞争，一方面可以尽可能降低成本，另一方面又可以获得最好的质量。这个传统对建筑工匠行业的影响极大，常常因此引发流血斗殴事件，甚至闹得家破人亡，而东家则坐收渔翁之利。

[12]《后汉书》卷四十二，《光武十王列传》第三十二中（中华书局）：“复调余郡工徒及送致者数千人，凡征发摇动六州十八郡，制度余国莫及。”

[13] 河北省文化局文物工作队：《河北定县北庄汉墓发掘报告》，载《考古学报》1964年第2期，127—194页。

石多达174件，从铭文上看，建造此墓的匠人来自卢奴、北平、北新平、唐、安险、望都、安国、曲逆、新市等中山国属县，以及梁国的下邑、东平国的富成县、鲁国的鲁县、河内郡的山阳县等地。

因此杨孟元墓中出现的“阳遂”二字作匠人名解的可能性不大。也不可能是广告词[14]，且不说墓葬空间对一个对赞助者而言是有独特意义的空间，“阳遂”二字也无任何广告意味。而若是赞助人想利用“名匠”声誉来烘托自己的孝顺（不遗余力地延请名工造墓），它必会在有关部位进行题刻，清楚地加以说明。

（二）“阳遂”在字面上的确可作“阳间愿望已经完成”解。阳，“活，复苏。……又（指）人世。如还阳”[15]。遂，“已成，终了。《广雅•释诂三》：‘遂，竟也’”[16]。从字意解释似乎没有什么大问题，但于理不通，对死者而言阳间的一切都已成为过去，若为总结性的陈述当出现在墓志铭或类似的叙述中，故与实际情形不符，而若是祝福则多余。

（三）与阳遂实物相关，这是本文所支持的观点，详下。

出土阳遂及相关图文

墓葬出土遗存中有两类与阳遂相关，一种是被称为阳遂的实物，另一种是实物（包括砖、石、铜镜以及其它器皿）上留下的与“阳遂”相关的图像或文字：

（一）实物遗存。

阳遂[17]，又称阳燧[18]，或夫遂[19]，金遂[20]，火遂[21]，阳符[22]等。沈括介绍说，“阳燧面洼，向日照之，光皆向内，离镜一二寸，光聚为一点，大如麻菽，着物则火发”[23]。而

[14] 杨爱国认为“任城王墓中‘无盐石工浩大’的题记分明就是一句广告词”，然笔者更赞同韩国翰林大学金秉骏教授的观点，“浩大”是石工名。原因参前文分析。再者，在一个王家墓葬中做广告的可能性也不大。杨爱国：《幽明两界——纪年汉代画像石研究》，西安：陕西人民美术出版社，2006年，132—144页。而杨孟元墓中“阳遂”二字所处的位置说明它不大可能是广告词。

[15] 汉语大字典编辑委员会：《汉语大字典》，湖北辞书出版社、四川辞书出版社，1992年，1725页。

[16] 汉语大字典编辑委员会：《汉语大字典》，湖北辞书出版社、四川辞书出版社，1992年，1608页。

[17] [清]阮元校刻：《十三经注疏•附校勘记》第三十六卷，北京：中华书局，1980年，885页。贾公彦疏：“以其日者太阳之精，取火于日，故名阳遂。”

[18] 何宁：《淮南子集释》上，卷六《览冥训》，北京：中华书局，1998年，454页。“遂与燧同。”

[19] 《十三经注疏》之《周礼•秋官》，北京：中华书局，1980年，885页载：“（司烜氏）掌以夫遂取明火于日……”郑玄注，夫遂，阳遂也。

[20] [清]孙希旦撰，沈啸寰、王星贤点校：《礼记集解》卷二十七《内则》第十二之一，北京：中华书局，1989年，726页。古代阳遂为青铜铸造，青铜又称为金。

[21] 参见天津博物馆藏阳遂上的铭文。

[22] 李东琬：《阳燧小考》，载《自然科学史研究》1996年第4期，369—373页。

[23] 胡道静：《梦溪笔谈校证》卷三，111页。

由于以下原因，阳遂常被考古学家所忽略：1. 极其少见；2. 易于与“器形盖”和“铜镜”相混淆。经过有关专家的呼吁，以及对已出土的类似实物进行重新鉴别，目前，大约可统计得到，并且有明确的出土、收藏处以及发表文献可稽的阳遂总量为40枚左右，其中80%出土于墓葬，详见文后附表《出土历代阳燧统计表》（参图二）。

（二）图像遗存。

Ⅰ. 1959年12月，在山东安丘市董家庄的一座东汉晚期墓的后室西间出土了一块封顶石，左侧刻一巨大的八瓣莲花，莲花中刻有乳突。[24]

Ⅱ. 1980年，嘉祥县满硐乡宋山出土的两块画像石，内刻两巨大的莲纹图案，中有乳突状凸起（如图三）。[25]

（三）文字遗存。关于阳遂的文字遗存，举要如下：

Ⅰ. 1980年，嘉祥县满硐乡宋山出土的两块画像石，右行有题记“国子男字伯存，年这六岁，在东道边。孝（存）有小弟字闰得，关年俱老，皆”，另一石同样位置则题“随阳遂富贵，此中人马皆食大仓，饮其江海”[26]。《中国画像石全集》将其连缀成文，似可行。

Ⅱ. 天津市艺术博物馆藏汉代阳遂一枚，其背面外圈铭文说：“五月五，丙午，火遂可取天火，除不祥兮。”同书附注陈邦怀对它的铭文考释：“五月五丙午，火遂可取，天火保死，祥兮。”[27]

Ⅲ. 1982年，陕西绥德县崔家镇发现的东汉永元八年三月作的杨孟元墓右门坎左角阴刻“阳遂”二字。

Ⅳ. 汉代的阳遂洗有铭文：“大吉，宜用，富贵阳遂。”[28]

Ⅴ. 日本河内国中河内郡高安村大字郡川古墓出有画像镜一，镜铭说：“尚方作竟自有纪，辟去不羊宜古市，上有东王父西王母，令君阳遂多孙子兮。”[29]

Ⅵ. 四川巫山县出土有“阳遂富贵”的汉代画像砖一件。[30]

Ⅶ. 河南孟津出土东汉铜镜一枚，其上有铭文：“陈氏作竞日有熹令人阳遂贵豪富

[24] 中国画像石全集编辑委员会：《中国画像石全集1•山东汉画像石》，济南：山东美术出版社，2000年，图170。

[25] 中国画像石全集编辑委员会：《中国画像石全集2•山东汉画像石》，济南：山东美术出版社，2000年，100—101页，图108之一、之二。

[26] 中国画像石全集编辑委员会：《中国画像石全集2•山东汉画像石》，济南：山东美术出版社，2000年，100—101页，图108之一、之二。

[27] 李建民：《艾火与天火——灸疗法诞生之谜》，《自然科学史研究》2002年第4期，320—331页。

[28] 容庚：《秦汉金文录》，台北：“中央研究院”历史语言研究所，1992年，269页。也见于李建民：《艾火与天火——灸疗法诞生之谜》，载《自然科学史研究》2002年第4期，320—331页。

[29] 何堂坤：《中国古代铜镜的研究》，北京：中国科学技术出版社，1992年，269页。

[30] 高文、王锦生：《中国巴蜀汉代画像砖大全》，国际港澳出版社，2002年，286页。

□细守名目冶左有青龙福右白虎居前□贵风□为异□□□象□□造工胜。”[31]

Ⅷ．1956年8月，樊口朱家老垴墓M21出土一枚六朝分段式重列神兽镜内圈铭文为："黄武六年十一月丁巳朔七日丙辰，会稽山阴作师鲍唐竟，照明服者也，宜子孙，阳遂，富贵老寿，□先牛羊马，家在武昌，思其少天下命吉服，吾王千昔□□。”[32]

Ⅸ．河南省许昌博物馆收藏一块汉代长条形砖，一侧面双凸弦纹方格内刻有篆隶"阳遂富贵大吉利"。

Ⅹ．《千甓亭古砖图释》收录了一块东汉墓砖，上有铭文"延熹四年太岁在辛丑，万世老寿，阳遂富贵"。[33]

Ⅺ．浙江省嵊县文物管理委员会在1985年和1986年间，在一座西晋太康九年砖室墓M75中出土了一种刀形砖，侧有"左阳遂，右富贵"铭文。[34]

Ⅻ．浙江吉安地区还出土东汉模印有"阳遂复世"铭文的墓砖（图四）。[35]

ⅩⅢ．另据《新华网》2002年8月11日的报道，在河北迁安发现的战国至东汉时期的12座古墓中，在铺地的方砖和墓砖中出现阴刻"阳遂"二字。[36]

ⅩⅥ．北京市拣选的汉代铜尊底上有"郝氏之家大富贵，子孙千代皆阳遂"的字样。[37]

作为礼器的阳遂

虽然到汉末仍有使阳遂取火的说法[38]，但是根据记载阳遂的文献的特点，及文献上对阳遂的样式、用途、管理等的记述，加上阳遂的出土稀少等理由，我们认为阳遂可能不仅仅只是一个生活用品。

（一）阳遂是一个与祭祀礼仪有关的物件。以下是一些有关的文献记载：

《周礼•秋官》中有："司烜氏掌以夫遂，取明火于日，以鉴，取明水于月，以艾祭祀之……"[39]

---

[31] 洛阳博物馆：《洛阳出土铜镜》，北京：文物出版社，1988年，图36。书中"遂"未读出。

[32] 湖北省博物馆、鄂州市博物馆：《鄂城汉三国六朝铜镜》，北京：文物出版社，1986年，34页。

[33] [清]陆心源：《千甓亭古砖图释》卷一，北京：中国书店，1990年。

[34] 嵊县文管会：《浙江嵊县六朝墓》，载《考古》1988年第9期，800—813页。

[35] 金翔：《安吉汉晋古砖概述》，《故彰砖录》，浙江：中国美术出版社，2007年，115页。

[36] 张洪河、唐文管，新华网：http://news.xinhuanet.com/newscenter/2002-08/11/content_519889.htm。

[37] 程长新：《北京市拣选古代青铜器续志》，载《文物》1984年第12期，35—39页。

[38] 尚秉和：《历代社会风俗事物考》，上海：上海书局，1991年，342—343页。"汉末仍用金燧取火……魏晋后敲石取火。"

[39] [清]阮元校刻：《十三经注疏•附校勘记》第三十六卷，北京：中华书局，1980年，885页。

《周礼•大司寇》曰：“司烜氏以阳燧取火于日中，以阴鉴取水于月中者。”[40]

《搜神记》卷十三：“夫金之性一也，以五月丙午日中铸，为阳燧；以十一月壬子夜半铸，为阴燧。”[41]

《乱龙》：“今伎道之家，铸阳燧取火于日。”[42]

《旧唐书•礼仪志》曰：“但比年祠祭，皆用阳燧取火，应时得。”并注：“常用井水替明水之处，此处疑有脱误。册府卷五八六作‘尝用井水代之，请准淮南、论衡以方诸取之，则礼神之物备矣’。”[43]

《淮南子•览冥训》：“夫阳燧取火于日，方诸取露于月。”[44]

除此之外，清儒顾炎武的观点也值得参考：古人用火有两个系统，明火与国火，明火“以阳遂取之于日，近于天也，故卜与祭用之。国火取之五行之木，近于人也，故烹饪用之”[45]。而李大钊则非常肯定地说阳遂取火是专供祭祀时取明火的法则，是习俗相沿的结果。[46]

（二）阳遂是表示孝道的仪物。

《礼记•内则》篇有：“子事父母，鸡初鸣，咸盥、漱，栉、縰、笄、緫、拂髦、冠、緌、缨、端、韠、绅、搢笏，左右佩用。左佩纷帨、刀、砺、小觿、金燧，右佩玦、捍、管、遰、大觿、木燧，偪，履著綦。妇事舅姑，如事父母：鸡初鸣，咸盥、漱，栉、縰、笄、緫、衣绅。左佩纷帨、刀、砺、小觿、金燧，右佩箴、管、线、纩、施縏帙，大觿、木燧、衿缨、綦履。”[47]在所配戴的物件上，沈啸寰、王星贤在点校《礼记》时说，男女由于气力的不同，所佩戴物件也不相同，但是他们忽略了钻木取火也需要极大的气力和耐力，并非女子易为之事，所以这些物件组合纯出于象征意义，而非实际功能，当然他们也不否认阳遂承载了孝顺父母尊长的礼仪符号的功能。

（三）首先对于阳遂为何物，秦汉时人们已无法厘清。商承祚曾对这个问题作过讨论，他说：“阳遂一名方诸，各家说解，是误互见。……郑注：夫遂，阳遂也。鉴，镜属，取水者，世谓之方诸。取日之火，取月之水。……高注：火燧，鉴也。《说文》，鐆，阳遂也，又鉴，一曰鉴诸，可以取明水于月。……《旧唐书•礼仪志三》李敬贞……

---

[40] [清]阮元校刻：《十三经注疏•附校勘记》第三十四卷，北京：中华书局，1980年，871页。

[41] [晋]干宝：《搜神记》第十三卷，北京：中华书局，1979年。

[42] 黄晖：《论衡校释》卷第十六，《乱龙篇》，北京：中华书局，1990年，696页。

[43] [后晋]刘昫：《旧唐书》卷二十三，《礼仪志三》，北京：中华书局，2002年。

[44] 何宁：《淮南子集释》上，卷六《览冥训》，北京：中华书局，1998年，454页。

[45] 李建民：《艾火与天火——灸疗法诞生之谜》，载《自然科学史研究》2002年第4期，320—331页。

[46] 李大钊：《李大钊文集》下册，北京：人民出版社，1984年，252—253页。以及杨纪元：《李大钊谈阳燧和阴燧》，载《文博》1997年第2期，54—55页。

[47] [清]孙希旦撰，沈啸寰、王星贤点校：《礼记集解》卷二十七《内则》第十二之一，北京：中华书局，1989年，725—730页。

乃云：周礼金锡半，自是造阳燧法，郑玄错解，以为阴鉴之制。依古取用水法，合用方诸，引淮南子等书用大蛤也，王筠说文句读云，诸之与鐆，皆一字为名，一铜一铁，一圆一方，一取火于日，一取水于月，皆以之供祭祀，且方诸者，对鐆之圆而言。方者其形，诸者其名。孙诒让《周礼正义》曰，窃意取明水，止是用鉴承露，湿润蒸腾，遇冷成露。月夜澄朗，更无风云，露下尤多，因为取水于月，卫宏《汉旧仪补遗卷》下：取水于月以阳燧，取火于日为明水。（据新校平津馆丛书木）祚案：郑氏谓夫遂即阳遂，鉴，镜属，一物二用。许氏鐆鉴分训，高氏云，阳燧如金杯无缘，阴燧大蛤，李氏主用高说，卫氏以鉴诸取水，阳燧取火，王氏谓诸为铜而方，鐆为铁而圆，不知何据（《礼仪志》阴鉴形如方镜殆王所本乃误读方诸之文。）孙氏言鉴承露而未说阳燧之制，其中以许孙二氏之言为得。余则想象设辞，徒觉传会，燧形似镜，用于日以取火，故其字从火曰阳。高氏以取月之鉴曰阴燧形义俱乖，卫氏颠到阴阳，于制不合，然则取水之器为何物与？曰鉴也，大盆也，其说见《周礼•天官凌人及许氏》，其制见攻吴王监（鉴），承露物必大，镜地几何，岂足供用，星星之火，可专无穷，故物不嫌小。……自郑氏以镜又名鉴，误为一物，先入为主，后世宗之，又曲为之说，遂□不知返矣。”[48]根据他的讨论，我们可以得出以下几个结论：

Ⅰ. 鉴与遂不同。鉴大，而遂小。鉴的来源与大蛤、监有关。高西省的研究也证实了这一观点的正确性。[49]

Ⅱ. 造阳遂之法与造阴鉴之法不同。阳遂需要能反光，对锡的含量要求较高。而阴鉴不需要。

Ⅲ. 阳遂与“阳”对应，取火；阴鉴（不可称为阴遂）与“阴”对应，取水。

Ⅳ. 形制与名称无关。

（四）李建民对灸疗法的研究表明，阳遂引来的天火是纯阳之火，可以逐疫驱邪，其原理与“岁时改火”一样，均为“去兹毒也”。[50]

（五）《周礼•秋官•司寇》中，郑玄注：“烜，火也。”司烜氏即管理与火有关的事物的专职官员，包括遂。并且，春秋战国之后人们就不辨鉴遂也说明遂之不常用，一种有专门官员保管而又不常见的事物自非普通物件。

综上所述，不排斥阳遂原来具有实用功能，但在汉代至少同时被用为礼仪用品。

---

[48] 商承祚：《长沙古物闻见记•续记》，北京：中华书局，1996年，162—167页。

[49] 高西省：《论早期铜镜》，载《中原文物》2001年第3期，28—36页。文中转引了郭沫若的观点：“古人以水为鉴，即以盆盛水而照容，此种水盆称作鉴，监字即象一个人立于水盆俯视之形。”

[50] 李建民：《艾火与天火——灸疗法诞生之谜》，载《自然科学史研究》2002年第4期，320—331页。

阳遂镜及象征

鉴与遂最初是完全不同的事物。遂用于取火，不用于照容。一方面是因为遂的外径较小，另一方面是因为它是凹面，不适于照容。而鉴是一个大盆，对反光能力没有要求（郭沫若认为早期的鉴是陶制的），因此与遂的表面要求不一样，甚至连制作方法也不一样。但是二者的功能或形制随着历史的发展逐渐合并。这种变化先汉时期就发生了，因此我们才能在出土汉代铜镜上见到“阳遂”字样。在这样的语境下,要去界定出土铜镜哪一枚是“纯粹的铜镜”，哪一枚同时也象征“阳遂”已不大可能。为此，笔者建议以“阳遂镜”作为一个总体概念来探讨有关问题。就这个层面而言，此处所谓“阳遂镜”与出土的“鉴遂合一”的“阳遂镜”不同，前者强调的是事物所处的语境。以下分而述之。

在功能上，鉴逐渐向阳遂镜过渡。[51]《德充符》曰，“人莫鉴于流水，而鉴于止水”[52]，表明战国时人以水鉴容很常见，往后就发展成以铜镜照容，郭沫若先生这么推测这个转变过程：“普通人用陶器盛水，贵族用铜器盛水。铜器如果打磨得很洁净，即无水也可以鉴容。……铜镜……即是盛水铜器。”[53]因为镜的出现，即鉴的原材料发生了变化，变成和遂相近（刚开始铜锡比例肯定不一样，后来是否一样不可确考（虽《周礼•冬官•考工记》有言“金锡半，谓之鉴遂之齐”[54]，但学者对此聚讼纷纭）。所以鉴与遂发展到一定阶段就会出现四个共同点：一、可以照容；二、制作的原材料相近；三、外形相近；四、生产者相同。在早期，鉴与遂的制作工艺的难度系数差别比较大。阳遂有镜面曲率和反射能力要求，制作难度要高得多，但是阳遂的需求量不多，这一点从出土阳遂与镜的比例可以估知，因此阳遂的制作当由制镜作坊兼营。反过来，制作阳遂也促进了作镜技术的提高，并导致日常用镜向阳遂镜发展。而“鉴遂合一”之阳遂镜的出现[55]，则是鉴向阳遂镜过渡的最高形式。沈括曰：“古人铸鉴，鉴大则平，鉴小则凸。凡鉴洼则照人面大，凸则照人面小。小鉴不能全观人面，故令微凸，收人面令小，则虽小而能全纳人面。”[56]在形式上，阳遂的背面制成凸镜恰好可实现“全纳人面”的

[51] 康兰英老师电告，从文物发掘的实际情况来看，鉴与镜的区别很明显。而据文献来看，鉴与镜却混淆不清。笔者认为，这种情况可作如下解释，鉴的“照容”功能为镜所取代或分化后，鉴只为盥洗之器皿，应称为洗，物虽一，但因语境发生变化，故名称与功能也相应发生变化。

[52] 雷仲康译注：《庄子》，书海出版社，1997年，45页。

[53] 李建民：《艾火与天火——灸疗法诞生之谜》，载《自然科学史研究》2002年第4期，320—331页。

[54]《十三经注疏•附校勘记》之《周礼•冬官•考工记》，北京：中华书局，1980年，915页。

[55] 江用虎、金晓春：《鉴识宋代阳燧镜》，载《艺术市场》2005年第4期，92—93页。目前已知最早的阳遂镜为宋代的，出土于安徽怀宁县小市乡良湖村的古墓葬。

[56] 胡道静：《梦溪笔谈校证》卷十九，630页。沈括说法有误，凹镜会使被照物（人面）放大，凸镜会使被照物（人面）缩小。其实凸凹镜的作用是如同现代照相机的近摄镜和广角镜。凹镜只能照到局部，凸镜可以照到更大范围的整体。另据有关研究，镜面凸起自东汉至六朝时期最

（转下页）

目的，阳遂镜综合了阳遂与镜的功能却节约了材料。

在图像或文字的象征意义上，遂与镜功能相交织的情况发生得更早(参照上一节分析)。有关的实例有上文所列出土铜镜之Ⅴ、Ⅶ、Ⅷ,这些铜镜上都有“阳遂”二字，说明这些铜镜均属阳遂镜，它们背面的文字当视为与例Ⅱ属性相同的文字。例Ⅰ中，巨幅莲纹画像旁的铭文中有“阳遂”二字，表明图像画的是阳遂镜。画面中心均有打磨得很光滑的乳突即明证，这种乳突其实就是镜钮的残留痕迹。

阳遂在墓葬环境中进一步与其它图文或实物进行混合。由于遂与鉴的混同，我们在日常语境中已不能区分鉴遂的功能。引入墓葬背景，阳遂镜的功能又进一步与有关事物或图文如莲纹或柿蒂纹等的功能发生交织，示意如下（图五）。

这种交织使得阳遂镜（或者相关的图文）在墓葬语境中产生了新的功能。在一定的条件下，它可以与莲纹、太阳图案等互相替换。所以在墓葬语境中，铜镜的辟邪功能已经有定论。[57]而阳遂镜的辟邪功能更为明确，进而，类似阳遂镜的莲纹或柿蒂纹（处在特殊位置如墓拱顶内面）也就可能具有相应的功能，更进一步，单独题铭“阳遂”文字，也可能同样处于辟邪的目的。下文简要梳理阳遂镜或以图文字形式出现的“阳遂”可能具有的意义：

第一，阳遂镜是实用品；

第二，阳遂镜用以表达愿望；

第三，阳遂镜可以辟邪；

第四，阳遂镜可能是建构墓葬内部空间秩序的符号。

首先是作为实用品的阳遂镜。南阳英庄出土了一块执镜侍女画像石（见图六），江西的宋墓出土有持镜俑也可为一佐证[58]，表明阳遂镜也作为生活中的必备物出现于墓葬环境。据考古报告报道，铜镜出土时有些是与日常梳妆用品一起放在漆盒内，因此墓葬中的阳遂镜亦有作为日用品而陪葬的。除照容外，装饰也是其实用功能之一，《左传•庄公二十一年》载：“郑伯之享王也，王以后之鞶鉴予之。虢公请器，王予之爵，郑伯由是恶于王。”杜预注曰：“鞶带而以镜为饰也，今西方羌故犹然，古之遗眼也。”[59]殷墟出土的几枚早期铜镜具有如下特点：制作简陋，数量极其少，出土于贵族之墓，均残留长期悬挂的痕迹[60]，表明它可能是自中原以外地区获得的战利品，作为随葬的珍贵的

为显著，战国前及唐代以后则无论镜面大小均极其平整，究其原因，实与镜体形状、加工工艺有关。详见董亚魏之《试论古代铜镜镜面凸起的成因信其相关问题》，载《文物保护与考古科学》2000年第11期，39—42页。

[57] 关于铜镜具有辟邪功能这一点学者几无异议，但是对于其成因却聚讼纷纭，详见后文。

[58] 杜迺松：《铜镜杂谈》，载《紫禁城》1982年第3期，10—11、39页。

[59] [清]阮元校刻：《十三经注疏•附校勘记》第九卷，《春秋左传正义》，北京：中华书局，1980年，1774页。

[60] 何富生：《百镜解读》，天津：百花文艺出版社，2007年，9页。

饰品。[61]

其次是阳遂镜用以表达美好的愿望。阳遂镜可以表达死者（及死者的后裔诸如“富贵吉祥”的美好愿望。汉《陶斋古录》载有一枚阳遂洗（洗当为鉴的演变品种），上有“大吉宜用，富贵阳遂”的铭文。在汉代的民俗文化中，铜镜同样可以表达长寿、光明、富贵、吉祥等意义。[62]这类铜镜有很多：

1. 长沙蔡氏藏汉镜，上有铭文：“日候氏作竟世未有，令人吉利宜古市，当得好妻如旦已。”[63]

2. 合肥1976年征集到的一枚东汉四神铜镜，上有铭文：“尚方作竟佳且好，左有龙交右白虎，前有朱雀后玄武，令人富贵宜孙子，山（仙）人王乔赤松子，千秋万世不知老。”[64]

还有许多铭文如“邵氏作镜，官贵宜子，大吉祥矣”、“宋氏作镜善有意，良时日家大富贵，官至三公中常侍，长宜□丰羊”、“吾作明镜，幽湅三商，周刻册祀，配象万疆，自身康乐，万福攸同，百清并支，福禄宜祥，富贵安宁，子孙蕃昌，增年益寿，与师命长”、“新银具镜子孙具，多贺君家受大福，位至公卿修禄食，幸得时年获嘉德，传之后世乐夫极，大吉”等均系此类阳遂镜。[65]

另外，汉代墓葬有很多是（或准备用以）夫妻合葬的墓，因此在生离死别之际，对情爱的地久天长的愿望也成为铜镜表达的一项内容。汉镜中常有“长相思，毋相忘”、“常乐未央、幸毋相忘”、“君行卒，予志悲，久不见侍前稀”、“君有行，妾有尤，行有日，反毋期，愿君强饭多勉之，仰天大息，长相思，毋久”之类的铭文。[66]

第三是阳遂镜可以辟邪。[67]在墓葬语境中，阳遂与辟邪或“除不祥”之间被认为是有密切联系的。举例如下：

Ⅰ. 烧沟103号墓出土的连弧纹日光镜上就刻有：“日光湅冶，竞华清明，以之为镜宜文章，以延年益寿去不详。”[68]

Ⅱ. 1963年鄂城出土一东汉半园方枚神兽镜，内周铭文为：“正月丙日王作明竟自有方，除去不祥宜古市，大吉利，幽湅三商，天王日月，上有东王公西王母，主如山

[61] 李维生：《中国铜镜的起源及早期传播》，载《山东大学学报》1988年第2期，45、51—54页。

[62] 江用虎、金晓春：《鉴识宋代阳燧镜》，载《艺术市场》2005年第4期，92—93页。

[63] 商承祚：《长沙古物闻见记•续记》，北京：中华书局，1996年，173—174页。

[64] 程红：《合肥出土、征集的部分古代铜镜》，载《文物》1988年第10期，2－85页。

[65] 李爽：《汉镜铭文种类》，载《文博》1993年第1期，46—48页。

[66] 朱冠艾：《中国古代铜镜的铸造工艺及其社会功能》，载《华东冶金学院学报》2000年第6期，58—60页。

[67] 有些铜镜上有如“……左龙右虎除（辟）不羊（祥）……”之类的铭文以及相关的辟邪图像与纹样，表明该铜镜已专门配置了辟邪属性，非本文讨论范畴。

[68] 洛阳博物馆：《洛阳出土铜镜》，北京：文物出版社，1988年，图33。

石，宜西北万里，富昌长乐。”[69]

Ⅲ．1963年8月鄂城西山出土六朝神人鸟兽画像镜一枚，上有铭文：“三羊作竟自有纪，除去不羊宜古市，上有东王父西王母，君宜子。”1973年12月在鄂城铜厂出土同类镜一枚，文字相近，“三羊作竟自有纪，除去不（祥）宜古市，上有东王父西王母”。[70]

Ⅳ．七乳“盖作镜”铭文镜一枚，黔西罗卜垮M13出土，有十七安隶书铭文：“盖作镜自有纪，辟去不羊宜古市，长保二亲。”[71]

Ⅴ．固原出土铜华连弧纹镜，有“湅冶铜华清而明，以之为镜宜文章，延年益寿去不羊，与天无极如日光，千万岁乐未央”[72]。

究其原因或许可以通过对天津市艺术博物馆所藏阳遂的分析管窥一二。该阳遂背面外圈有铭文曰：“五月五，丙午，火遂可取天火，除不祥兮。”农历五月初五，远在其成为端午节之前，就已成为民俗岁时文化中的一个重要节令。五月俗称“恶月”（董勋《问礼俗》），而五月初五又是恶月之恶日，最为不祥。“此日盖屋，令人头秃”（应劭《风俗通》），此日“生子，男害父，女害母”（司马贞索引：《风俗通》），故“百事多禁焉”。[73]五月既是至阳之月，又为阴气始盛之月，是月“阴阳争,生死分”。入夏时节，自然界所产生的各种巨大变化，万物盛极而衰的现象,致使古人产生了恐惧的心理，[74]进而形成相关的辟邪厌胜风俗，常见的有“蓄兰沐浴”（《艺文类聚》引《大戴礼记》）、“五彩丝系臂”、“龙舟竞渡”等。[75]天津艺术博物馆的阳遂铭文大约与这类民俗有关——天火可以辟邪。清顾炎武对远古用火史料进行过爬梳，认为火有两个系统：明火与国火。[76]“明火以阳燧取之于日，近于天也，故卜与祭用之。国火取之五行之木，近于人也，故烹饪用之。”[77]显然，“去不祥”要用明火，即要用阳遂所取得之火。当某种仪式被认为能够达到某种目的时，其中所使用的重要的物件也会被认为具有相同的功能，所以出土于墓葬中的阳遂具有驱除疫鬼的功能不足为奇。此外，阳遂在宋代还变成了道士降妖

[69] 湖北省博物馆、鄂州市博物馆：《鄂城汉三国六朝铜镜》，北京：文物出版社，1986年，图46。

[70] 湖北省博物馆、鄂州市博物馆：《鄂城汉三国六朝铜镜》，北京：文物出版社，1986年，图118、119。

[71] 刘明琼：《贵州铜镜研究》，载《贵族民族研究》1997年第4期，114—119页。

[72] 冯国富：《固原出土汉代铜镜简论》，载《固原师专学报》1998年第2期，62—65页。

[73] 都春萍：《屈原与五月五日——端午的渊源及意义》，载《三峡大学学报》2003年第7期，22—26页。

[74] 晏波：《端午节的历史渊源与民俗的初步形成》，载《西安文理学院学报》2005年第6期，40—42页。

[75] 同上。

[76] 李建民：《艾火与天火——灸疗法诞生之谜》，载《自然科学史研究》2002年第4期，第320—331页。

[77] 黄汝成：《日知录集释》，长沙：岳麓书社，1994年，178页。

除邪的专门法器也为其早期具有辟邪的能力提供了佐证。[78]此题本文暂不作论证。

值得注意的是，阳遂镜的“除不祥”功能，来源与早期铜镜无关。第一，就目前的认识而言，中国早期的铜镜可能源于甘青地区的齐家文化，而齐家文化又源于天山北路墓地。[79]中原地区罕见殷商时期的铜镜出土，出土铜镜也与同期其它青铜器在风格上大相径庭。李学勤指出，殷墟铜镜的纹饰近似齐家文化，与其它青铜器有别，本身有着独立的工艺传统（可能是来自非中原地区的战利品）。[80]而同期中原以外地区的铜镜多出自小型墓葬，极少见宗教色彩的纹样，所以把这个时期的铜镜看成生活中的实用品较为合适。[81]第二，包丽红、蔡堂根在对古人信奉“镜可驱邪”的心理分析中认为，这一认识存在着两个相关的因素，首先是铜镜能使鬼怪现形，其次是鬼魅畏见其形。[82]他们认为阳遂镜的“除不祥”功能与镜的“反光映物”的物理特性有关。根据有关研究的结论可知，含锡量大于20%时铜镜才能够获得较好的成像效果[83]，而商晚期西周早期的各类青铜器的锡含量一般都在11%左右，最多不超过15%[84]，因而这个时期的技术水平很难制成成像效果理想的铜镜。换言之，当时的技术现实难以促成“铜镜具有辟邪功能”的观念的形成。中原地区铜镜的流行是春秋以后的事情[85]，即其辟邪功能的形成大概也始于这一时期以后，而这一时期已有阳遂镜出土，因此不能排除这种可能性：阳遂镜的辟邪功能最初源于阳遂。

第四，阳遂镜有时是建构墓室内部空间秩序的符号。

阳遂镜作为建构秩序的符号功能与它可以代表太阳或宇宙有关。其一，铜镜本身可

---

[78] 江用虎、金晓春：《鉴识宋代职燧镜》，载《艺术市场》2005年第4期，92—93页。

[79] 刘学堂：《论早期铜镜源于西域》，载《新疆师范大学学报》1999年第3期，112—120页。大部分学者认为齐家文化是中国铜镜的最早发源地，而刘学堂对此抱有怀疑的态度，认为可能源于更早、更远的天山北路墓地。

[80] 李学勤：《中国青铜器的起源与发展》，《中国美术全集•工艺美术编 4•青铜器（上）》，北京：文物出版社，1985年，110页。

[81] 高西省：《论早期铜镜》，载《中原文物》2001年第3期，28—36页。

[82] 包丽红、蔡堂根：《铜镜驱邪观念的心理结构》，载《上海交通大学学报》2004年第2期，42—45、79页。其说法值得商榷。笔者以为：一是铜镜可以反射光线。而鬼属阴，畏惧光线。二是铜镜可以映照形象，如此，一方面是鬼魅所见为镜中景物，而非镜后之人，故无伤之；若所见为其自身之影像，则以为同类，亦不伤之。而认为“鬼魅畏见其形”大概是误解以镜御鬼之原初之意而加穿凿附会。镜可以使“鬼魅现身”应视为对镜的“映照功能”的创造性想象，赋镜以神性功能。其前提是鬼与人的长相殊异，故鬼无法以真容接近人类，而幻化成人形则易于近人，从而达到伤害人类的目的。镜的映照功能，使得它可透过“鬼魅”幻化的表面，再现其本真形容，使它无以遁形，因而人可以做好事先的防范。“鬼魅畏见其形”说遮闭了事实的本质，使得在驱邪问题上，镜由防御性的工具变成了一种进攻性的工具。

[83] 张英智、梁义田、铁生年：《古代铜镜成像效果的探讨》，载《青海大学学报》1995年第12期，27—29页。

[84] 高西省：《论早期铜镜》，载《中原文物》2001年第3期，28—36页。

[85] 宋新潮：《中国早期铜镜及其相关问题》，载《考古学报》1997年第2期，164页。

以反射光线，虽然它最初不一定适用于祭祀场合[86]，或者用于祭祀却与墓葬无关，但早期大量的铜镜背饰太阳芒纹，说明了铜镜可以用于象征太阳。[87]其二，TVL镜本身也可以象征宇宙，一方面是由于它的外形为圆，可以表达汉代流行的宇宙观——“天”，同时镜上的装饰纹样，包括四神、占卜板、日晷以及博弈棋盘亦和宇宙有关，且镜背的铭文如“上有仙人不知老”也暗示了镜背是一个微型宇宙。[88]其三，莲花纹样或柿蒂纹象征宇宙。以居于中央的花纹象征宇宙的观念源自“花盖”，“花”与“华”通。华盖星居于中宫（紫微），而花又唯莲是选，与“太一生水”有关。铜莲花、莲花藻井常出现在墓室顶部或礼仪用具（如河南新李家楼出土的莲鹤方壶）的盖顶部位均与华盖有关。[89]同样的情况也出现在铜镜上，张朋川认为悬挂在墓顶的铜镜与墓顶饰莲花是同一用意。因此阳遂镜也成为建构墓室空间秩序的符号之一，并且因为它可以象征太阳的关系，又从另一个角度说明了它所具有的辟邪功能的根源（见第三点）。

小结

墓葬语境中阳遂存在的形式有三种，实物、图像或文字。

实物形式的阳遂，其在墓葬语境中的功能最全，可能表示日用铜镜、辟邪之物，象征吉祥富贵（或表达祝愿），也可以象征太阳或宇宙。但作为后者的，必须放在特定的一些位置，如墓顶上方或棺床的四角。[90]

图像形式主要表示太阳或宇宙。因图绘莲纹或柿蒂纹要比悬挂镜子方便得多，故在画像石墓中通常以图绘阳遂（或莲花）的方式代替悬挂镜子。有乳突的莲纹或柿蒂纹应当被视为阳遂镜的图案化，这类图案反映了汉代造作墓室时，室内悬挂铜镜是常见的情形，以至工匠在刻画象征宇宙的莲纹或柿蒂纹时，还保留了阳遂镜的特征。

文字形式的阳遂镜，在墓中主要象征辟邪和吉祥。因为阳遂镜的图像形式会被误认为宇宙，所以表达辟邪与吉祥功能便逐渐选择了文字形式的“阳遂镜”。就目前已有的出土文物上的铭文而言，“阳遂”二字极少其它变体，不似出现在传世文献中的情形（许慎编《说文》时已讹误），这点表明“阳遂”二字的象征意义的形成极其古远，秦汉时期已脱离了与实物的关联，作为器物或碑刻上表达特定意义的专门符号。因此用于墓葬环境，其辟邪功能显而易见。

---

[86] 高西省：《论早期铜镜》，载《中原文物》，2001年第3期，28—36页。

[87] 王趁意：《中国早期青铜镜纹饰之迷》，载《收藏家》2004年第10期，33—38页。何富生：《百镜解读》，天津：百花文艺出版社，2007年，8—11页。

[88] David Priestly, Benedicta Ferraro著，于力凡译：《铜镜的背后——中国明代以前的铜镜艺术》，《收藏家》，2006年第2期，61—64页。

[89] 张朋川：《宇宙图式中的天穹之花——柿蒂纹辨》，载《装饰》2002年第12期，4—5页。

[90] 杜迺松：《铜镜杂谈》，载《紫禁城》1982年第3期，10—11、39页。笔者认为放在墓顶上方，主要是用以表示宇宙或太阳，若是为了辟邪可以放在墓主身边、棺床的四角，而不必特意悬挂。

附表：出土历代阳遂统计表[1]

断代	数量	最大径(cm)	背部纹饰	出土地	出土时间	出处
西周中期	1	8.9	素面	陕西扶风县黄堆60号西周墓	1995．4	杨军昌：《陕西周原出土西周阳遂的技术研究》，载《文物》1997年第7期，85—87页。
西周中晚期	1	7.9	重环纹	陕西扶风王太川村	1972．2	罗西章：《扶风县出土的商周青铜器》，载《考古与文物》1980年第4期，6—22页。
西周	1	7.2	素面	陕西长安张家坡西周墓M170	–	中国社会科学院考古研究所：《张家坡西周墓地》，中国大百科全书出版社，1999年。
西周懿孝时期	1	7.1	素面	陕西长安张家坡西周墓M303	–	中国社会科学院考古研究所：《张家坡西周墓地》，中国大百科全书出版社，1999年。
西周	1	9.5	–	北京昌平白浮2号西周墓	1975	北京文物管理处：《北京地区的又一重要考古收获——昌平白浮西周木椁墓的新启事》，《考古》1976年第4期。
西周	1	9.9	–	北京昌平白浮3号西周墓	1975	北京文物管理处：《北京地区的又一重要考古收获——昌平白浮西周木椁墓的新启事》，《考古》1976年第4期。
春秋战国	1	7.5	两虎缠虺与双鸟缠虺	河南陕县上村岭1052号虢国墓M1052	1956–57	中国科学院考古研究所：《上村岭虢国墓地》，科学出版社，1959年。
战国	1	3.6	昂首舞爪奔龙4条，地纹为细密的小圆点	浙江绍兴306号战国墓	1981	浙江省文物管理委员会：《绍兴306号战国墓地》，《文物》1984年第1期。

[1] 统计截止时间：2008年3月30日。

续表

断代	数量	最大径(cm)	背部纹饰	出土地	出土时间	出处
战国	1	9.5	素面	吉林市效猴石山石棺墓	1979	张英：《吉林出土铜镜》，文物出版社，1990年。
春秋战国	1	10.4	素面	河北丰宁土城东沟道下石板墓	1990．4	丰宁满族自治县文物管理所：《丰宁土城东沟道下山戎墓》,《文物》1999年第11期。
–	4	–	–	河北丰宁土城四门房村三丫头沟山戎墓群	–	丰宁满族自治县文物管理所：《丰宁土城东沟道下山戎墓》,《文物》1999年第11期。
春秋战国	8	10.9	–	辽宁昭乌达盟宁城县南山根石椁墓	1963	辽宁昭乌达盟文物工作站：《宁城县南山根的石椁墓》,《考古学报》1973年第2期。
西周末春秋初	2	–	–	辽宁宁城县天巨泉 M7301	1973	宁城县文化馆：《宁城县新发现的夏家店上层文化墓葬及相关遗物的研究》,《文物资料丛刊》(9),文物出版社，1985年。
春秋战国	1	–	相对的虺龙纹	（京都大学文学部博物馆藏）	–	梅原末治：《中国殷周の古镜》,《史林》，1959年。
西周早期	1	10.5	素面	陕西长安沣西 M178	1955–62	中国科学院考古研究所：《沣西发掘报告》，文物出版社，1962年。
东汉末	1	10	背缘部有十余字，难辨	长沙	1940前	商承祚：《长沙古物闻见记·续记》,中华书局,1996年。
唐	1	–	素面	（上海文物仓库藏）	50年代	钱临照：《阳燧》,《文物参考数据》1958年第7期。
唐	1	–	内饰莲花瓣花纹	（上海文物仓库藏）	50年代	钱临照：《阳燧》,《文物参考数据》，1958年第7期。

续表

断代	数量	最大径(cm)	背部纹饰	出土地	出土时间	出处
宋	1	6.3	素面	（上海文物仓库藏）	50年代	钱临照：《阳燧》，《文物参考数据》，1958年第7期。
宋	1	5.7	素面	（上海文物仓库藏）	50年代	钱临照：《阳燧》，《文物参考数据》，1958年第7期。
金	1	8.5	观音纹	白城遗址	1964	商承祚：《长沙古物闻见记·续记》，中华书局，1996年。
金	1	7.4	素面	阿什河公社	1973	商承祚：《长沙古物闻见记·续记》，中华书局，1996年。
汉	1	8.3	外圈文：五月五，丙午，火遂可取天火，除不祥兮。内圈：宜子先（孙），君子宜之，长乐未央。	（天津市艺术博物馆藏）	1960年前	李东琬：《阳燧小考》，《自然科学史研究》1996年第4期。
–	1	–	方形，铭文24字	（中国历史博物馆藏）	–	汪宁生：《我国古代取火方法的研究》，《考古与文物》1980年第4期。
西汉	2	9.5		西汉南越王墓	1983	广州市文物管理委员会：《西汉南越王墓》，文物出版社，1991年。
西周	1		云纹	（李福昌火柴博物馆藏）	–	
商周	1	5.0	折齿纹	（何富生私人收藏）	–	何富生：《百镜解读》，百花文艺出版社，2007年。
西汉初	1	6.6	双夔凤纹	（何富生私人收藏）	–	何富生：《百镜解读》，百花文艺出版社，2007年。

汉魏辽东壁画墓分区与分期研究

李林（鲁迅美术学院）

内容提要：汉代辽东郡治襄平（今辽宁省辽阳市）是当时中原汉文化进入东北地区的桥头堡，也是中原与边疆地区、汉族与当地少数民族文化交流、融合的重要枢纽。由于地处东北边陲，历史上对该地区社会历史、文化艺术情况的记载并不详细。20世纪初，日本考古学者在东北的一系列墓葬考古与调查活动拉开了我国壁画墓发现的大幕，以辽阳为中心的区域内，发现了数座以石板支筑形式构建的壁画墓。但由于自身保存情况不佳，以及随后的战乱岁月，这些早期材料并未引起足够的重视和系统研究。建国后至今，该地区的考古发掘中又陆续有新的壁画墓发现，但限于种种原因，墓葬的保护和材料的发表情况不是十分乐观。材料散失的限制以及地方性区域文化的性质，使得在美术史研究方面对本地汉魏壁画材料大多采取了回避或较为保守的研究态度。针对这一现象，笔者通过实地考察、多方走访，将湮没于历史岁月中的一些重要材料加以整合、连缀，通过比对考古报告与参与发掘工作的学者笔记、回忆等，并结合早期摹本、壁面照片复原了部分主要墓葬的基本面貌。这项工作一方面将现仍存世的材料进行了系统整理，希望为日后研究所用；另一方面，结合新近发现的材料线索，展开了基础性的分区与分期问题的讨论。通过初步研究，本文提出将辽阳地区的汉魏辽东壁画墓根据相互间形制与壁画内容等关系，分为具有时代特征的四个墓群进行讨论。在此基础上，在分期问题方面，由于本地壁画墓自身没有准确的纪念信息，因此，采取了首先确定具有相对年代特征的墓葬为标型，再结合本地特殊的历史进程中能够为壁画墓营建提供支持的历史信息，将本地壁画墓分为四个阶段进行讨论，充分考虑到社会政治历史进程、墓葬营建主体人群等因素对壁画墓发展的影响。结合笔者在东北地区开展研究的便利条件，本文关于本地壁画墓分区与分期的研究，将作为今后对于本地墓室壁画与文化交流等相关问题讨论的基础研究，这也将是探讨东北地域美术史研究的一个重要起点。

关 键 词：辽东郡 壁画墓群 历史进程 公孙氏时期

引 言

辽河流域是中华文明的重要发祥地之一[1]，自战国以来就是东北地区的政治、文化中心，中原汉文化辐射影响的重要区域。两汉时期的辽东郡是中央王朝通往东北的政治、经济、文化的桥头堡，它是东连高句丽、南接乐浪、西通匈奴、北去扶余的政治枢纽。作为辽东郡治的襄平（今辽宁辽阳）更成为汉文化在东北地区传播的中心区域。

20世纪初，伴随着日本在东北地区的殖民与扩张，一批日本学者开始在辽宁地区进行考古调查。鸟居龙藏自1895年开始受东京人类学会派遣在辽东半岛进行调查，其后曾在1905、1909、1928、1941年进行四次调查[2]，在辽宁的辽阳、大连等地区都先后发现了汉魏时期的墓葬，其中包括多座壁画墓，开启了辽东墓葬美术的研究。1918年八木奘三郎、塚本靖等发掘了太子河畔的辽阳迎水寺壁画墓，这也是辽阳乃至中国考古发掘的第一座汉代壁画墓[3]，并于1931年发现了大连金县营城子汉墓[4]。1941年原田淑人、驹井和爱等相继调查并发掘了辽阳北、南、西郊的砖墓、石椁墓、瓮棺墓，并于1942年发掘了辽阳西南郊的南林子壁画墓、南郊的玉皇庙壁画墓[5]，于1943年发掘了辽阳北园1号墓[6]。

新中国成立后，国家多次组织考古人员开展了对辽阳的棒台子、三道壕、北园等地区的系统发掘与清理活动。国务院于1961年，将辽阳壁画墓群列为第一批全国重点文物保护单位（编号第167号）。[7]在此前后，相继发掘和报告了：棒台子1号墓[8]，棒台子2

[1] 如辽宁西部的红山文化、夏家店下层文化以及辽宁中东部的新乐文化等，都反映了早在七八千年以前东北南部地区就出现了早期先民的活动。

[2] 安志敏：《追怀鸟居龙藏先生》，载《文物天地》1993年第1期，3页。

[3]（日本）八木奘三郎：《辽阳发现的壁画古坟》，载《东洋学报》第11卷第1号，1921年1月；（日本）八木奘三郎：《满洲考古学》，东京：荻原星文馆，1944年增补修订版，287—326页；（日本）塚本靖：《辽阳太子河附近的壁画古坟》，载《考古学杂志》第11卷第7号，1921年3月。

[4]（日本）内藤宽、森修：《营城子——前牧城驿的汉代壁画砖墓》，东京：刀江书院，1934年版，转引自罗世平、廖旸《古代壁画墓》，北京：文物出版社，2005年7月版，第13页。

[5]（日本）原田淑人：《辽阳南林子的壁画古坟》，载《国华》第53编第4册，总692号，1943年4月。

[6]（日本）驹井和爱：《最近发现的辽阳汉代壁画古墓》，载《国华》第54编第10册，总647号，1944年10月。该墓发掘不久后，中国学者李文信、李浴等相继前往考察并有文献留存。李文信：《辽宁北园壁画墓记略》，载《国立沈阳博物院筹备委员会汇刊》第1期，1947年，收入《李文信考古文集》（增订本），沈阳：辽宁人民出版社，2009年。李浴：《在东北所看到的艺术史迹和感想》，载《文物参考资料》1951年第9期，收入《中国考古集成•东北卷9•秦汉至三国（一）》，北京：北京出版社，12—16页。

[7] 郭大顺：《〈辽阳壁画墓群〉学习笔记》，收入日本奈良文化财研究所、中国辽宁省文物考古研究所《东亚考古学论丛》，2006年，239页。

[8] 李文信：《辽阳发现的三座壁画石墓》，载《文物参考资料》1955年第5期。

号墓[9]，北园2号墓[10]，北园3号墓[11]，北园4号墓[12]，三道壕1号墓[13]，三道壕2号墓[14]，三道壕3号墓[15]，三道壕窑业第二现场令支令张君墓[16]，三道壕窑业第四现场车骑墓[17]，上王家墓[18]，道四庄墓[19]，冶建化工分厂墓[20]，玉皇庙2号墓、玉皇庙3号墓、玉皇庙4号墓[21]，旧城东门里墓[22]，鹅房1号墓[23]，南环街墓[24]，峨眉墓[25]，南雪梅村1号墓[26]，旧城东门里墓[27]，南郊街1号墓、南郊街2号墓、南郊街3号墓[28]等。截至目前笔者的统计，辽阳地区已发现或发掘的汉魏壁画墓共30余座。从发掘的历史进程、墓葬数量以及集中程度看，辽阳地区是可与洛阳地区、关中地区等比肩的、重要的汉魏壁画墓分布区。

对于这批重要材料，以往研究多集中在考古学发掘与整理范畴内，缺乏美术史研究视野下的系统关注。由于早期发现的墓葬材料保存情况不佳，部分毁于战乱，晚近发掘但完整报告发表滞后等情况，以及资料的零散和地方性文化性质的限制，美术史学者在开展讨论时大多采取了回避或较为保守的研究态度。从现有材料来看，不可否认，辽东

[9] 王增新：《辽阳市棒台子二号壁画墓》，载《考古》1960年第1期。

[10] 辽阳市文物管理所：《辽阳发现三座壁画墓》，载《考古》1980年第1期。

[11]《中国美术全集•绘画编12•墓室壁画》，北京：文物出版社，1989年。

[12] 刘未：《辽阳汉魏晋壁画墓研究》，载《边疆考古研究（第二辑）》2003年第1期，根据其赴辽阳市博物馆调查结果。

[13] 东北博物馆：《辽阳三道壕两座壁画墓的清理工作简报》，载《文物参考资料》1955年第12期。

[14] 东北博物馆：《辽阳三道壕两座壁画墓的清理工作简报》，载《文物参考资料》1955年第12期。

[15] 辽阳市文物管理所：《辽阳发现三座壁画墓》载《考古》1980年第1期。

[16] 李文信：《辽阳发现的三座壁画石墓》，载《文物参考资料》1955年第5期。

[17] 李文信：《辽阳发现的三座壁画石墓》，载《文物参考资料》1955年第5期。

[18] 李庆发：《辽阳上王家村晋代壁画墓清理简报》，载《文物》1959年第7期。

[19] 刘未：《辽阳汉魏晋壁画墓研究》，载《边疆考古研究（第二辑）》2003年第1期，根据其赴辽阳市博物馆调查结果。

[20] 可见辽宁省文物考古所资料。

[21] 此玉皇庙三墓皆见于刘未《辽阳汉魏晋壁画墓研究》，载《边疆考古研究（第二辑）》，2003年第1期，赴辽阳市博物馆调查。

[22] 辽宁省博物馆、辽阳博物馆：《辽阳旧城东门里东汉壁画墓发掘报告》，载《文物》1985年第6期。

[23] 辽阳市文物管理所：《辽阳发现三座壁画墓》，载《考古》1980年第1期。

[24] 辽宁省文物考古研究所：《辽宁辽阳南环街壁画墓》，载《北方文物》1998年第3期。

[25] 刘未：《辽阳汉魏晋壁画墓研究》，载《边疆考古研究（第二辑）》2003年第1期，赴辽阳市博物馆调查。

[26] 王增新：《辽宁辽阳县南雪梅村壁画墓及石墓》，载《考古》1960年第1期。

[27] 辽宁省博物馆、辽阳博物馆：《辽阳旧城东门里东汉壁画墓发掘报告》，载《文物》1985年第6期。

[28] 辽宁省文物考古研究所：《辽宁辽阳南郊街东汉壁画墓》，载《文物》2008年第10期。

地区壁画墓与作为政治中心的中原内地遗存在规格和规模、图像系统性以及艺术水平等方面存在一定差距。但其发现数量较多、集中程度较高，又使我们不能不加以足够的重视。

在墓葬美术范畴内，辽东地区一方面体现了与中原内地在总体面貌和发展进程上的密切联系；另一方面也体现出其自身发展的独特面貌与地域特色。由这两个问题引发的关于其所反映出的中原核心区与边疆地区文化影响与交流问题，正是本文思考的起点。

一 辽东汉魏壁画墓的材料工作进展

辽东汉魏壁画墓研究的瓶颈之一就是材料的零散与缺失。早期发掘材料流散严重、晚近发掘材料整理与发表滞后，都限制了美术史研究的深入开展。针对这一现象，笔者利用长期在辽宁工作的便利条件，在检索已公开发表的考古报告之外，积极开展实地考察，多方走访，调查文博机构的藏品，将湮没于历史岁月中的一些重要材料重新加以整合、连缀，通过比对考古报告以及亲历者笔记、回忆等材料[29]，开展重要墓葬的拼接缀合工作，并结合早期摹本、壁面照片[30]复原了部分主要墓葬的基本面貌。已经掌握了本地区几个重要墓葬中的20余幅壁面壁画情况，可以成为本文后续研究的主要比照标本。结合墓葬平面图，整理出其中16座体现明确壁画内容与分布的墓葬，并进行标注。在这一过程中，同时根据图像组合关系，将辽东地区墓室壁画主要题材进行了整理。[31]

在综合了考古报告、壁画摹本、现场发掘照片等类型材料后，本文已经能够建立起较为清晰的墓葬内部空间形制、壁画分布讨论的重点墓葬有：旧城东门里壁画墓、北园1号墓、北园3号墓、棒台子1号墓、棒台子2号墓、三道壕窑业第二现场墓、三道壕窑业第四现场墓、三道壕1号墓、南郊街1号墓等壁画墓。可以说在基础资料的整理工作上已经取得了一定程度的推进，这一方面将现仍存世的材料进行了系统整理，提供给相关研究者日后研究所用；另一方面，结合新近发现的材料线索，已经可以展开基础性的分区与分期问题的讨论。

二 壁画墓群与分区研究

汉魏辽东壁画墓的发现主要是以现辽阳城区为中心，呈现出较强的区域化分布特

[29] 搜集了包括早期发表的8份日文考古报告、2份中国学者（李文信与李浴先生）早年的考察笔记等材料。

[30] 亲自到曾经参与考古发掘工作并保存有相关材料的辽宁省博物馆、辽阳博物馆开展搜集工作，调阅文物档案5份，4个壁画墓的摹本共53件；走访发掘参与者，搜集6个相关墓葬发掘时的墓室情况与壁画照片资料等珍贵资料。

[31] 关于这一问题，本文不再专题展开，容另文讨论。基本情况可参见文后所附《辽东汉魏壁画墓壁画图像分布汇总表》。

征，这也是同期其他地区壁画墓所不具备的特点。[32]这些集中分布的墓葬又具有相近的时代特征与面貌，这些都为本文开展地域分区与壁画墓群讨论提供了重要的实证材料与研究视角。在对辽东壁画墓材料的爬梳过程中，可以发现这些石室壁画墓主要分布在现辽阳城西北为主的几个区域内，此外在辽阳城东南方向有较为集中的发现。主要有北园墓群、棒台子屯墓群、鹅房墓群、三道壕墓群等几个分布区域。[33]

（一）辽阳北园壁画墓群

辽阳北园地区位于辽阳旧城西北方向，地处太子河南岸平原地带，现已发现有汉魏时期墓葬多座，其中主要有北园1号墓[34]、北园2号墓[35]、北园3号墓[36]、北园4号墓[37]等。这一地区伴随着城市建设的发展，周边地貌也发生了很大变化，基本不见原来面貌，只能依据早期发现时的相关记载和报告情况进行分析。

李文信先生在1943年亲自考察刚刚发现的北园1号墓时，提供了对这一地区情况最早的记载[38]。北园1号墓以及后来陆续发现的墓葬证明，这三个地处太子河平原地区的大土堆是为人工堆砌的古墓高大封土遗存，可惜的是，被发现时已不能判断原来是否有相应

[32] 辽阳地区汉魏壁画墓呈现出不同于其他地区的集中分布特征，如主要集中在辽阳城北郊的北园、棒台子、三道壕的等区域，以及东南郊鹅房、南雪梅村等区域内，这种在一个时段内集中出现的壁画墓群现象值得注意，本文也结合开展讨论。

[33] 在讨论辽东墓室壁画时，我们还不应忽视早年在辽南地区的辽宁大连营城子发现的东汉砖石壁画墓的材料，该墓是较早发现的材料之一，但由于其发现在辽宁地区属于较为少见的面貌，加之其墓室结构、营建手法以及壁画绘制等方面与以辽阳为中心的大量石室壁画墓相比，明显是为另一系统的材料，因此，将在讨论辽东石室壁画墓因素、渊源等问题时进行参照讨论，此处暂不作为分区之一讨论。

[34]（日本）驹井和爱：《最近发现的辽阳汉代壁画古坟》，载《国华》第54编第10册，总第647号，1944年10月，267—274页；李文信：《辽宁北园壁画墓记略》，载《国立沈阳博物院筹备委员会汇刊》第1期，1947年10月10日。收入《李文信考古文集》，沈阳：辽宁人民出版社，2009年，90—130页。

[35] 辽阳市文物管理所：《辽阳发现三座壁画墓》，载《考古》1980年第1期，56—58，65页。

[36] 1986年发掘出土，但未正式发表有报告，只在《中国美术全集•墓室壁画》中发表了2幅壁画照片，定名为北园3号墓，本文依从这一名称。

[37] 1978年发现，但一直未正式发表，详细情况不明。辽阳市博物馆发掘资料中编为“北园3号墓”，因《中国美术全集》发表了1986年发掘的北园壁画墓，并定名北园3号墓，因此，将此墓顺延为北园4号墓。此情况可参见刘未的相关调查与研究。

[38]“古墓位于辽阳旧城之西北北园瓦窑子村落之东南，今已划归市内，地当太子河南岸之平原，田畴肥沃，西望大野，烟村无际，东南隔铁道与辽阳相对，原有三大土阜，东南西北等距直列如三星状，俗称‘三台子’，不知为古墓也，此为最南者。”李文信：《辽宁北园壁画墓记略》，载《国立沈阳博物院筹备委员会汇刊》第1期，1947年10月10日。收入《李文信考古文集》，沈阳：辽宁人民出版社，2009年，91页。

的建筑了。悠悠历史岁月磨灭了古墓曾经的面貌，也掩埋了那些重要的历史信息。在实地调查时，其余两墓尚未发掘，但他已经敏锐地发现并开始讨论一些对我们日后研究非常有启示的问题：结合北园1号墓的封土问题，对墓主等级进行了讨论[39]，并在其结论部分指出了此墓与其他两个大土堆的关联问题，以及对北园1号墓的时代与墓主身份、等级判断。[40]

新中国成立后，在该地区相继发现了北园2号墓（1959年11月发现，西北约100米为1号墓，未作正式清理）、北园4号墓（1978年发现，未正式发表，情况不明）、北园3号墓（1986年发现，未正式发表，仅有极少图片发表[41]）等墓葬。其中2号墓、3号墓与1号墓三座墓葬的位置相对清楚[42]，根据现在已经具备初步条件，可以将三座墓葬作为一个整体研究。

---

[39] 李文信指出："古墓地处平原，略无冈陵。墓上封土虽经二千年风雨之飘荡，今由二里外仍能望见作不正圆形（土语谓三棱八觚者），略测存高约在十米上下，但是更高可知。封土色黄，不杂沙砾。椁上二尺处有石灰一层，弧如封上厚三四寸。此种封土之保存，对本墓主生前地位至推测上，殊为有益，盖两汉陵墓封土之高低，法有定规，不容僭乱也。"李文信：《辽宁北园壁画墓记略》，载《国立沈阳博物院筹备委员会汇刊》，第1期，1947年10月10日。收入《李文信考古文集》，沈阳：辽宁人民出版社，2009年，92页；并进一步讨论了"西汉帝陵坟高均以十二丈为通制，虽因在位长短及功业隆兴之不同而略有出入（高祖长陵、景帝阳陵，均十三丈。殇帝康陵五丈四尺，冲帝怀陵四丈六尺。——见《后汉书•礼仪志》注引汉旧仪）大致不背此制。……东汉帝陵见于《后汉书•礼仪志》注引汉旧仪者，光武原陵以下至灵帝文陵十陵中之坟，高逾十二丈之定制者一（另一说不逾），符者二，不及者七，均之不足九丈耳。……至于王公列侯，下至斗食民庶之墓制，史虽缺文，以理推之，必次第减等，盖下不得僭上礼之通例也。……此墓现存坟高11米强，以21厘米合汉尺计之，约存52尺，再加风雨崩颓之数，实高应在55尺以上，几及帝陵高度之半，斗食小吏焉得有此，齐民更无论矣。"李文信：《辽宁北园壁画墓记略》，载《国立沈阳博物院筹备委员会汇刊》，第1期，1947年10月10日。收入《李文信考古文集》，沈阳：辽宁人民出版社，2009年，104—105页。

[40] "此墓后经日本东京帝大文学部整理调查，出土资料尚未归还。壁画摹本虽经沈阳博物院古物部接收，中经光复，略有散佚，殊为可惜。同墓北二里许又发现一墓，壁画较此尤佳，保存亦好，唯以种种原因，迄无调查之望，坐视破坏，实属痛心。北园一地以有三大土阜，故有三台子之俗称，除此墓外，尚有二阜，仍类古墓，果能发掘调查，或有更大发现，附记于此，以期来日"，"综合本墓壁画内容，知其年代当在东汉中期或后期，至迟不能至晋。葬者之职官，当为武职，品秩似在二千石以上，与专命特使者尤近。死葬辽东，当系土著，坟封未坏。似与赤族之公孙氏无关。"李文信：《辽宁北园壁画墓记略》，载《国立沈阳博物院筹备委员会汇刊》第1期，1947年10月10日。收入《李文信考古文集》，沈阳：辽宁人民出版社，2009年，130页。

[41] 笔者通过调查走访，掌握了北园3号墓发掘时拍摄的一批壁画与墓内情况照片，可大体反映出墓室形制与壁画分布情况。

[42] 可参见辽阳博物馆展览陈列《辽阳汉魏壁画墓分布图》。

（二）辽阳棒台子壁画墓群

辽阳棒台子屯地区位于辽阳旧城西北方、北园墓群以北区域。现发现有棒台子屯1号墓[43]、棒台子屯2号墓[44]、东台子墓、南台子墓、小青堆子墓[45]等。这一区域内的考古材料发表情况不好，只有棒台子屯1号、2号墓有简报发表，其中附有部分图片和壁画摹本，为研究带来许多不便。

据发掘简报称，棒台子1号幕“墓在辽阳市西北郊八里，棒台子屯北一里余的平地上，此地区是一望无际的冲积平原，只古墓封土异常高大”[46]，可见在太子河冲积平原上，具有高大封土的古墓是非常显眼的。1956年发现的棒台子屯2号墓，在棒台子屯东约200米的平地上，西北约1公里为棒台子屯1号墓，但发现时“墓顶上距地表90厘米，地面已无封土痕迹。椁室平面作‘工’字形”[47]，其墓葬形制虽与1号墓有差异，但壁画内容有相似之处，可以相互参照进行讨论。此外，距其1里多的东北、东和东南三方各有三个类似的大土丘。后经发掘、比较，推测应该是辽阳博物馆资料中显示的小青堆墓、东台子墓和南台子墓。但此三墓没有正式发表，情况尚不详。考虑到棒台子屯地区发现的这些墓葬所具有的高大封土、空间上的集中、形制规模和壁画内容等几个方面，在今后的研究中也是有理由加以综合考察的。

（三）辽阳鹅房壁画墓群

辽阳市东南郊的鹅房地区是辽阳早期汉代墓葬发现的集中区。1954年发现的汉代古墓葬群有墓葬19座，“其中几座墓很可能是西汉初或更早期的……以年代论，土墓、木椁墓较早，石墓、砖墓较晚”[48]。可见，鹅房地区很早就是襄平城外的墓葬集中的区域，集中了自西汉初期至东汉时期的大量墓葬遗存。

2003年，在辽阳市文圣区南郊街附近发现了一座石板壁画墓，2004年在附近又发现两座石板墓，这三座墓也是辽阳地区的最新发掘并发表的材料[49]，其科学系统的发掘为

---

[43] 李文信：《辽阳发现的三座壁画石墓》，载《文物参考资料》1955年第5期，15—42页。

[44] 王增新：《辽阳市棒台子二号壁画墓》，载《考古》1960年第1期，20—23页。

[45] 以上三座墓未正式发表，仅见辽阳博物馆展览材料，其位置分布可见辽阳博物馆展览陈列《辽阳汉魏壁画墓分布图》。

[46] 据报告称1944年村民取土时意外发现了此墓，当地人不知它是什么，就都称作“大青堆子”，其封土略作钝方锥或截头方锥形，反映的应该是仿汉制的陵上封土作“方上”的面貌，现存高7米，边长22米。参见李文信《辽阳发现的三座壁画石墓》，载《文物参考资料》1955年第5期，15—16页。

[47] 王增新：《辽阳市棒台子二号壁画墓》，载《考古》1960年第1期，20页。

[48] 东北文物工作队：《东北文物工作队一九五四年工作简报》，载《文物参考资料》1955年第3期，19页。

[49] 辽宁省文物考古研究所：《辽宁辽阳南郊街东汉壁画墓》，载《文物》2008年第10期，34—59页。

我们展示了许多之前发掘中并未详细记录的一些情况[50]。其中1号墓、2号墓有保存相对较好的壁画发现。据发掘简报称“该墓群位于辽阳东南郊鹅房东汉壁画墓群的边缘，这3座墓呈东西排列，均开口于第2层下，被早期盗洞和现代施工打破，本身又打破下面的生土，墓顶盖石位于原地表之上”[51]。这说明，此墓群原是应该上有封土的，并明确指出了这组材料与辽阳东南郊的鹅房壁画墓群的关系问题。在报告结语部分提出了对这三座墓葬的年代判断以及对此前发现的鹅房1号墓时代判断的修正，认为之前对鹅房1号墓的时代认定过晚，“其时代应与唐户屯六十二号墓相近，为东汉早期”[52]。对于南郊街三座墓的时代判断，认为“M1的年代略晚于东门里壁画墓，应在东汉晚期偏早阶段。M3、M2的年代为东汉晚期，M3早于M2”[53]。

针对这一较新材料带来的反思，我们就不得不重新审视作为鹅房墓群较早发现的鹅房1号墓[54]的相关情况了。鹅房1号墓是1975年发现的，由当时的辽阳市文物管理所会同辽宁省博物馆文物队进行了清理。“该墓墓顶距地表1米，墓室均用南芬页岩石板支筑呈‘工’字形……进门为前室，突出长方形左右两个耳室相对，后室左右亦各突出一耳室，在前后室间为主室，左右并排各一尸床。”[55]这样的工字型平面墓葬是辽阳地区常见的一种类型。

（四）辽阳三道壕壁画墓群

辽阳市北郊太子河乡三道壕村附近是辽阳地区壁画墓最集中的发现区域，这里不仅发现了多座汉魏时期的壁画墓，同时也先后发现了西汉时期的村落遗址以及大量普通墓葬等[56]，可以作为西汉至魏晋时期重要的生活及墓葬区看待。其中仅壁画墓就陆续发现

[50] 这组墓葬，由于发现时代较晚，发掘与整理工作较为系统科学，材料发布也较为丰富全面。通过细致的考古发掘，为我们展示与复原了当时营建墓葬的一些做法与程序。如报告中对墓葬的建筑方法的复原，根据填土中的碎石块发掘，提出石板均是现场加工的，墓室建好后，起筑近圆形的封土丘等情况。

[51] 辽宁省文物考古研究所：《辽宁辽阳南郊街东汉壁画墓》，载《文物》2008年第10期，34页。

[52] 辽宁省文物考古研究所：《辽宁辽阳南郊街东汉壁画墓》，载《文物》2008年第10期，58页。这种观点是否准确还有待商榷，辽东地区壁画墓时代的最早上限是否可以早到东汉早期还需要更多的材料支撑，因此，本文在分期中，根据墓葬形制变化与壁画面貌转变讨论，仍将鹅房1号墓划归为辽东壁画墓的第三期。

[53] 辽宁省文物考古研究所：《辽宁辽阳南郊街东汉壁画墓》，载《文物》2008年第10期，58页。

[54] 辽阳市文物管理所：《辽阳发现三座壁画墓》，载《考古》1980年第1期，56—58，65页。

[55] 辽阳市文物管理所：《辽阳发现三座壁画墓》，载《考古》1980年第1期，57页。

[56] 相关内容可参见东北博物馆《辽阳三道壕西汉村落遗址》，载《考古学报》1957年第1期，收入《中国考古集成•东北卷10•秦汉至三国（二）》，北京：北京出版社。

有三道壕1号墓[57]、2号墓[58]、3号墓[59]、窑业二场令支令张君墓[60]、窑业四场车骑墓[61]等多座，此外还发现可以参照研究的有：三道壕27号东汉墓[62]，三道壕西晋墓[63]，以及三道壕7号墓[64]等。

这些壁画墓、普通墓葬以及纪年墓葬的发现，证实了三道壕地区在西汉时期曾作为村落聚生活区使用[65]，东汉末年开始成为襄平城外一个使用时间较长、到西晋仍在使用的埋葬区域。三道壕地区的这些壁画墓共同体现出了一些相似的形制特征[66]，新的墓室空间与壁画配置都体现了正趋于明确的前堂后室、祭奠空间独立的时代特征。壁画绘制主要集中在前廊耳室内，以简化的车马出行与庖厨宴饮相配合使用，空间分布、题材内容与表现形式趋于固定，应该是与新的丧葬文化进入后的转变有关。

从以上几个墓群的考古发现看，辽阳地区集中出土的壁画墓，最能反映出地域特点

[57] 东北博物馆：《辽阳三道壕两座壁画墓的清理工作简报》，载《文物参考资料》1955年第12期，49—58页。

[58] 东北博物馆：《辽阳三道壕两座壁画墓的清理工作简报》，载《文物参考资料》1955年第12期，49—58页。

[59] 辽阳市文物管理所：《辽阳发现三座壁画墓》，载《考古》1980年第1期，56—58，65页。

[60] 李文信：《辽阳发现的三座壁画石墓》，载《文物参考资料》1955年第5期，15—42页。

[61] 李文信：《辽阳发现的三座壁画石墓》，载《文物参考资料》1955年第5期，15—42页。

[62] 该墓出土刻有“永元十七年三月廿六日造作屯（可能是瓦字）案大吉常宜酒肉”纪年器物，永元是东汉和帝年号，永元十七年为公元105年。三道壕27号墓是一座石椁墓，刻划铭记在长方案中心鱼纹的左侧。参见《东北文物工作队一九五四年工作简报》，载《文物参考资料》1955年第3期。

[63] 该墓出土有刻划“太康十年”的纪年信息。辽阳博物馆：《辽阳市三道壕西晋墓清理简报》，载《考古》1990年第4期。收入《中国考古集成•东北卷11•两晋至隋唐（一）》，北京：北京出版社，475—477页。

[64] 该墓出土有“太康二年八月造”反书阳文瓦当。王增新：《辽阳三道壕发现的晋代墓葬》，载《文物参考资料》1955年第11期，37—45页。

[65] 在三道壕地区的西汉村落遗址的发掘中，先后发掘六处完整的农民宅院，在宅院附近还分布着窑址和卵石道路等，路宽7米，并有对开双轨车辙，体现了这一时期襄平城外交通发达、城郭相连的繁荣景象。参见东北博物馆《辽阳三道壕西汉村落遗址》，载《考古学报》1957年第1期，收入《中国考古集成•东北卷10•秦汉至三国（二）》，北京：北京出版社；李殿福：《从考古学上看汉代东北地区的汉族文化》，载《博物馆研究》1982年创刊号，收入《中国考古集成•东北卷9•秦汉至三国（一）》，北京：北京出版社。

[66] 其墓葬形制较为接近，多为前廊左右有耳室，右耳室稍大，中央并列多棺室形制（类似还有辽阳南环街墓）。唯有三道壕太康十年墓形式较特殊，为“工”字形墓室平面形制（类似有棒台子2号墓、鹅房1号墓）。

首先是其石室墓结构[67]，并整体呈现出一种相对稳定的构建方式与壁画表现形式：以打磨平整的南芬页岩青石板支筑，白石灰勾缝而成。根据不同时期、不同规格，在形制上有所差异，主要体现在墓室规模的大小、是否设有回廊、耳室和棺室的多少、墓内明器台或明器室的位置变化等方面。墓室壁画大多用墨线勾勒轮廓后，以红、黄、绿、赭、青、白等颜色直接绘制在光滑的石板上为主。墓室中多用并列多棺室结构，各棺室之间以过窗相沟通。其中，棺室多砌筑石板尸床以安放死者尸体，有的墓中存在用苇席包裹尸体置于棺床上、头部多置石灰枕等现象，可能反映了这一地区独特的丧葬习俗与文化特点，也可能是本地汉族受到当地固有传统习俗，甚至周边少数民族葬俗观念影响的结果。与此同时，几个墓群在具体的空间形制、壁画使用等问题上也体现出一定的差异性，这些现象应该是受到营建时代与营建主体变化的影响而呈现出来的，可以部分反映出壁画墓群间的相关时代性问题。

三 壁画墓分期研究

关于汉魏辽东壁画墓的分期问题一直以来存在较多的争论与不同意见，已发现的辽东壁画墓中，尚未发现有明确纪年信息，各种分期观点均为相对年代的划定，这在没有新的出土材料之前，也是无法回避的现状。因此，综合考察历史进程、墓葬形制、随葬品、壁画因素等方面进行判断是现阶段比较可行的解决办法，尤其是在紧密贴合辽东历史进程，充分考虑到几次重大事件所带来的影响，以及结合几座具有相对年代特征与信息的标型墓葬进行讨论，在汉魏辽东壁画墓分期问题上还是可以得到一些新的启发。

（一）标型墓葬的确定

1. 有大致时代信息的壁画墓与准确纪年普通墓葬

A. 北园1号墓

辽阳北园壁画墓（北园1号墓）经由驹井和爱[68]、李文信[69]等学者作了报告，辽宁省博物馆现在保存有珍贵的早期壁画摹本[70]。此墓在辽东壁画墓中具有较高的规格和较

---

[67] 需要说明的是，早在1934年在大连金县发现的营城子汉代壁画砖墓时代较辽阳地区更早，其营建方式、墓室形制与壁画内容与辽东地区壁画墓完全不是一个系统，其他地区也未再有发现，因此不作为讨论的主体对象考察，只作为文化传播途径上的一个辅证材料。

[68]（日本）驹井和爱：《最近发现的辽阳汉代壁画古坟》，《国华》第54编第10册，总第647号，1944年10月，267—274页。

[69] 李文信：《辽宁北园壁画墓记略》，载《国立沈阳博物院筹备委员会汇刊》第1期，1947年10月10日。收入《李文信考古文集》，沈阳：辽宁人民出版社，2009年，90—130页。

[70] 辽宁省博物馆现存该墓壁画摹本有2组，共33件，大体可与李文信文中描述图像相对应，为研究使用。

大的规模[71]，采用了回廊形制[72]，即使到了东汉时期出现了豪强势力僭制使用的情况，一般也只在两千石的官员墓中可见使用[73]，在辽东地区应是较高等级的官员才可使用。

该墓中特别值得注意的是其壁画上的题字传递了重要的时代信息。此墓题字共有四处，白粉书1处，墨书3处。[74]在墓室中央左小壁上部的白粉书题记有“季春之月□（汉）……”一行4字，其后一字按李文信所载认为“下则漫灭不可读，月下一字，左存水旁，右上草头，口字尚明显，该汉字也”[75]。这也是对于此墓葬的年代判定为东汉末年的重要依据。

B．三道壕窑业第二现场令支令张君墓

该墓于1953年7月发现[76]，其中具有年代信息的是出现在家居图上的几组题记：其中男墓主背后有墨笔隶书题字两行，第一行四字，第二行三字，为“□令支令张□□”，第一字模糊不清，上存山头似“巍”字，张后二字仅存灰淡墨色。关于题字中的“巍”字，原报告称“题字隶书点画方劲，略近楷法，代表着书法上隶楷过渡期的风格……令支令上一字似巍，以巍做魏是汉魏时人书迹中常见的事，如果这个推测不错，那么这位令支县[77]县官毫无疑问算是魏人；但他死葬时期，即墓葬营建时期也

[71] 发现时的该墓上封土高在10米上下，由墓门、回廊、6个耳室和1个后小室组成，椁室为石板支筑，长方形，长约7.85米，广6.85米，高约1.70米。

[72] 这种带回廊的形制，在西汉时期主要为皇帝与诸侯王墓所独有的葬制。关于回廊葬制的讨论，田立振曾撰文论述过，详见田立振《试论汉代的回廊墓制》，《考古与文物》1995年第1期，64—70页。

[73] 现在可知东汉时期的回廊形制墓葬，一部分墓主身份为诸侯王，如邗江甘泉墓的广陵王刘荆，北庄汉墓的中山简王刘焉，淮阳北关墓的陈王刘崇，济宁汉墓的任城王刘博后妃；另一部分墓主身份为相当于二千石官吏，如南阳杨官寺墓，南阳唐河针织厂汉墓，南阳电厂汉墓，江苏邳县墓的彭城相缪宇等。

[74] 据李文信记载“白粉者文句较长，仅存上首四字有半，下段漫灭不可读。墨书者三言者二题，六言者一事”。其中“教以勤化以诚”一行6字，墨书题于墓中后廊左壁楼阁杂技图的左侧，其言辞中的教化之意，似与墓主生前地位官职有关。“小府史”一行3字，墨书题于宴饮图与楼阁图之间的二位小史头上，在图像上反映了与墓主之间的属吏关系，也是能够反映墓主身份等级之依据。“代郡廪”一行3字，墨书题于左前小室正壁上，李文信结合辽东地区历史考证了“代郡”的沿革，并从书法上看，认为“不见晋世六朝风趣，则其时代必为两汉三国无疑”，其画“代郡廪”或为墓主能受郡廪供养，或墓主以官廪为荣，皆可见其地位。李文信：《辽宁北园壁画墓记略》，载《国立沈阳博物院筹备委员会汇刊》第1期，1947年10月10日。收入《李文信考古文集》，沈阳：辽宁人民出版社，2009年，98页。

[75] 李文信：《辽宁北园壁画墓记略》，载《国立沈阳博物院筹备委员会汇刊》第1期，1947年10月10日。收入《李文信考古文集》，沈阳：辽宁人民出版社，2009年，100页。

[76] 该墓发现时已不能判断原来是否有封土，墓室以石板支筑，石灰构缝，通长3.44米，宽3.62米。室内分为前廊、左廊、右小室、棺室。其中壁画主要在右小室前壁绘人马图，右小室右壁及后壁绘家居图，墓门左壁绘庖厨图，仅存上部一横枋，悬挂各种食物。

[77] 据查令支县为汉辽西郡下属县，在辽东襄平地区出现令支县令的墓葬，有可能是出身于辽

（转下页）

有稍晚的可能”[78]。因此，此墓的发现可以作为县级行政长官等级墓葬在曹魏时期以后、时代判断的一个相对稳定的标尺，其中的相关形制、图像因素在本文研究上可以参照使用。

C. 三道壕西晋太康十年墓

这是1983年5月辽阳北郊三道壕村北窑场古墓群中发现的一座有明确纪年的西晋墓葬。[79]该墓内无壁画，仅在各处墓壁发现有书刻文字和刻画图像，虽然为随手书刻的，不太规范，但其中出现的纪年文字却十分重要。据清理简报称“墓壁上书刻文字……文字内容分为纪年、职官、姓氏、地名、安装记号等，分刻在墓内石壁上”[80]，从墓葬年代上看，太康为西晋武帝司马炎年号，太康七年至十年应为公元286—289年。其中第一棺室的“七年八月”（太康七年八月）是最早时间，应为此墓建造及第一棺室主人入葬时间，“太康九年”当是第二棺室主人入葬时间，“太康十年十月七日”最晚，当为第三棺室主人入葬时间及墓室封闭时间。

D. 三道壕7号墓[81]

东北文物工作队1955年6月在三道壕发掘了一批晋墓，其中有三座为小型长方形石椁墓分别编号第7、第8、第9号。其中的7号墓[82]在接近木棺档头的前足骨中间发现一件刻有不很完整的反书阳文“太康二年八月造”等字的圆瓦当。“太康”为西晋武帝司马炎年号，太康二年即公元281年。虽然此墓规模较小，随葬品不多，且没有绘制壁画，但其延续使用的石板支筑的构建方式，以及其所具有的准确的西晋时期的纪年，可以成为对辽东墓葬发展情况进行断代的辅助依据。

2. 保留较多早期特征的壁画墓

1983年在辽阳旧城东门里发现的一座未经盗扰壁画墓，该墓用淡青色南芬页岩石板支筑而成，墓室平面呈“T”字形，由东、西二棺室和后部明器室组成。根据出土情况判断应是家族墓葬，儿童为祔葬于其父母墓中。考古报告认为此墓年代“大致为

东、并娶公孙姓女子为妻的官员死后归葬。

[78] 李文信：《辽阳发现的三座壁画石墓》，载《文物参考资料》1955年第5期，39页。

[79] 该墓以淡青色石板支筑，石灰构缝，墓门南向，通长4.84米，宽3.38米，高1.8米。平面呈“工”字形，有前后廊、棺室、耳室组成。主要随葬器物14件，有陶器7、铜器1、铁器2及银器4，均为生活实用器具。其中，铜器为隶书铭文“位至三公”铭文铜镜。参见辽阳博物馆《辽阳市三道壕西晋墓清理简报》，载《考古》1990年第4期。

[80] 辽阳博物馆：《辽阳市三道壕西晋墓清理简报》，载《考古》1990年第4期。收入《中国考古集成•东北卷11•两晋至隋唐（一）》，北京：北京出版社，476页。

[81] 王增新：《辽阳三道壕发现的晋代墓葬》，载《文物参考资料》1955年第11期。

[82] 该墓头向为南偏西20度，椁室长2.5米，宽0.81米，深0.59米。墓内置木棺一具，头南脚北仰卧平伸葬单身女性，头下有石灰枕。随葬器物多半在棺内，大体保持原位置。头右方有“宜子长生”铭文铜镜，置于镶有水晶饰件的漆制圆盒内。锁骨处出泉货1枚，左大腿外侧处出五株3枚。另出铜钗2件。

东汉中期偏后”[83]，“墓主人约是辽东郡属下一个三百石文职或相当于县令一级的官员”[84]。

3．最具晚期特征的壁画墓

辽阳上王家村壁画墓是1957年发现、1958年进行清理的，1959年以清理简报形式发表。[85]上王家村壁画墓以青色的南芬页岩石板支筑，营造手段与辽阳地区出土的其他壁画墓相同。[86]值得注意的是墓顶大部分用石板平盖，只有前廊的顶部则是四行石板互相抹角叠压，形成平顶方形天井，此做法为辽阳地区壁画墓中首见，应是体现新样式进入阶段过渡时期特征，并可以和朝鲜发现的东晋永和十三年（公元357年）安岳3号墓（冬寿墓）[87]等相比较。墓室壁画主要绘于棺室左、右两耳室的壁上，以宴饮图与出行图相配合使用。此墓中最能够反映时代特征的是右耳室正壁所绘的《墓主宴饮图》：堂上朱幕高悬，下垂朱帷四结，男主人端坐在方榻之上，头戴冠蓄须，红唇，右手持麈尾，着服模糊不清。[88]如手持麈尾的墓主正面端坐于趋屏环列的方榻之上、顶部装饰有莲花的帷帐之内，是典型的东晋时期流行形象。辽阳地区新式墓主像壁画，与朝阳袁台子壁画墓[89]、云南昭通后海子东晋太元十□年（公元386—394年）墓[90]、朝鲜安岳3号墓（冬寿墓）[91]、朝鲜平壤德兴里壁画墓[92]等中所见相似。另外，墓中出土的青瓷虎子具有晋代特

[83] 辽宁省博物馆、辽阳博物馆：《辽阳旧城东门里东汉壁画墓发掘报告》，载《文物》1985年第6期，41页。

[84] 辽宁省博物馆、辽阳博物馆：《辽阳旧城东门里东汉壁画墓发掘报告》，载《文物》1985年第6期，42页。

[85] 李庆发：《辽阳上王家村晋代壁画墓清理简报》，载《文物》1959年第7期，60—62页。

[86] 墓室平面呈“T”字形，东西进深5米，南北宽4米，最高处2.5米。墓门东向，入墓门为前廊。左、右有2小室，右小室下有明器台。后部为2个并列棺室。两棺室各置1具木棺，都已腐朽，原报告判断当为头东脚西，仰面伸直葬式。右棺为男，左棺为女。殉葬品较少，出青瓷虎子1件，男、女棺分别出铁镜各1面，以及共计70余枚货币，其中有五铢、剪轮五铢、货泉三种。

[87] 宿白：《朝鲜安岳所发现的冬寿墓》，载《文物参考资料》1952年第1期，101—104页；洪晴玉：《关于冬寿墓的发现及研究》，载《考古》1959年第1期，27—35页。

[88] 该墓主面前置红色方案，背后有红色屏障。榻右侍立1人，黑帻长袍束腰，捧笏面向主人，头部墨题“书佐”字样，标明侍者身份。屏后侍立3人，均黑帻长袍束腰，捧笏面向主人。榻右1侍者似向主人进食，人已迷糊不清，仅见手中举的耳杯等物。

[89] 辽宁省博物馆文物队、朝阳地区博物馆文物队、朝阳县文化馆：《朝阳袁台子东晋壁画墓》，载《文物》1984年第6期，29—45页。

[90] 云南省文物工作队：《云南省昭通后海子东晋壁画墓清理简报》，载《文物》1963年第12期，1—6页。

[91] 宿白：《朝鲜安岳所发现的冬寿墓》，载《文物参考资料》1952年第1期，101—104页。洪晴玉：《关于冬寿墓的发现及研究》，载《考古》1959年第1期，27—35页。

[92] 云铎、铭学：《朝鲜德兴里高句丽壁画墓》，收入东北历史与考古编辑委员会《东北历史与考古》第1辑，北京：文物出版社，1982年，228—230页。

点，可以成为判断墓葬年代的有力证据，由此可以辅助证明上王家村壁画墓营建的时代。

（二）历史进程的考察

1. 辽东的建置与秦汉皇权一统

辽东郡最早设置的记载是在战国时代的燕国[93]，此后，秦在统一战争中击败燕，实现了历史上“大一统”，其中重要的一项工作就是为了抵御北方匈奴，将燕、赵的长城进行整合，完成了“秦已并天下，乃使蒙恬将三十万众北逐戎狄，收河南，筑长城，因地形，用制险塞，起临洮，至辽东，延袤万余里”[94]的伟大工程，同时在东北的行政区划也是承袭了旧制，在东北仍设辽西、辽东、右北平三郡，并下设诸县，没有大的变化。

秦亡汉兴，汉承秦制，至汉武帝时仍设辽西、辽东、右北平三郡，郡下仍设县，只是较之秦朝，数量有所变化。据《汉书•地理志》载：“辽东郡，秦置，属幽州。户五万五千九百七十二，口二十七万二千五百三十九。县十八。”[95]分别是：襄平、新昌、无虑、望平、房、侯城、辽队、辽阳、险渎、居就、高显、安市、武次、平郭、西安平、文、番汗、沓氏。[96]西汉末年王莽篡权，东北地区经过短暂动荡[97]，在刘秀建立东汉政权后，重新纳入中央政府管辖之下，承袭了西汉建置，仍设有辽东郡，只是领县和辖地略有变化。此时，出于少数民族问题的考虑，在原辽西郡和辽东郡之间新设置了辽东属国，以管理和安置归附的少数民族。[98]辽东郡原辖18县，有的改归玄菟郡，有的

---

[93]“……其后燕有贤将秦开，为质于胡，胡甚信之。归而袭破走东胡，东胡却千余里。与荆轲刺秦王秦舞阳者，开之孙也。燕亦筑长城，自造阳至襄平。置上谷、渔阳、右北平、辽西、辽东郡以据胡。”“辽西、辽东两郡及右北平的部分地带均在今辽宁省境。襄平即今辽宁省辽阳市，是当时辽东郡的治所。这是有史以来，首次在辽宁也是东北地区建置设郡。”李治亭主编《东北通史》第一编，郑州：中州古籍出版社，2003年，3页。

[94] [西汉]司马迁《史记》卷八十八《蒙恬传》，北京：中华书局，1959年，2565—2566页。

[95] [东汉]班固撰，[唐]颜师古注《汉书》卷二十八下《地理志》，北京：中华书局，1962年，1625—1626页。

[96] 根据王绵厚对两汉时期辽宁建置的研究可知其故地与现在地域的大体范围：“从总的地域分布看，东起鸭绿江以东的古‘水’，毗邻乐浪郡；西界至今医巫闾山和大凌河干流以东，与辽西郡为邻；南邻瀚海，遥望山东半岛之汉代‘齐郡’；北至‘辽东故塞’。”王绵厚：《两汉时期辽宁建置述论》，载《东北地方史研究》1985年第1期。收入《中国考古集成•东北卷10•秦汉至三国（二）》，北京：北京出版社，721页。

[97] 按照李治亭主编的《东北通史》所载，王莽篡权之后，“东北地区处以割据状态。先是王朗在河北称帝，邯郸以北，辽东以西之地尽纳之。接着，渔阳太守彭宠又占据了右北平，自称燕王”。李治亭/主编《东北通史》第二编，郑州：中州古籍出版社，2003年，73页。但考虑到本文研究对象主要集中在东汉中后期之魏晋时期，此时段较短，并无过多影响，因此，对此处政治更迭与社会变化不做过多考证。

[98]“故邯乡，西部都尉，安帝时以为属国都尉，别领六城，雒阳东北三千二百六十里。”[南朝宋]范晔撰，[唐]李贤等注《后汉书》卷一一三《郡国志五》，北京：中华书局，1965年，3530页。

划归辽东属国，有的被废止，此时设11县：“襄平、新昌、无虑、望平、侯城、安市、平郭、西安平、汶、番汗、沓氏”[99]，其郡治仍然是襄平。

2．东汉末年的公孙氏割据统治

东汉末年群雄并起、豪强割据，这一情况在地处边疆的辽东地区更为明显。在东北地区就曾有多种政治势力进行博弈、角逐。其中尤以公孙氏一门四世割据辽东长达近50年，对辽东政治、文化发展影响颇深。

公孙氏世居辽东襄平，公孙延因避吏役逃往玄菟郡，其子公孙度代其为郡吏，受当时玄菟太守公孙域赏识，后举孝廉，为尚书郎。之后晋升为冀州刺史，后因故被免官。董卓入洛阳后，汉献帝永汉元年(189)[100]，公孙度被任命为辽东太守。时值中原战乱，公孙度在辽东开始实施政治割据[101]。后“分辽东郡为辽西、中辽郡”，又“越海收东莱诸县，置营州刺史”，又“自立为辽东侯，平州牧”，开始了公孙氏在辽东的实质割据。建安元年（196）曹操上表奏请公孙度为“武威将军，封永宁乡侯”[102]。此后，辽东地区历经公孙康[103]、公孙恭[104]、公孙渊[105]，经三代四世，近50年的公孙氏统治。

[99]“辽东郡，秦置，雒阳东北三千六百里。十一城，户六万四千一百五十八，口八万一千七百一十四。”[南朝宋]范晔撰，[唐代]李贤等注《后汉书》卷一一三《郡国志五》，北京：中华书局，1965年，3529页。

[100]《三国志•魏书•公孙度传》载：“始度以中平六年据辽东，至渊三世，凡五十年而灭。”[晋]陈寿：《三国志》卷八《魏书•公孙度传》，北京：中华书局，1959年，254页。但据查汉灵帝中平年号至五年止，而无六年，故应为汉献帝永汉元年，即公元189年。

[101] 文献记载：“初平元年，度知中国扰攘，语所亲吏柳毅，阳仪等曰‘汉祚将绝，当与诸卿图王耳’。（魏书曰：度语毅、仪：谶书云孙登当为天子，太守姓公孙，字升济，升即登也）时襄平延里社生大石，长丈余，下有三小石为之足。或谓度曰：‘此汉宣帝冠石之祥，而里名与先君同，社主土地，明当有土地，而三公为辅也。’度益喜。”汉献帝初平元年为公元190年，可见此时公孙度已有割据之心，并为行割据之实进行理论宣传。见[晋]陈寿《三国志》卷八《魏书•公孙度传》，北京：中华书局，1959年，252页。

[102] 详见[晋]陈寿《三国志》卷八《魏书•公孙度传》，北京：中华书局，1959，252—253页。

[103]《三国志•魏书•公孙度传》载：“度死，子康嗣位，以永宁乡侯封弟恭，是岁建安九年（204）也”。“（建安）十二年（207），太祖征三郡乌丸，屠柳城，袁尚等奔辽东，康斩送尚首，语在武纪。封康襄平侯，拜左将军。”[晋]陈寿：《三国志》卷八《魏书•公孙度传》，北京：中华书局，1959年，253页。

[104]《三国志•魏书•公孙度传》附《公孙恭传》载：“康死，子晃、渊等皆小，众立恭为辽东太守，文帝践祚，遣使即拜恭为车骑将军，假节，封平郭侯，追赠康大司马。”[晋]陈寿：《三国志》卷八《魏书•公孙度传》，北京：中华书局，1959年，253页。

[105]《三国志•魏书•公孙度传》附《公孙渊传》载：“初，恭病阴消为阉人，劣弱不能治国，太和二年（228），渊胁夺恭位，明帝即（位）拜渊扬烈将军，辽东太守。渊遣使南通孙权，往来赂遗。权遣使张弥、许晏等，赍金玉珍宝，立渊为燕王。渊亦恐权远不可恃，且贪货物，诱致其使，悉斩送弥，晏等首。明帝于是拜渊大司马，封乐浪公，持节，领郡如故”。“景初元年（237）……渊遂自立为燕王，置百官有司，遣使者持节，假鲜卑单于玺，封拜边民，诱呼鲜卑，侵扰北方。”[晋]陈寿：《三国志》卷八《魏书•公孙度传》，北京：中华书局，1959年，253—254页。

3. 曹魏剪灭公孙氏割据与西晋的统一

魏明帝景初二年（238），司马懿攻辽东，破襄平，斩公孙渊父子，宣告政权灭亡，辽东郡之地再归曹魏所辖。[106]“灭公孙氏后，曹魏开始在东北地区重新设置行政机构，置平州，下辖辽东、昌黎、玄菟、带方、乐浪五郡，由护东夷校尉统管之。不久，将平州并入幽州，辽东五郡皆隶属于幽州。”[107]

此后，司马氏篡夺曹魏政权，建立史称的西晋政权，其在东北所设行政机构主要为平州。“咸宁二年（276）十月，分昌黎、辽东、玄菟、带方、乐浪等郡国五，置平州，统县二十六，户一万八千一百”[108]，此时平州州治仍在襄平（今辽阳）。

4. 十六国时期的板荡与辽东世家大族的迁徙

西晋“八王之乱”后，中原又开始分裂割据，少数民族政权在北方迅速扩张，在东北地区南部的辽东、辽西故地，相继建立起了前燕、后燕、北燕等割据政权，同时东北地区进入了一个多民族文化交流融合、大发展的时期。

据记载，咸康九年(343)，“皝自征辽东，克襄平。仁所署居就令刘程以城降，新昌人张衡执县宰以降。于是斩仁所置守宰，分徙辽东大姓于棘城，置和阳、武次、西乐三县而归”[109]。其后，东晋孝武太元十年(385)，“句丽攻辽东、玄菟郡。后燕慕容垂遣其弟农伐句丽，复二郡。垂子宝以句丽王安为平州牧，封辽东、带方二国王，始置长史、司马、参军官。后略有辽东郡”[110]。这一时期，在辽东郡历史上重要的事件是鲜卑慕容与高句丽对辽东地区的竞相争夺。这一历史进程也对扎根辽东并取得了长足发展的汉文化传统在东北地区的更广泛传播影响提供了机会与途径。同时，随着政治重心的向辽西转移，这一时期也成了襄平作为汉魏时期政治文化中心的尾声。

（三）分期结论

根据前文对标型墓葬提供的年代信息、墓葬形制、空间变化以及壁画题材与组合关系的梳理与比对，考虑到几个壁画墓群所呈现出的时代性特征，结合辽东地区历史进程中能够引发时代性转变的社会政治事件的考察，综合社会影响、文化选择、人群变迁等关于壁画墓营的相关因素，本文将辽东壁画墓自东汉中后期产生至十六国时期逐渐消失的过程分为四个时段加以考察。

---

[106]《三国志•魏书•公孙度传》附《公孙渊传》：“（景初）二年春（238）遣太尉司马宣王征渊，六月，军至辽东……八月丙寅夜，大流星长数十丈，从首山东北坠襄平城东南。壬午，渊众溃……当流星所坠处，斩渊父子。城破，斩相国以下首级以千数，传渊首洛阳，辽东、带方、乐浪、玄菟悉平。”[晋]陈寿：《三国志》卷八《魏书•公孙度传》，北京：中华书局，1959年，254页。

[107] 李治亭主编《东北通史》第三编，郑州：中州古籍出版社，2003年，117页。

[108] [唐]房玄龄等：《晋书》卷十四《地理志》，北京：中华书局，1974年，427页。

[109] [唐]房玄龄等：《晋书》卷一百九《慕容皝载记》，北京：中华书局，1974年，2816页。

[110] [唐]李延寿：《北史》卷九十四《高丽传》，北京：中华书局，1974年，3112页。

1. 第一期——初始期

本期壁画墓主要以辽阳旧城东门里壁画墓为代表，接近辽阳南郊街1号墓、南郊街2号墓。主要特征是以石板支筑，墓葬形制规模不大，墓室结构较简单，主要呈方形或“T”字形等较为方整的平面，可能仍体现着中原椁墓影响。并列棺室在前部，后部为加高的明器室。壁画主要绘制在棺室和前廊壁面上，壁画使用配置关系也比较清楚。

旧城东门里壁画墓为本期最早的墓葬，原报告通过对壁画出行规模与单梁进贤冠属吏的判断，认为墓主身份应为辽东郡属下一个三百石文职或相当于县令一级的官员。[111]相对而言，南郊街1号墓的主人身份要高出许多，由其墓室规模以及随葬器物与绘制的壁画看，“M1主人所处时代接近东汉中期，比公孙度早，应在公孙域时期或之前。在这个时期，辽东尚在东汉政权的有效控制下，一切制度皆以朝廷定制为准绳。由此看来，M1的规模在当时属于大型墓”，“M1的主人可能是两千石至一千五百石的郡守或郡丞”[112]。

通过图像发展、墓葬形制的分析比对，并结合本地历史进程考察，本期墓葬应属东汉中后期，即约为二世纪中期至二世纪七八十年代，可以作为中原壁画墓进入辽东地区的初始期。

2. 第二期——兴盛期

本期的代表性墓葬为迎水寺墓、北园1号墓、棒台子1号墓、北园2号墓、北园3号墓、南林子墓、南雪梅村墓等。壁画墓的主要特征是墓室规模较大，空间结构更复杂，使用具有一定等级的形制，壁画题材内容更为丰富，绘制水平也较高。

北园1号墓、棒台子1号墓、迎水寺墓等壁画墓，在形制上主要出现了中原内地较高等级的回廊结构，并根据需要增加了后小室、耳室等，拓展了墓室空间、体现了规格。纵观辽东地区历史进程，能够开展如此规模的墓葬营建与壁画绘制活动，只有在公孙氏统治辽东的时段内，才有可能提供所需的稳定的社会环境。这些题材丰富、绘制精彩的墓葬绘画，其所反映的现实生活蓝本，也可以作为反映公孙氏割据统治时期辽东地区统治阶级生活面貌的历史图像。因此，可以将本期墓葬时间划定在东汉末期，即公孙氏割据时期，基本上自东汉献帝初平元年公孙度割据辽东[113]至曹魏景初二年司马懿灭公孙渊止[114]，即约为公元二世纪末至公元三世纪三十年代左右。这一阶段是辽东壁画墓营建活

[111] 辽宁省博物馆、辽阳博物馆：《辽阳旧城东门里东汉壁画墓发掘报告》，载《文物》1985年第6期，42页。

[112] 辽宁省博物馆、辽阳博物馆：《辽阳旧城东门里东汉壁画墓发掘报告》，载《文物》1985年第6期，58页。

[113] 汉献帝永汉元年(189)，公孙度为辽东太守，后“分辽东郡为辽西、中辽郡”，又“越海收东莱诸县，置营州刺史”，又“自立为辽东侯，平州牧”，开始了公孙氏在辽东的实质割据。建安元年（196）曹操上表奏请公孙度为“武威将军，封永宁乡侯”。详见《三国志•魏书•公孙度传》，[晋]陈寿：《三国志》卷八，北京：中华书局，1959年，253—254页。

[114] 魏明帝景初二年（238），司马懿攻辽东，破襄平，斩公孙渊父子。“（景初）二年春

动的兴盛期，体现了此时辽东地区由于割据政权形成，远离中原战乱，具有相对稳定的社会环境，以及吸引的中原移民避乱至此[115]，所带来的文化艺术的繁荣等因素在墓室营建与壁画绘制上都有所反映。

3．第三期——转型期

本期主要以辽阳三道壕窑业第二现场令支令张君墓为代表，还包括了三道壕1号墓、南环街墓、三道壕2号墓、三道壕3号墓、鹅房1号墓、三道壕窑业第四现场墓、棒台子2号墓以及可参照的三道壕西晋太康十年墓等。

本期壁画墓形制简化，回廊形制基本消失，在棺室前后设前后廊、耳室，墓室壁画也向这些空间集中。其中也有简化、取消了后廊，突出前廊和左、右耳室的做法，体现了这一时期的过渡特征。壁画题材使用和空间关系上也有所选择，其中一个特征是出现了一批较大的右耳室内多绘有墓主家居图像的墓葬。这很可能与这一空间所承载的祭奠功能有关。场面宏大的车马出行图像更多地被拴马备车、马夫牵马、牛车出行等取代，体现了一定的时代性转变。

值得注意的是三道壕西晋太康十年墓中右前耳室为高出地面的明器台，壁上划刻有“襄平”“李李李”字样，联系到该墓室的前三棺室内分葬三对夫妇的情况，此空间应该是作为这个李姓家族墓内的祭奠空间。联系到本地常见的前廊耳室内的墓主宴饮图像，有助于解释如棒台子2号墓同样位置的墓主宴饮图壁画、三道壕1号墓右耳室内三壁的三组家居宴饮图的功能，应该也是配合祭奠空间而以图像形式绘制的象征墓主接受祭拜的情况。

本期壁画墓在墓葬形制与壁画表现上，体现出转型与变化的面貌，一些固有题材既有延续，又有扬弃，同时出现了一些新的样式因素，具有过渡时期的不稳定特征，可以作为辽东壁画墓转型时期。通过结合历史进程的考察，这种墓室形制结构的变化、壁画题材的整合，应与公孙氏政权的覆灭，辽东豪强势力的衰落有关，同时又与曹魏时期开始推行的薄葬观念影响到辽东地区不无关系。因此，可将本期时间划定在曹魏剪灭公孙氏政权后至西晋时期，也可称为后公孙氏时期，即约为公元三世纪四十年代至四世纪初。

4．第四期——衰退期

属于本期的墓葬是辽东壁画墓中时代最晚的一例——上王家村壁画墓。[116]

上王家村墓在形制上出现了东汉末期在山东、苏北地区流行的抹角叠涩搭建墓顶的

（238）遣太尉司马宣王征渊，六月，军至辽东……八月丙寅夜，大流星长数十丈，从首山东北坠襄平城东南，壬午，渊众溃……当流星所坠处，斩渊父子。城破，斩相国以下首级以千数，传渊首洛阳，辽东、带方、乐浪、玄菟悉平。”[晋]陈寿：《三国志》卷八《魏书•公孙度传》附《公孙渊传》，北京：中华书局，1959年，254页。

[115] 关于这一问题，史书多有记载，前辈学者们也有考察，主要是以齐鲁诸贤、浮海移民为主体。

[116] 李庆发：《辽阳上王家村晋代壁画墓清理简报》，载《文物》1959年第7期。

做法。虽然在本地该结构方式还未被完整、规范地加以使用，只是在前廊的顶部使用，但作为首次出现的新样式，其对后来的辽西及高句丽墓葬的影响是值得关注的。可能由于墓主身份等级不高、薄葬观念以及晋代玄学清谈与佛教思想流行等因素的影响，上王家村壁画墓在壁画内容题材上大量精简，并有所转型，只保留了在本地长期稳定的墓主宴饮图像与简化了的出行图像的配置使用，并在图像绘制上有所变化，体现了较强的时代特征。其中车马出行以牛车为中心，墓主像也由之前流行的墓主夫妇对坐宴饮转变为手持麈尾的男性墓主单身正面像端坐于有莲花顶饰、曲屏围绕的帷帐之下，具有鲜明的时代特征，反映了当时社会新的流行图示与可能的佛教因素进入。此外，将墓中出土的青瓷虎子与相关墓葬出土品相比较，也是判断该墓时代的重要依据。因此，报告称该墓年代“不能早于西晋，也不能晚于东晋”[117]。

除此之外，辽阳地区尚未发现时代更晚的壁画墓，这很可能与此时北方地区重获统一，西晋政权加强了对辽东地区的管辖[118]，辽东地区又重新加强了与中原内地的联系有关。与此同时，也可能与辽东襄平从这一时期开始丧失自东汉以来的政治中心地位的历史现实[119]有关。联系到此后在辽西朝阳地区发现的三燕壁画墓材料，基本反映了这一历史阶段内辽东、辽西地区各种政治势力角逐与政治、文化中心转移的面貌。

因此，可以将本期壁画墓的时间定为西晋至东晋十六国时期，即约为公元四世纪初至公元四世纪四十年代，至慕容皝征辽东、克襄平止。[120]这一时期是辽东壁画墓的衰退期，其中已经出现与辽西三燕乃至高句丽壁画墓的联系，如结合朝阳地区袁台子壁画墓[121]、后燕崔遹墓、北燕冯素弗墓[122]、朝鲜安岳3号冬寿墓[123]、朝鲜德兴里壁画墓[124]等进行比较研究，可以讨论辽东汉魏墓室壁画传统在东北地区的文化流变问题。

---

[117] 李庆发：《辽阳上王家村晋代壁画墓清理简报》，载《文物》1959年第7期，61页。

[118] “咸宁二年（276）十月，分昌黎、辽东、玄菟、带方、乐浪等郡国五置平州。”[唐]房玄龄/等《晋书》卷十四《地理志》，北京：中华书局，1974年，427页。

[119] 咸康九年(343)，“皝自征辽东，克襄平。仁所署居就令刘程以城降，新昌人张衡执县宰以降。于是斩仁所置守宰，分徙辽东大姓于棘城，置和阳、武次、西乐三县而归”。[唐]房玄龄等：《晋书》卷一百九《慕容皝载记》，北京：中华书局，1974年，2816页。

[120] “（慕容）皝自征辽东，克襄平”是在咸康九年(343)。[唐]房玄龄等：《晋书》卷一百九《慕容皝载记》，北京：中华书局，1974年，2816页。

[121] 辽宁省博物馆文物队、朝阳地区博物馆文物队、朝阳县文化馆：《朝阳袁台子东晋壁画墓》，载《文物》1984年第6期。

[122] 黎瑶渤：《辽宁北票县西关营子北燕冯素弗墓》，载《文物》1973年第3期。

[123] 宿白：《朝鲜安岳所发现的冬寿墓》，载《文物参考资料》1952年第1期。

[124] 云铎、铭学：《朝鲜德兴里高句丽壁画墓》，收入东北历史与考古编辑委员会《东北历史与考古》第1辑，北京：文物出版社，1982年。

结 语

本文通过对辽东汉魏壁画墓的材料挖掘、整合与研究，主要从壁画墓群的分区与整体时代的分期、判断上提出了区域上的四个壁画墓群以及发展进程中的四个阶段的意见。这种贴合历史进程影响、关注墓葬本身演变规律的分区与分期研究，也只是针对辽东壁画墓的基础性研究。在这一工作基础上，对于本地区墓葬美术的研究还有很多可以讨论的问题：如对壁画图像系统的来源、演变规律的研究；本地壁画墓中墓主画像绘制、礼仪空间与墓葬习俗之间的关系问题；墓室壁画绘制水平与艺术价值判断问题；辽东壁画墓与辽西三燕壁画墓、高句丽壁画墓，乃至北朝壁画墓的传承因素问题；墓葬发展历史进程中对不同区域文化选择和传播模式的考察等诸多可以展开讨论的问题。这些问题的逐步解答，势必极大地推动东北地区早期美术史研究以及在汉唐之间多民族大迁徙与文化交流融合背景下艺术发展面貌的考察，这将是完整建构起东北地区与中原文化相互交流与影响进程的重要工作，同时也是本文的未尽问题及今后继续研究的新起点。

附：辽东汉魏壁画墓壁画图像分布汇总表

		车马出行图	属吏图	门卒图	门犬图	墓主宴饮图	庖厨图	乐舞杂技图	楼阁建筑图	日月星象	云气装饰	其他
1	东门里墓	西壁2导骑，牛车	第3块立柱东侧面	第1块立柱东侧面		东壁帷帐下宴饮				东棺室顶部：有金乌红日；西棺室顶部：有蟾蜍明月，周围90余红色圆点。	第2块立柱东侧	
2	南郊街M1	侧廊东壁	北耳室北壁	正门中间立柱的东侧面		北耳室西壁南侧帐下男主人受拜			前廊北壁回廊图	前廊东侧顶部	门柱正面	栌斗或者石梁之上的青山图
3	棒台子M1	右廊的左、右、后3壁；左廊左壁车马出行		立柱外面	立柱里面	左前耳室左壁；右前耳室右壁	后小室右、后、左3壁	棺室左、右两壁	后廊后左壁三层高楼、井	墓顶藻井	墓顶、壁端垂壁	
4	北园M1	棺室左大壁2面；右大壁及中央左、右2小壁；右中耳室车马出行	后廊后壁东侧西端			后小室后、左2壁层楼下男墓主宴居		后廊后壁东侧东端	后廊后壁东侧中部三层凤楼图；左前耳室左、后2壁仓廪图		横枋处云气异兽图	左中耳室正壁及右壁斗鸡图

续表

		车马出行图	属吏图	门卒图	门犬图	墓主宴饮图	庖厨图	乐舞杂技图	楼阁建筑图	日月星象	云气装饰	其他
5	北园M2			墓门内左侧	墓门内右侧	右中耳室（已模糊）			左前耳室右壁瓦房图	左前耳室上部金乌红日；右前耳室正壁上部玉兔圆月		前廊右侧北壁画武器架
6	北园M3	左耳室后壁备车出行，白盖车与树下栓马，另有黑盖车与散马	左耳室正壁；右耳室后壁；右耳室正壁	右门柱西侧面	右耳室后壁	后小室后壁帐下墓主宴饮观舞	后廊后壁东、西侧	后小室后壁	后廊后壁东、西侧	左耳室上部太阳、右耳室上部月亮	右门柱西侧面	
7	南雪梅村M1				右侧棺室内出残石板有类似门犬	左侧棺室后壁帐下多人宴饮			前廊前壁左、右侧相对房舍		中间棺室门框、门楣	
8	南林子墓	右耳室后壁上建鼓，下牛车				左壁多人坐像；左耳室正壁，帐下宴饮人物				左耳室墓顶原有日月		后廊后壁墨画大树

续表

		车马出行图	属吏图	门卒图	门犬图	墓主宴饮图	庖厨图	乐舞杂技图	楼阁建筑图	日月星象	云气装饰	其他
9	迎水寺墓	左壁后部牛车，右壁中部马夫牵马、马车				右壁前部、左壁前部，对坐人物 2 组	后小室后壁		前廊前壁左侧			
10	南郊街 M2										墓门立柱外侧；前室西侧耳室的南壁中间；主室的东壁上部；主室西壁；后室立板上	主室的东壁下有红色瑞兽
11	三道壕 M1	左前耳室后壁红马黄牛篷车			墓门左柱石侧面	右前耳室前、右、后 3 壁男女对坐饮食图 3	左前耳室前、左 2 壁				前廊横枋立柱和柱头	
12	三道壕 M2	右前耳室右壁左侧牛车				右前耳室右壁右侧男女对坐饮食				右前耳室顶部红日，日月流云		

续表

		车马出行图	属吏图	门卒图	门犬图	墓主宴饮图	庖厨图	乐舞杂技图	楼阁建筑图	日月星象	云气装饰	其他
13	南环街 M1		右前耳室左壁老者站像 1(疑为属吏)			右前耳室右壁男女对坐饮食图；左前耳室右壁男主人家居				左前耳室盖石金乌红日	门柱云气	
14	三道壕令支令墓	前廊右壁人马图，鞍马 6 匹，马夫 2 人				右耳室右壁及后壁一男二女 5 侍从	前廊左壁					
15	三道壕车骑墓	右前耳室前壁和右壁前半段及右棺室右壁车马出行图，牛车图		墓门右方壁		左前耳室前、后、右 3 壁对坐宴饮图	右前耳室右壁后半部及后壁全部庖厨图			前廊藻井日月云气图		棺室中央壁上石枋头画张口露齿兽面 1
16	鹅房 M1	右前耳室北壁拴马图；右前耳室南壁朱色勾点梅花鹿 1	左前耳室正壁中部属吏持经图 8 人，			左前耳室左壁：家居宴饮观杂技		与左前耳室左壁家居宴饮配合一男子倒立	后廊后壁中间楼阁图(已模糊不清)；右前耳室正壁 2 层楼阁图；	墓门云气；左前耳室右上方红日 1(与右小室月亮斜对)；右前耳室正壁上圆月 1		后廊后壁西侧墨线勾画 2 鸭形和 1 黄色蛇形物；后室右耳室正壁 1 兽向树林奔跳

续表

		车马出行图	属吏图	门卒图	门犬图	墓主宴饮图	庖厨图	乐舞杂技图	楼阁建筑图	日月星象	云气装饰	其他
17	三道壕 M3	左前耳室东壁牵马图				左前耳室北壁家居图（已脱落）；右前耳室西、北壁对坐宴饮			后廊北壁两层楼宅图	墓门两侧壁端和横枋、立柱云气图		棺室右壁朱雀图等（惜已脱落）
18	棒台子 M2	左前耳室连画后、左壁：导骑軿车出行	右耳室后壁主簿和议曹掾图	左、右耳室各一门卒面向墓门		右耳室右壁墓主人夫妇对坐饮食			后廊后壁三层楼宅院、四乘车列入宅院图	左耳室左壁前端太阳；右耳室右壁前端明月		
19	上王家村墓	左小室正壁导骑、牛车出行图				右小室正壁墓主宴饮图（帐下单男身正面持麈尾）			左小室右壁朱黑粗线，可能是房宅（已模糊）		棺前柱石上流云图纹	
20	三道壕西晋太康十年墓	刻划题记				刻划图像						
		“七年八月”“西”5 字；“太康九年春三”“东”7 字；“孙度支□大好” 6 字；“襄平” 2 字，其上刻“李李李”3 字“太康”“将军”4 字；“太康九年”4 字；“太康十年十月七日”“柱”9 字。				西起第四棺室西壁南侧：“武士像”； 西起第一棺室西壁南侧：“展翅飞鸟图”； 西起第一棺室东壁南侧：“水鸟啄鱼射鹿图”； 西起第一棺室东壁北端：墨画“鸡”1 只。						西晋太康纪年题记

"四神"汉画像中龙虎方位的互逆问题新探

牛天伟
（南阳市汉画馆）

内容摘要：本文所谓"四神"是指青（苍）龙、白虎、朱雀、玄武。"四神"作为一个具有方位意义的方阵，其布局在观念层面上是有严格规制的，即上（或前）朱雀、下（或后）玄武、左青龙、右白虎，但反映在汉画中时，"四神"的龙虎方位却发生了左右互逆的现象，即出现了"左虎右龙"的图像。造成这一现象的原因不是所谓"天图"与"地图"的差异，也不是石刻匠人或画工的偶然性"失误"，而应是汉代人对"左龙右虎"这一方位定制的理解存在分歧所导致的。"左虎右龙"是"左龙右虎"的变异品种。

关 键 词：汉画像 四神 龙虎 方位

本文所谓"四神"是指青龙、白虎、朱雀、玄武这四种具有方位意义的灵异神兽，或称其为"四灵"。这四种神灵之兽的形象经常以一种较为固定的排列组合方阵出现在汉代画像石、砖、壁画、铜镜、陶器等物质载体之上。作为汉代人极为崇拜的一组祥瑞动物，四神的艺术形象自然会受到当代学术界的极大关注并有不少学者撰文进行过论述。但关于四神画像中龙虎方位互逆问题的讨论至今仍没有一个令人满意的答案。本文仅就此问题在已有研究成果的基础上再作检讨。

四神画像在河南、山东、四川和陕北等画像石、砖出土相对集中的地区都可见到，但关于龙虎左右方位互逆问题而引发的争议首先是从河南唐河针织厂汉墓"四神图"开始的。唐河县针织厂汉墓北主室盖顶石（共有六块画像石）上有一块"四神"画像石，若在平视或俯视情况下，以观者的左右为基点，单独审视这块石头上的四神画像，其方位是：上朱雀，下玄武，左青龙，右白虎，与文献记载的四神方位完全一致（如图一）。如果我们将四神图作为墓葬的一个组成部分来看，四神的方位与墓葬的方向则存在着差异。此墓的方向大致是坐西朝东，当人在墓内面南仰视墓顶四神画像时，朱雀和玄武与其代表的南北方向相吻合，青龙和白虎与其代表的东西方向则刚好相反，即东白虎，西青龙。陈江风依据庞朴在《"火历"续探》一文中的观点认为，造成苍龙、白虎方位"东西逆反"现象的关键原因是中国天文学史上著名的"二逆难题"之一，即"天图"与"地图"的差异。春秋战国时代绘制的二十八宿天象图完全可与实际星空相对应，被称为"天图"，而秦汉以后绘制的二十八宿图是按照"地图"上的方向来排列的，方向与"天图"刚好逆反，所以，这种图像只能叫"地图"。唐河针织厂汉墓中的四神图是四宫二十八宿天象的象征，把吻合于地图方位的四神图再安置于墓顶的"天"上，必然出现东西方向的逆反。[1]刘道广随后又撰文指出：陈江风绕了一个"火历"的圈子来推测，是把简单的问题搞复杂了。他说唐河针织厂汉墓四神图中的上朱雀、下玄武的方位安排与汉代地图上南下北的方向是完全一致的，长沙马王堆汉墓出土的三幅地图方位无一例外都是上南下北。汉代人之所以形成上南下北的方位观念，其主要原因是"五行"思想的影响，秦灭周，周属火德，所以秦自居水德，但汉人不承认秦的运命，认为只有自己才是直接承续了周代的"道统"，真正居于水德之位。水在"五行"中居北，很自然，在方位上造成"坐北朝南"的祯祥观念，由此，汉代人在"地图"上总是先置自己于北方即下方为北，而把面对的南方视为上方，星象图在方位上也不例外，所不同的是，当人们置身于北方面向南方仰视四神天象时，青龙和白虎的方位刚好与俯视情况下的相反。因此，唐河针织厂汉墓四神图完全符合汉代人的方位观念，不存在青龙、白虎的"东西逆反"现象。[2]

图一

以上是学者们针对唐河针织厂汉墓出土的唯一一幅四神图的方位问题进行的争论，因为当时在南阳汉画中，四神的出现尚属孤例，孰是孰非尚不可定论，但随着四神图像的再次发现，以上两种观点均难以成立。1987年，南阳市西郊麒麟岗汉墓被发现并发

[1] 陈江风：《关于唐河针织厂汉画像石墓中的两个问题》，载《文物》1988年第12期，88—89页。

[2] 刘道广：《关于汉"四神星象图"的方位问题》，载《文物》1990年第3期，70—71页；刘道广：《汉代人的天象观和汉画像天象图》，《南阳汉代天文画像石研究》，民族出版社，1995年，32—38页。

掘，该墓的大致方向为坐东向西，其前室为横长方形，墓顶用九块画像石组成了一幅巨型天象图，一位人形天神（太一或黄帝）端坐中央，其周围有四神环绕。当我们站在墓内面朝墓门仰视墓顶天象图时，中央天神的前后左右分别是朱雀、玄武（龟）、青龙、白虎，即玄武和朱雀分别在墓葬的东西方向上，而龙虎在墓葬的南北方向上，四神所代表的方位与墓葬的方向完全不对应。更为重要的是，在平视或俯视情况下，当以观者的左右为基准时，龙虎的左右方位刚好与唐河针织厂汉墓四神图相反，即上朱雀、下玄武、左白虎、右青龙（如图二）。[3]因此，又有学者认为：以上两幅四神图相比较，麒麟岗墓四神图契合于严格的经典定制。“针墓（即唐河针织厂墓）四神图所出现的东西错置显然属于一种人为的失误。这种失误完全是因工匠疏忽所致。”“此之失误在民间工匠手下当属正常，不足为奇。”[4]笔者认为，首先，麒麟岗墓中的四神图与“经典定制”不契合。因为在此墓四神图中，不仅龙虎不在东西方位上，而且朱雀和玄武也不在南北方位上。其次，将唐河针织厂墓中龙虎错位的原因归结为“失误”和“疏忽”的观点也是站不住脚的。因为除了南阳汉画像石，其他地方的汉画中也发现有四神图和龙虎图，而且也存在龙虎错位的现象，如重庆巫山汉墓出土的四神铜牌饰，若以观者的左右为基准，其中方形铜牌上的是左虎右龙（如图三），柿蒂形铜牌上的是左龙右虎（如图四）。[5]再如陕北汉墓门扉上的龙虎也存在左右位置相反的情况（图五）。又如四川汉画中常见的西王母“龙虎座”画像，其龙虎的左右位置同样是不固定的（图六）。但在全国各地的四神图中，朱雀与玄武的上下位置则是十分稳定的。很明显，这种各地常见的现象是无法用偶然性的“疏忽”来解释的。

刘弘在《四川汉墓中的四神功能新探》一文中对四川一带发现的四神图进行了详细的论述，他认为其布局规律为“上朱雀、下玄武、左白虎、右青龙”。“可以看到四川汉墓中以四神为代表的四个方向与我们常说的上南下北左东右西是有差别的。”其原因何在呢？作者认为：“四神虽然固定地代表着东西南北四个方向，然而却有天之四方与地之四方之分。”《礼记•曲礼》所说的左青龙右白虎是军队在地上行进时用四神表示四方的，是“地图”的方位。而四川汉墓中以四神为代表的方位图却是一幅“天图”，是人门仰观天象时所看到的情况。但作者随后又说“四川汉墓中的四神并不全都是按‘天图’布局的”，并例举了王晖石棺上的四神图，棺右为龙，棺左为虎，棺后是玄武，即“地图”的布局。在自相矛盾的情况下，为了能“自圆其说”，作者也引用了庞朴《火历续探》一文有关“天图”与“地图”的观点来解释：“王晖石棺上的四神虽然是按地图布局，也同样具有表示天空的功能。”并进一步阐述道：“四川汉墓中的四神方位坐标，代表了两个参照系。对于死者而言，它是上南下北左东右西的‘地图’，表示死者

[3] 黄雅峰、陈长山编著《南阳麒麟岗汉画像石墓》，西安：三秦出版社，2008年。

[4] 张兼维：《“四神天象图”考》，载《南阳汉代天文画像石研究》，北京：民族出版社，1995年，67—70页。

[5] 重庆巫山县文管所、中科院考古研究所三峡工作队：《重庆巫山县东汉鎏金铜牌饰的发现与研究》，《考古》1998年第12期，77—86页。

图二

图三

图四

图五

图六

位于其间。对于生者(即观察者)而言，它是上南下北左西右东的'天图'，表示它是天空，表示死者与墓葬都升入了天界。"[6]这样的解释不仅使问题更加复杂化，而且更让人难以理解。难道死者希望自己永住阴间而不愿意升仙吗?

张欣在《规制与变异——陕北汉代画像石综述》一文中说，在对汉画像研究的过程中，"不能赋予随意性因素以特定含义，不能对孤例作普遍性的推测，尤其是考察存在机械复制的民间工艺，应建立在大量样本的基础上"。并对陕北门扉画像石上的龙虎对应的左右方位进行了考察，大多数样本与"左龙右虎"的方位相符，但亦有少数是"左虎右龙"，认为"这应属错位或随意现象"。[7]若仅局限于陕北一地，这种观点似乎是合乎情理的，但据前文刘弘的统计结果，四川汉画中的龙虎方位与陕北的刚好相反，若按张欣的观点，四川一带大多数的"左虎右龙"都成了"随意现象"。这又作何解释呢?因此，笔者认为，张欣和刘弘一样，尽管分别在大量考察分析陕北和四川汉画的基础上，对四神画像的方位问题进行了研究，但所获得的样本均是区域性的，不具有全国性的普遍意义，所以，二者得出的结论因样本的局限性而导致了它们的不可靠性。

陈亮在《汉代墓葬门区符箓与阴阳别气观念研究》一文中认为："按照汉代人的观念，天左旋，地右转。"对应于郑玄所谓的"阳气左行，阴气右行"。左旋如果用四神的方位表示就是上朱雀下玄武，左白虎右青龙，即逆时针方向转。同理，地右旋，若用

[6] 刘弘：《四川汉墓中的四神功能新探》，载《四川文物》1994年第2期，3—7页。

[7] 张欣：《规制与变异——陕北汉代画像石综述》，载《中国汉画研究》第二卷，桂林：广西师范大学出版社，2006年。

四神的方位表示，将变成左青龙右白虎。作者通过考察四川、陕北以及山东沂南汉墓墓门上的部分四神画像的方位，认为都是右青龙左白虎，与天左旋的方向一致。与此相反，河南唐河针织厂画像石墓和洛阳金谷园壁画墓墓顶天象图中的四神方位是左青龙右白虎，即与“地右旋”相符。也就是说，“墓葬中的地面部分出现左旋的顺序”，墓葬中的天象图则出现右旋的情况。由此认定，“墓葬中无论是天上还是地下都存在着与生人世界相反的四神顺序”，之所以如此，是因为“墓葬中的阴阳关系与生人世界的阴阳关系不同，即阴阳别气”[8]。由于陈亮是从各地选取和自己观点一致的部分“四神图”作为证据，却将许多相反的案例排斥在外，如麒麟岗墓顶天象图中的左白虎右青龙就与“地右旋”不符，所以更无法证明“龙虎逆反”是由“天左旋，地右旋”和“阴阳别气”观念造成的。

那么，四神图中的龙虎左右位置互易现象产生的真正原因到底是什么呢？冯时认为，汉代的地图与天文图所使用的定向标准完全是一致的，即上南下北，左东右西。只不过是天文图存在投影图和仰视图两种情况，投影图与地图完全一样，而仰视图中的东西方位互易。[9]笔者认为，用“天文图”中的“投影图”和“仰视图”仍不能从根本上解决汉代“四神图”中龙虎方位的互易问题。

首先可以肯定，汉代人在墓葬中绘制“四宫”图时，对“四宫”方位的安排是严格按照实际天象进行的。如西安交通大学和洛阳尹屯等地的汉代壁画墓，其墓顶部均绘有四宫和二十八宿天象图，由于它们是在墓葬建成后才用颜料绘上去的，所以，四宫图像的位置完全可与自然界中的四个方向相一致。即东苍龙、西白虎、南朱雀、北玄武。这种“四宫”壁画是对天象的模拟，除了四宫形象外，大多绘制有二十八宿等星象，可称为“天象图”。目前所见汉画像石墓中所谓“四神”或“四灵”图，尽管有一些是作为天象图的一部分，被安置在墓顶，但与壁画墓中的“四宫”天象图是有明显差异的，它们往往独立成像，一般不与二十八宿等星象相配合。更为重要的是，这种四神图是按照前后左右来布局的，它被安放在墓中时，并不考虑与自然界中的实际方向是否一致。也就是说，“四宫”与“四神”的方位概念存在着显著的差异：前者是东南西北，后者是前后左右。或认为，二十八宿的四宫也是用四灵表现的。在汉画中，表现二十八宿各宫往往有星有象，星象互相参照，使人一目了然。而只用象不用星来表现四宫二十八宿的例子也很多，如唐河针织厂汉墓中的“四宫天象石”。[10]但笔者认为，这种有“象”无“星”的“四神”图，从严格意义上来说不应叫“四宫”天象图，只能是具有人文特色的“四灵”或“四神”图，它是“四宫”的衍生形态。即“四神”图的前朱雀、后玄武、左青龙、右白虎的方位概念是由“四宫”的南朱雀、北玄武、东苍龙、西白虎的星

[8] 陈亮：《汉代墓葬门区符箓与阴阳别气观念研究》，载《中国汉画研究》第三卷，桂林：广西师范大学出版社，2010年，64—65页，。

[9] 冯时：《中国天文考古学》，北京：社会科学文献出版社，2001年，282—320页。

[10] 同注1。

象布局转化而来的。当人们抬头仰观天空时，北斗居于四方星宿之中，其东南西北分别为“四宫”，这种自然状态下的星象布局不存在前后左右的方位问题。“斗为帝车，运于中央。”当北斗星被人文化之后，拟人化的中央天帝端坐在斗车之中，前后左右的方位问题便随之产生了。也就是说，只有当“人”的因素渗透到天体星象中时，即以人形的天帝为中心点去观照四周的星象时，“四宫”的方位自然会由东南西北转换成了前后左右。在“观象授时”的古代，人们以春天（春分前后）的黄昏时分为观测天象的基础，这时，朱雀七宿正在南中天，当观测者面南而立时，其左方是苍龙七宿，右方为白虎七宿，身后就是玄武七宿。[11]当中央天帝乘北斗车接受众星官朝拜时，同样是面南而坐。这样一来，前朱雀、后玄武、左青龙、右白虎的方位观念就诞生了。正是由于中国天文学具有鲜明的人文色彩，天文学对于世间的人事活动具有指导作用，所以，古文献中凡是关于“四神”布局的描述均采用前后左右的方位概念而不是东南西北。最典型的例子如张衡《灵宪》曰：“苍龙连卷于左，白虎猛居于右，朱雀奋翼于前，灵龟卷首于后，黄神轩辕于中。”这里的“黄神”即黄帝，也就是拟人化的中央天帝。或认为，南阳麒麟岗汉墓前室盖顶石中央正面端坐的人神即黄帝，若以黄帝自身为视角，那么，黄帝的头顶有朱雀，座下为玄武，左边即苍龙，右边是白虎。当把图像由立面转换成平面时，即把上下变成前后时，图像的四神方位与文献正相吻合。那么，古人为何要面朝南来定方位呢？即以人的前方为南方呢？

首先可以肯定，汉代人对四神方位的安排是严格按照传统规制进行的，即上（前）朱雀下（后）玄武，左青龙右白虎。《礼记•曲礼》：“前朱雀而后玄武，左青龙而右白虎。”《淮南子•兵略训》：“所谓天数也，左青龙，右白虎，前朱雀，后玄武。”贾谊《惜誓》：“苍龙蚴虬于左骖兮，白虎骋而右騑。”《汉书•佞幸传》：董贤死后，“以沙（朱砂）画馆，四时之色，左苍龙，右白虎，上著金银日月，玉衣珠璧以棺，至尊无以加。”四川汉代石棺的左右就有雕画龙虎的现象。江陵张家山出土汉简《盖庐》中有“左青龙右白虎”。陕北神木大保当汉墓石门扉上的青龙胯下墨书有“青龙在左”字样，与之相对的白虎胯下是“白虎在右”。汉代铜镜上更常见“左龙右虎辟不羊（祥）”的铭文。另外，伏羲创造的“先天八卦”、《周易》中的“后天八卦”以及“河图洛书”均是遵从上南下北左东右西的方位规则。[12]从已知的传世和出土文献看，未见一例相反的说法。这种四神格局是源自以“面南”为定位基准而形成的上南下北左东右西的方位观念。对此可从湖南长沙马王堆三号汉墓出土的绢质地图上得到答案，其中的《驻军图》上部标记有“南”字，左边标示有“东”字，且发现的三幅地图全为上南下北的方位。或认为“这种方位最早源于古人对太阳的周日视运动和南中星的观测，并且一度成为天文图与地图普遍采用的方位形式”[13]。《说文•十部》：“十，数之具

[11] 北京天文馆编:《中国古代天文学成就》，北京：北京科学技术出版社，1987年，50页。
[12] 同注4。
[13] 同注9。

也。一为东西，丨为南北，则四方中央备矣。”可见，十字的字形源于古人利用太阳测定四方的写实。其中的方位观念正与四神所代表的方位相一致。我国古代以南为上为前的传统定向法形成的原因是多方面的，主要与我国中原地区所处的地理位置（北温带）、气候（大陆性季风气候）、地理形势（西高东低）、太阳崇拜以及阴阳思想等因素有关。当我们面南观测太阳时，左边即东，右边即西，背后就是北了。当我们在一个平面物体上绘制地图时，很自然地把前方转化成了上方，把后方变成了下方，而从表面上看，左右不变。其实不然，这时的左右方向已悄然发生了一百八十度的变化。因为观测太阳者是作为定四方的基点，是“参与者”，他置身于四方（自然界中的四方）之中；而绘制地图者，已变成了置身于四方（指平面地图上的四方）之外的“旁观者”。角色和位置的变化导致了左右方向的互逆。而雕刻汉画像石的石匠（或画工）对“左龙右虎”的理解也就出现了两种相互对立的情况：一是雕刻者自身的左右观；二是被雕刻者——画像石的左右观。因此，汉画中的龙虎方位也就出现了互逆现象。

鉴于我国古代天文学具有鲜明的人文属性，四神除了是天文学中“四宫”的象征，更多的时候被看成具有保佑功能的四方神灵，因此，不论是文献记载，还是汉画像，四神多具有功利性质。在这种文化大背景下，四神由天帝的四方神降格为墓主人的保护神，因此，“左龙右虎”的左右方位是指墓主人的左右，而非观者或雕画者的左右。也就是说，当我们面对一幅“四神”画像时，以画像本身的左右来理解“左龙右虎”才是正确的。总之，笔者认为，汉代“四神”画像中的龙虎之所以会出现截然相反的两种方位现象，究其真正的原因，并不是所谓“天图”和“地图”的差异，更不是人为的“疏忽”或“失误”，而是部分汉代人对“左龙右虎”这一规制的理解出现了偏差所造成的，即把“左右”理解为雕刻者自身的左右了。汉画中出现的“左虎右龙”图像，是对“左龙右虎”这一规制的误解而形成的变异品种。

汉画所见棨戟研究
——论使用、形制和意义

徐志君
（南通大学）

内容摘要：本文从棨戟的使用、形制和意义三个角度入手，对汉画中出现的棨戟形象进行了梳理，论证了在汉代棨戟具有的三层意义。文献中记载的中下层官吏出行仪仗的组成部分，此为棨戟图像的第一层意义。除此之外，本文认为它曾经是一种单独使用的更高级的权威象征物，此为棨戟图像的第二层意义。但是，随着这种象征意义逐渐消亡，其使用在出行仪仗中也已经不再严格，棨戟成为出行图像中一个可替代的、程式化的构图单元，此为棨戟图像的第三层意义。

关 键 词：棨戟 汉画 仪仗

从现在的考古结果来看，戟作为一种戈矛合体，兼具勾、斫、刺功能的兵器从商代就已出现，春秋战国时期成为车战的主要兵器之一。秦汉时期其功能进一步细化，加上冶铁技术的提高，戟在形制和材质方面也出现了相应丰富的变化。

从功能上区分，戟具有实战杀伤和仪仗示威两个大的方向，在很多情况下，这两种功能兼具。前人的研究主要集中在实战用戟上，而并未将仪仗用戟加以单独考察。[1]事实上两汉时期仪仗用戟的情况可能与实战用戟有较大不同，棨戟是其中有代表性的例子。根据文献记载，棨戟为木质，完全失去了实战杀伤的功能，在实战用戟退出战场之后，仪仗用戟仍然存在了相当长的时间。在理想状态下，棨戟应该是一套包含象征意

[1] 有研究注意到戟在功能上的区分，但并未分别加以考察，参见马华民《试析汉画像中戟的图像》，《中原文物》1994年第4期，76—80页。

义—使用制度—形制外观三个层次的体系中位于最外层的具象显示物。通过对其形制和使用情况的研究，应该可以追溯其背后蕴含的意义的演变。因此，将棨戟加以单独考察，通过对汉画像石中棨戟图像的梳理和比对，参照出土器物和传世文献，不仅丰富和细化了我们对其形制本身的认识，也通过对其意义的探索，部分还原了那些潜藏在汉代人心中的观念。

一 汉画中所见使用棨戟的场景

分析棨戟的使用情况可能会陷入一个悖论：理论上，应该已经知道哪些戟是棨戟，然后才能对其进行使用上的归类；但实际上我们首先必须部分依赖场景帮助辨识哪些是棨戟。为了摆脱这个困境，本文以文献记载和出土金属戟为参照，将棨戟的论述范围限定为：在使用状况下，戟体部分可见装饰物的戟。[2]然后通过图像之间的相互比对，验证这一设定。所谓使用状态，包括在出行仪仗、门区迎谒、尊者旁的侍从、用于展示而非储藏的陈列四种场景下出现的戟。所谓戟体部分的装饰物，包括“衣”（鞘）末端、戟枝与胡相交部分、柲与胡连接部分的各种织物垂饰。

在出行仪仗、门区迎谒、尊者旁的侍者所持、兰锜上陈列四种使用情况中，出行仪仗中的使用可能是最普遍的一种。棨戟在出行仪仗中的使用可以见之于文献，目前对汉代棨戟的使用情况的了解主要基于崔豹《古今注》和《后汉书•舆服志》的记载：

> 棨戟，殳之遗象也。《诗》所谓‘伯也执殳，为王前驱’。殳，前驱之器也，以木为之。后世滋伪，无复典型，以赤油韬之，亦谓之油戟，亦谓之棨戟，王公以下通用之以前驱。[3]

> 古者军出，师旅皆从；秦省其卒，取其师旅之名焉。公以下至二千石，骑吏四人，千石以下至三百石，县长二人，皆带剑，持棨戟为前列，揵弓韣丸鞬。[4]

这两段文献的记载涉及起源、形制和功能三个方面，其中关于棨戟使用的记述基本一致。这些记载为我们提供了汉代棨戟的基本信息：其来源为“殳”的一种变体[5]；其

[2] 汉画中见于战争、狩猎、角斗等实战场景中的戟，戟体部分尚未见到任何织物装饰。

[3] 崔豹撰、焦杰校点：《古今注》，沈阳：辽宁教育出版社，1998年，2页。

[4] 范晔：《后汉书•舆服志上》，北京：中华书局，1965年，3652页。

[5] 河北藁城台商代遗址曾出土青铜戟1件，四川竹瓦街西周遗址出土青铜戟3件，现在的考古和研究结果显示戟可能有独立的源头，而非起源于殳。由于这一问题不在本文论述范围，故在此从略，可参见：河北省文物研究所《藁城台西商代遗址》，文物出版社，1985年；王家祐：《记四川彭县竹瓦街出土的铜器》，《文物》1961年第11期，28—31页；四川省博物馆、彭县文化馆：《四川彭县西周窖藏铜器》，《考古》1981年第6期，496—499/555页。

插图1

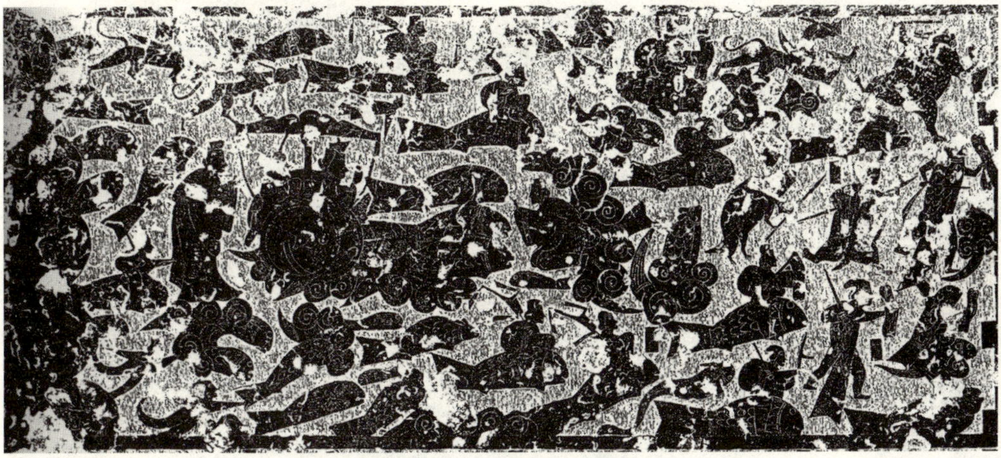

插图2

功能是作为出行仪仗的组成部分，即所谓“前驱之器”；另外，汉代棨戟发生了“刻伪”的情况，在这种不恰当的使用中，棨戟的使用范围扩大：从王公以下至三百石的中下层官吏都可使用。

在汉画中，出行仪仗也是棨戟出现最多的场景。南阳地区出土的一件东汉《贵妇出行》（插图1）中，画面右二的妇女头戴胜，前后分别有一侍女。画面左端五人组成出行仪仗，其中有两种类型的戟。画面左一人物荷戟步行，四人物各骑一马，各执一戟。左三人物头戴武弁大冠，左四人物头部漫漶不可辨，二人物各持一戟，戟式相同，左三人物所持戟在枝与胡相交处有幡状垂饰。《古今注》中记载：

> 两汉京兆河南尹，及执金吾司隶校尉，皆使人导引传呼，使行者止、坐者起。四人皆持角弓，违者则射之，有乘高窥阚者亦射之。魏晋设角弩而不用。[6]

从功能来看，这种行走在队伍最前端的引导所使用的兵器，即兼具仪仗性和实战性，以实战功能为主。至魏晋时期，实战功能才消失。这则记载中虽然没有说明戟的使

[6] 崔豹撰、焦杰校点：《古今注》，沈阳：辽宁教育出版社，1998年，3页。

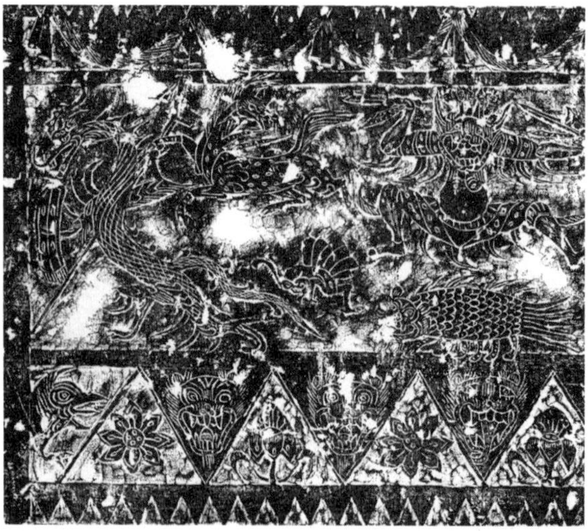
插图3

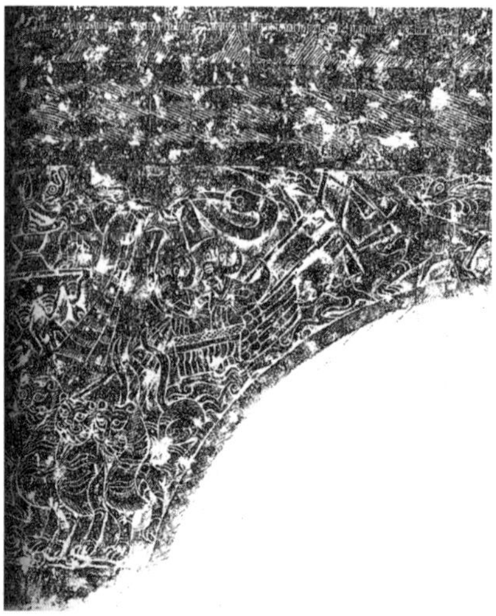
插图4

插图5

用，但是可以想象，戟作为汉代通用的近战兵器之一，很有可能出现在仪仗队伍的前端，与弓弩配合使用。上文所举《贵妇出行》（插图1）中，画面左一左二人物一组，一人荷戟，一人荷弩，均步行在出行队伍的最前端，应为维护秩序、疏散行人、应付突发情况的引导。通过两种戟之间的比较，画像石左三[7]人物所持之戟，有可能是文献中记载的棨戟形象。

值得注意的是，山东和陕北地区在表现仙灵出行的队伍中，也使用了相似的戟。武氏祠左石室屋顶后坡东段河伯出行（插图2）队伍中，前有大量士卒，持盾、戟、矛、环首刀等实战兵器，靠近河伯的四吏骑鱼荷戟。与南阳的《贵妇出行》相似的是，仪仗最前端士卒皆步行，所持兵器无任何装饰物，而骑吏所持戟末梢的装饰物，幡状垂饰清晰可见，应为棨戟。沂南北寨汉墓前室北壁上横额（插图3），整个画面表现了各种灵兽仙怪的出行场面。画面最右端一神兽似白虎，张口，一手执戟，一手执钩镶，跨步向右。画面最左端同样有一神兽，应为青龙，张口，一手执戟，一手执盾，跨步向左。其所持

[7] 画面中左四人物与左三人物皆骑马，似为一组，其所持戟也应为棨戟，但在本文中，对使用状态下无饰物的戟暂不讨论。

插图6

戟的形制基本与右端白虎形兽所持相同，戟援末端织物垂饰清晰可见。不同之处在于，在枝、胡相交处没有幡状饰物，戟鞘上也未见表示图案的刻纹。临沂白庄东汉羽人出行（插图4）图中，二羽人车载棨戟，幡、饰清晰，幡上似有图案。（插图5）上排车马出行，一羽人骑龙荷棨戟。这些画面虽非人间场景，但可以想象，仍然反映了现实世界中出行题材的某些特征。

棨戟除了在出行的时候作为前驱仪仗的组成部分，在某些场合也作为迎宾的一件信物，暗示着来人享有某种与棨戟所代表和暗示的权力相应的礼遇。早期的文献记载中，在门区出现棨戟的情况很少[8]，较为明确一例见于《东观汉记》：

> 世祖引兵攻邯郸，连战，郎兵挫折。郎遣谏议大夫杜长威持节诣军门，上遣棨戟迎，延请入军。[9]

谏大夫一职本为秦制，西汉武帝元狩五年（前118年）恢复设置，掌议论，属光禄勋，无定员，东汉光武帝时改称谏议大夫。根据《后汉书•百官志二》的记载，东汉时期的谏议大夫，秩六百石，仍然是中下层官吏。但是杜长威前来面见刘秀时，实际身份是王郎派来谈判的使者，并且持节为信，因此刘秀使人持棨戟迎接。在这次迎接中，棨戟成为一种与节相对应的权力和地位的信物。

---

[8] 另一则经常被引用的文献见于《后汉书•窦武传》2242页：窦武欲诛宦官事泄，曹节“令（汉桓）帝拔剑踊跃。使乳母赵娆等拥卫左右，取棨信，闭诸禁门”。（注：棨，有衣戟也。汉官仪曰，凡居宫中，皆施籍于掖门，案姓名当入者，本官为封棨传，审印信，然后受之。）实际上这则文献的注者们将棨信、棨戟、传信三种器物混淆了，此处所言事无关棨戟。对此李学勤已有专文论及，参见李学勤《谈“张掖都尉棨信”》，《文物》1978年第1期，42—43页。

[9]《东观汉记·纪一·世祖光武皇帝》。

插图7

插图8

插图9

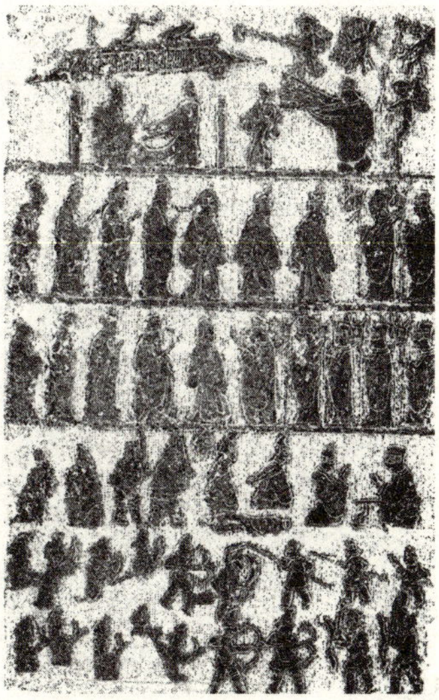

插图10

从汉画中展示的情况来看，在门区使用棨戟迎谒成为东汉时期普遍的情况，各地的画像石上均有大量此类形象出现，已经很难看出刘秀使用棨戟迎接杜长威所暗示的特殊礼遇。汉画中门区出现棨戟的情况可以分为两种，最常见的情况为门吏所持。沂水县后城子双执戟门吏（插图6），图中二人物出现在门口，头戴武弁，双手持戟，戟的末梢装饰物清晰可见。

另一类在门区出现的棨戟则无人手持。徐州沛县出土的东汉早期（25—88）石棺上（插图7）刻画了二阙，二门吏各站一边，一吏捧盾立于正中，而棨戟斜于门口，无人持，幡状物清晰。四川郫县一号石棺一侧线层漫衍角抵水戏场景中，画面右下角各立一棨戟，无人把持，可能用来表示入口（插图8）。这种情况与由门吏所持的棨戟相比，数量非常少，在陕北、南阳等地尚未发现。

棨戟使用的第三种情况为尊者旁侍者所持。全国各地均有出土。这种使用方式文献中未见记载，但是全国各地的画像石上却大量出现，在拜谒和乐舞欣赏的画面中，尊者旁一般执便面和吾者较多，而在二桃杀三士、周公辅成王、荆轲刺秦王等历史故事中却屡有持棨戟的侍者形象。如上文所引（插图5）下排中为二侍者持棨戟，戟柲折。右为完璧归赵，秦王后侍从持棨戟。插图21为山东武氏祠荆轲刺秦王画面局部，同样表现了跌倒的持棨戟侍者形象。

另外在一些无法判断具体故事情节，但明显比一般拜谒图更为严肃、庄重的画面中，尊者旁也会出现持棨戟的卫士形象。山东大汶口墓门楣西段画像（插图9）似拜谒场景，中有持棨戟者，末梢实物清晰。山东汶上县城关镇出土东汉早期（25—88）画像石，第二第三层拜谒均有侍者持棨戟形象（插图10）。插图22画面中央一人跪，身后有卫士一手按其头，一手扬斧钺，似乎欲斩首，旁也有侍者执棨戟。

插图11

最后一种使用棨戟的场景为兰锜上所陈列。这种情况在徐州和山东地区比较多见，陕北和南阳地区尚未发现。总体来说，这种使用方式比前三种要少很多。

徐州狮子山楚王陵W1、W3陪葬坑中在棺床附近、后室都有兵器，徐州地区东汉晚期的其他墓室中多有武库。类似的情况在其他汉墓中也有出现，如考古挖掘时未被盗扰的洛阳涧西七里河汉墓。铁戟、钩镶等兵器就置于棺盖上，基本上为墓主人生前所用的器物[10]。

山东安丘市王封村出土的画像石上（插图11）上层表现了车马出行，下层为乐舞百戏，中层有二屏风。屏风前榻上分别跽坐男女主人。左一屏风前男性尊者一手执便面，一手凭几而坐。不远处有一兰锜固定于屏风上，顶部有虎首装饰。兰锜上陈列吾、剑、手戟等短兵。这些兵器可能为实战兵器，但此处陈列的作用更多应该是作为一种仪仗。未知墓室后室棺床旁等地刻画棨戟是否与此作用类似。

沂南北寨汉墓后室男主人墓室，画面刻画了三个兰锜（插图12）。画面上端的兰锜上横置了刀、剑、手戟等短兵，均带鞘。画面下端右部的兰锜上横置两矛、两戟，均为长兵、无鞘，下倚两盾。所列两戟均为“卜”字形戟的变体，从这两组兵器各自特点及组合关系来看，应为实战兵器无疑。画面下端左侧另有一兰锜，上仅竖两戟，形制与“鸡鸣式”戟相同。不同的是，这种戟的外部明显有装饰，在枝（内）、援、胡的末端都有华丽的织物垂饰；枝与胡相交处，有一幡状垂饰，上似有图案。

沂南汉墓还出现了另一类兰锜上陈列棨戟的情况。在前室南壁中段，兰锜上陈列了三个棨戟，形制清晰。此画面虽出现于墓门背面，但同时也属于墓前室，因此尚不能断定其

[10] 洛阳博物馆：《洛阳涧西七里河东汉墓发掘简报》，《考古》1975年第2期，116—123/134页。

插图12

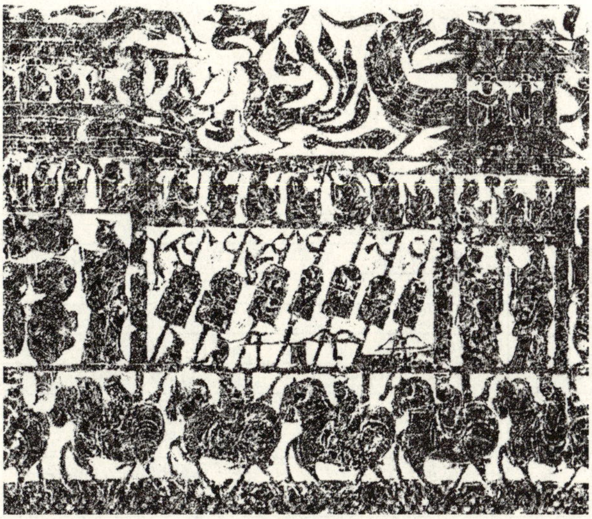

插图13

为门区所陈列。此种现象也未知是否唐代在门区陈列棨戟作为仪仗的风俗的滥觞。[11]

棨戟的使用大多数遵循两两对称的原则，但也有少数例外。这种不对称性有三种体现方式：第一，当画面中一人执棨戟时，对应位置另一人可能执盾、弓、彗等其他器物（见南阳汉墓出土持戟门吏一览表）。

第二，当二人均持棨戟时，戟的形制可能不同。在插图中可以看出，两门吏一持“鸡鸣式”棨戟，一持“卜”字形棨戟。第三，如南阳陈棚汉墓显示的那样，当左右人物所持棨戟为同一形制时，其外观装饰可能不尽相同（见下表）。需要说明的是，上文所论四种场景中棨戟的使用情况，实际上只包含了汉画中出现戟的画面的大部分。根据本文的标准，仍有一些在非使用状态下可见装饰的戟被排除在棨戟之外。山东滕州市龙阳店镇附近出土的一件东汉晚期（147—189）画像石（插图13）上，画面分为四层：上两层围绕画面中央的楼阁展开，下两层表现了车马出行的内容。第二层展示了楼阁内的情况，中间部分为拜谒，左侧为纺织，右侧为武库。武库中整齐地陈列着戟、盾、弩等兵器，其中可以清楚地看出戟的末端有织物垂饰。滕州市造纸厂、滕州市羊庄镇庄里村分别出土的东汉晚期（147—189）画像石[12]，画面内容、构图与上文所举龙阳店镇画像石大致相同，这种在屋内封存的戟鞘末端的装饰物同样清晰可见。但鉴于全国多地汉墓

[11]《唐书•张俭传》：“龙朔中，左卫大将军范阳郡公张延师，东夷都护俭弟也，与兄太仆卿大师、次兄俭同时三品，宅中棨戟齐列，时号‘三戟张家’。”“徐泗节度李愿奏请换戟。有司以官戟五年一换，私家不在限，诏以李晟旨韩之家，特许之。”“吕諲为相，有司送戟至宅，諲释惨服以授之，时讥其失。”

[12] 中国画像石全集编辑委员会：《中国画像石全集（2）》，济南：山东美术出版社，2000年，161页，图169，198—199页，图207。

出土的实战金属戟均有鞘伴出，我们很难根据画面中的戟鞘断定其为棨戟。

南阳汉墓出土持戟门吏一览表[13]

编号	墓葬	位置	备注
1	七里园村汉墓	东壁柱一：正面及背面	对面相应位置为执棒人物及人首龙身神
2	方城东关汉墓	北门北扉背面	对面相应位置为执盾人物
3	石桥汉墓	墓门两侧门柱各一	
4	唐河县石灰窑汉墓	东门柱侧面	对面相应位置残损，图像不辨
5	英庄汉墓（1965 年）	墓门两侧门柱正面各一	
6	英庄汉墓（1982 年）	墓门西门柱正面	对面对应位置为执棒人物
7	唐河针织二厂汉墓	东西两侧门柱各一	
8	建材试验厂汉墓	墓门南北门柱背面各一	
9	刘洼村汉墓	墓门左右门柱正面各一	
10	蒲山汉墓	墓门左右立柱正面各一	
11	第二化工厂二十一号汉墓	墓室南壁东立柱北面	对面对应位置为执笏人物
12	药材市场汉墓	后室门东西门柱正面各一	
13	蒲山二号汉墓	墓门左右门柱正面各一	
14	安居新村汉墓	墓门左右门柱正面各一	两石人物和戟有明显尺寸差别
15	陈棚汉墓	墓门左右侧立柱正面各一	左侧戟鞘外部有彤沙类饰物，右侧无。
16	麒麟岗汉墓	墓门南北立柱正面各一	
17	军帐营汉墓	墓门左侧柱正面	对面相应位置为执彗人物
18	军帐营汉墓（同上）	墓门左右侧柱背面各一	

根据本文所使用的标准，在出行仪仗中、门区和侍者所持等使用状态下的戟，既可能用于实战，也可能用于仪仗，抑或两种功能兼有。如果其戟体无装饰物，则也被暂时排除在本文所论棨戟的范围之外。这首先包括了见于战争、狩猎、角斗等实战场景中使用的所有戟，同时也包括了某些出行、门吏和侍者所持和用于展示陈列的无装饰物的戟。

出行仪仗中使用的兵器，可能兼具实战和仪仗功能。上文已经论及南阳《贵妇出行》画面中左一人物头戴兜鍪，所荷戟应为汉代最常见的“卜”字形戟。[14]本文认为要证明画面中此类戟的形象为棨戟，需要更多证据。

门吏所持戟同样兼具实战和仪仗功能。根据文献记载，汉代的门区及通道常常有武

[13] 本表据各墓考古报告记载绘制，参见石红艳、王清建《南阳汉代画像石墓发掘报告集》，中州古籍出版社，2012年。

[14] 柿园汉墓出土铁“卜”字形戟15件，主要位于陶俑群以西的兵车舆附近，戟和柲全长约30厘米，虽为明器，但可能反映了出行中的实战用戟，参见阎根齐《芒砀山西汉梁王墓地》，北京：文物出版社，2001年，217—219页。

装把守。皇宫中负责门区守卫的有谒者[15]、执戟、执盾、郎中[16]，俸禄相当[17]。这些守卫者集中在门区廊下，平时昼夜轮值、一时不缺，在皇帝出行和发丧的时候充当仪仗：

凡郎官皆主更直执戟，宿卫诸殿门，出充车骑。[18]

五官、左右虎贲、羽林五将，各将所部，执虎贲戟屯殿端门，陛左右厢，中黄门持兵陛殿上。[19]

在正常情况下，这些守卫成为一种权威的仪仗显现，但在突发情况下，他们手中的兵器同样具有杀伤力：

是时霍氏外孙代郡太守任宣坐谋反诛，宣子章为公车丞，亡在渭城界，中夜玄服入庙居郎（廊）间，执戟立庙门，待上至，欲为逆。发觉伏诛。[20]

成大呼称枉，陛戟郎以戟刺延。叱使置之。[21]

这两则材料可以看出，由于平时庙门有郎官守卫，因此才有人冒充守卫，在门口持戟试图行刺，而守卫所持兵器自然也就是实战所用的金属戟。当然，除了应付突发情况，这种兼具实战和仪仗功能的戟在更多的时候行使的是仪仗功能。在汉画中，如果门区中出现的戟没有鞘及织物垂饰，本文暂不将其列入棨戟加以考察。

汉画中很多人物手中所持戟由于缺乏进一步的证据，也在本文讨论范围之外。853-2（插图14）现存南阳汉画馆，出土信息不明。画面中，一人物下颔突出，有须，头戴尖帽[22]，双手持戟。戟形制为汉代常见“卜”字形。这块画像石虽然出土信息不明，但是

[15] 在门区设置持戟卫士并未为皇宫特有，而可能是当时贵族通用的方式。湖北江陵凤凰山一六七号汉墓出土“谒者”男俑持“卜”字形戟直立，俑高48厘米，戟略高于身。参见凤凰山一六七号汉墓发掘整理小组《江陵凤凰山一六七号汉墓发掘简报》，《文物》1976年第10期，31—35/50页。

[16] 徐州北洞山汉墓壁龛曾出土一百多件彩绘执戟“郎中”俑，持戟站立，木戟朽坏，仅剩朽痕，俑高48—51厘米，参见徐州博物馆、南京大学历史学系考古学专业《徐州北洞山楚王陵》，北京：文物出版社，2003年。

[17]《汉书》卷二：“谒者执戟执盾武士秩比外郎。（应劭曰，执盾执戟亲近陛卫也。）”《汉书》卷三十四：“信谢曰，臣得侍项王数年，官不过郎中，位不过执戟。（注：张宴曰，郎中宿卫执戟）”《汉书》卷四十：“皇帝入未央宫，有谒者十人持戟卫端门。”

[18] 范晔：《后汉书•百官志二》，北京：中华书局，1965年，3574—3575页。

[19] 范晔：《后汉书•仪礼志下》，北京：中华书局，1965年，3142页。

[20] 班固：《汉书》卷八十八，北京：中华书局，1962年，3600页。

[21] 范晔：《后汉书》卷三十三，北京：中华书局，1965年，1152页。

[22] 南阳地区此类图像中，绝大部分人物均头戴武弁大冠。此人物是否为胡人形象，所持戟是否因为其身份不同而不同，都值得进一步关注。

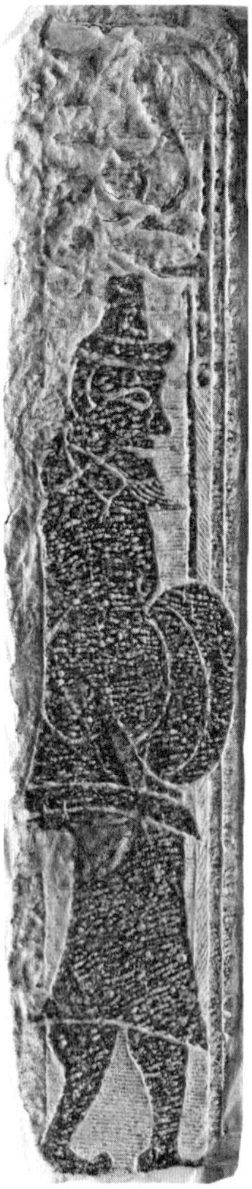

插图14

插图15

插图16

根据石头的形制与人物特征，原来也应该处于墓室门区，但是我们很难根据图像认定其所持戟为棨戟。相似的情况还有安徽定远县靠山乡出土的东汉（25—220）画像石。此石原为墓门扉，画面从上至下依次刻龙、凤、飞鸟、铺首衔环，画面最下端为一人物双手持戟，旁有一羽人。此处出现的戟没有任何装饰，在本文中，暂时不讨论这类戟是否为棨戟。

画像石上表现的室内尊者旁侍者所持戟，如果没有任何装饰物，则有可能兼具实战与仪仗功能。《汉书》记载：

太子迁谋曰，汉使即逮王，令人衣卫士衣，持戟居王旁，有非是者即刺杀之。[23]

[23] 班固：《汉书》卷四十四，北京：中华书局，1962年，2147页。

插图17

这则材料中，淮南王太子刘迁怀疑中央使者的来意，因此献计安排人冒充卫士，在会面时执戟守卫在淮南王身旁以应变。由此可见，尊者旁平时应该即有侍卫持戟守护，只是这些侍卫可能还够不上“虎贲”之勇，因此应付突发情况时，太子认为另找人冒充平时的侍卫持戟。此处的戟毫无疑问也应该为实战用戟。因此，当画面中出现的戟没有任何装饰时，也很难判断其是否为棨戟。山东嘉祥武氏祠东壁画像[24]刻画了一系列节义故事，其中第四层最右端所刻要离刺庆忌故事中，尊者旁二人持戟，戟式清晰，没有装饰物。陕北米脂官庄所出东汉画像石[25]，原为墓室右门柱，画面第二层左格内尊者旁一人持戟侍立，戟式清晰，没有装饰物。陕北绥德四十里铺出土的一块东汉画像石[26]，第二层画面中央一人双臂伸展，似与左一人对语，右一人头戴武弁，双手持戟站立，戟式同样清晰，且无任何装饰物。类似的情况在全国范围内还有很多，此类戟暂时都不在本文论述的范围之内。

另外，一些疑似棨戟的仪仗用具（插图15、16），出现于门区、尊者旁侍者手中等场景，由于其形制与“戟者，枝兵”的定义有较大出入，本文也暂未将其列入考察的范畴。

[24] 中国画像石全集编辑委员会：《中国画像石全集（1）》，济南：山东美术出版社，2000年，30页，图50。

[25] 康兰英、朱青生：《汉画总录 1 米脂》，桂林：广西师范大学出版社，2012年，122页，图SSX-MZ-009-11。

[26] 康兰英、朱青生：《汉画总录 5 绥德》，桂林：广西师范大学出版社，2012年，136页，图SSX-SD-072。

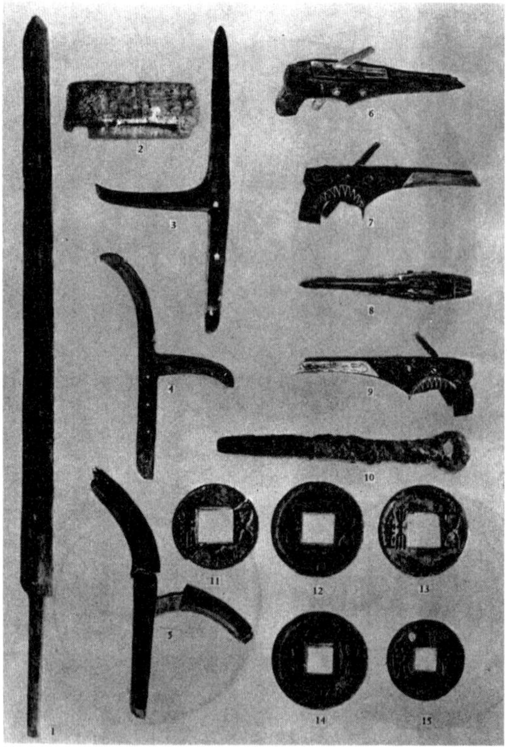

插图18

二 汉画所见棨戟的形制与外观

目前文献中尚未见到关于棨戟形制的记载，在本文所讨论的范围内，汉画中所见棨戟的形制可以分为“鸡鸣式”变体与“卜”字形变体两大类。下文将对这两大类的各种具体形制进行说明。

“鸡鸣式”戟的各种变体为棨戟的一大主要类型。“鸡鸣式”是一种介于戈和戟之间的形制，也被称为“勾孑戟”，《释名》：“戈，勾孑戟也”，“又注《考工记冶氏》云：戈，今勾孑戟也。或谓之鸡鸣，或谓之拥颈”，[27]是一种介于戈和戟之间的兵器，汉以前未有实物出土。这种“鸡鸣式”戟的实物淄博西汉齐王墓五号陪葬坑出土过4件[28]，徐州狮子山楚王墓W1陪葬坑出土5件[29]，均为青铜铸成，全长303—520mm不等（插图17）。值得注意的是，这种青铜戟不仅拥有精良的材质和制作，数量也非常少。

[27] 刘熙撰、毕沅疏证、王先谦补：《释名疏证补》，北京：中华书局，2008年，237页。

[28] 山东省淄博市博物馆：《西汉齐王墓随葬器物坑》，《考古学报》1985年第2期，223—266页。

[29] 狮子山楚王陵考古发掘队：《徐州狮子山西汉楚王陵发掘简报》，《文物》1998年第8期，4—33页。

上文提及的两个诸王陵陪葬坑中均同时出土了成捆的“卜”字形铁戟，其中淄博齐王墓的铁戟数量达到141件，相比而言，“鸡鸣式”青铜戟可能规格较高，并非一般的实战用戟[30]。（见“鸡鸣式”棨戟外形一览表）

棨戟的另外一个大类是“卜”字形变体。这种形制的实战用戟在战国时期就已经在战场上使用[31]，汉代在全国范围内流行。浙江长兴县出土的一件“卜”字形铁戟，全长58，胡长27，援横出22[32]。洛阳涧西七里河东汉墓挖掘时未被盗扰，出土时一件“卜”字形铁戟与铁件、铁钩镶并置于墓主棺上。戟全长59，重875克[33]，可能为墓主人生前所用。此式戟各标本之间，形制本身可能略有不同，如长兴汉墓出土戟刺与援并非完全呈直角，而是刺向枝侧稍微弯曲成锐角，保安山二号墓出土一件戟刺则向援侧反方向偏斜。[34]插图18是广州东汉早期墓（25—88）出土的几种铁戟的样式，有的似乎不太能明确归入实战用戟的哪一类型，但可与汉画中所见棨戟形象参验。

“鸡鸣式”棨戟外形一览表

形制	原石出土情况	使用场景	特征	著录
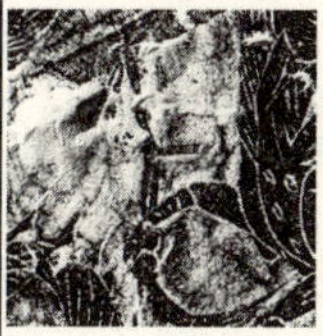	沂南北寨汉墓前室北壁上横额	灵怪出行仪仗，左一青龙状灵怪所持	无法判断戟体外是否有衣，援末端有织物垂饰，戟体其他位置无装饰物。	插图 3 局部
	沂南北寨汉墓中室北壁正中	尊者旁侍者所持	似有衣紧贴戟体，其上有图案，援、枝、柲上端均有织物结状垂饰，枝胡相交处有幡状饰物，其上似有图案。	中国画像石全集编辑委员会：《中国画像石全集（1）》，济南：山东美术出版社，2000 年，160 页，图 212。

[30] 有研究者认为“鸡鸣式”戟是一种介于战国时期流行的“十”字形戟与秦汉时期流行的“卜”字形戟之间的过渡形制。这似乎可以解释汉画（主要为东汉时期）实战场景中未见此式戟的现象，但却无法解释大量仪仗性用戟为“鸡鸣式”。参见中国国家博物馆、徐州博物馆《大汉楚王——徐州西汉楚王陵墓文物辑萃》，北京：中国社会科学出版社，2005年，126页。

[31] 河北省文物管理处：《河北易县燕下都44号墓发掘报告》，《考古》1975年第4期，228—240/243页。

[32] 夏星南：《浙江长兴县出土一件有刻度的铜弩机》，《考古》1983年第1期，76—77页。

[33] 洛阳博物馆：《洛阳涧西七里河东汉墓发掘简报》，《考古》1975年第2期，116—123/134页。

[34] 阎根齐：《芒砀山西汉梁王墓地》，北京：文物出版社，2001年，60页。

续表

形制	原石出土情况	使用场景	特征	著录
	南阳市邢营一号墓	门吏所持	戟体外有衣，援末端、柲顶端有饰物分叉，柲顶端饰物两分叉，饰物上端包于戟衣之中	凌皆兵、朱青生：《汉画总录 13 南阳》，桂林：广西师范大学出版社，2014 年，86 页，HN-NY-013-20。
	南阳市	门吏所持	戟体外有衣，援末端有饰物分两叉。	徐颖、朱青生：《汉画总录 24 南阳》，桂林：广西师范大学出版社，2014 年，106 页，HN-NY-538。
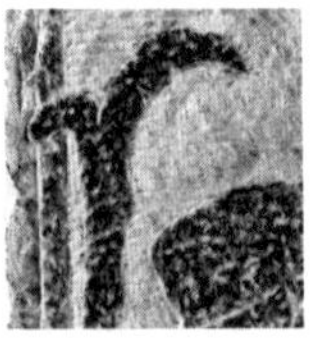	南阳市	门吏所持	戟体有衣，但末端无织物垂饰。	徐颖、朱青生：《汉画总录 24 南阳》，桂林：广西师范大学出版社，2014 年，148 页，HN-NY-554。
	南阳市西关	门吏所持	戟体外有衣，较宽大，柲顶端有带状织物垂饰，饰物上部包于戟衣之中。	王清建、朱青生：《汉画总录 20 南阳》，桂林：广西师范大学出版社，2014 年，230 页，HN-NY-216（2）。
	南阳市邢营一号墓东主室盖顶第 4 石	门吏所持（？）	戟体外有衣，援末有垂饰两分叉，柲顶端有结状织物垂饰，饰物上部包于戟衣之中。	凌皆兵、朱青生：《汉画总录 13 南阳》，桂林：广西师范大学出版社，2014 年，86 页，HN-NY-013-17（2）。

续表

形制	原石出土情况	使用场景	特征	著录
	南阳市	门吏所持	戟体外有衣，较宽大，援、枝末端有饰物分三叉。	徐颖、朱青生：《汉画总录》卷24，桂林：广西师范大学出版社，2014年，169页，HN-NY-562。
	四川成都市郊汉墓门扉	门吏所持	戟体外似无衣，画风简约，枝和胡相交之处有幡状垂饰。	插图20局部

“卜”字形棨戟外形一览表

形制	原石出土情况	使用场景	特征	著录
	山东省金乡县城东香城堌堆西汉墓（约前48–5）	车马出行仪仗中骑吏所持	戟体外似无衣，柲上端有节状织物垂饰。	中国画像石全集编辑委员会：《中国画像石全集（2）》，济南：山东美术出版社，2000年，21—22页，图27。
	陕西省榆林县神木大保当东汉墓门楣石	插图局部，秦王后侍者所持，侍卫跌倒，此图为原图翻转90度	戟体外有织物包裹，尺寸较大，锋刺末端，枝末端，柲上端均有织物垂饰。	插图5局部

续表

形制	原石出土情况	使用场景	特征	著录
	陕西省米脂县1981年东汉M1门楣石	车马出行仪仗中骑吏所持	为骑吏所荷，此图为原图翻转90度，戟体似无衣，柲上端有旗状装饰。	康兰英、朱青生《汉画总录1米脂》，桂林：广西师范大学出版社，2012年，146—147页，SSX MZ-010-01。
	南阳市	门吏所持	戟体外似无衣，刺、枝略相反弯曲，刺胡交接处有织物垂饰。	王清建、朱青生：《汉画总录20南阳》，桂林：广西师范大学出版社，2014年，168页,HN-NY-194(2)。
	南阳市妇幼保健医院东晋墓	门吏所持	戟体外似无衣，枝略向上相反弯曲，刺、枝相交处略有鼓起，柲上端有织物垂饰。	凌皆兵、朱青生：《汉画总录13南阳》，桂林：广西师范大学出版社，2014年，100页，HN-NY-015-03(2)。
	徐州沛县栖山墓中椁足档	门前陈列	刻画简单，戟体外不见衣，枝、胡交接处有幡状饰物。	插图7局部
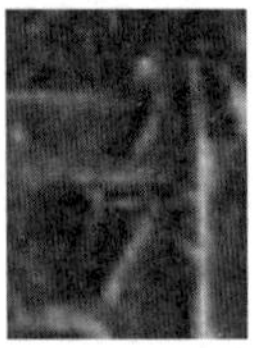	徐州洪楼汉墓祠堂后壁	门吏所持	刺末端有织物垂饰散在两侧，枝上有幡状垂饰。	中国画像石全集编辑委员会：《中国画像石全集（4）》，济南：山东美术出版社，2000年，33页，图47。
	武氏祠前石室后壁小龛西侧	秦王后侍者所持，侍卫跌倒，此图为原图翻转90度	戟体外似有衣，紧贴合戟体，锋刺末端、枝末端、柲上端均有织物垂饰。	插图21局部

文献中关于棨戟外观装饰物的直接记载很少，除了上文所引《古今注》所言“以木为之”，“赤油韬之”的记载之外，颜师古的注释也成为重要的依据：“棨戟，有衣之戟也，其衣以赤黑缯为之。”[35]这两段文献提供了棨戟器形方面的两个基本特征，即“木质”和有赤黑色丝织物做成的“衣”。在“滋伪”的情况下，棨戟的外形也发生了改变，戟体外的包裹物“衣”也取消了，仅以“赤油”涂刷替代。

现在出土保存较好的木戟发现于长沙楚墓M185（战国中期晚段）。[36]此墓为竖穴土圹木椁墓，分内外两层，内椁出土了木戟与矛。此木戟为战国时流行的“十”字形分铸联装戟的形制，有鞘，发现于墓主人贴身用具身（插图19）。此戟与汉画中所见戟形制相差较多，也很难判断其是否为明器。[37]淄博齐王墓五号陪葬坑发掘时曾发现四件木质仪仗用器，全长2.9米，顶部有丝织物[38]，但未能保存，也很难判断其与棨戟的具体联系。

汉代棨戟的另一个特征为“有衣”，即戟体外存在某种形式的包裹物。大部分汉画中所见棨戟都有“衣”。

文献中并没有明确记载戟“衣”与“鞘”的区别，从出土实物来看，鞘本为保护兵器锋刃、携带方便而备，而制作精美的鞘也象征着兵器的珍贵，进而象征着拥有者的权力和地位。汉代很多制作精良的金属戟在储藏状态下都有鞘。在广州东汉墓4013，淄博齐王墓三号、五号陪葬坑[39]都曾出土过汉代戟鞘，由于时间、地域和功能侧重等因素都可能造成戟鞘形制的差别，但从总体来看，存在一个相对固定的基本工艺流程。戟鞘一般根据戟身形状，可能先包裹一层质地较细的丝织物，在外选用两片或更多片的竹板或木板粘合成型，在外包裹压膜皮革或质地较粗的丝麻类织物，最后髹漆，颜色多数为黑色，但也有少数其他颜色。有的在外层上漆之后会再绘制精美的图案，由于保存困难，现在很难确知其当初的颜色和图案。与一般戟鞘不同的是，由于材质和功能的原因，棨戟仅存戟之形，而没有锋刃，因此其鞘不必考虑锋刃的因素使用硬质内胎，而可能直接由丝麻类织物制作而成。从工艺上说，这也成为后来在“刻伪”的情况下，“衣”也被省略，而直接“以赤油韬之”的原因之一。文献中不称其为“鞘”或“韬”，而称为

[35] 班固：《汉书》卷九十四下，北京：中华书局，1962年，3798页。

[36] 湖南省博物馆：《长沙楚墓（上）》，北京：文物出版社，2000年，384页，图三一四-9，图版一二七-6，图版一二八-2。

[37] 在与鬼神有关的活动中，秦汉时期使用非实战性的材质制造兵器，达到攘除的目的，桃木所制兵器可能是使用最广泛的例子，秦始皇陵陪葬坑的石质铠甲可能是另一个例子。使用戟的例子见于《后汉书•志第五•礼仪中》：“先腊一日”，要举行盛大的驱疫仪式，也就是大傩，在仪式的最后，“百官官府各以木面兽能为傩人师讫，设桃梗、郁儡、苇茭毕，执事陛者罢。苇戟、桃杖以赐公、卿、将军、特侯、诸侯云”。

[38] 山东省淄博市博物馆：《西汉齐王墓随葬器物坑》，《考古学报》1985年第2期，223—266页。

[39] 同上注。

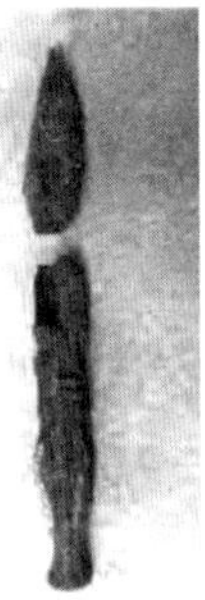
插图19.a

插图19.b

"衣"，未知是否因为棨戟的外层包裹物没有硬质内胎，而直接裹以织物所致。

另外，实战用戟的鞘由于反复摘戴，一般需要将刺的部分与援的部分分为两体，分别套于相应部分（见插图18）。而棨戟的功能决定了其"衣"不用反复拆装，因此有可能一次性缝合于戟体之外。南阳地区的棨戟之"衣"，似乎即为无硬质内胎、一次性缝合而上的织物。

从上表所列各地画像石上的形象可以看出，棨戟大约与实战用戟尺寸相当，某些棨戟的组装方式可能也与实战用戟相同：柲首套有青铜柲帽，然后用丝线与戟体相固定。而表中插图20、插图7中四川、徐州等地画像石上的棨戟似乎无"衣"，尚无法判断是简约的画风所致，还是"滋伪"情况下棨戟的实际样式。

很多棨戟在外观上都有织物垂饰，可以分为两大类。一类是戟体末端，包括援、枝、柲上端与戟体相交之处的织物垂饰。这种饰物未见文献记载，其材料为丝织物，恐怕也很难有实物出土。早在商代，一些等级较高的戈戟类兵器柲的顶端就有装饰物，林巳奈夫、石璋如等人的研究认为这种叫"彤沙"的装饰物可能由玉、石、骨、蚌、毛发等物制成（插图20）。[40]使用彤沙装饰戈戟类兵器的传统一直延续下来，在金文所记载的西周王室的赏赐中，记有21次出现戈上有彤沙的记载[41]，战国中期墓葬中出土过柲上

[40] 参见林巳奈夫：《中国殷周时代の武器》，京都大学人文科学研究所，1972年，49页；郭宝钧：《一九五零年春殷墟挖掘报告》，《中国考古学报》第五册，17页。石璋如：《小屯殷代的成套兵器（附殷代的策）》，《"中央研究院"历史语言研究所集刊》第二十二本，59—79页，1950年。郭沫若：《戈琱 必彤沙说》、《说戟》，同收录于《郭沫若全集•考古编》第四卷，157—171页，172—186页，中国科学出版社，2002年。另外，某些金文直接记载了周王赏赐的"戚"带有"彤沙"，容庚依照金石学著作旧说认为金文中"戚"字即为"戟"字，其说如能成立，则直接可以证明西周戟上已有彤沙；但马承源、郭沫若考辨予以否定，且目前基本为学术界所接受。此注，备一说。参见容庚《金文编》，中华书局，1985年，824页；马承源：《商周青铜器铭文选》第三卷，文物出版社，1988年，150页。

[41] 根据《殷周金文集成》著录西周金文中所见赏赐戈统计表，见井中伟《先秦时期青铜戈戟研究》，博士论文，第358页。

插图20

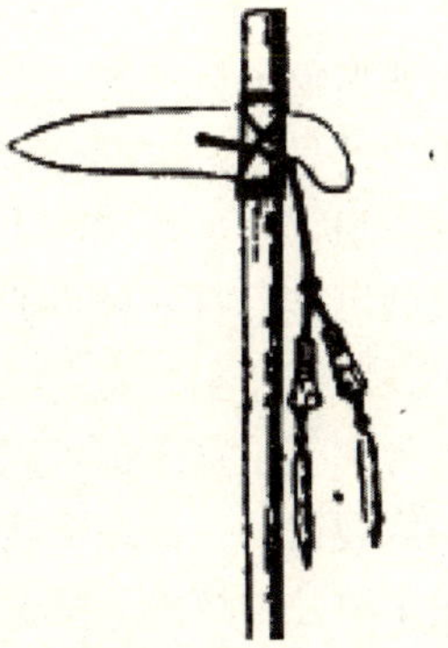
插图21

端有毛发装饰的戟[42]。从外形来看，汉画中所见棨戟末端的装饰也有丰富的外形变化，可能均为丝织物。目前尚不能判定其与上古时期“彤沙”的使用有何种确切关联。

棨戟外部的另一类织物垂饰为援或枝与胡的相交之处的幡状垂饰，反之，汉代的攻战、斗兽、搏击、狩猎等实战相关的题材中出现的戟也未见这一形象。《汉书•匈奴传》记载了新莽时期对少数民族政权一系列的怀柔和安抚行为，其中建国三年（11年）：

使译出塞诱右犁汗王咸，咸子登、助三人，至则胁拜咸为孝单于，赐安车鼓车各一，黄金千金，杂缯千匹，戏戟十（师古曰，戏戟，有旗之戟也）。[43]

文中提及“有旗”的“戏戟”是一种仪仗用戟应无疑义，但此物不见于其他文献，加之王莽执政之后推行了一系列的新政，我们很难判断戏戟是棨戟的新称、别种，抑或互不相关。纵观汉画，这种幡状饰物似乎是汉代棨戟常见的部件，从沂南和白庄等地画面来看，上面可能绘有图案，但是目前还不能发现其出现的规律。[44]

另外，除了陕北画像石的出行仪仗中几乎均为“卜”字形棨戟，现在尚未发现棨戟

[42] 湖北省荆沙铁路考古队：《包山楚墓》，文物出版社，1991年，202、204页。

[43] 班固：《汉书》卷九十四下，北京：中华书局，1962年，3823页。

[44] 辽宁营城子、河北望都等地的汉墓壁画也发现过门吏、伍伯手持之戟有这类幡状饰物的形象，参见森修《旅顺博物馆列品图录》，旅顺：旅顺博物馆，昭和十二年（1937年），25页；北京历史博物馆、河北省文物管理委员会：《河北望都汉墓》，北京：中国古典艺术出版社，1955年，图版。

的形制与使用之间存在更多规律性的联系。

三　汉画所见棨戟的意义

汉画中的棨戟形象出自工匠之手，可能既反映了棨戟在当时社会中的实际情况，而在一些历史故事中的呈现，也部分包含了工匠们的理解和想象，甚至是他们对于器物背后蕴藏的制度的追想。本文将汉画中棨戟的意义分为三层。第一层，在工匠们对某种历史的追想中，棨戟可能具有某种古典的意义，拥有较高的地位和单独的权力象征意义。第二层，反映了在两汉（主要是东汉）的社会现实中，如《古今注》和《舆服志》中记载的那样，流变为中下层官吏都可以享用的仪仗的一部分。它也与盾、彗等相似，成为普通官宦家庭门区迎谒的一种象征物。在这种情况下，棨戟成为某种仪仗的程式化构成部分，虽然失去了单独的权力象征意义，但其使用仍然受到一定制度的约束，反之，也体现相应的制度。第三层，随着棨戟使用的"滋伪"，在包括制作汉画的工匠们在内的一般人心中，棨戟的权威象征性也就随之减弱，一方面工匠们仍然在画面中刻画棨戟，用以表现墓主人的权力和地位的夸张和僭越；另一方面，棨戟已经不再不可替代，甚至不是优先刻画的对象，画工可能根据构图需要或避免重复等偶然因素决定是否在画面中表现棨戟。在这种情况下，棨戟已经变成图案的一个普通单元，与其他仪仗用具没有清晰和严谨的意义区别，更不能作为汉代官制的某种体现。可以说，汉画中的棨戟是这三层意义的一种混合呈现，对这一点，工匠们可能并不自知。

汉画中棨戟的第二层含义在前人的研究中已成共识，与汉画中的形象也可相互印证，故本文从略。下文将着重阐述第一层和第三层含义。

文献中记载的使用情况可能暗示了棨戟是某种更加正式的身份和权力的象征[45]，在一些极端的情况下甚至具有生杀之权。《汉书•韩延寿传》记载了韩延寿在东郡为太守时的场面，其中比较明确地提到了棨戟在仪仗队伍中的使用情况：

"延寿在东郡时，试骑士，治饰兵车，画龙虎朱爵。延寿衣黄纨方领，驾四马，传总，建幢棨，植羽葆，鼓车歌车。功曹引车，皆驾四马，载棨戟。五骑为伍，分左右部，军假司马、千人持幢旁毂。歌者先居射室，望见延寿车，嗷咷楚歌。延寿坐射室，骑吏持戟夹陛列立，骑士从者带弓鞬罗后。令骑士兵车四面营陈，被甲鞮鞪居马上，抱弩负籣。"[46]

[45] 有研究曾经更为大胆地推测先秦时期，可能只有在君王出行的仪仗中才能见到棨戟，但是未见详尽论述，参见练春海《汉代车马形象研究——以御礼为中心》，桂林：广西师范大学出版社，2012年，287页。

[46] 班固：《汉书》卷七十六，北京：中华书局，1962年，3214页。

这段文献记载了一套规模庞大、程序繁复的仪仗，其中关于棨戟的使用为我们提供了两点信息。第一，棨戟确是出现在官吏出行队伍的前列，作为“前驱之器”而使用，这也验证了崔豹的记载，即上文所论第二层意义。第二，这段文字记载的整个场景实际上是萧望之为弹劾韩延寿僭越所列举的罪状，萧曾事先调查并力证情况属实，而后来韩延寿也因为这次弹劾而被处死。虽然我们不能具体判断棨戟的使用是否存在僭越，但在弹劾中陈述“功曹引车，皆驾四马，载棨戟”似乎暗示着棨戟具有某种与崔豹及《后汉书•舆服志》的记载不同的意味。

《汉书•匈奴传》中记载了甘露二年（前52年）呼韩邪单于来朝，宣帝的赏赐明细，棨戟也在其中：

> 呼韩邪单于款五原塞，愿朝三年正月。汉遣车骑都尉韩昌迎，发过所七郡郡二千骑，为陈道上。单于正月朝天子于甘泉宫，汉宠际殊礼，位在诸侯王上，赞谒称臣而不名。赐以冠带衣裳、黄金玺戾绶、玉具剑、佩刀、弓一张、矢四发、棨戟十、安车一乘、鞍勒一县、马十五匹、黄金二十斤、钱二十万、衣被七十七袭、锦绣绮縠杂帛八千匹、絮六千斤。（注：师古曰：棨戟，有衣之戟也。）[47]

可以看出在中央这次大规模、高规格的赏赐中，物品可以分成两大类：一类是以金银为代表的财物，一类是以印绶为代表的身份、地位和权力的象征物。后一类赏赐物中，棨戟与冠带、玉器、车马等器物一起，隐约勾勒出一套仪仗用具的使用规格。我们由此可以看出，某一等级的官吏大概匹配某一套仪仗。棨戟作为其中的一个重要构成，既体现出单于的权威，也体现出中央政权对匈奴管辖的合法性。

《后汉书•杜诗传》记载了建武元年（25年），杜诗因为在洛阳诛杀了多次放纵士兵骚扰百姓的将军萧广，受到刘秀召见的情况：

> 世祖召见，赐以棨戟，复使之河东，诛降逆贼杨异等。[48]

将军在汉代无定员，但一般禄位在千石以上。刘秀嘉奖了杜诗，并派他前去当时属河东郡的大阳征讨杨异。在这次君臣会面中，棨戟作为权威和信物而被特别加以记载，显示出它具有与一般官员都能使用的前驱之器不同的特殊意义。

在棨戟的使用中，最极端的例子来自《后汉书•郭躬传》：

> 永平中，奉车都尉窦固出击匈奴，骑都尉秦彭为副。彭在别屯而辄以法斩人，固奏彭专擅，请诛之。显宗乃引公卿朝臣平其罪科。躬以明法律，召入议。议者皆

[47] 班固：《汉书》卷九十四下，北京：中华书局，1962年，3798页。

[48] 范晔：《后汉书》卷三十一，北京：中华书局，1965年，1094页。

然固奏，躬独曰："于法，彭得斩之。"帝曰："军征，校尉一统于督。彭既无斧钺，可得专杀人乎？"躬对曰："一统于督者，谓在部曲也。今彭专军别将，有异于此。兵事呼吸，不容先关督帅。且汉制棨戟即为斧钺，于法不合罪。"帝从躬议。[49]

在这则记载中，讼论发生后，郭躬论述了部将在各自辖区内具有不受主将约束的独立权力。这种权力甚至包括生杀大权，而这种权力的合法性依据就是棨戟。由此可以看出，作为仪仗器具，棨戟在某些情况下不仅是舆服制度下的程式化构成，而且代表着某些更加实际的权力，有时甚至暗示着棨戟具有斩杀将军的权力。但同时我们也应该注意到，根据棨戟所具有的这种独特的权威，在当时似乎已经处于被遗忘的边缘。在事发的第一时间，公卿朝臣没有人意识到棨戟所具有的法律权威，这层意义直到精通法律的郭躬参与议论，才揭示出来。

虽然东汉时期一定发生了某种程度的僭越，导致棨戟的使用失范。但除了那些不合法的使用情况，一直到东汉末年，棨戟仍然在一些场合作为某些特殊而严格的权力象征而存在。[50]我们一方面从直接记载棨戟的文献看到它在当时社会的一般使用情况，另一方面，我们也从这些间接的记载中隐约看到它背后某些正在消亡的意义。而这种情况也可以在汉画中得到印证。

汉画中尊者旁侍者持戟的母题大部分为历史题材，包括周公辅成王、二桃杀三士、荆轲刺秦王、完璧归赵等。上文所引（插图5）荆轲刺秦画面中，二侍卫持棨戟，为了加强画面的戏剧性，棨戟的柲由于瞬间的紧张而折断。武氏祠出现的相同题材中（插图21），秦王身后二侍卫跌倒在地，手持棨戟。另外在周公辅成王、二桃杀三士、完璧归赵等历史故事中，尊者旁出现的装饰华丽的棨戟显然不同于中下层官吏出行仪仗中的组成部分（插图22）。

与此同时，我们应该注意到，虽然"卜"字形戟在战国时就曾应用于战场，但总体来说春秋战国时期流行的是"十"字形的分铸联装的青铜戟。这种青铜戟并非一体铸造，而是矛与戈的部分分别铸造，之后再组装；柲也无需使用柲帽，而是直接插入矛下端的銎中，因此在外观上与后来流行的"卜"字形戟与"鸡鸣式"戟有明显差异。但是在汉画中我们可以看到，汉代制作画像石的工匠也像后来工匠所常用的那样，根据功能上的相似性，将他们时代的器物、服饰等等混入古代的场景之中。

棨戟的这种古典的、同时也是在当时社会中正在消失的含义，可能还部分保留在工匠们的仪式中，当他们表现历史题材的时候，棨戟可能构成了他们对于古代的某种

[49] 范晔：《后汉书》卷四十六，北京：中华书局，1965年，1543页。

[50]《郝氏续后汉书》卷七十四："并南郡太守史部等三百一十八人诣荆州。刺史奉上所假印绶、棨戟、幢麾、牙门、鼓车降魏。"如果这则记载可信的话，在投降的仪式中，棨戟与印绶等一整套代表身份和禄位的器具被移交。这说明在人们心中，包括棨戟在内的仪仗用具仍然象征着权力，而仪仗用具的移交也象征着权力的转移。

插图22

插图23

想象。

关于汉画中所展示的棨戟的第三层含义，我们首先注意到，由于文献记载王公以下至三百石的官吏出行“皆”可以使用棨戟作为仪仗，似乎与各地画像石上出行仪仗中普遍出现的棨戟形象相对应。但同时另一个现象却被忽视了：棨戟并不是出行仪仗中必须表现的器物，甚至不是优先表现的器物。这当然不是由于墓葬等级的原因，在全国范围内规模大小不等的出行画面中，大部分仪仗中没有棨戟。以陕北为例[51]，在全部90幅出行图中，仅23例含有棨戟，而占据绝大多数的67例则没有出现。其他地区的画像石虽还不具备量化统计的条件，但大多数出行仪仗中没有棨戟，这一基本信息则未变。

我们可以通过一些具体的例子来分析这一现象。山东嘉祥满硐乡宋山出土的两块画像石（插图24、插图25）画面内容和构图基本相同，可能是同一批工匠所作。画面下层最左端，也就是出行队伍前列都是一辆轺车为前导。在插图25中，随后有二骑吏荷棨戟，但在插图24中，这一组形象似乎被取代，相应地在车后增加了二骑吏，手中未持物。在插图25中二人执便面的形象，在插图24中，姿势和位置并未发生很大变化，只是手中所持物换成了短棍状物。山东地区普遍使用模板制作画像石，这幅画面中单个的人物形象叠压分析时，并不能完全重合，它们不是出自同一粉本或直接使用了同一模板。但是我们仍然可以根据这两个画面的整体相似程度，推测它们很有可能是在同一套模板的基础上加以变化制作而成的。我们也有理由相信，工匠们部分改变了出行仪仗中人物的位置关系和所持器物，更多地是出于避免重复的目的，而不是出于对不同禄位的官员出行仪仗的反映。在这一过程中，棨戟并没有显示出需要被优先加以保留的地位，它仅

[51] 本处统计基于康兰英、朱青生：《汉画总录》（1—10册），广西师范大学出版社，2012年。之所以选择陕北作为统计例证，是因为南阳画像石出行画面较少，而其他各处画像石还欠缺系统的发表。

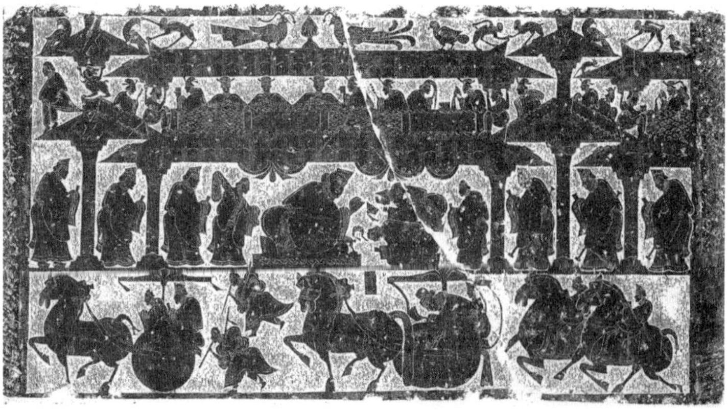

插图24

插图25

仪是与其他仪仗用具一样，可以根据画面需要彼此替换的备选器物之一。[52]相似的情况还可以对比四川以及山东其他地区的出行仪仗，如：德阳市出土的出行图[53]与新都县文物管理所藏的出行图[54]，嘉祥吴家庄出土的出行图[55]与嘉祥五老洼出土的出行图[56]。与

[52] 有些研究直接使用汉画中的出行仪仗验证与《舆服志》等文献记载相互印证，根据画像石表现中的随意性看来，这类研究的可靠性值得更谨慎地对待。

[53] 高文、王锦生：《中国巴蜀汉代画像砖大全》，澳门：国际港澳出版社，2002年，126页，图124。

[54] 高文、王锦生：《中国巴蜀汉代画像砖大全》，澳门：国际港澳出版社，2002年，127页，图125。

[55] 中国画像石全集编辑委员会：《中国画像石全集（2）》，济南：山东美术出版社，2000年，120页，图129。

[56] 中国画像石全集编辑委员会：《中国画像石全集（2）》，济南：山东美术出版社，2000年，127页，图136。

插图24、25的情况相似，两组画面构图、内容均非常相似，只是在不同的出行仪仗中，棨戟可以被换成弓、矛等其他器物，而这种替换基于图像本身的需要明显高于一种器物使用制度。这可能既反映了当时棨戟使用的实际情况，也反映了工匠们对待棨戟的态度。

很显然，在工匠的潜意识中，棨戟的使用已经不再严格地受到制度的约束，棨戟本身也不再具有特殊的权威需要加以强调。

结论

与文献中关于棨戟为通用的“前驱之器”的记载不同，汉画中反映出，西汉时期可能有相关的法令规定，赋予了棨戟较高的权力象征意义，与此相应，其使用制度可能也相应严格。但至东汉时期，这种严格的规定被逐步僭越和遗忘。虽然人们在对古代典章的追忆中仍然认识到棨戟具有的这层意义，但在现实中，它的用途和外观变得越来越多样化，同时其背后的象征意义和使用制度也逐渐衰落。汉画中的棨戟形象是其古典意义和当时社会现实含义的一种混合呈现。制作画像石的工匠可能意识不到这二者包含着的相反的意义指向，而他们的观念可能也代表了当时对棨戟的一般理解。

至于汉画中很多仍然有待辨别的戟的形象，及其形制与使用之间的确切关联，则有待更多的证据和研究。

插图信息

插图1贵妇出行，南阳市唐河县电厂汉墓墓室门楣背面，凌皆兵、朱青生：《汉画总录 17 南阳》，桂林：广西师范大学出版社，2014年，254—255页，HN-NY-041-02(2)。

插图2武氏祠左石室屋顶后坡东段河伯出行，约东汉桓帝建和二年（148），纵148厘米，横167.5厘米，清乾隆五十一年（1786）山东省嘉祥县武宅山村北出土，嘉祥武氏祠保管所藏。中国画像石全集编辑委员会：《中国画像石全集（1）》，济南：山东美术出版社，2000年，164页，图89。

插图3沂南北寨汉墓前室北壁上横额，中国画像石全集编辑委员会：《中国画像石全集（1）》，济南：山东美术出版社，2000年，137—138页，图188。

插图4临沂白庄东汉羽人出行，东汉（25—220），纵51厘米，横187厘米，1972年冬山东省临沂市白庄出土，临沂市博物馆藏。中国画像石全集编辑委员会：《中国画像石全集（3）》，济南：山东美术出版社，2000年，30—31页，图34。

插图5车马出行，东汉（25—220），150 × 32,1996年陕西省神木大保当出土，榆林市汉画像石馆收藏。康兰英、朱青生：《汉画总录 10 神木》，桂林：广西师范大学出版社，2012年，88—90页，SSX-SM-010-01。

插图6双执戟门吏，东汉，133 × 63,1976年山东省沂水县后城子出土，原地保存。中国画像石全集编辑委员会：《中国画像石全集（3）》，济南：山东美术出版社，2000年，64—65页，图77。

插图7双阙，东汉早期（25—88），80 × 80,1977年江苏省徐州市沛县栖山出土，徐州市汉画像石艺术馆藏。中国画像石全集编辑委员会：《中国画像石全集（4）》，济南：山东美术出版社，2000年，5页，图8。

插图8漫衍角抵水戏，东汉，232×87,1974年四川省郫县新胜乡竹瓦铺出土，四川省博物馆藏。中国画像石全集编辑委员会：《中国画像石全集（7）》，济南：山东美术出版社，2000年，98—99页，图125。

插图9山东大汶口墓门楣西段拜谒场景，东汉晚期（147—220），210×44,1960年6月山东省泰安市大汶口镇东门外出土，泰安市博物馆藏。中国画像石全集编辑委员会：《中国画像石全集（1）》，济南：山东美术出版社，2000年，1758页，图229。

插图10，风伯、胡汉交战，东汉早期（25—88），77.5×120，山东汶上县城关镇先农坛出土，汶上县博物馆藏。中国画像石全集编辑委员会：《中国画像石全集（2）》，济南：山东美术出版社，2000年，10页，图16。

插图11车马出行，东汉，161×84,1954年山东省安丘市王封村发现，原地保存。中国画像石全集编辑委员会：《中国画像石全集（3）》，济南：山东美术出版社，2000年，128—129页，图147。

插图12沂南北寨汉墓后室男主人墓室兰锜，东汉晚期（147—220），37×118,1954年3月山东省沂南县北寨村出土，沂南北寨汉画像石博物馆藏。中国画像石全集编辑委员会：《中国画像石全集（1）》，济南：山东美术出版社，2000年，174页，图225。

插图13乐舞百戏、车马出行，东汉晚期，139×77，滕州市龙阳店镇附近出土，山东省博物馆藏。中国画像石全集编辑委员会：《中国画像石全集（2）》，济南：山东美术出版社，2000年，154—155页，图163。

插图14执戟人物，南阳市刘洼汉墓墓门北立柱西，侧面凌皆兵、朱青生：《汉画总录12南阳》，桂林：广西师范大学出版社，2014年，254页，HN-NY-009-04(3)。

插图15仪仗用具，四川中江塔梁子墓M3三室墓门枋左侧门框，四川省文物考古研究所、德阳市考古文物研究所、中江县文物保护管理所：《中江塔梁子崖墓》，北京：文物出版社，2008年，图版六二。

插图16执戟（？）人物，牛天伟、朱青生：《汉画总录 17 南阳》，桂林：广西师范大学出版社，2014年，276页，HN-NY-411(1)。

插图17鸡鸣式戟，西汉（前2世纪），高33.5厘米，1994—1995年江苏省徐州狮子山楚王墓W1出土，徐州博物馆藏。中国国家博物馆、徐州博物馆：《大汉楚王——徐州西汉楚王陵墓文物辑萃》，北京：中国社会科学出版社，2005年，126页。

插图18“卜”字形戟，广州市汉墓4013，广州市文物管理委员会、广州市博物馆：《广州汉墓（上）》，北京：文物出版社，1981年，图版一一二。

插图19木戟刺、鐏、鞘残部，湖南战国墓185，湖南省博物馆：《长沙楚墓（上）》，北京：文物出版社，2000年，384页，图三一四-9，图版一二七-6，图版一二八-2。

插图20四川成都市郊汉墓门扉门吏、铺首，东汉，80×158，四川成都市郊出土，原地保存。中国画像石全集编辑委员会：《中国画像石全集（7）》，济南：山东美术出版社，2000年，45页，图53。

插图21石璋如制作的戈上彤沙复原图，石璋如：《小屯殷代的成套兵器（附殷代的策）》，《“中央研究院”历史语言研究所集刊》第二十二本，1950年，68页。

插图22荆轲刺秦王，约东汉桓帝建和二年（148），94×70，清乾隆五十一年（1786）山东省嘉祥县武宅山村北出土，嘉祥武氏祠保管所藏。中国画像石全集编辑委员会：《中国画像石全集（1）》，济南：山东美术出版社，2000年，40页，图62。

插图23行刑图，东汉，277×51,1972年冬山东省临沂县白庄出土，临沂市博物馆藏。徐呈瑞摄影，亦见于中国画像石全集编辑委员会：《中国画像石全集（2）》，济南：山东美术出版社，2000年，2—3页，图4。

插图24拜谒、出行，东汉晚期（147—189），120×74,1980年山东省嘉祥县满硐乡宋山出土，山东省石刻艺术博物馆藏。中国画像石全集编辑委员会：《中国画像石全集（2）》，济南：山东美术出版社，2000年，96页，图104。

插图25拜谒、出行，东汉晚期（147—189），120×70,1980年山东省嘉祥县满硐乡宋山出土，山东省石刻艺术博物馆藏。中国画像石全集编辑委员会：《中国画像石全集（2）》，济南：山东美术出版社，2000年，97页，图105。

南阳汉代画像石的早期收集、著录与研究综述

附1935年发掘石桥画像石墓初步复原

徐呈瑞

南阳汉画像石是除山东嘉祥武氏祠以外较早为世人所重的一批汉代图像材料，其数量的庞大甚至超过了山东地区，这主要得益于民国以来几位南阳当地的学者及滕固、鲁迅等先生的关注和不断发表。他们或亲自访拓或托人收集，留下了较好的早期拓本和原始的保存地或出土信息。这些早期重要材料在建国后的不断整理公布，让更为深入地研究早期出土的零散画像石成为可能。在《汉画总录》南阳卷散石部分的编辑过程中，早期研究和著录的信息成为较为可靠的分类编号依据。下面本文将对民国时期的五批重要著录和研究材料的始末进行详细的梳理和评述，并对同时出现的相关研究做综述。

从南阳当地的几个明代的建筑物的基石上即有画像石的情况来看[1]，早期对于墓葬中出土的画像石并无足够的认识，视其为常石并重新使用的情况较多，而且这种状况一直持续到民国初年，而民间所说的南阳黄渠河上有“玉石月牙桥”、博望桥下“石人大睡觉”就成了早期对被建于桥上利用的画像石的认识。[2]

现在所知南阳汉画最早的访拓者为张中孚[3]，他于1927年至1928年间拓得数十幅，

[1] 孙文青：《南阳草店汉墓画象集自序》，载《河南博物馆馆刊》1936年第五期，第6页。

[2] 李陈广、魏仁华：《董作宾与南阳汉代画像石》，载《汉画学术文集》，郑州：河南美术出版社，1996年，第84页。

[3] 张中孚（1874—1941），民国时期著名著明教育家、方志学家，南阳县白庄人，名嘉谋，字中孚或忠夫，自号梅溪钓徒，后简称为梅溪。事迹可见陈洪远《张中孚先生事略》；魏发展：《张梅溪事迹考评》，载《许昌学院学报》1993年第3期。

图一 董作宾调查南阳汉画像石。左二为董作宾，左三为孙文青。人物身前石为沙岗店出土。汉画总录编号为HN-NY-197。

交由关百益[4]编为《南阳汉画象集》[5]一书。该书前有关氏所作《南阳汉画象集序》，文中对于汉画的雕刻技法作了概括和区别[6]，并认为南阳当地“或为剔地阴文隐起象，或为镂地阴文隐起象”[7]。该书图像部分除第一图为山东潍县陈簠斋所藏南阳汉代画像砖，第卌图和第卌一图非汉代之外[8]，其余皆为南阳当地出土画像石，每块原石配有尺寸、图像内容和保存地的说明。是书为南阳画像石最早的著录图书。

[4] 关百益（1882—1956），原名探谦，字益斋。满族。开封市人。清光绪三十三年(1907)，毕业于京师大学堂速成科师范馆。1908—1917年先后任北京第三中学堂、第一中学堂校长兼任高等学堂校长。1917年受聘于河南省教育厅，历任河南优级师范学校校长、河南省立师范学校校长、河南省立第一中学校长、河南省省长秘书、河南省博物馆（今河南省博物院）馆长和河南省通志馆编纂等职。

[5] 关百益：《南阳汉画象集》，上海：中华书局，1930年。1933年该书再版。

[6] 同注5，文中关氏首先将“汉象”分为雕象和画象，以区别“鲁王墓前石人”类圆雕和“朱鲔墓”、“邹县食斋祠园”类浅浮雕。然后对浅浮雕类图像的雕刻技法做了“以阴线沕成图象者谓之减地阴文平鈒象”、“仅将象身陷入而饰以阴阳互用之文理者谓之减地阴阳文陷入象”、“又或就减地阴文平鈒象将四围镂成文理者谓之镂地阴文隐起象”、“就减地阳文陷入象将四围石地镂成文理者谓之镂地阳文陷入象”四类划分，并举相应实物对照。

[7] 同注5。

[8] 图一砖收入《神州国光集》第七集，图像左为一人侧坐，一手上举，另一手执弓箭，鼻子较高；中一人手挥长袖，脚下似有一鼓（盘）；右侧一人冠式向前，跪坐；画面下部为山峦树木。原文评其“汉画象之最奇者”。第卌图和第卌一图风格上确非汉代之物，孙文青在《南阳汉画象访拓记》中收录并同意非汉代之说。

虽可知的最早传拓是1927年开始，但是最早被确定为汉代之物却是从董作宾开始。“南阳汉画象不见于著录，民国十二三年间，邑人董彦堂、杨章甫等始有所发现。”[9]董作宾1895年出生于南阳市宛城区长春街（现解放路）。民国十二三年时，28岁的董已赴北京，入北京大学旁听，初学甲骨文。此时以其学识对家乡的画像石已有了初步的认识。1931年夏，淯水泛滥，南阳西南十八里草店村临岸的草店墓被冲出，墓为当地驻军宋天才部私掘，出土物凡三担，皆被运送出宛，下落不明，仅余画像石在原处。[10]董作宾闻之后即有回宛发掘之意。[11]1933年7月董作宾在山东滕县调查汉画。8月，董作宾转往河南南阳草店调查汉墓画像，[12]但是具体的调查经过和持续时间并不十分清楚，只能在石璋如所编《考古年表》中谓“其余城乡散存画像石亦甚多”的说法中知其调查范围之广。同时还可知道在此次考察中，董氏将四块画像石移至民众教育馆集中保存，孙文青《南阳汉画象访拓记》的附表四中第一条备注中即提到此事，如下：

存石方位	存石处所	存石数	未搨石数	已搨石数	搨石之部位	画象名称及登记号	备注
南阳城内	民众教育馆	四	一	三	柱三	双结男拱立象（五一） 栖鸟扬斧农（五二） 舞兽女拱立象（五三）	廿二年八月董彦堂自北门外移此

其中三石拓片收入孙文青所编《南阳汉画象汇存》中的第六十六、七〇、七三图[13]。现在此处所说的三石均存南阳汉画馆，《汉画总录》南阳卷中收录了这三张拓片，编号分别为HN-NY-134(2)、HN-NY-166(2)、HN-NY-166(1)，但是并非列表中所云的三石，其中“双结男拱立象”与“舞兽女拱立象”为同一石。另外，董作宾先生还用照片和模型的方式复原了草店墓，图像收录入孙氏《汇存》一书，直观形象地展示了该墓的状况，可以说是开了用模型复原墓葬的先河（图二）。[14]

[9] 孙文青：《南阳汉画象访拓记》，载《金陵学报》1934年第四卷第二期，157页。

[10] 孙文青：《南阳草店汉墓享堂画象记》，载《国闻周报》1933年第十卷第四十一期，1页。

[11] 孙文青：《南阳草店汉墓画象集自序》，载《河南博物馆馆刊》1936年第五期，6页。

[12] 邢义田：《“中央研究院”历史语言研究所藏汉代石刻画象拓本的来历与整理》，载《“中央研究院”历史语言研究所藏汉代石刻画象拓本目录》，台北：“中央研究院”历史语言研究所，2002年，ii页。

[13] 孙文青：《南阳汉画象汇存》，南京：金陵大学中国文化研究所，1937年，三三、三五、三七页。

[14]“草店墓影片与模型乃叚之董彦堂先生者，可以窥见其墓遗制。”商承祚：《南阳汉画象

图二 董作宾所作南阳草店画像石墓模型

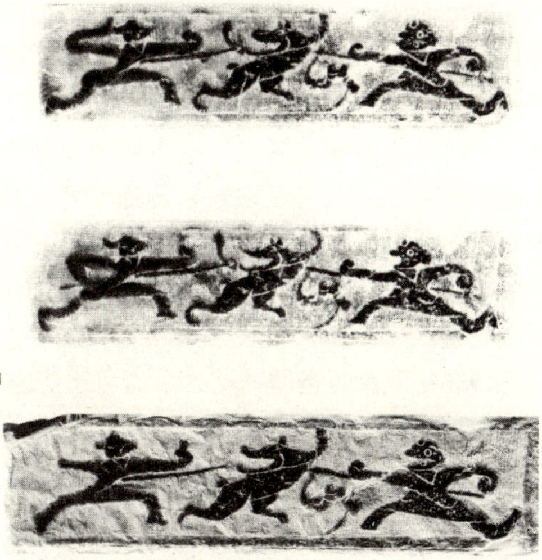

图三 上、中图像为史语所藏拓片，下为《汉画总录》南阳卷中收录拓片

董作宾此次的访拓应该也拓制了一定数量的拓片，但是并未同时记录下制作拓片的位置和具体信息，仅知在傅斯年图书馆保存有一张“由重庆沙坪坝（寄件人不详）寄昆明靛花巷史语所的牛皮邮包纸上，曾注记南阳画象138幅的出土地：五中学校、阮堂庙、栗河桥、新店镇、城东泰山庙、南河庙、鄂城寺、石桥镇、江黄村、百里头墓等”[15]。后这批拓片归于中央研究院历史语言研究所。2002年史语所的文物图像研究室汉代拓本整理小组出版《“中央研究院”历史语言研究所藏汉代石刻画象拓本目录》一书，并建立了网络数据库[16]。该书在编辑时参考了早期南阳画像石著录的几种书目，根据已有的出土和保存地进行了较为细致精心的编号和分类，尤其在一些细节上做了比较周全的考虑，如183页图601，收录了同一原石因拓工拓印的选择不同而导致的两张细节上有差别的现象（图三）。同时我们也可以与《汉画总录》南阳卷编号为HN-NY-816(1)的拓本相对照看。2004年史语所又“择其较精者五十种和未见发表者六十八种”刊布，其中南阳二十二种。当然书中也存在着一些错误。如《拓本目录》一书中145页，图467、469、471皆非南阳草店墓中图像，而168页图553和169页图556原本应属于草店墓的图像却未被收入草店墓。198页图649与203应为同一石的拓本，收录两次。同样的错误也出现在网络数据库中。当然瑕不掩瑜，该书仍然给后来的《汉画总录》南阳卷在民国散石部分的编辑提供了较好的参考。

汇存跋》，载《南阳汉画象汇存》，南京：金陵大学中国文化研究所，1937年。

[15] 同注11。这些地名与孙文青的记录基本相符，应该是同时期拓制，但是未将制作地点同时记录也让后来在整理时只能参考已有的几种著录图书。

[16] http://rub.ihp.sinica.edu.tw/~hanrelief/h/

鲁迅先生一直以来对汉代画像石的极为关注，其收藏的画像石拓本数量甚为可观，而且在日记、书帐和书信往来中多有关于画像石拓本收集的记录。1930年11月15日，三弟周建人在关百益的《南阳汉画象》一书出版后不久帮鲁迅购买一册，其时南阳画像石才刚刚为外界所知，尚无拓本可收集。从书信中我们可知鲁迅先生真正的收集实在1935年至1936年之间。鲁迅通过台静农[17]和王冶秋[18]转托杨廷宾、王正朔和王正今代为在南阳访拓。从书信中的统计来看，至1936年鲁迅收到南阳拓本共231幅[19]，另加上鲁迅自己零散所购，一共数量为246幅[20]。1936年10月19日鲁迅去世，其将拓片结集出版的心愿也未能完成。

1986年北京鲁迅博物馆、上海鲁迅纪念馆挑选200幅编为《鲁迅藏汉画象》（一）。该书在编辑时按照画面的内容编排，并对拓片上所留的杨廷宾等人的说明文字作为“原注录”照录，保留下了当时原石的保存位置等信息。另外编者还亲赴南阳汉画馆将拓片和原石进行了核对，但未及一一核对。此次在《汉画总录》南阳卷的编辑过程中，对此作了进一步的核对，并与孙文的《南阳汉画象汇存》所著录的原石保存地作了比较[21]。

早期对于南阳画像石收集、整理和研究成就最大的首推孙文青先生，在艰苦条件之下他不懈的细致工作为以后南阳画像石的保存和研究提供了极大的便利。孙文青[22]搜集南阳汉画像是从1932年执教五中开始。他从第一次购得的二十种拓片中发现关百益书中所未收的部分后，便开始了访拓，进而一发不可收，“举凡意之所向，神之所会，足之

[17] 台静农（1903—1990），字伯简，安徽霍邱人。著名作家、文学评论家、书法家。早年系“未名社”成员，与鲁迅有过交往。鲁迅致台静农的信中共有四封提及南阳访拓事。

[18] 王冶秋（1909—1987），又名野秋。安徽霍邱人。1947年后任北方大学、华北大学研究员。建国后，历任文化部文物局副局长、局长，国家文物局局长、顾问。著有《民元前的鲁迅先生》、《琉璃厂史话》等。鲁迅致王冶秋书信中有四封涉及南阳访拓。

[19] 这一部分有几位学者曾做过完整的梳理和研究，本文将集中讨论鲁迅藏南阳汉画像拓本的整理情况和学术价值，而仅将鲁迅相关信件和日记书帐作为附录。可参阅李允经：《鲁迅和南阳汉画像》，载《鲁迅研究动态》，1985年第8期，43—48页。杨士俊选注：《鲁迅关于南阳汉画的九封书信》，载《中州今古》1994年第5期，4—5页。曾宪波：《鲁迅收集南阳汉画拓片始末》，载《中州今古》1997年第3期，47—51页。黄廷珣：《为鲁迅搜集南阳汉画拓片的地下党员》，载《协商论坛》2011年第12期，47—48页。

[20] 见《鲁迅藏汉画象》（一）之《编印说明》。北京鲁迅博物馆、上海鲁迅纪念馆编《鲁迅藏汉画象》（一），上海：上海人民美术出版社，1986年。

[21] 经比较，两书在地名细节上有差别，在《汉画总录》南阳卷编辑中皆以孙文青所注地名为准，例如《鲁迅藏汉画象》（一）中图三七原注录为“现存南阳东寨门外七空桥上，共七种”，此种情况也出现在“三八”、“三九”中，此处应为“七孔桥”。图五〇、五三中“公义门”与“公议门”的不同说法，依照现在的说法记为“公议门”。

[22] 孙文青（1896—1986），名林翰，号素庵。南阳市社旗县大冯营人。撰有《张衡年谱》《南阳汉画象汇存》《南阳草店汉墓画像集》等书。

图四　拓工制作草店墓石刻拓片

所至，目之所睹，无往而非汉石也”。1932年秋，孙文青在草店墓发现一年后踏访，第二天再访即携郑容众测绘、吴子千摄影，并雇拓工进行精拓[23]。（图四）1933年，孙文青赴开封后，又托张禹九、王洗真、蔡一木几位友人代为访拓。8月，孙完成第一篇关于南阳汉画像石的文章《南阳草店汉墓享堂画象记》[24]。同年又完成了《南阳汉墓中的星象及斗兽图》一文[25]。截至1934年4月完成《南阳汉画象访拓记》[26]时，共拓得所见全部石头的五分之三，共145幅拓本，编为《南阳汉画象汇存》第一卷。1937年，在鲁迅先生去世的一年后，《南阳汉画象汇存》一书在金陵大学出版，该书收录了孙文青的两篇序文和董作宾所拍摄草店墓的发掘照片和复原的模型照片，并有商承祚所作跋文，图版部分珂罗版印刷精良[27]。同年，孙文青由开封重回南阳任县志馆副馆长。1939年，在董作

[23] 可考的曾帮孙文青制作拓本的拓工仅一人，插图四中坐于门楣上的即为李茂林，插图一中的左四似乎也是李茂林。

[24] 孙文青：《南阳草店汉墓享堂画象记》，载《国闻周报》1933年第十卷第四十一期，1—2页。

[25] 孙文青：《南阳汉墓中的星象及斗兽图》，载《科学画报》1933年第十卷第十期，389页。

[26] 孙文青：《南阳汉画象访拓记》，载《金陵学报》1934年第四卷第二期，157—182页。1935年11月11日鲁迅收到台静农寄来《南阳汉画象访拓记》一文，也对南阳的访拓事更加关注。在此文中他将所访拓到的石头做了详细的记录和统计，这些数据和信息为日后将散石集中并建立汉画馆保存提供了极大的帮助，在《汉画总录》南阳卷的编辑过程中，我们也发现大量的民国发现的散石现在归入了南阳汉画馆。

[27] 鲁迅曾在信中评价“关百益有选印本（中华书局出版），亦多凡品”，而想自己出版相关图书。《汇存》一书的印量也不大，1978年日本朋友书店影印200本，国内有广陵古籍出版社1999年重新影印，但图像质量皆远逊于原书。我们在南阳卷的编辑过程中也发现了原书有两处图片印反的情况，分别为第六三图和一三七图，在南阳卷中编号分别为HN-NY-312(1)和HN-NY-129。其中的一些石头如第六图和第一三八图现在的原石藏于河南博物院。

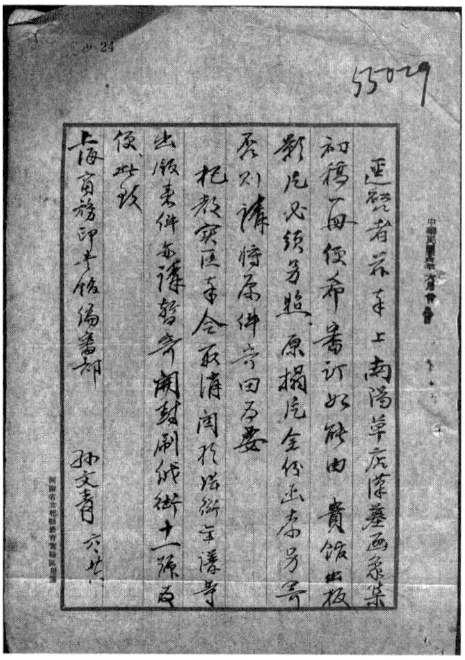
逕啟者前年上南陽草店漢墓畫象集
初稿一冊便希審訂如能由貴館出版
對於必須另照原搨片全份亦當另寄
否則請將原件寄回為要
上海商務印書館編審部
孫文青

图五　孙文青为《南阳草店汉墓画像集》出版致商务印书馆信

宾的斡旋下得到中英庚款董事会资助，在友人刘尧庭、刘寿之协助下继续调查南阳周边的画像石，完成《汇存》二、三、四卷。1942年，在驻军第145师黄樵松师长许可下得部队在修筑工事翻修马路时出土的画像石，编为《汇存》第五卷。[28]后来的四卷至今并未出版，建国后，孙文青将四卷的原稿捐赠南阳档案馆，500余张汉画拓片捐赠南阳汉画馆[29]，此两部分资料的合璧出版应该会对一定数量无法确定出土征集地点的早期散石提供更多的信息[30]。1944年9月1日，成书较早的《南阳草店汉墓画像集》出版，该书编成后历尽资金短缺、战乱等各种困难，后国立北平图书馆资助印费三千元的情况下终于印

[28] 孙文青的南阳画像石搜访经历可参看孙文青《南阳汉画象访拓记》，载《金陵学报》1934年第四卷第二期，157—182页。马俊乾：《孙文青与南阳汉画像石》，载《河南文史资料》第25辑，1988年，90—95页。李陈广、张新强：《对南阳汉画像石早期收藏的研究》，载《南阳汉画早期拓片选集》，郑州：中州古籍出版社，1993年，8—14页。

[29] 李陈广、张新强：《对南阳汉画像石早期收藏的研究》载："1950年孙先生，离开南阳时，将他半生积累的图书——'雨湘图书馆'和他的学术研究结晶——《南阳汉画像石汇存》第二至四集初稿及所积汉画像石拓片等资料全部捐献给南阳市人民文化馆。1986年孙先生又将他晚年所撰写的汉画像石及历史专题研究文稿130多篇和部分资料图籍，捐献给南阳市档案馆。"另，草店墓的部分拓本后为西安碑林博物馆陈根远所得。

[30] 1993年，南阳汉画馆和南阳地区文物研究所从孙文青捐赠南阳汉画馆的500余张拓本中选189张拓本集为《南阳汉画早期拓片选集》一书，其中包括孙文青未刊的二、三、四、五卷中的部分。

成。该书收录袁同礼所作序文、作者自序、发现记、提要、考释、王景汉缩绘后记、编校后记等文字，但是该书的印量较小，其价值仍未得到足够的重视。笔者后来看到一封孙氏的书信中披露了部分信息（图五）[31]。1935年9月，借《张衡年谱》出版一事，孙文青希望能将之前已经编好的《南阳草店画像石集》一书出版。

除以上对孙氏与南阳画像石的种种相关事件及对散落原石的访拓之外，孙氏在研究中的贡献也是极大的，一些观点对现在的研究仍有很大的参考价值。现将其分述如下：

一、通过草店墓和后来发掘的较为完整的石桥东门画像石墓和广阳镇桐庄西太子岭三座墓葬的构造，对南阳地区的画像石墓葬图像配置有了客观的认识。在《南阳汉画象汇存》中，通过这种认识，给一些墓葬归属不明的散石大致做了位置的归纳。同时根据图像在墓葬中位置对其意义做了相应的合理解释。他的这种方法现在仍然值得采用，而且在有现在大量科学考古发掘的画像石墓的材料基础上应该能够得到更加深入准确的认识。

二、他将画像石的形象分为天象图、地域图、历史图、礼乐图、游戏图、祥瑞图六类，并对其来源和底本做了考订。这种考订结合了时代因素的影响，对画像石的粉本是否存在文献的对应来源以及民间与宫廷间的粉本仿效做了初步的揭示。

三、他对一些原石功用的推测也值得重视，例如对于《汇存》中的第一四五图，他认为是拜石，此石虽下落不明，但是南阳汉画馆藏的另一块编号为HN-NY-147的石头的属性确实可以探讨，这种情况也与肥致碑的碑座部分和存于山东嘉祥的一块石头情况类似。另外对于一些形制特殊的较大原石，如《汇存》第四图，南阳卷编号为HN-NY-150的阮堂的天象石，他给出了祠壁石的说法，也让我们开始思考，南阳地区的墓葬是否也会有相应的地上祠堂建筑?

除孙文青先生之外，早期著专文对南阳画像石进行研究的还有滕固先生[32]，其《南阳汉画像石刻之历史的及风格的考察》[33]一文中的颇多观点至今仍被经常引用，其中对

[31] 此书信曾于2008年在网络上拍卖，可见网页http://www.kongfz.cn/1893607/。笔者将其与同时上拍的几件孙氏拍品和《张衡年表》的出版时间等比对后认为是可信的材料。

[32] 滕固（1901—1941），字若渠，月浦人。早年毕业于上海美术专科学校，留学日本，攻读文学和艺术史，获硕士学位。民国十八年（1929）又赴德国柏林大学留学，民国二十一年（1932）获美术史学博士学位。回国后一度从政，任行政院参事兼中央文物保管委员会常务委员、行政院所属各部档案整理处代理处长、重庆中央大学教授等职务。从政期间，他继续从事艺术、考古等方面的撰著，并被德国东方艺术学会推举为名誉会员。1938年，出任昆明国立艺术专科学校校长，掌校两年后，因故离职而去，居家重庆，后患脑膜炎。半年后，在出院途中因家庭纠纷死于非命。

[33] 滕固：《南阳汉画像石刻之历史的及风格的考察》，载《张菊生先生七十生日纪念论文集》，上海：商务印书馆，1937年，483—503页。文中提及其使用的拓本是南阳教育局代为雇工拓印的150份，董作宾本欲约其往南阳考察原石，未成行。

于风格上的缜密分析极为精彩。他的这篇文章得到了董作宾的帮助，提供了草店墓的照片和墓葬结构图。该文针对南阳画像石的年代问题、石室构造与画像、野兽图像、乐舞图像、石刻画像在艺术上的位置五个部分作了探讨。滕固早年曾经留学日本和德国的经历让他较之孙文青在看待图像时有更为广阔的视野，而且能够利用更多的相关材料来做更为准确的推断。在第一部分中从文献和当时可见的汉代雕塑实物的情况推断南阳画像石的大体时代应该在东汉早期。第二部分中他也通过图像内容和在墓葬中的位置认识到画像石存在一定组合程式，并对俑与图像的关系作了提示。第三部分中，他特别注意到野兽图像中的一些外来因素，通过在图像上较为细致和克制的分析比较，否定了Otto Fischer不承认汉代图像受到外来影响的说法。第四部分中他认为乐舞的场景所描述的是巴渝舞，并作了文献上的分析。而对于与山东相比南阳当时未发现历史故事图像的情况，他认为“南阳人不尚理想，但是现实的享乐，这种一往无前的豪迈的性格，无遗憾地发露于画像，故其画像一般地奇诡雄伟，富有泼辣的观感刺激”。第五部分中他通过对乐浪漆器、波士顿博物馆藏壁画和营城子壁画等汉代图像材料的比较，将南阳画像石做了“拟浮雕”和“拟绘画”两种合理分法，至今学者在对画像石雕刻技法进行分类时仍然会将其作为参考。滕固文章发表之后，孙次舟对其文章中南阳汉画像中的乐舞场景大抵为“巴渝舞”或至少与“巴渝舞”有关的论点进行了论证缜密的反驳[34]，但是其将“乐舞”、“野兽图像”、“男女带侏儒”等图像全部归于“百戏”的说法还是值得商榷的。

除以上一些收集和研究之外，有一则外文的文献较少被注意到，这则文献也透露了现在所知的国外最早的有系统的南阳画像石拓片收藏情况。这篇文章的作者佛罗伦斯•艾斯库（Florence Ayscough）1939年准备离开北京前夕，一位商人带来一包77张（后又增加了36张）拓片让其检视，并告诉他这是一单姓中国学者的旧藏，原欲出书，结果身死未成，其子无能力出版，决定割让这批拓片。艾斯库买下这批拓片后，在裴德士（W. B. Pettus）、章学楼（Zhang Hsüehlou）、白桂岑（Pai Kueits'en）的帮助和建议下进行了图像内容的初步辨识。他将关百益的《南阳汉画象》的序文译作英文，并由方志彤（Achilles Chih-t'ung Fang）做了校对和笔记。译文之后，他还对画面中的动物形象的选择和象人（masked man）、“百戏”、神话形象与《天问》《大招》等古文献中的文本的关系问题得出了初步的认识，并将《大招》译为英文。[35]整个文章的分析虽然不长，却较为准确地切入了实际的问题。该书收录南阳汉代画像石拓片18张，除插图Ⅵ V,c为陈簠斋所藏的南阳画像砖外，其余拓片皆为其妻子H. F. MacNair拍摄的这批收藏，图像

[34] 孙次舟：《论南阳汉画像中的乐舞——驳滕固先生》，载《历史与考古》1937年第三期，9—14页。

[35] Florence Ayscough, *An Uncommon Aspect of Han Sculpture: Figures from Nan-yang, Monumenta Serica,* Vol. 4, No. 1 (1939), pp. 334-344.

均可在孙文青的收藏中看到。

这批百余张的拓片后来是否流入西方，成为西方的第一批南阳汉代图像收藏，不得而知，但是此文将南阳汉画像石第一次介绍到西方，正如艾氏在文中提及他们（关百益和孙文青）不会知道南阳汉画会被发表在西方的杂志上。（they have not, however, so far as we are aware, been published in any Western journal.）

以上是对早期南阳画像石收集与研究的重要著述和近年来新整理公布的相关材料的综述，其中的很多重要的成果在后来的研究中并未得到足够的重视和展开。此次在其基础上我们完成了《汉画总录》南阳卷第18至第21册的编辑。这批原石出土的时间较早，虽缺乏准确的墓葬出土的信息，但是通过对这些早期记录和研究的梳理，仍然可以得到一些相对准确的分布和位置关系。另外，在图像的意义上，这批占到南阳地区四分之一数量的形象资料也是南阳汉代图像志中非常重要的部分，可以为画像细节形象的探讨、局部地区画像风格的演变等方面提供重要的证据。

汉画研究中的图像描述问题

任楷

当我们与一个穿越时间的图像照面时，首先升腾起的疑问是，它呈现的意义是什么。关于这个“什么”，并不是深奥难懂的道理，对于当时的人，或许只是常识。但时空流转，当时文化语境的脱落，使前人的常识成了今人的疑团。美术史的要务，即是释读疑团。对图像进行描述，是释读的基础。因此，需要廓清图像描述的问题。

一、描述“什么”。

有一种提议，认为图像描述要纯粹客观，仅作形相的描述，不作意义的判断，以免对一般观者和研究者产生误导。事实是，不存在纯粹客观的描述，描述即阐释。描述本身已然是语言和文字对视觉与图像的转译。而所谓不逾雷池半步的形相描述，仅将形相分解成“方形”、“圆形”、“树状”、“鸟状”的描述，没有意义，属于潘诺夫斯基所论述的前图像志（pre-iconography）的界域，仅是对基本的或自然的题材的识别，只要具备日常经验的人就能认知，无需赘言。并且，对图像的形相呈现，是照片、拓片、线描图的特长，而语言文字的描述相形见绌。因此，图像描述不能回避意义的判断，理想的图像描述毋宁是对图像意义研究成果的集中反映。

二、如何描述?

强调对图像意义作出判断的图像描述，首先面临的是对不确定其意义的图像悬置判断，避免僭越的臆断描述。在描述古代图像时，只有一小部分可依据出土壁画上的题记、画像砖石上的榜题、器物上的铭文等出土文字材料，对相应图像做出判定，这种方式切近实况，较少讹误，而更多的需要通过检索古代文献中与图像对应的记载或描述，做出判定。但由于图像和文献记载或解释的“对应”关系是人为赋予的，不同研究者可能做出不同的判断，并且现存文献只是当时多种版本的一种，民间工匠制作画像石所依据的口述或文字版本未必与经过梳理的传世文献（多为正史、官方记录和知识分子的叙述）相符，因此，在不能定名之处，应悬置判断。例如，在陕北汉代画像石中，图像中的衣冠、车骑、兵器、建筑等无法对应文献给出确切名称，怪兽、神仙也无法断定确切身份，应做笼统描述，并可增加推测研究性注释。例如，陕北米脂官庄画像石墓前室西壁上的舞伎图像[1]，其着装对照孙机的研究，似为袿衣。图像描述正文中可有“疑为袿衣”字样，并给“袿衣”一个注释，说明推测理据。[2]推测研究性注释是强调对图像意义作出判断的图像描述的重要环节，某种程度上超越了科学描述必须判断又不能判断的两难处境（paradox）。

图像描述的结构性方式，是在形状—形象—图画—幅面—建筑结构—地下地上关系—墓葬与生宅的关系—存世遗迹和佚失部分（黑箱）之间的关系等关系结构中，判定图像的性质或意义。朱青生借用语言文字的连缀结构，来比喻图像—物体的位层，将图像—物体分为七层。最基本的是“符号”和“造型因素”，相当于“笔画”和“部首”，是构成图形的基本单位，在汉画研究中常被称为“纹”，如交叉纹、十字纹等。第二层是“图形”，相当于“字”。它由符号和造型因素构成一个可确定的独立纹样。第三层是“形象”，相当于“词”（此处用的是现代汉语“词”的含义，两个或两个以上的字组成一个特定的意义）。第四层是“图画”，由形象组成的画面，相当于一个“句子”，可以表达一个完整的意义。第五层是“段块”，即一个完整的图像—物件作品的分段分块，相当于“段落”。第六层是整个“作品”，即一个图像—物件整体，相当于“篇章”。第七层是作品/器物的一个形相结构（考古地点中的位置），相当于编和卷。[3]诸层形相关系提供了考察图像意义和“功能”的线索。但依然面临巨大困难：不弄清更大范围的形相关系，无法确定个别画面题材的意义，而不确定个别画面题材的意义，又无从建立更大范围的意义关系。但这一解释学的循环并非死结，而就是在双向触动的风云际会中，搭建起意义浮桥。

描述图像还涉及描述顺序的问题。描述的顺序问题，即将哪里作为描述的起点是一个学术问题。制作者所预设的观者（前人）的观看顺序，应该是研究者（后人）描述的顺序。但在进行图像描述时，无论如何也不可能使线性展开的文字和非线性呈现的图像完全契合；当然，也无需给文字这样的负担，还有照片、拓片、线描图等呈现维度。因

[1] 李林、康兰英、赵力光编著《陕北汉代画像石》，西安：陕西人民出版社，1995年，29页，图版94。

[2] 推测研究性注释内容即为孙机在其《汉代物质文化资料图说》第61篇《服饰Ⅴ袿衣，妇女发式，首饰》中对袿衣的研究内容：“《释名•释衣服》：‘妇人之上服曰袿’，毕沅疏证：‘上服，上等之服也。’袿衣的特征是衣上有饰，即刀圭状的燕尾或长飘带。画像砖、石中的舞伎常着袿衣。”

[3] 朱青生：《汉画研究：在形相中发现事实》，引自《中国汉画学会第九届年会论文集》，北京：中国社会出版社，2004年，前言。

此，描述顺序只需按照一般的观看习惯。图像存在两种不同的分区方式。一种是以石构件（一块画像石）为单位分区；一种是将几块石构件组成的图像视为有机整体，以图像上的阳刻条框为据分区，这样某一画面区域有可能打破石构件的界限。由于画像石图册和数据库都以石构件为记录单位，那么图像描述也以单块画像石为单位进行；但在做具体图像描述时，要超越画像石的“物理”界限，将单个局部图像置于整体图像的意义背景中考察。[4]

图像描述也不应忽视其艺术、技术的方面。李淞提出“走回图像”，其中一层含义是走回图像形式之中，理解视觉语言的含义。只有理解图像的形式结构才能正确“激活”图像。[5]

[4] 参见张欣《规制与变异——陕北汉代画像石综述》，出自《中国汉画研究》第二卷，桂林：广西师范大学出版社，2006年，274页。

[5] 参见李淞《走回图像——从两个汉代实例看读图的误区》，出自《南京艺术学院学报》2010年第5期。

南阳汉画画面描述所用的术语与专词

朱青生
(北京大学汉画研究所)

想法

【1】《汉画总录》南阳卷没有按照术语与专词形成的一般规范来建立术语专词，而是根据南阳汉画的研究文献所使用的术语来抽取术语专词；（所谓“一般规范”就是按习语、按研究、按自命名等各种方式设立描述画面的术语与专词的方法。这些方法也各有其各自的理据，但是，在使用中形成的问题和局限却在于无法在使用之前先行规范为何使用这个，而不是那个术语，即没有现行设定术语标准，而且在使用的全部术语与专词中没有统一的标准，而是几种标准的混合使用，无法还原每个术语与专词的生成过程。）

【2】在所有的抽取出来的术语中，只根据南阳汉画中出现的图像实际所涉及的术语专词，并不涉及虽然在南阳汉画的研究文献中出现，但并不是讨论南阳汉画的部分；

【3】因此，《汉画总录》南阳卷所使用的术语与专词实际上也未涉及每种事物和图像分类的全部类型，只涉及目前可以确认和肯定的部分。这就意味着：

1. 不是完全根据图像逻辑建立；
2. 不是完全根据事物的逻辑建立；
3. 不是完全根据汉代遗留下来的名称建立；
4. 不是完全根据考古和物质材料遗留下来的形象资料建立。

所谓图像逻辑，是指图像的构成原则。

图像与逻辑是不相容的两个概念。所谓图像，是指呈现而可以被视觉接受的对象，而且这个对象是一个包含具体微妙差异的整体，其中形式关系并不固定和明确（除非被逻辑形式化之后）。所谓逻辑，是推论和证明的思维过程，逻辑透过对推论的形式系统与自然语言中的论证等来研究命题与论证的次序、组合和涵盖、排解和自洽的结构，并加以分类。逻各斯[1]具备的双重意义，第一重意义是语词或者概念，这个语词或概念已经脱离了图像“具体微妙差异”的性质，虽然作为其起源出于某种事物的图或像，但是其形式已经不再具备对所产生的那一个事物的图与像渊源之间的直接显现。语词，进而推至数字和几何形式，虽然可以具有有形的符号——视觉的和图像的（文字），也可以是无形的——非视觉的、非图像的（声音或算法）。逻各斯的第二重意义是通过语词或数字等形式进行有效运算、推理和证明的原则与标准。这个原则与标准虽然可以构成一种显现的框架，可以做成一个视觉的图形，但是图形的形式是抽象的，性质是普遍的。也就是说，逻辑从来都是理性，而不是现象。

“图像逻辑”并不是因为图像具有逻辑，而是因为当人类在文化发展的早期（即旧石器时代结束之后的冰后期）放弃图像而选择语言作为人类精神的主要载体之后，语言和思维成为主体而逐步形成原则和标准，这种原则和标准体现为语言学的规律和方法。当图像重新回复到人类的精神领域，正在经历“图像学转换”而成为一种新的精神载体之后，人们还习惯于用语言学的方法和术语即逻辑，来对图像的原则和标准进行描述。因此，图像逻辑是一个以语言学的基础理论对图像的“假借式”描述。图像自身只有构成，没有逻辑。

在《汉画总录》南阳卷中如何使用术语与专词的问题，则是建立在术语和专词已经把图像转化为语言之后，因此，一幅图画实际上被转写为一段逻辑语句，已经不再是图像的逻辑，而是图像被术语与专词“逻辑化”了。

图像和逻辑既然是不相容的两个概念，二者不是可以并列讨论的问题，图像本质是现象的变现（所见即像），逻辑本质是一种思维结构，语言及数字和几何形式则是逻辑的载体与外化形式，二者在特定历史或观念条件下被人为建立了主观化的关联（而非固有的、不变的关系）。因此，不同的案例必然存在不同的情况。就汉画而言，虽然部分汉画图像在当时是以语言的逻辑为依据和基础而显现为空间结构中的图像，或者可以说是语言的“图解”，如“射侯、射爵”图等，但是各个图像在整体结构上已经是铺陈式的、片段性的，充满自我矛盾和自我重组，只是局部构成中形成了“图像与语词”间存在一种“类对应”或“模糊对应”关系（也就是说其自始就是部分重合的、片段化语言或逻辑的图形化显现），即从逻辑到图像的过渡形式和模糊形式，由此，在经历了图像转换的逻辑意义就不一定能被准确地表达和读取；而且，此处逻辑关系是被释读者给予的，是从图像到逻辑的再一次解释的过程。

图像具备一个以上的语词转写的可能性，而一个语词又可以呈现为一个以上的图像，因此，一个图像的结构（即此处所说的图像逻辑）应该是一个具有多种可置换的语词聚合形成的空间（视觉）构成关系。但是我们在进行《汉画总录》南阳卷的图画描述的时候并没有就此展开，而是较为武断地将一个图像仅仅转写为一串语词，所以其中所隐含的粗糙和简化的问题尚未着手解决。

---

[1] 现在使用的逻辑直接来源是一个中文音译英文（logic）的希腊语源逻各斯（logos）。

所谓“事物的逻辑”，是指如果将图和像看成是事物的形式，同理，事物的本身也不具有与逻辑的相容性。

事物是被人观看的对象，图像是人观看到的事物，事物与图像的区别在于，如果将此观看到的事物经过人为的方法再度呈现，就构成了图像的各个层次和类型。事物与图像之间有一个距离，这个距离就是人为的感知，感知过程是一个抽象过程。

事物与图像之间的关系形成了图像的层次和类型，相当复杂。从对图像的呈现方式上来区分，至少可以分成七层（观看，摄制[摄影和电影]，描绘，图解[图书]，符码[记号，符箓，象征，隐喻]，文字和心像）。

汉画里面出现的图像是属于图像层次中的第三到第五层，这三个层次与事物之间的关系应该分层次地来论述，因为一个图形可以是第三层次的描绘，也可以是第四层次的图解，也可以是第五层次的符码。或者，在某一个汉画图形的具体使用中，这三个层次是交织的和混合的。对逻辑图像拟以光的“波粒二相性”为参考处理，是否应该将对汉画性质的论述，放置在图像与语言逻辑的双重性质上加以处理，图像的描述本来应该对这样的层次进行多重处理和适当的区隔，但是在《汉画总录》南阳卷中这个工作也还没有展开。

所谓“汉代遗留下来的名称”，是指当时（汉代）的自我定义，即制作图像者自我当时给图像的命名、称谓和解释。

汉画之所以被我们取为中国图像志的关键工作，是因为汉代不仅遗留了大量的图像，而且同时还遗留了当时关于这些图像的名称和描述，而这些描述散布在汉代的文献以及在考古活动中不断发现的语词材料中。如何根据汉代的所有文献来建立汉代的事物的词典，这个工作目前还没有展开。

所谓“考古和物质材料遗留下来的形象资料”，是指对所有考古与物质材料的数据进行全面统计和分析。到目前为止的考古和物质材料遗留下来的形象资料相当丰富，这些资料既有汉画这样的图像材料，也有物质现象包括人造和非人工因素遗留下来的考古与物质材料及其变化，同时还遗留着虽然不具备清晰而完整的形态，却能够通过各种图像和物质材料之间构成的“位置”上的相互对应排列关系，这样的材料虽然已经大量发现，但是对所有这些材料的总结、记录和分析还没有全面展开。

基于以上的四个条件，所以南阳汉画的描述并不是讨论对图画的描述方法问题，而仅仅是讨论在我们著录汉画的工作过程中，基于一定的条件，我们可以采用什么样的方法，把进程和限度限制在一定的程度上，既不会过分夸大这种描述的作用，而使得我们对于问题的理解被所使用的术语和专词的相当有限的偏颇和局限误导，也不会因为现有的描述的局限而放弃对图像进行进一步的理解和分析的需要。这样，这一次的图像描述是一个在一定的“学术史”实验过程中对于学术工作的尽可能清晰的自我呈现和自我批判（也许还有一个附带作用，就是把编制《汉画总录》南阳卷之前所有的南阳画像研究，做了一次反复的阅读与推敲。）

办法

一．南阳卷所用术语与专词由北京大学汉画研究所的工作人员收集和阅读所有有关南阳汉画的报告、著录和研究文献，提取出用于描述的术语与专词6400种，删重和剔芜后为2000多种。

二．对以上术语与专词进行整理和分析，确立选弃原则。将被选入术语与专词表的词汇分为五个类型：

1．功能

2．形像

3．主题（又称母题）

4．题材

5．叙述（又称叙事）

其中第1、第5类型不作为术语与专词，第4类型以原称《……》表示，也不列入术语与专词。在图像描述中用“又称《……》”表示。

第1类型中的“技术术语专词”专列一表。这些术语涉及过去渊源（如在《汉画总录》陕北卷中所使用），可继续沿用。

第2类型中的纹样术语与专词专列一表。

第3类型中“星相”、“服饰”和“宫室及其构造方法”各专列一表。

三．南阳汉画馆与北京大学汉画研究所的全体编辑人员会同商定去取，所用原则：

1．习用。已为汉画研究领域所习用和接受，不会引起歧义者。

2．合用。南阳迄今为止的实物中所出现者为限。

由此共获得术语与专词869种。（其中包括互有涵盖关系的词串。）

四．建立了一些组词方式。如前缀“持—”、“奔—”、“斗—”（作为动词）、“—（头）”（作为形容词）；后缀“—型基座”、“—吏”；中间结构“半—半—”等。

经由与所有南阳汉画画面对勘，最后确定在《汉画总录》（11—30册）使用的《术语与专词表》。

本文附录中的主题词、关键词初步集成的《术语与专词表》(略)

《南阳汉画纹样术语》（略）。

对武氏祠真伪的怀疑与反驳

——2005年普林斯顿会议及相关讨论综述

北京大学汉画研究所（邵杰整理）

会议于2005年4月30日至5月1日在普林斯顿大学(Princeton University)召开。此次会议的发言人并不多，只有十几位，但与会的听众很多，有200多人，由此可见此次有关武梁祠的学术讨论会的影响是很重大的。此次大会的主题是关于中国东汉时期的武氏祠的一个讨论。其中文题目是“嗜古与体象”，其英文为Recarving China’s Past，副标题是Art,Archaeology,and Architecture of the“Wu Family Shrines”，意为重新塑造中国的往昔。此次会议为期两天，到第三天时《纽约时报》对此次会议进行了相关报道，其篇幅差不多占了一个版面。作为关于一个两千年前的问题的主题讨论，之所以《纽约时报》会如此关注，是源于这个题目的特殊性。正如会议主办者普林斯顿大学美术馆(Princeton University Art Museum)的阐述一样，武氏祠是整个中国艺术史，乃至中国通史中的一个非常核心的材料，所以其意义是非常重要的。

几乎每一部中国通史都会提到武氏祠，由此，对它的研究也就变得十分重要。自宋代以来，不断有学者对武氏祠进行研究，洪适、黄易直到当代的蒋英炬、信立祥、巫鸿等，都对其作过一些非常深入的研究，所以这一问题的研究不止涉及相关实物材料，还涉及宋代以来的中国学术史。对这一问题的研究其实也包含着某种程度上的对整个学术史的一个重新反思，使得此次会议更加引人注目。

此次会议为期两天。大会第一天，上午由方闻教授主持会议，发言人有剑桥大学的鲁惟一（Michael Loewe）教授，在这里他谈了一个比较宽泛的题目，即有关汉代的丧葬问题。之后，蒋英炬先生有一个发言，随后是Cary Y. Liu(刘一苇)的发言，他是普林斯顿大学美术馆的策展人，也是一位研究古代建筑史的专家。下午由匹兹堡大学的Anthony Barbieri-Low主持，发言的有Lydia Thompson，她是一位独立学者，原来在纽约大学毕业，曾经作过研究沂南墓的博士论文。之后是郑岩教授的发言，然后是Susan N. Erickson，是一位来自密歇根大学的教授，主要从事汉阙的研究。最后是安大略皇家博物馆的鲁克斯（Klaas Ruitenbeek），他过去做过关于《武斑经》的重要研究。他这次主要讨论的是有关山西左表墓的问题，因为这个墓葬中的一些石刻有一部分流散出去了，目前藏于他所在的博物馆。

会议第二天的主持人是来自加利福尼亚大学伯克利分校的Michael Nylan（戴梅可）教授。发言人有台湾清华大学的卢慧文(Lu Huiwen)，她从事的是对武氏祠及武氏祠的雕刻以及隶书和当时人们对隶书的使用等相关问题的研究。之后是密歇根大学的Miranda Brown，这是一位很年轻的教授，她发言的题目是The Wu Shring in Context，即在当时的整个文化语境之下，武氏祠的这些碑和其他的碑的一些关联性。其副标题是Can We Trust Them?（我们可以相信它们吗？）How Should We Read Them?（我们如何来解读它们？）Why Should We Care?（我们为什么去关心这样的一些问题？）。然后是台北“中央研究院”史语所的邢义田教授，他讲的是胡汉战争的问题。会议下午由普林斯顿大学的Benjamin Elman主持。发言的有耶鲁大学的曾蓝莹教授，她讨论的是武氏祠和当时清代的“Culture Production”，即文化生产的相互关系。之后是许湘苓，她来自普林斯顿大学美术馆，在那里担任助理的博士，讨论的是黄易的《法碑图》。然后发言的是波士顿大学的白谦慎，发言题目是“The Life and Art of Huang Yi”，考证黄易的生平与艺术。最后，由方闻教授为大会做了一个总结。由此可见，大会所有的发言几乎都是围绕着汉代武氏祠所引发的一些问题来进行讨论。

整个会议中，第一天上午Cary Y. Liu的发言成为大会的焦点。这个发言实际上与整个大会的主题为同一个题目，即The Stones and Architecture of the “Wu Family Shrines”，副标题是Recarving China's Past，所以他其实类似于做了主题发言。有关这次会议的前期背景是一个小型展览，普林斯顿大学有一套武氏祠拓片，然后调集了一些实物，其中包括山东凤山的石刻。早先这是普林斯顿大学的一个项目，大概有5位学者参与，最开始在美国的亚洲协会的会议做过一些讨论，在此之后，他们用了差不多四五年的时间，做一些调查与研究。此间，信立祥和蒋英炬也参加过他们前期的小型会议。所以，这次会议属于此研究项目结项的一个形式，用展览和会议的形式来体现。在这个会议召开之前，他们为这个展览出版了一个特别厚重的500页的图录，内容非常丰富，研究者的主要文章也发表在那里。所以在此次会议上，Cary Y. Liu的主要发言是和其在图录中收录的那篇文章基本一致的。此外，这个项目还有一个更重要的主持人戴梅可教授。虽然他在这次会议上没有发言，但其文章在整个图录中有收录。

会上讨论的一个焦点集中于Cary Y. Liu的发言。图录中可以发现，其实Michael Nylan教授也做了对于这个研究所持有的思想观点的非常重要的表达。在会上，Cary Y. Liu所提出的基本观点就是关于整个武氏祠真伪问题的置疑。对此她分别从几个角度予以阐释。

1）对于早期文献与拓片的置疑。

Michael Nylan认为最早的一些文献，例如《水经注》提及了汉代的许多石刻及李刚墓、鲁旬墓等，却为何没有提到武氏祠？武氏祠好像是自宋代突然出现的，开始先出现在《集古录》中，后来就是洪适等人重新对其进行的著录。她认为这几种文献本身存在着矛盾之处，不可自圆其说。在这些文献中《集古录》的年代较其他几种更早，但欧阳修撰写的时候，他说那些碑十之八九不可读，拓片上的字他无法辨认出来。而后到了洪适的《隶释》中，突然间碑文全部出现了，且解释得很清楚。此外，还有赵明诚所撰的《金石录》，当然这部作品的年代是介于前两者之间，但可以充分感觉出对于碑文的辨识是越来越具体了。由此Cary Y. Liu提出了为何早期文献对其辨识不清，而及至晚期却更加清楚的问题。这样，他就对文献著录内容的可靠性提出了怀疑。对于这个问题，后来Michael Nylan讲得更为清楚明晰。她指出在宋代拓片实际上已经变成为一种硬通货。那时一张好的拓片是非常珍贵的，它可以被用来馈赠朋友、可以用来买卖甚至贿赂。这就给予一种暗示，是否在这种背景之下，拓片可以如同现在的纸币一样存在造假的可能。此外，他们还指出中国传统上的研究都是依靠拓片来进行的，但极少有人去观察石头本身。从技术上讲，对拓片作伪是比较容易的，如在拓片上添加一些字等。相对而言，对石头作伪就要难一些。以上主要是他们对于早期的文献和拓片材料提出的重要置疑。

2）对刻石本身的置疑。

Cary Y. Liu提出，对于黄易在1786年（即乾隆五十一年）的发掘鉴定及其对武氏祠的保护过程，他作过一些分析，认为这其中存在非常多的问题。首先，黄易在发掘武氏祠时，这一建筑的形制基本上还应是完整的，那么黄易就是发掘一块，放置一块，其间没有对原来石板放置的位置进行记录，这就对以后的复原工作造成了极大的障碍。其次，在大多数画像石出土的时候，黄易并没有说明它们的出土地点。所以这就不能确定是否许多碑刻都是在墓地发现的，或者是否存在其他的碑刻已经丢失的问题。这样来看，就可能有墓葬或祠堂以外的东西混入其中。最后，他认为有这个墓地以外其他地区的石头，后来被运到了这处墓地当中。这一现象可能与当时社会的金钱刺激有关，或有可能是与这个发掘者的发掘工程和资金支持者相关。其中特别值得注意的是黄易的上司翁方纲。翁方纲本人对于古物很有兴趣。他怀疑如果存在以上这种混入现象，那么它们是否与这两位学者的名利思想存在关系。在此，他特别指出黄易有可能将这些石头作为礼物送人。因为黄易1786年的笔记当中武氏祠是由14块组成的，但后来又只记录了12块，所以这两块画像石的去向值得怀疑。Cary Y.Liu据此推测，黄易最初可能发现了14块画像石，而最终只将12块存放在了保管室，另两块被他用作礼物送与了别人。这其中，一块是刻有铭文的柱头，可能送给了阮元；另一块可能就保存在现在的天津博物馆。此外，Cary Y.Liu还在柏林博物馆发现了一个残损的石柱，也有可能是属于武氏祠的。这有可能是由于黄易当时的发掘动机不太纯正，因此可能拿拓片去送给别人，甚至将石头送给别人。由此他对整个武氏祠的内容和题记提出了质疑，也提出了一些较尖锐的批评。

3）对武氏祠画像本身的置疑。

在这里，Cary Y. Liu以武氏祠中的一个孝子故事为例加以分析。故事的主人公名叫朱明，但他根据文件查出的结论为这个朱明是东晋时期的一位人物，所以他认为这个石刻有可能是东晋以后的作品，由此推论武梁祠可能是东晋以后所作，而非汉代。对于这一点，拓片具有非常重要的意义。在如何看待拓片的问题上，他们所持有的态度是不信任，因为他们认为在与石刻有关的碑文和图像的著录中，存在着许多伪作。此外，他们对于相关照片也是持怀疑态度的，因为他们认为虽然自19世纪末照片就成为记录武氏祠的一个重要手段，但由于取景范围、透视角度和细节的难以辨认，这些照片依然无法完整反映石刻的原貌，由此照片的可靠性也遭到质疑。

4）对武氏祠复原问题的置疑。

Cary Y. Liu对武氏祠复原研究的基础提出质疑，姑且不论那个建筑实体本身的复原，单就这批材料是否确为一组材料，是否可以成为一个相互联结的整体，他认为是存在问题的，只是许多研究者编织了武氏家族四个男性成员的故事。为此，对于这些碑与这些祠堂是否都可以相互对应，图录作者也都提出了质疑。他们认为，如武梁、武斑、武荣、武开明等当时都属于低级官吏，他们真的能够出钱建造祠堂吗？由此看来，这又真的是属于武氏家族的祠堂吗？

综上所述，他们的最后结论是，任何试图复原武氏祠的研究都依赖于一系列的历史错误，因此都是没有意义的。从宋代以来，所有的研究都是没有意义的。因为长期以来中国学者对于武氏祠的研究都是依靠文献、拓片和原石材料，但是由于原石多破损严重，所以文献和拓片就显得很重要。从Cary Y.Liu的角度来看，与武氏祠相关的文献、石刻、拓片均不可靠，这样目前就缺乏足够的证据来证明武氏祠是东汉的作品。但在这样的论述之下Cary Y. Liu并未给出武氏祠归根到底应属于哪一时代的结论。所以在最后他谈到，除武氏祠外的许多汉代石刻，在物质形态和文化意义上都被重塑了，这里不只是武氏祠，包括我们现在所见的那些汉碑，它们的可靠性都值得怀疑，所以这就意味着所有汉代的石刻都必须被重新加以审视。其重估的结果就将会极大地改变我们对于汉代的艺术意识与文化的理解。在这里，这种“理解”所指代的不应只限于对汉代的理解，还应包括对宋代以来的金石学、清代的乾嘉学派及至当代的整个中国和西方的研究都应做一个重新的评价。所以这个言论一出，就引起了特别巨大的反响。

由于在会议之前与会人员并没有充分了解到他们的观点，在会议上才发放了这本图录，因此当时与会的学者们未能就相关问题进行充分探讨与交流。此外，会议上还有教授对1976年山东嘉祥凤氏祠的相近性且有纪年提出应如何认识它们的问题。对此，Cary Y. Liu认为，因自宋代以来，甚或远至晋代就不断有人作伪，所以这批材料也可能是伪作。当时的会议上有这样一些类似的争论，但未及展开。会议最后一位发言人是白谦慎教授，他的题目是关于黄易的讨论。当时从主题上看这显得与大会的讨论焦点——武氏祠的问题略有距离。白谦慎教授长于金石学方面的研究，功底深厚，特别是精于清代乾嘉学派以来的研究。他在会议上的主要议题是黄易的生平与交友，主要集中于对黄易个人的讨论，他认为黄易是那个时代最杰出的艺术家与金石学家。他的朋友多鉴定方面的长才，且清代乾嘉学派的最核心问题就是如何辨伪。有关这一问题，我们可以联系起Michael Nylan的观点，她的文章题目是："泥古武氏祠的一段历史"，大意是认为对于武梁祠所作的整个研究均是泥古不化的。有关这一点，Cary Y. Liu其实在文章之始也从《尚书》中引过一段话表达类似的观点。对于这一点许多专家也提出置疑，认为《尚书》早就被列为不可用来论证的材料，在这里对它的引用是一个技术性的错误。有关这一问题Michael Nylan的讨论从几个方面展开。

1）Michael Nylan对这几个碑刻置疑，对其进行了一一批驳，她认为这些碑中包括阙上的大约有5段铭文都是不可靠的。其中对于有关著录的问题，她认为欧阳修的《集古录》更加可信。因为欧阳修在著录《集古录》时记录到的拓片，是其大多无法释读出来的，Michael Nylan认为这种情况说明欧阳修见到的拓片可能是最为真实的。此外，她推测欧阳修可能到过嘉祥，亲眼见到过那些石头。她指出这是因为欧阳修曾在任城（今属济宁）贬谪多年，这就给他与武梁祠建立更直接的关系以可能。而对此有著录的赵明诚虽为青州人，李清照也是济南人，却可能都未到过当地。所以为何在前之人未能说得清楚，后来者却可作出详细著录，就是值得怀疑之处。在这里，Michael Nylan在文章中对涉及欧阳修曾流放于任城的问题，做过注释，提到参见Cary Y. Liu的文章。但后者的文章中未见详述，只说可参见前者的文章。

2）拓片问题。Michael Nylan提出在北宋时期，武氏祠拓片的品质并不是很好，但到了南宋洪适所处的时代，其拓片收藏的数量为何会急剧增加，暗示这里应存在值得怀疑之处。所以，她认为这些拓片与碑刻刻石应分别考察。她认为很多有关铭文的记载是被拼凑出来的，不足为信。对此问题，图录作者做了许多有关文献的考据。例如有关《隶续》的问题。《隶续》是黄易在发掘的时候，除嘉祥县志记载的内容外的另一个非常重要的依据。在这里Michael Nylan认为《隶续》是不可信的，因为她使用了1885年版《四库全书》为依据，这一版本中许多碑文如《武斑经》的后半部分、《武梁碑》的前半部分都没有记载，由此认为这些均与拓片和石刻无法对应。这里就存在着问题，对此，在《四库全书》的版本使用上，学术界更多的还是相信汪日秀的版本，因为那一版年代更早，对碑文的记载也更完整。在这里，Michael Nylan采用1885年的版本，是由于她认为汪日秀是钱塘人，即他与黄易同乡，所以既然黄易不可信，那么汪日秀也是不可信的。

3)凤山小祠堂。她指出凤山小祠堂的纪年可能是错误的，因为虽然在石头上刻有纪年，但由于那个墓葬本身是属于六朝西晋的墓，是将原来汉代的小祠堂拆了以后使用了那些石材，那么这些材料还应是属于六朝时期的，所以在这里它的确切归属问题存在着值得怀疑之处。

对于他们所提出的以上观点，在学术界许多专家作出了回应。

首先提出个人意见的有日本佛教大学的黑田彰教授。黑田教授共有三篇文章，系统地对Michael Nylan以及Cary Y. Liu的观点作了批驳。黑田彰认为Nylan对于资料的判断，存在着相对性和误解，因此是缺乏说服力的，由此她所推导出的试图以此来推翻有关碑刻的历史性的论证，完全失败。他认为尽管Nylan提出了许多新颖的见解，但这些在研究的论证上是无力的。因为，她对碑文的批判必然导向对著录碑文的洪适的置疑。但从文献学角度考察其对洪适的批判，存在许多不合理之处。例如她主要依据《四库全书》本中洪适的《隶释》，而不关注汪日秀本，如此她就看不到《武斑经》和《武荣碑》的全文，因而在论证中陷入歧途。在这里黑田教授对Nylan提出批评的措辞是较严厉的，他指出如同Nylan女士批评洪适著录中存在缺陷，进而暗示其碑文是伪造的一样，经过考察，我们认为这个缺陷正是属于作者自身的，最应受到批评的是她个人的捏造行为。

白谦慎教授拟写了一篇很长的文章，对其在会上的发言作出进一步的补充，其主题还是讨论黄易，但对一些问题谈得更为深入。文章开始他提出了有关学术态度的问题，认为每个人在学术研究中都会犯错。其中有些是出于无心，这是可原谅的。但有些错误不可原谅，恰如在前面提到的这两篇文章中，因为其所含错误的严重程度令人吃惊。他认为这两篇文章挑战的是学术上的两位著名学者，即洪适和黄易。洪适是最早将那些铭文与石头联系起来的，由此使武氏祠成为一个相互联系的整体，所以他的努力对武氏祠概念的建立很重要，黄易于乾隆五十一年的发掘是据由洪适的《隶释》而来，所以其对武氏祠的保护、研究也起到了重要作用。他认为这两位学者非常重要，谈及黄易时，他指出黄易的发掘在西方考古学传入中国前的社会条件下其实是非常优秀的，当然同现在的技术相比，肯定有局限性。例如，虽然当年黄易发掘那些石头没有一个整体的平面图或测绘图，但石头都是有编号的，并分成了几组，尽管其中有些编号是错误的，但由此可以看出他的方法意识。此外，他不仅自己捐钱还让朋友捐钱，在祠堂外面建了一个保护室，这些都是超越我们今天的许多考古发掘的。所以他认为黄易是一位超越时代的人，与此相对应的，Cary Y. Liu和Nylan的文章中不断提到黄易，他们暗示说黄易是一位官员，即他不是一名真正的考古学家，指出他们（洪适和黄易）是业余的考古学家，这样就对听众造成一个很大的误导。

1）白谦慎的研究第一部分是讨论黄易的交友圈，这与在会议上的发言一致。他指出黄易的朋友如毕沅、翁方纲、钱大昕、赵魏、阮元等，都是鼎鼎有名的大学士，杰出的学者，且均长于考据，精于辨伪。他举例说，如钱大昕当时就写了一部书，搜集古今同名同姓的历史人物，这种研究就是特别重要的。正是在这一点上，如Cary Y. Liu对这些清代学者的批评，无视了他们对辨伪所作出的贡献。在这里，Cary Y. Liu提到的朱明这个词，认为他是东晋时的人，那么汉代的人难道就没有名唤朱明的吗？所以他认为像钱大昕可以搜集那么多同名同姓的人，在这一点上今天的许多学者是不及清代这些人的水平和修养的。他强调清代是深具考据与辨伪传统的，在此他以赵魏为佐证，赵魏曾提出过对王羲之传世书法刻本的置疑，认为那可能是唐代摹本。由此引发了20世纪关于书法史上这个经典之作——《兰亭序》的大辩论。所以白谦慎教授认为这些学者其实是最具有批判性的。这应算作对于Cary Y. Liu和Nylan在其文章结尾所提出的“中国学者其实都拘泥于一种中国古代的学术传统”这一观点的反击。因为他们认为这种学术传统是对古代的信仰，是完全不具批判性的。

2）白谦慎谈到黄易的朋友们都认为他是最出色的一位古代金石拓本的鉴藏家，即使是那些质疑黄易部分拓片的人也都认为他的整个眼力是非常高的。在这里，他特别指出经检索有关欧阳修的著述和生平年谱（这些年谱包括宋代直至现代的学者们所作的年谱），没有任何材料可以证明欧阳修曾经在任城做过官或是贬谪到此地。所以他认为欧阳修不可能在那里居住过数年。这样一来，Michael Nylan和Cary Y. Liu文章中所提到的欧阳修曾在任城居住的材料，其本身就是作伪，因为这是一个完全没有来源根据的材料。

3）他认为Michael Nylan对原始文献存在着严重误读，为此他举了许多例子，其中一个是Michael Nylan认为最晚到宋代就出现了关于造伪文物所使用方法的明目张胆的讨论，与此同时也出现了对于这种做法的道义谴责。Michael Nylan提出在陆游的《老学庵笔记》中就有关于伪造汉代隶书的记载。对此，白谦慎教授查看了《老学庵笔记》，其实书中提到的是书法家杜仲微以秃笔来追摹汉隶古风的事例。此外，陆游讨论的根本就不是伪造古物的问题。这样对文献的使用，是非常不认真的，Nylan还提出许多诸如此类的证据，都是对文献的误读。此外，白谦慎认为她的文章中缺少大量重要参考文献的有关注释，这就使得她提出的许多证据仅是其个人看法，而不是学术论点。如Michael Nylan称当代的一个金石学家认为翁方纲的藏品百分之八十都是伪造的，此处就是对翁方纲的一个非常严厉的批评，但如此严厉的批评，究竟是当代的哪位金石学家提出的，这里都没有提供相关注释。所以白教授认为这些都是有问题的。

4）白谦慎的文章最详细的部分是关于《隶释》版本的考定。为此，他到上海、北京各处的许多图书馆查证，找了大量有关《隶释》的版本。为此他也跟黑田彰教授有过交流。因为黑田彰教授也做过有关版本问题的详细讨论。白谦慎教授认为现在可以确定《隶释》还有一些版本，如1576年的明万历抄本，就比1588年版即后来被《四库全书》依照的版本早了12年。在这个较早的版本当中，无论是洪适关于《武斑经》的评论文字，还是《武梁碑》的碑文都是完整无缺的。所以他后来发现，《四库全书》的这个本子是整整缺了至少一页，那么再早就应是来源于1588年的本子。这个缺页的问题在18世纪以前梅鼎祚和傅山等学者已指出过了，他们也都已经看出。所以，白谦慎怀疑，他们是不是在图录里面隐瞒了一个问题，这就是Michael Nylan这篇文章中其实没有认真地提到汪日秀的本子，但在最后出版时，可能有编辑，即Cary Y. Liu和另一位编辑许香苓，他们为她做了一个补注，就是想表明汪日秀的这个版本可能更加可靠，而且有关脱漏问题，Nylan已经发现了。在一个研究小组中的人，既然当时已经发现了汪日秀的这个本子比《四库全书》的本子更好，还坚持要用《四库全书》的本子，只是因为《四库全书》的本子是缺少部分信息的，汪日秀的本子是完整的。此处，白谦慎认为他们有些不够诚实，对文章中诸如此类的问题提出了许多批评，认为他们文章中的许多错误是非常令人难以置信的，错误量非常大。

5）白谦慎在另外一些场合的发言中，也对相关的一些问题提出了批评。例如，他在谈到美国目前的学术机制问题时，提出这个项目做了这么多年，也有大量的资金，但参加这个项目的几位专家，其实没有一位专门对汉画做过非常好的研究基础。他认为跨学科研究是可以的，但要有足够的能力来承担相关课程。比如要对金石学的传统进行批判，那么就要对这些文献及其版本具有非常好的解读能力。在此白谦慎提到，后来他发现前文中的两位学者对文献的释读是有问题的。例如，他们经常会把一段关于这个碑文的解释、后人的注释与碑文的正文混杂在一起。对此，他特别指出Michael Nylan在读一个本子的时候，认为里面缺字，如更早的版本记有一个“西”字（“律注司西”）,但晚期版本中“西”字没有了，就认为这些版本不可靠。其实白谦慎教授查证后发现这个“西”字是存在的，只是变为汉隶的写法了，字体变了以后，Nylan就不认识了。此外，他发现这两位学者很多关于中国文献的解读是依靠他们小组里的另外一位华人学者来为他们做翻译，所以，他认为他们贸然地对这些版本提出的批评是不够慎重的。

关于欧阳修的评论，他认为欧阳修是一位优秀的文学家，但作为金石学发展链条上的一环，他其实只是一个早期阶段的人物，譬如清代的钱大昕就提出过欧阳修处于那个时代，其在金石学上的许多知识是非常有限的。所以他的许多著录不能被用以作为论证材料。这并非表示欧阳修有何错误，只是欧阳修著录比较简单，许多地方没有识读出来，所以也无法给出更多说明。由此，对于《集古录》有关专家认为，金石学本身有其一般的发展过程，早期的著录大多比较简略，如欧阳修著录的《集古录》就是一个很简括的著录，有时只是记录相关题目。所以到其子欧阳棐时，他又著录了《金石录》《集古录目》，进一步将其父亲的著录做出一个更为详细的整理，这里有时是记录的详略，属于著录方式的问题。对此，也有学者提出这也有可能是欧阳修出于文学家的修辞方式，谓之为不可读，或也有可能是其所选取拓片的优劣问题。因为拓片的优劣程度，不只是制作时间早晚的问题，还涉及是否对原石进行了清洗，拓工个人对原石的理解等。这都为后拓比前拓更清楚，提供了足够的可能性。此外，在拓片的使用上，要使用好的拓片，由于其本身的特性这就不只涉及其制作年代早晚的问题，还应有是否精细的问题。有关这一问题，白谦慎教授也认为后面的拓本有可能拓得比前面的好，关键是由谁来拓制，这里面包含其个人的能力与碑石的清洗程度。在这里也可能存在这样的偶然情况，就是欧阳修掌握的不是很好的拓本，这样就不涉及本人的学术水平等问题了。

此外，还有学者表示在这两位的文章中存在着许多暗示因素，许多问题没有说清，只让人去联想，这种联想的结果并不好。如他们提出汪日秀的不可信是因他是黄易的同乡，如果黄易有可能作伪，那么汪日秀也有这种可能，因为他们都为杭州人。这样一来，推论与联想就没有限制了。另如他们找到的现藏于德国的那块柱碑的真伪问题。那块柱碑本身很可能就是属于武氏祠的，至少其风格是武氏祠的，但其上面刻有“建和元年”等字样，这个年款虽然是隶书的，但大都肯定是后刻的。因此，如果因为这个年款就认定整个柱碑都是后刻的或以此将推论扩大化，那在逻辑上就是完全无法成立的。

目前有关这一核心问题的讨论还未完全尘埃落定。黑田彰教授为此写了三篇文章，并且在日本申请了一个项目的资助，希望可以把他的这些文章出一本书，白谦慎教授的这篇文章也已翻译成日文，将会收录其中。

关于这个问题的讨论，有学者认为应持这样的观点，即它的发生当然有其必然的因素，大家不应将其解释成整个美国学术界对整个中国金石学传统或对乾嘉学派传统的挑战或置疑。因为很明显，在会议上Cary Y. Liu发言之后，很多学者对他们的论说表示出质疑。除了在其小组以内，几乎没有哪位学者给予他们支持的声音。例如,当时有学者就提出了Cary Y. Liu怀疑武氏祠的真实性，究竟在怀疑什么的尖锐问题。这位学者指出，Cary Y. Liu及其小组的基本逻辑就是证明这批石刻是在西晋或东晋作伪的一批材料，如果不是在这时伪作，或有可能是在宋代洪适作伪，也或有可能是黄易作伪。如果这些画像石是真实可靠的，那么或有可能其题记是作伪，如果题记是真的，又或有可能拓片是作伪。所以这各种可能性叠加起来，是否可以变成一个真实的结论呢？因而提出希望Cary Y. Liu可以肯定地给出自己认为武氏祠究竟是属于什么时代的结论。

以上就是有关这次会议所讨论的问题的大致情况，以后也许还会有相关内容的批评或再批评的文章出现。有关学者认为这次讨论应被视为一种观点的表达，不一定要把这个观点解读成美国或西方学者的视角，在概念上不宜扩大化。许多问题都是可以讨论的，现在的主要问题应是如何去讨论，这也是大家都比较关注的问题。随着这一会议的焦点议题普遍受到关注，学界也对其相关问题展开了广泛的探讨。据悉，时隔三年，2008年出版的有关会议的文集中，Cary Y. Liu作为主编已同意收录白谦慎长达90多页的文章。但据有关人士透露他依然认为白谦慎无法完全说服他，两人的观点存在差异，这其实是一种方法上的不同。这里他认为其使用的是容庚的方法，并表示将来有可能会写文章予以回应。（会议综述蒙承郑岩教授指导完成，特此致谢！2009年初白谦慎教授曾答应北大朱青生教授将自己和黑田彰的文章译为中文，发表于《中国汉画研究》，终因译稿质量未达作者要求，还在进行中。Nylan教授的文章综述已经由北大汉画研究所博士研究生练春海完成，先行发表于《中国汉画研究》。）

武氏祠画像石的基础研究

——评戴梅可《泥古：武氏祠简史（150-1961）》

（日）黑田彰
（祁小春校译稿，白谦慎校读）

读了戴梅可（Michael Nylan）女士的论文《泥古：武氏祠简史（150—1961）》后[1]，对美国东洋学研究水平之高感到惊讶，更为论文中娴熟地运用大量中文古籍的能力所折服。戴梅可女士把研究对象主要聚焦在中国艺术史上的重要经典——东汉武氏祠画像石上，对其形成史进行了批判性的回顾。这就为我提供了一个从基础文献来审视其研究的机会。戴梅可女士的论文，由以下三部分组成：

一、导论

二、武氏祠碑刻概述

三、武氏祠画像石的文献证据

第二部分涉及武斑碑、武荣碑、武开明碑、武梁碑和西阙铭，第三部分论述了所谓武梁祠画像（武氏祠画像）。这两部分对武斑碑等五块碑刻的碑文做了严厉的批判，认为它们与武梁祠画像之间没有任何关系。这样一来，戴梅可的论文朝着根本推翻以往学界普遍接受的定论的方向迈出了一大步。如果她的结论可以成立的话，那么此前我们对武氏一族已有的理解将全面瓦解，所谓武氏祠只不过是无名的军士（即武人）的几个祠堂而已。

那么，戴梅可的论点是否正确呢？以往的通说还能成立吗？本文首先具体讨论戴梅可论文的第二部分，同时比较以往的通说，以检验戴梅可的见解是否成立。

在讨论戴梅可论文前，简要地介绍一下以往通说的概况，即学者们如何根据五通碑文归纳出武氏一族的构成，武氏一门和武梁祠画像的关系，以及五通碑文的出处等问题。

---

[1] 见*Recarving China's Past: Art, Archaeology, and Architecture of the* “*Wu Family Shines*”, Princeton University Art Museum, 2005, pp. 513-559.

20世纪初，就已有学者揭示了以武斑碑为主的五通碑文所构成的武氏一族系谱，该系谱勾勒出武氏一族与所谓武梁祠画像的关系。日本学者关野贞与E.E.沙畹等人曾先后访问了山东省，关野贞在其经典名作《支那山东省的汉代古墓之表饰》第三章乙节中，[2]作了如下的论述：

> 关于武梁石室，最早由《隶释》推断前揭碑文之意思，并把在《金石录》中记为“武氏石室画像”的画像命名为“武梁祠堂画像”，后世沿其称呼未改。虽并未有确证，姑且从之。开明、武斑和武荣也都有碑，他们也都各自有其石祠，此外还有石祠石碑者，也大都属于此类。据黄易记录，除石碑及武梁祠外，他还挖掘过前石室和后石室，后来李铁桥等人也挖掘过左石室，尽管如此，此等石室到底属于何人尚不得而知。现在此类出土画像石属于哪个石室以及属于第几个画像石和有关雕刻及出处等问题虽已判明，但是往往不免有其他石室所使用的画像石混入其中。例如，后石室第六石和第七石，由于采用与左石室第三石相同方式及手法制作而成，所以当初就判定其与上述诸石室不同，故被认为乃是构成其他石室之物。尽管尚未判明此些石室到底属谁，但是基本上可断定它们应分属开明、武斑及武荣等人中的

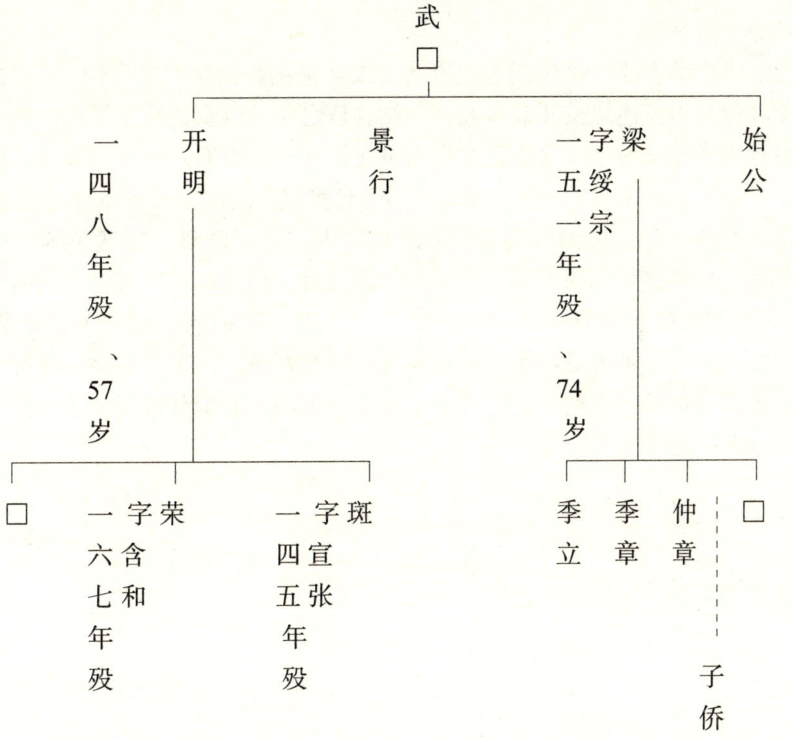

[2] 见《东京帝国大学工科大学纪要》八册第一号,1916年3月。

某位，而且可推定时间均在东汉末期，即桓、灵帝之间（约一千七百五六十年前）的建筑，这一推断应大致不谬。

我们从关野贞上图所示武氏一族的系谱可以看出，这是现代人有关武氏祠画像石研究的重大成果。比如蒋英炬和吴文祺所著《汉代武氏墓群石刻研究》第三章中，[3]几乎原封不动地继承引用（不过蒋、吴的研究否定了以往一直认为存在后石室的观点）。另外几乎在同一时期，大村西崖所著《支那美术史雕塑篇》有以下的记述：

武荣之享堂，自黄小松以来一直只认为乃武氏前石室，对此本书首次将它定为武荣祠堂，之所以如此称，是根据武荣碑（见《隶释》十二、《金薤琳琅》，《金石录》十四亦载）以下的一段记述：

仕为州书佐郡曹史主簿督邮五官掾功曹守从事。年三十六。汝南蔡府君。察举孝廉。□□郎中。迁执金吾丞。

而所谓的前石室画像中的题榜有“君为都□时”、“五官掾车”、“君为市掾时”（第九石）、“主簿”、“为督邮时”、“行亭”（第十石）等刻记，应记的是荣的经历无疑，此与碑文参看亦可明了。[4]

这一段论述非常重要，可参阅容庚所著《汉武梁祠画像录》考释四。[5]总之，关野当初对武梁画像作的评述“虽并未有确证，姑且从之”，以及论武梁祠以外的石室“尚未判明此些石室到底属谁”，这些说法作为事实，迄今并没有发生任何改变。戴梅可的批判所向，正是从这里找出了问题，这不得不引起我们的注意。

此外，以往被认为出自武氏祠的五个碑文，即：1. 武斑碑，2. 武荣碑，3. 武开明碑，4. 武梁碑，5. 西阙铭，现存只有武斑碑、武荣碑、西阙铭三个碑文（均有残损），而武开明碑和武梁碑不知何时已失传。关于这些碑文的内容，在宋欧阳修撰《集古录》，其子欧阳棐撰《集古录目》、宋赵明诚撰《金石录》、宋洪适撰《隶释》（并撰《隶续》）等都有记载。现列示这些书籍中有关五个碑文的记载情况如下，供参考（空栏表示该书籍没有记载）。

	斑碑	荣碑	开明碑	梁碑	西阙铭
集古录	○	○			
金石录	○	△	○	○	○
隶 释	○	○	○		
（存否）	○	○	○		

[3] 蒋英炬、吴文祺：《汉代武氏墓群石刻研究》，济南：山东美术出版社，1995年。

[4] 佛书刊行会图像部，1915年，56页。

[5] 考古学社专辑13种，北京：北平燕京大学考古学社，1936年。

表中的△说明在《金石录》所列目录215，只列武荣碑碑名，并无讨论。

以下就戴梅可论文的第二部分“碑刻概述”提出的若干问题做具体分析。该论文第二部分对上述五个碑文依次进行了讨论。这五个碑文作为研究对象，既有取自原碑的拓片，也有取自文献记载，前者通常是我们研究的首选。对于这些研究资料的特殊性质，戴梅可论文亦无异词。第二部分（515页）清楚地阐明了她对拓片的看法：

当拓片上没有印章或者其他可识别的记号时，判断拓本年代的主要方法原则为：拓本所反映出的磨耗程度越大，它就可能越新。

戴梅可补充道（同页）：

然而，由于古董行家及作伪高手也知道这些原则（靠它几乎不起任何作用），因此本文另寻其他的方法。

戴梅可的论文通篇都贯穿了她的这一思考方法。她认为，随着时间的推移，原碑石会发生磨损，致使拓本模糊难读。一般而言，这个见解并没有错。但是,这种一般性的论述并不完全适用于欧阳修始创金石学、随后由赵明诚及洪适等人加以继承和发展的北宋后期和南宋前期。宋代是金石学发展的早期，很难想象在这一时期，不下几百次地在原石上拓碑直到濒临磨损为止，已经成为一种司空见惯的光景。前面所说的一般性的论述，本身是金石学兴盛的结果，放在宋代以后，特别是金石学非常盛行的清代才更加合适，而且拓本及碑石伪造猖獗的时期也正是多出现在清朝。因此，我虽然不否定戴梅可所说的一般性原则，但我认为似乎还应该考虑到，正因为尚处在金石学的早期，才有一个拓本的内容越到后来逐渐变得越清晰的过程，如果没有特殊原因，我不认为这个过程会与作伪直接有关。这是因为，从欧阳修到洪适，在金石学的古典研究中，如果涉及赝品的话，一定需要对此进行考证。因此，本文将根据与戴梅可不同的思路，并且从个人的专业——文献学的角度，具体追溯戴梅可在她论文第二部分中针对五通碑文的研究轨迹，验证她的若干结论是否正确。

首先，关于武斑碑，[6]戴梅可的相关论述如下，同时附上原文的注9：

根据《集古录》（1045—1061年完成，1062年序），在欧阳修及其子欧阳棐的藏品中，有一本男性碑主名为斑的拓本。在某些版本的《集古录》中，[斑碑条目]后有一附注，言及同一碑刻的另一拓本，据此拓本为斑加上了“武”这一姓氏。这一附注看来是

---

[6] 武斑碑现在存世，但是“由于长期风化，历代捶拓，石面漫漶，文字剥落，绝大部分字迹模糊不清。碑额题字也模糊难辨”（引自蒋英炬及吴文祺著上述书籍第三章第三节）。关于缺损字数，推定为“《隶释》原注下缺，字数不知。据碑文所缺的字距，约为八字”。（见注2）

[后人]窜入的文字。（注9）总之，欧阳父子看到的斑碑拓本没有碑额，而且欧阳父子看到拓本反映出，原碑文八九成缺失。且出生地、治所或官职已不可读，死亡及埋葬日期也缺失。可读的只是由九个字组成的一个不完整的纪年。构成年号的两个字中的第二字难以辨认，但是欧阳氏仍得出结论说，斑碑上雕刻的年月一定是建和元年（147）的丁亥。尽管《集古录》的其他地方曾把相同家族碑文归类一处，但是欧阳父子并未指明斑和荣为同一家族。

注9. 参照《集古录》卷2页8a-8b（17847页）。一条附注言及，大约十年后的1068年，发现了另一本略微完好的斑碑拓本，从中可知斑姓武。至少有三个理由让人们相信这一信息是后来窜入的：一、关于这第二个拓本的附注是附在1209年集本版附注后的；二、无论是欧阳棐的简要目录，还是四部丛刊版的《隶释》卷21（它被后人、可能是清代初期的洪适著作的编者发现，大概是欧阳著作的翻版），都没有言及第二个更好的拓本；三、宋代的《汉隶字源》（四库版）卷1页16a-b明确指出，欧阳的集古“不知[‘斑’]的姓氏”。而且，若欧阳修知道还有其他碑文拓本的话，他通常会予以说明。人们不禁要问，如果欧阳修父子中一人或者两人据他们收藏品中第二个拓片查清了斑的姓氏的话，赵明诚还会炫耀找出斑之“武”姓这件事吗？（下略）戴梅可认为有问题的是《集古录》卷2中以下有关斑碑的著录：后汉武班碑〈建和元年。元第五百五十一〉

> 右汉班碑者，盖其字画残灭，不复成文。其氏族州里官阀卒葬，皆不可见。其仅见者曰，君讳班。尔其首书云，建元年太岁在丁亥。而建下一字，不可识。以汉书考之，后汉自光武至献帝，以建名元者七。谓，建武、建初、建光、建康、建和、建宁和建安也。以历推之，岁在丁亥，乃章帝章和元年，后六十一年，桓帝即位之明年，改本初二年，为建和元年，又岁在丁亥。则此碑所缺一字，当为和字〈真迹无此六字〉，建和元年也。碑文缺灭者，十八九。惟亡者多，而存者少。尤为可惜也。故录之。治平元年四月二十日书〈右集本〉。后得别本，摸拓粗明。始辨其一二。云，武君讳班。乃易去前本。熙宁二年九月朔日记。[7]

除此之外，由欧阳棐完成的《集古录目》一也有以下的著录：

> 武斑碑
>
> 右，不著撰人名氏，严祺字伯鲁，隶书。君名班，字宣〈下一字缺〉，敦煌人。碑以建和元年立。今其文字磨灭，姓名乡里，粗得其仿佛。而官爵事迹，皆不可复知矣。[8]

---

[7] 孙谿朱氏金石丛书本。

[8]《隶释》（《云自在龛丛书》本）。欧阳棐撰写的《集古录目》已散失，故只能参照清黄本骥及缪荃孙等人的辑本（《三长物斋丛书》《云自在龛丛书》所收）。有关武斑碑的逸文，

首先，戴梅可认为《集古录》的“后得别本”以后的文字是后来窜入的，理由在于信息量的增加。因为一般来说，随着时间流逝原碑石会增加磨损，晚制的拓本的信息量也必然随之减少。如果从几十年、几百年的跨度看，这种观点确实有其道理。但是，《集古录》的两个著录，仅相隔五年时间（治平元年[1064]至熙宁二年[1069]），这并不具备较长时间跨度的前提条件。此外，“后得别本”以下文字经后人修改的确证并不存在，故在此出现了与戴梅可不同的看法。例如，《集古录》的两个著录，直接解释的话，将会如何呢？欧阳修对最初拓本的著录是治平元年（1064）四月，取得其他拓本，再次对此进行著录是熙宁二年（1069）九月。《集古录》完成时间为嘉祐治平年间（1056—1066）（《四库提要》），所以欧阳修写入“后得别本”以下文字是在《集古录》初稿完成后，即离欧阳修辞世的三年前。[9]这说明在欧阳修晚年时，《集古录》存在着两种版本，一种是有“后得别本”以后文字者，另一种是无“后得别本”以后文字者。其实，欧阳家曾存在过两个斑碑拓本，这在欧阳棐的《集古录目》中已有所著录。拓本的别本与前本相比，保存状态相当良好，关于这一点，从《集古录》补充著录中明确记录了武姓，以及在《集古录目》中引用了“严祺字伯鲁”、“字宣□”和“敦煌”等足以确证。而且，该拓本比以前得到的拓本（前本）似乎更接近《金石录》和《隶释》，或许是因为未能确认“敦煌□(长)□(史)”的缘故，欧阳棐遂把这个缺字处解释为“敦煌人”了。因此，《集古录目》的确著录了与前本不同的武斑碑拓本这一事实，与治平元年后曾有别本收进欧阳家中非常吻合。欧阳棐遵父之命编撰目录，是在《集古录》完成八年以后，而且欧阳棐完成《集古录目》是在熙宁二年(1069)二月（棐序），故欧阳棐未看到《集古录》中出自其父的“后得别本”之记录。或许可以认为，大概他们父子各自完成了有关别本的著录。如果这个推设成立的话，没有必要如戴梅可那样，把《集古录》的“后得别本”以后的文字视为后人的改写。四部丛刊本《隶释》卷21无本卷的著录，这大概是因为作为其引用书籍的《集古录》属于未将“后得别本”以后的文字部分补充书录的版本系统的缘故；娄机以及赵明诚所见的《集古录》也应属于该系统。总之，如果是在北宋后期发现武氏祠的话，就应该出现一个有关武氏祠信息量逐渐增加、累积的时期。一般而言，晚拓的拓本会反映出碑石随着时间而逐渐损毁的状态，但也会因获取原碑石以及拓本制作方法的不同，而使得原先无法读解的内容得以解读。欧阳家中的两个武斑碑拓本，作为武氏祠研究史早期的产物，是可以理解的。而且，它一直延续到赵明诚及洪适的时代。

下面，就戴梅可论文中指出的有关《隶释》对武斑碑的矛盾著录，特别是有关武斑出处的矛盾著录进行分析。戴梅可这样论述：

《隶释》卷23所引的内容等是最早的。

[9] 参照大野修作著《欧阳修〈集古录跋尾〉的完成及其书论》,《东洋艺林论丛》所收，平凡社，1985年。

在起始相当长的关于纪年的文字之后，《隶释》给武斑一个由十个字组成的头衔，在其后只有一个“同”字，它告诉读者本文可能破损。接着《隶释》出现了和赵〔明诚〕开始他的记载同样的三十二个字，此后又有二百以上的文字，包括一个混淆了年代的可能（参照下文13）。而且《隶释》卷6的武斑，是任城人，曾任敦煌长史，而《隶释》现在版本中另一卷提到的第二个武斑，据说是距离任城几千英里外的敦煌人氏。这个问题看似容易解决：即《隶释》卷23中关于武斑的词条，不过是个文本错误，或这个文本并不那么早。[10]

《隶释》卷6武斑碑条的开头部分如下：

建和元年大岁在丁亥，二月辛巳朔二十三日癸卯，长史同〈下阙〉敦煌长史武君讳斑，字宣张。（下略）[11]

戴梅可所说的“由十个字组成的头衔”，不知所云，或是计算字数的错误。这里的“下阙”二字，表示前后文不衔接，说明这里有缺损（不能判读部分）。建和元年是147年，相当于武斑卒年的永嘉元年(145)的两年之后，也许这里大致记述了石碑制作的年代，但是尚存疑点。只是关于年代，《金石录》中并未见记述，而《集古录》卷2中则有以下叙述：

其首书云，建元年太岁在丁亥。而建下一字，不可识。

这段记录由来颇久，需要注意。而戴梅可指出碑文的正文可能被修改，关于这个问题，我将在关于武梁碑和西阙铭的部分详述。[12]另外，戴梅可指出的《隶释》中有关武斑出身的矛盾记载，具体而言，是《隶释》卷6注释中的以下文字：

右故敦煌长史武君之碑，隶额在济州任城。武君名斑，字宣张，从事梁之犹子，吴郡府丞开明之元子，执金吾丞荣之兄也。（笔者按：任城今为山东省济宁县）。

与《隶释》卷23所收的《欧阳斐集古录目》中武斑碑中的以下著录存在差异：

---

[10] 见戴梅可论文，522页。

[11] 见明万历年间王云鹭刻本。

[12] 此外，戴梅可在注13中指出，《隶释》中的“显宗”可能是指东汉明帝（58—75年在位）的庙号或东晋成帝（326—343年在位）庙号，然而从碑文前后文关系看，似乎难以成立。

君名班，字宣〈下一字缺〉。敦煌人。

如前所述，《隶释》卷23只不过是洪适将欧阳棐著作《集古录目》转载而来，两者差异并非《隶释》本身的矛盾所在。也就是说，将武斑作“敦煌人”的不是洪适而是欧阳棐，这也许是欧阳棐据“今其文字磨灭，姓名乡里粗得其仿佛，而官爵事迹皆不可复知矣”这一状态的拓本进行读解而记录的结果。“敦煌人”与其说是碑文的记录，不如说应看成是欧阳棐的注解。因此，并不是《隶释》著录出现矛盾，也不是碑文存在矛盾，只是在洪适笔录的碑文与欧阳棐对碑文的释读之间产生了差异。围绕碑文解释上出现的误解，是常有的事。从文献学角度看待这一矛盾时，不能混同碑文与解释碑文的位相关系。关于《隶释》对武斑碑的著录，戴梅可的论文继续做了如下的叙述（这里同时给出“注15”）。

《隶释》卷20—27由欧阳修和赵明诚编撰的金石学经典著作中的部分内容组成，代表了明代甚或是清初上述作品的版本。其很可能由两个甚至三个武班碑的碑文混合而成。它正好与一些资料列出的传记有些类似的多个武开明这一现象相同（参照下文）。《隶释》中抄录的武斑碑文，是极少数提及书写者的碑文之一（见注14）。它也肯定包括了一个不容置疑的窜入内容。（见注15）

注15.《隶释》卷6，页13b。“严祺字伯曾”这五个字录自其他著录，恐怕是卷29页10b。关于“严祺”的词条，可在《金石录》中找到（见第六十五号）。

《隶释》卷20以下，即重录了“郦道元《水经注》”等的各卷，戴梅可直接将其作为武斑碑合成的佐证。对这一观点，难以苟同。这只要看一下上述存于欧阳家中武斑碑的两个拓本，即可明白（关于武开明将在后文论述）。武斑碑中言及碑文书写者，也不能成为武斑碑由后世窜入的文本混合而成的决定性证据，因为在武梁碑中非常罕见地言及“良匠卫改”之例，在东汉的芗他君石祠堂石柱上也有发现。[13]戴梅可所说的“一个不容置疑的窜入内容”，根据注15的说明，是指《隶释》卷6页13b中以下的内容：

……防东长齐国临菑阙纪伯允书此碑，严祺字伯曾。[14]

戴梅可认为，其末尾的“严祺字伯曾”五字是从其他书中摘录的，可能是取自卷29页10b。但《隶释》只到卷27为止，我认为它可能是卷23页14a之误。如上所述，《隶释》卷23页14a是从欧阳棐《集古录目》转载而来，其中可以看到了以下著录：

---

[13] 参照长广敏雄氏编《汉代画像的研究》（中央公论美术出版，1965年），第一部第四章。

[14] 四库全书本。

武班碑

右，不著撰人名氏。严祺字伯鲁，隶书。君名班，字宣（下一字缺）。[15]（下略）

然而，戴梅可提到的五个字，并不能简单地从《集古录目》照搬到《隶释》。为什么呢？这是因为《集古录目》和《隶释》中的五个字，存在着以下的差异，即：

严祺字伯鲁（《集古录目》）

严祺字伯曾（《隶释》）[16]

因两字形似，故其中一字应是错字，即使如此，只要两字存在不同，这句话就不能看成为直接从《集古录目》转到《隶释》的证据。另外，更加难以认可的是，戴梅可提出的其中“严祺”这个词是从《金石录》（第六十五号）中转来的观点。这只要看一下《金石录》卷1目录1中的以下一段话就可一目了然：

第六十五，汉祝长严䜣碑和平元年

请注意以下差别：

严䜣（《金石录》）

严祺（《隶释》）

“䜣”于“祺”不但字形不同，读音有异（䜣读音为xin），意思也完全不同。这证明《隶释》中的此词不可能直接出自《金石录》。《金石录》的严䜣碑紧挨着第六十六的武梁碑，确实比较显眼（碑文收载卷14中）。总之我们不得不说，戴梅可所指出的问题，其实未出其想象的范围。

关于武斑碑，还有一个问题需要说明。戴梅可参考了叶奕苞的《金石录补续跋》后，作了以下叙述：

叶奕苞（活动于1697年左右）的经典作品，《金石录续跋》（对赵明诚《金石录》的注释），在立碑人的名单中，言及“府丞”这一官职（府的辅佐官），这几乎可以肯定武斑碑的文本出于唐代。

戴梅可所参考的是《金石录补续跋》卷4“汉敦煌长史武斑碑”中以下的内容：

秦置郡守。景帝中二年，更名太守。凡郡有丞。至唐始以大州为府。后遂以府易郡。两汉领县者，非国则郡。如陈留之丞宜曰郡丞。而此碑曰，陈留府丞。武斑

[15] 四库全书本。

[16]《隶释》王云鹭本（卷6）和《隶释》汪日秀本也都是“曾”。

之父开明碑，除吴郡府丞。高颐碑，蜀郡北部府丞。

府丞通常指官府的副官（郡丞指郡的副官，在边境的是长史），但当府丞与郡有关时，如斑碑上的陈留（郡）府丞以及开明碑中的吴郡府丞等，可能会引发问题。因为汉代没有发现郡府丞官职名称。郡是汉代行政区划的称谓，也有以府作为行政区划的时期，正如清初顾炎武的《日知录》卷8所述“汉曰郡，唐曰州。州即郡也。惟建都之地乃曰府……至宋而大郡多升为府”，一般作为行政区划的府（即原来的郡称府），可以理解为唐代以后的制度，所以，陈留府丞（斑碑）及吴郡府丞（开明碑）等，把郡丞称为府丞，或可引导人们认为这是唐代以后的制度。所以，戴梅可把叶奕苞之言理解为武斑碑（以及武开明碑）的制作时期为唐朝。于是，武斑碑和武开明碑便确凿无疑地成为唐代以后的伪作了。但是，叶弈苞虽然提出了问题，但并没有说武斑碑和武开明碑是唐碑。“郡府丞”（开明碑）真的是唐代以后出现的词语吗？东汉建安十四年（209）的高颐碑有“蜀郡北部府丞”的用例，这已由叶奕苞提及。[17]此外，在汉代的任伯嗣碑也可见到“蜀郡府丞”的用例。[18]而且，“郡府丞”这个词在《东观汉记》卷14列传 9 鲍永、谢承撰《后汉书》的羊续传等处都可见到。[19]所以不能以“郡府丞”来断定斑碑及开明碑不是出自汉代。由此可见，戴梅可的观点确实过于牵强。

继武斑碑之后，戴梅可展开了对武荣碑和武开明碑的评论。以下分别仅就武荣碑及武开明碑中的一些问题，对戴梅可的观点加以纠正。我们注意到，戴梅可行文十分粗率，缺乏对细节应有的仔细关注，导致其论文中错误很多，让人感到蹊跷难以理解的情况屡见不鲜。以下择其一、二予以分析。

下文为戴梅可关于武荣碑的一段论述（见523页）：

《隶释》正文提供了一个大规模增补过的武荣碑碑文版本。在欧阳氏共能判读的74个文字之上，《隶释》增加了148个字，其中11个字是有关武开明和武斑的名字及官职的，作为武荣碑文的正文，这是很奇怪的。（中间省略）最为可能的是，这11个字是窜入正文中的注释。

首先，戴梅可把欧阳修（即《集古录》）所采录的武荣碑字数计算成74字。我计算了一下王云鹭本洪适《隶释》所载，武荣碑字数是255字（参照图1，四库本，《汪日秀本》同）。因此，如除去《集古录》中74字，《隶释》增加字数为181字，与戴梅可所言的148字并不相符。那么这148字数从何而来呢？我亦无从而知。下面是戴梅可认为《隶释》增加部分中著录武开明和武斑的名字与官职的11字：

[17] 参照《隶释》卷11，戴梅可也注意到这一点。

[18] 参照《金石录》卷15，《隶续》卷15。

[19] 引自《太平御览》卷425。《后汉书》的鲍永传和羊续传皆把它改为“府丞”。

君即吴郡府卿之中子，敦煌长史之次弟也。

这里字数是17字，虽给出了职务，但并未给出名字（名字是洪适在注释中给出的：“武君，名荣。吴郡君，名开明。敦煌君，名班”）。“11”这个数字出自何处，我不得其解。总之这11字（实17字）是不是插入的注释，在思考关键的论题前，还须反复计算《隶释》各版本的字数。重新审视《隶释》武荣碑的整个著录，戴梅可所言的148字，似指洪适对荣碑的注释（“右汉执金吾丞……鲜双寡匹也”），同样，这11字似乎是指其中的上述有底线标明的“吴郡君……名班”。因此，两者不是针对《隶释》中的碑文正文而言，而是针对洪适的注释而言，所以与荣碑的碑文正文完全无关。而且，并无证据表明洪适在碑文正文中加入了148字（洪适加入了181字），况且其中的11字并非对碑文正文的修改，这一点不证自明。难道戴梅可将洪适的注文误与碑文正文相混淆了？如前所说，对碑文正文的论述，不应将其正文与注文混为一谈。这样做的结果，还会给后面的研究带来影响。

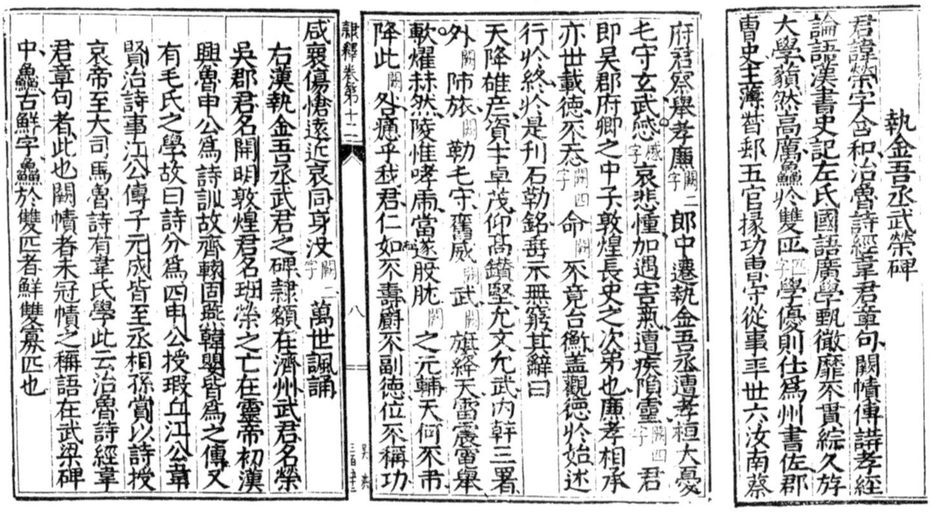
執金吾丞武榮碑
君諱榮字含和治魯詩經韋君章句闕幘傳講孝經
論語漢書史記左氏國語廣學甄微靡不貫綜久旃
大學䆳然高厲鰥於雙匹（闕四字）學優則仕爲州書佐郡
曹史主簿督郵五官掾功曹守從事年廿六汝南蔡
府君察舉孝廉（闕二字）郎中遷執金吾丞遭孝桓大憂
屯守玄武慼（感字）哀悲懆加遇害氣遭疾隕靈（闕四字）君
即吳郡府卿之中子敦煌長史之次弟也廉孝相承
亦世載德不忝（闕四字）命（闕）不竟台衡盖觀德於始述
行於終於是刊石勒銘垂示無窮其辭曰
天降雄彥資才卓茂仰高鑽堅允文允武內幹三署
外（闕）帥旅（闕）勒屯守（闕）威（闕）武（闕）旗絳天雷震電舉
歎燿赫然陵惟孝桓當遂股肱（闕）之元輔天何不弔
降此（闕）咎瘉乎我君仁如不壽爵不副德位不稱功
隸釋卷第十二　八
咸褱傷愴遠近哀同身歿（闕二字）萬世諷誦
右漢執金吾丞武君之碑隸額在濟州武君名榮
吳郡君名開明敦煌君名班榮之亡在靈帝初漢
興魯申公爲詩訓故齊轅固燕韓嬰皆爲之傳又
有毛氏之學故曰詩分爲四申公授瑕丘江公韋
賢治詩事江公傳子元成皆至丞相孫賞以詩授
哀帝至大司馬魯詩有韋氏學此云治魯詩經韋
君章句者此也闕幘者未冠幘之稱語在武梁碑
中鰥古鮮字鰥於雙匹者鮮雙寡匹也

图一 王云鹭本《隶释》卷12 武荣碑

戴梅可论文注30，对武开明碑的内容进行了介绍，并附加了其殁年（建和二年〈148〉），该注解十分令人费解。

注30.《山东通志》（四库版）卷9页110b在“长史武斑”的标题下，引用了《金石录》，“旧志”“[代替？]写为武开明……。”比较一下，王鉴（明代）

的《姑苏志》（四库版）卷37页9a记载，武开明卒于197年（不是148年）。再比较一下《万姓通典》（四库版）卷78页9a，它把武开明卒年作为晋代的永和二年（347）。（永和一年应该为346年、417年、434年或者936年。）

戴梅可首先列作参照的是《山东通志》（四库版）卷9页110b的以下著录：

长史武班碑（汉建和元年立。《金石录》云，额题敦煌长史武君之碑。旧志作吴郡丞武开明碑。）

其内容大概是旧本《山东通志》把“长史武班碑”记为“吴郡丞武开明碑”的注记。如果如此，那么就是建和二年（148）（开明是建和二年十一月十六日殁），似乎是据《金石录》而将标记改作了武斑碑。对此，作为比较的应该是王鏊（戴梅可论文误为王鉴，应把“鉴”改为“鏊”）。[20]王鏊编撰的《姑苏志》有以下著录：

武开明，永和二年举孝廉除郎中谒者。汉建安二年迁大长秋丞长乐太仆丞。永嘉元年丧母去官，复拜郎中除吴郡府丞。建安二年卒。[21]

这里有几个年号须注意，永和二年为137年，建安二年为197年（若是汉安二年的话，则为143年），永嘉元年为145年。这些年号与《金石录》所引的武开明碑的碑文进行比较的话，那么二次出现的建安二年中，前一个误作汉安二年，最早出现汉安二年痕迹的是在《姑苏志》中“汉建安二年”这个表述中。另外，后一个建和二年（148）是正确的。也就是说，王鏊（或四库版《姑苏志》）把武开明迁大长秋丞和长乐太仆丞的年份（汉安二年）和卒年（建和二年）都误写为建安二年。接着比较的是清朝凌迪知撰写的《万姓统谱》[22]卷78页9a中写成晋代的一段文字：

武开明（永和二年举孝廉除郎中谒者，历吴郡府丞。）

由于把武开明写为晋代人，所以这里的永和二年指东晋的永和二年（346）（戴梅可把〈346年〉误写为永和二年（347）），这是《万姓统谱》错误地把东汉的永和年号写为晋代的永和年号（顺便一提的是，永嘉也有晋代的永嘉）。戴梅可论文注30末尾的以下解释也全部错了：

---

[20] 参照《明史》卷181《列传》69。

[21]《姑苏志》（四库版）卷37页9a。

[22] 四库版，戴梅可论文中把《万姓统谱》误写为《万姓通典》。

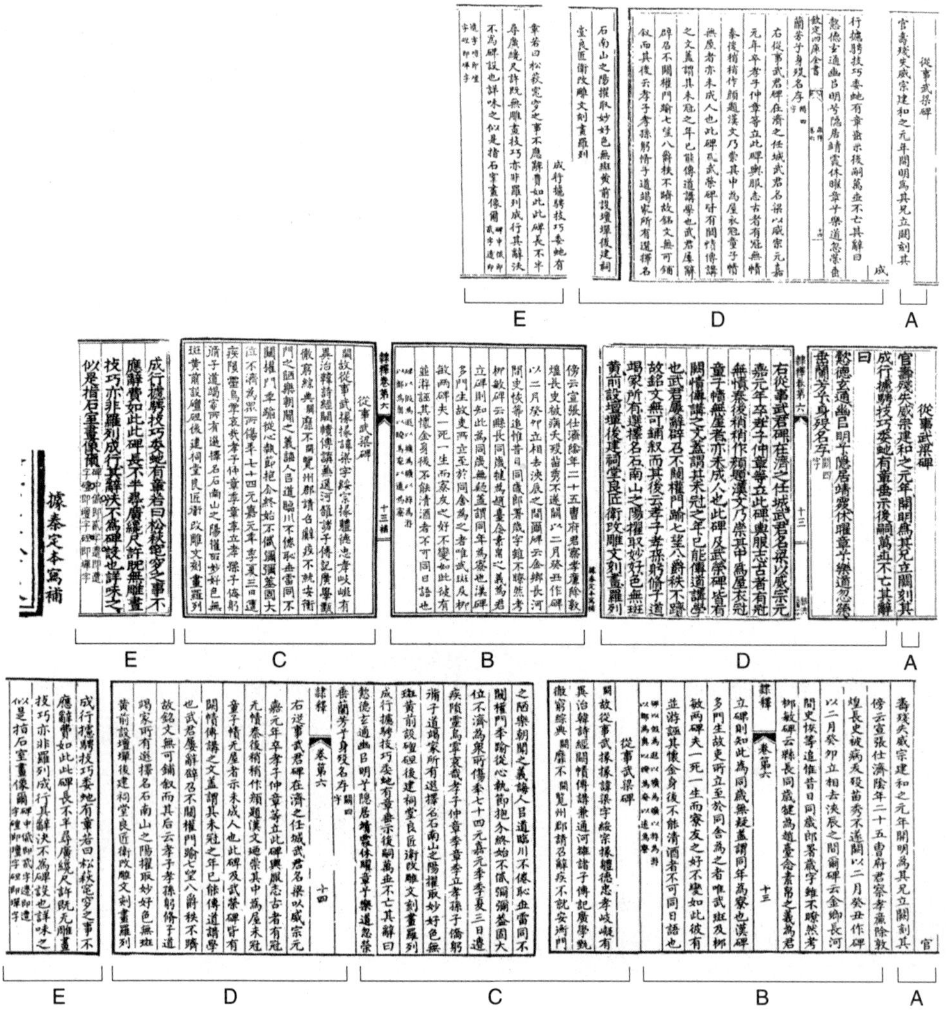

图二 《隶释》卷6诸本（武梁碑）

永和元年可以是公元346，417，434，936年。

由于永和元年是345、416、433和935年（分别是东晋、后秦、北凉、十国的闽的康宗的年号）。然而，戴梅可论文中的注30这样错误百出，不知究竟出于什么目而加此注。

这里，我注意到以下的一句话。

他活到57岁，卒于148年？30

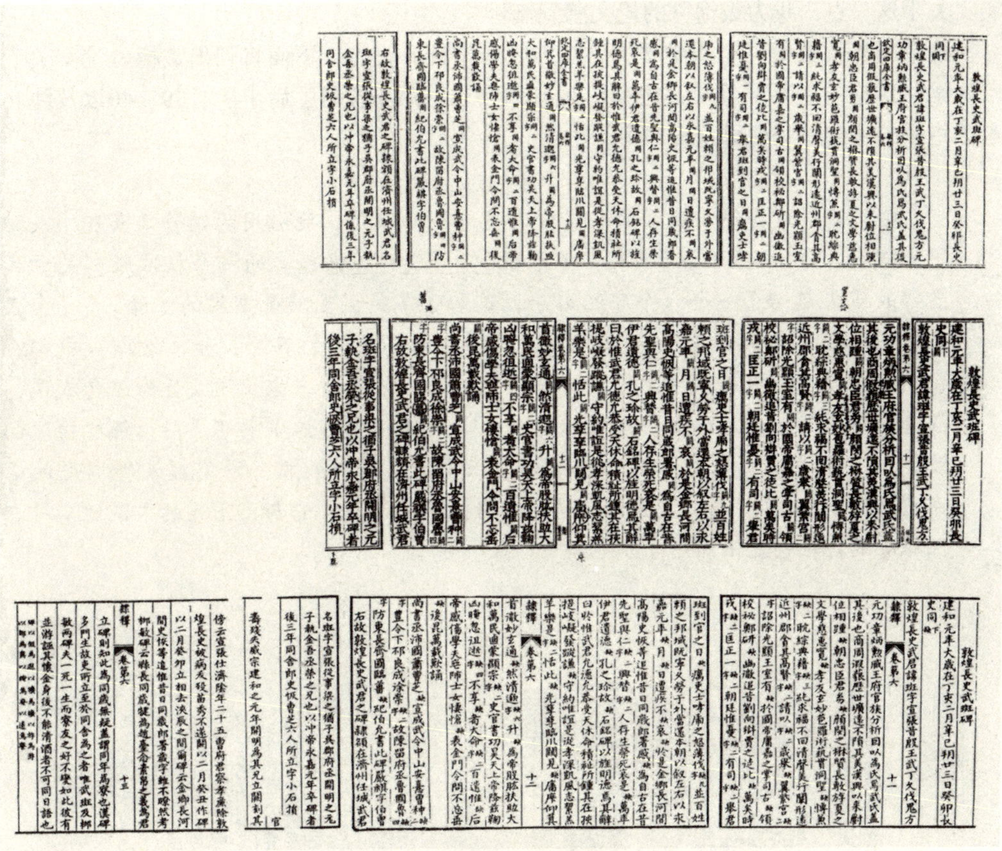

图三 《隶释》卷6诸本（武斑碑）

从该原文的宗旨来看，注30罗列武开明碑记载的以开明殁年为主的这些纪年，目的大概是为了表示对此怀疑（但是，武开明碑的永和、汉安、永嘉及建和四个年号中，只有汉安[142—144]是东汉）而加注的。如果是这样的话，那么其怀疑从学问的角度来看是不能成立的。为什么呢？这是因为对于武开明碑这个一级资料（由于现今原碑石已不存，只能引自《金石录》）而言，戴梅可所使用的资料（《山东通志》《姑苏志》和《万姓统谱》等）都属于时代很晚的二级或三级资料。而且，《姑苏志》等记载与碑文不同的年代，这只不过是对该碑文年代的错误解释，这件事与碑文本身无任何关系，例如《金石录》的碑文，看来一个字也未曾改变。换言之，《山东通志》以降的资料，无助于对武开明碑年代的任何怀疑。同样，在武斑碑的问题上，《隶释》和《集古录目》之间的关系已如前述，首先要考虑作为比较和对照的文本之间的位相关系，这属于文本批评（Textkritik）的常识。由人书写就难免会出现错误，这种错误本身并不奇怪，也无大加议论的必要。小错误的层出不穷难免会导致人们对一篇论文论点产生怀疑，这是事实。关于这一点，我为戴梅可的论文感到惋惜。

接下来将就戴梅可对武梁碑的论述方式作检证。首先，下面将列出戴梅可论文关于“武梁”讨论的主要部分及其注34、36、37、38（两注省略了后半）、39、40以及注36参照指示的注55。戴梅可这样写道：

> 赵明诚说过，他对武梁碑文“爱其完好”。但是，他引用的铭赞只有28字或32字（四行，每行8字）。[34]“文多不尽录”。[35]现存《隶释》的一个权威版本关于武梁碑的碑文起始于一个六个字的句子，这句子不是误置就是窜入的注释。[36]《金石录》中的长篇碑文不见了。只有长达28字的铭赞在《金石录》和《隶释》中都存在。《隶释》在有关武梁画像石的评论时，谨慎地谈到一些家族成员为纪念武氏，挑选建筑用石，在后面建祭坛（坛墠），前面建祠堂（如庙宇那样用于祭祀的地面设施），这些都由雕刻名匠卫改雕饰。但是，武梁碑碑文并没有提及雕刻匠的名字。[37]现代读者认为这只是武梁碑文的部分内容。可是，它与〔下述的〕洪适本人在注释中的评论明显不同：

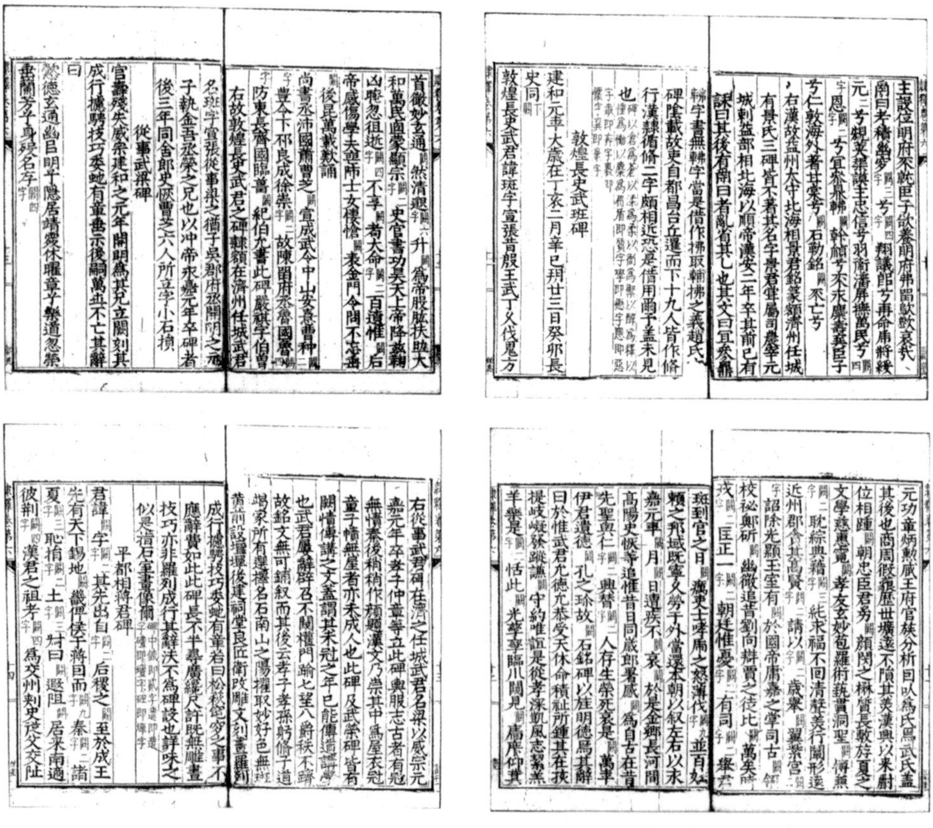

图四　原北平图书馆藏王云鹭本《隶释》卷6

若曰松萩窀穸之事[指葬礼和埋葬之事]，不应辞费如此，此[武梁]碑长不半寻，广纔尺许，既无雕画技巧，亦非罗列成行，其辞不为碑设也。详味之似是指[武梁]石室画像。[38]

如果上述铭赞不是碑文的一部分的话，那么它到底是什么呢？可以肯定的是，若宋代的金石学者无法回答这个疑问的话，那么现代的学者也将不能解答。梅鼎祚（1553—1619）的《东汉文纪》（东汉文章汇集）似乎知道两种版本的碑文，并且相信并未言及卫改的那个短的版本是碑刻的原文。[39]顾蔼吉的《隶辨》（辨识隶书碑文的书籍，1717年编）说，那块曾在济宁的武梁碑已不知所在。[40]

注34. 那段28个字的铭赞的首句是“懿德玄通”，尾句是“身没名存”，来自明万历版以及四库版的赵明诚[的《金石录》]。但是，我们看一下《隶释》卷6引用的铭赞，缺少了8个字，而不是4个字，这说明（《金石录》和《隶释》同样使用的“阙四字”这一句，不一定是同样的4个字。助词“兮”不仅在诗句的中间，也可用于句末，所以碑文到底是否由“懿德玄通”开头，只通过“兮”字的位置是难以判断的，恐怕这4个字在“传无疆兮”的后面。

注35.（略）

注36.《隶释》卷6，页14a（卷681，页515）。《四库全书》版与1588年版（卷16，页13a）一致。汪日秀版《隶释》卷6页13a提供了武梁碑碑文的“全文”，只要我们知道它的来源和年代，就不会为此感到奇怪。[四库版以及1588年版的《隶释》把武梁碑的一部分和洪适有关武斑碑的注释的一部分混在一起了。这大概是明代抄录者漏写造成的。出自元代泰定年间版本的二页手抄本，附在《四部丛刊》三编版的卷6末尾，清楚地表示了整个缺失部分。根据其他的明代写本，汪日秀在他的1777—1778年版中，再次插入了其正文。这些缺失部分，还被梅鼎祚（1553—1619）、傅山（1607—1684）以及18世纪以前其他学者发现。参照以下的注55。CYL and EHH]。

注37. 请比较（宋本）《金石录》卷14页3b，《隶释》卷6页14b-15b（正文加注释）以及同书卷16页5a-b。值得注意的是，洪的正文（《隶释》卷6页14a）包括以“官寿残失”（“官场寿命暂短”）为首的这几行作为碑文的部分内容，可能是注释。（卫博的《定庵类稿》卷4页20b列出了洪适的武梁碑注释）〔下略〕。

注38.《隶释》卷6页15a（卷681，页515-16）记载了碑的正确尺寸是长度半寻，宽度约一尺，我的译文没有包括这些。值得注意的是，坛墠（祭坛）这一用语经常用于皇帝封禅泰山和梁父山的仪式，并不用于像武梁这样身份低下的地方官。“祠堂”一词值得另作专门讨论，将会在为研讨会论文集撰写的论文中予以讨论。

注39. 梅鼎祚，《东汉文纪》，卷28，页10a-10b。他还认为，由于抄写错误，正文与注释混在一起了。

注40. 顾蔼吉，《隶辨》，卷7，页11a；卷8，页15b-16a。

注55. 比较一下《隶释》卷6页1a和卷6页15a，出现了一些疑问。例如，为什么

《隶释》所录武梁碑时，将其铭赞中的“兮”字（这在《金石录》的著录中出现了四次）删去？（“兮”字在1588年版《隶释》消失，但在四库全书版中却重新出现。）《金石录》说，两个不同的拓本中有一个缺了最后的4个字，可是缺失的字在不同的版本中出于不同处。试看上面的注12。那些制作碑刻拓本或抄录碑文的人们，可能已经发现了问题，并寻求不同的解决方法。一个符合逻辑的解释是，洪适或后来一个不知来路的人试图搞清楚铭赞的意思，但却失败了，因为在两个关于武梁的拓本中（其中一个据说为赵明诚拥有），一个以不同的4个字开头。更为混乱的是，现存的《隶释》的最早版本（1588年明万历版）又插入了后来追加（标明为“补”）的两页正文，在卷6中间的13a–b页，那里正是关于武梁的重要著录，结果“罗列成行”这四个字至少重复了三次。参照1588年版的北平图书馆善本缩微胶片（mf 9101，卷552）。

由于武梁碑原碑佚失，故考证只能依靠文献。戴梅可首先指出的是《金石录》卷14关于“汉从事武梁碑”的著录，全文如下：

右，汉从事武梁碑云，故从事武掾，掾讳梁，字绥宗。掾体德忠孝，岐嶷有异。治韩诗，阙帻传讲，兼通河洛诸子传记。又云，州郡召，辞疾不就。安衡门之陋，乐朝闻之义。又云，年七十四，元嘉元年季夏三日，遭疾陨灵。其后有铭云，懿德玄通，幽以明兮。隐居靖处，休曜章兮。乐道忽荣，垂兰芳兮。身没名存，传无疆兮。其他刻画，皆完可读。文多不尽录。碑在济之任城。余崇宁初，尝得此碑，爱其完好。后十余年，再得此本，则欠其最后四字矣。（引自《宋本金石录》）

另外，以下把存在一些问题的《隶释》卷6“从事武梁碑”的诸版本,用图二表示。图二分别为《隶释》四库本（四库提要说，“此本为万历戊子王鹭所刻”）、王云鹭本（明万历十六年[1588]序刊本。现存最早的版本）和汪日秀本（清乾隆四十三[1778]年刊，引自钱塘汪氏楼松书屋本）（图三所示，是供参考的同三本之武斑碑，武梁碑接在其后。图四是美国国会图书馆藏原北平图书馆旧藏王云鹭本《隶释》卷6，从卷十六的第十页后半部分到第十四页前半部分，较好地保留了王云鹭本的原貌。它是戴梅可论文的注55末尾指示参照的版本。引自日本国会图书馆藏北平图书馆善本缩微胶片〈YD-75，胶带编号522，胶片477-1069〉）

戴梅可论文注34是错误的，管见所及，并未见有明万历版《金石录》。梁碑之铭文“懿德玄通……身没名存，传无疆兮”（《金石录》）32字末尾，在《金石录》和《隶释》所录存在以下的差异：

……身没名存，传无疆兮（《金石录》）

……身殁名存，〈阙四字〉（《隶释》）

而且《金石录》所谓“余崇宁初，尝得此碑……后十余年，再得此本，则欠其最后四字矣”的说法是问题的所在（崇宁为北宋年号，1102—1106年）。戴梅可认为，《金石录》“欠其最后四字”和《隶释》的“阙四字”，虽同为“四字”，但其意却各有所指（如上所述，戴梅可的注55认为，在王云鹭本的铭文中，删除了《金石录》的四个“兮”字），所以她主张《隶释》中的“阙四字”的四字，应指“传无疆兮”之后的四字。对于这一逻辑思维，我几乎无法理解。戴梅可认为，《隶释》“阙四字”的四字并非理应接在“身殁名存”之后的“传无疆兮”，而是接在比这更靠后面的从不为人所知的另外四字云云，我们不得不说这个观点确实非常之奇妙。如果按照常理理解，应该是《金石录》和《隶释》的四字是相同的四字，即指“传无疆兮”。据《金石录》可知，武梁碑的拓本有两种，一种是铭文末尾有“传无疆兮”四字，另一种无此四字。而且《隶释》即洪适所有的拓本似应属后者，即无“传无疆兮”四字的那一种。洪适一方面将此著录在《隶释》中，另一方面又据《金石录》（《隶释》卷24所收赵明诚《金石录》上“从事武梁碑”）而得知，自己所有那件拓本实际上缺“传无疆兮”四字。所以他在《隶释》卷6武梁碑的著录末尾注明了“阙四字”（表示该拓本所缺四字在别本可见之意）。如此来理解《金石录》和《隶释》中有关武梁碑碑文的两种末尾，我想并不矛盾。

戴梅可论文还有以下的论述：

现存《隶释》的一个权威版本关于武梁碑的碑文起始于一个六个字的句子，这句子不是误置就是窜入的注释。

戴梅可指的是四库本《隶释》，具体内容如下（参照图二中的四库本。威宗为东汉桓帝的庙号）：

从事武梁碑

A官寿残失。威宗建和之元年，开明为其兄立阙。刻其／D成行，摅骋技巧，委蛇有章。垂示后嗣，万世不亡。其辞曰：

懿德玄通，幽以明兮。隐居靖处，休曜章兮。乐道忽荣，垂兰芳兮。身殁名存（阙四字）

在四库本的武梁碑文中，不见起始有六字句节，不知戴梅可所云何意。这个先姑且不说。上述四库本《隶释》（及王云鹭本）有关武梁碑的著录，戴梅可认为有窜入的文字，但却完全不知其理由所在。因为这只要与汪日秀本比较一下即明确可知，四库本（及王云鹭本）的A只是武斑碑注释的一部分，接下来的D是武梁碑著录内正文的末尾

（其后还有注释）（参照图二）。非常怪异的是，戴梅可论文的注36，正是指这件事。注36的[ ]的内容，末尾署名CYL和EHH分别指戴梅可的研究伙伴Cary Y. Liu（刘怡玮）先生和Eileen H. Hsu（许湘苓）女士。可以确知，他们已经意识到，四库本、王云鹭本有关武梁碑碑文的著录是极其不完整的。这两个著录在一开头即混入了武斑碑注释的一部分，正文的前半部分缺。同时，这两个著录缺少洪适关于武梁碑注释的后半部分（图二中的B），对于这个首尾不全的东西应首先加以检证（参照图三中的武斑碑。而且武斑碑注释末尾〈A〉，也被移到了下一个武梁碑的开头这来了。换言之，四库本、王云鹭本的“从事武梁碑”的标题被移到了斑碑注的末尾来了）。我认为戴梅可论文关于武梁的见解确实让人不可思议，比如，如上所述，戴梅可始终根据极为不完整的四库本和王云鹭本而大加引用，而对于汪日秀本可以说完全视而不见，毫不顾及。例如戴梅可论文的注36中（或[CYL and EHH]）做了如下叙述：

> 出自元代泰定年间版本的二页手抄本，附在《四部丛刊》三编版的卷6末尾，清楚 地表示了整个缺失部分。

这段附注最先提到的是《四部丛刊》三编所收《隶释》，意即王云鹭本，此本实际上是应该在十三页后插入元泰定年间（1324—1328）版页（图二王云鹭本的B、C。B和C附在卷6的卷末，右栏外下方为“据泰定本写补”，版心页附录为“十三补”）。（说它附在卷尾并不错，但戴梅可对它的认识则存在着错误，这一点后面将会论及）。然而令人吃惊的是，戴梅可（或[CYL and EHH]）以王云鹭本这种版本为前提，认为汪日秀本中武梁碑的著录是再次插入的（reinsert）。那么汪日秀所据的版本是什么呢？汪日秀本后有他本人的跋，跋中如下叙述：

> 余从金阊借得传是楼钞本。悉心雠勘，较之明季锓版，大相径庭。

由此可知，汪日秀所据的是清初徐乾学（传是楼）藏书中的写本（金阊为苏州的通称，徐乾学的出生地），而且还说与“明季锓版”（当指万历刊王云鹭本）存在很大差别，尤其在武梁碑的著录方面，汪日秀本人明确地指出了两书之间的差异如下：

> 至武梁碑，明刻脱去碑，止存其末数语。及铭文而误以武斑碑释文阑入。又欠其后一段（跋）

因此，汪日秀本并未插入武梁碑的著录。汪日秀本刊行的时间虽然较晚，但其武梁碑的著录，与四库本、王云鹭本相比较，我看不出有何理由必须对其加以排斥。不仅如此，尤其在武梁碑方面，通过比较不难判定，汪日秀本比起四库本等版本更为佳善。例如，试想一下王云鹭本（四部丛刊本）中B和C补充的背景。这种补入虽然看上去还可以，但据其校勘记所言，其中列举“十三、前三‘字小石陨’”处后，后记有如下说明：

> 下接前五行“官寿残失”至“立阙刻其”一行，无“从事武梁碑”一行。“立阙刻其”下，欠一叶。见后。

为了复原正文，必须沿着ABCDE的顺序走，这样一来，整篇就显得非常杂乱难懂，而且不合情理。这姑且不说，把王云鹭本的补充部分以A-E顺序理解，那么根据什么可以明白其意？这就是BC所使用的泰定本的著录（张元济跋），或许泰定本的A-E是以王云鹭本中的BC的补充内容作为根据的。而且，汪日秀本保有与泰定本相同的内容，这也证明汪日秀本比王云鹭本更为佳善。尽管如此，戴梅可（[CYL and EHH]）他们对汪日秀本加以排斥，而固执地坚持使用极不完整的四库本、王云鹭本，这样，难免不陷入论点狭隘、论述方向偏颇的境地。

作者附记：
《武氏祠画像石的基础研究——戴梅可“Addicted to Antiquity”读后感》，最初刊载在《京都语文》12，佛教大学国语国文学会，2005年11月。这里中译本译自《孝子传图的研究》，（汲古书院2007）Ⅰ二1再录版。研究中得到中国社会科学院考古研究所赵超教授的各方面指教，没有教授的意见，本论文难成其稿，特此表示衷心的感谢！

编者后记：

2005年，美国普林斯顿大学艺术博物馆举办了一个旨在否定山东嘉祥汉代武氏祠堂的大型展览，并出版了一本厚达六百多页的研究图录。其中对武氏祠的质疑以戴梅可教授的论文最为严厉。日本佛教大学的黑田彰教授长期研究中国早期的孝子传，因武氏祠画像中有孝子图像，对武氏祠研究有年。他在读了戴梅可教授的论文后，撰写了数篇论文，从文献和图像的角度对戴梅可的论点予以全面反驳。这里翻译的便是黑田彰教授的第一篇论文。论文的中译初稿存在问题较多，曾在日本学习工作多年、现在广州美术学院任教的祁小春教授校订了译文。美国波士顿大学白谦慎教授也曾撰写英文论文批评戴梅可等人的翻案之作，熟悉论辩双方使用的文献，我们请他审阅本文，并根据中文读者的阅读习惯在文字上做了一些调整。在此一并致谢。